U0877934

寻路汉语

语言习得与对外汉语教学研究

史有为 著

商務印書館
创于1897 The Commercial Press
2013年 · 北京

图书在版编目(CIP)数据

寻路汉语:语言习得与对外汉语教学研究/史有为著. —
北京:商务印书馆,2013
ISBN 978-7-100-09772-7

I. ①寻… II. ①史… III. ①汉语—对外汉语教学—
教学研究 IV. ①H195

中国版本图书馆 CIP 数据核字(2013)第 007873 号

所有权利保留。
未经许可,不得以任何方式使用。

寻路汉语

——语言习得与对外汉语教学研究

史有为 著

商 务 印 书 馆 出 版
(北京王府井大街36号 邮政编码 100710)
商 务 印 书 馆 发 行
北京瑞古冠中印刷厂印刷
ISBN 978-7-100-09772-7

2013 年 10 月第 1 版　　开本 787×960 1/16
2013 年 10 月北京第 1 次印刷　　印张 24¼
定价: 58.00 元

目　录

一路教来的质疑*

（代序）

1.“对外汉语”是什么？

2. 要不要“语法”教学？

3. 汉字能不能这样教？

4. 教得好还是学得好？这样教又如何？

去掉因“文化大革命”荒废的10年，我从事二语汉语教学也有40多年了。[1]一路上弯路歧途，磕磕碰碰，问题不少，也都马虎应付退休了。如今静了下来，冷了下来，一些本已沉下的疑问却又浮了上来。怀疑和求实是科学的一对正反面性格。怀疑是求实的先行，具有天然的合理性。本文的质疑正本于此。

1“对外汉语”是什么？

“对外汉语”一词，是个标准的中国产品。“对外汉语教学”这个名称，学界曾为此大费周章，讨论多时，最后算是定了下来。之前，只是以“对外国人的汉语教学”“教外国人汉语”相称，更简单的就说“汉语教学”，符合学术规范的是“汉语作为第二语言教学”或“（作为）第二语言（的）汉语教学”。好不容

* 本书是笔者从教半个世纪的一个小结。本文则是为本书所做的一些反思。前三节曾以《“对外汉语教学”三疑》发表于日本《现代中国语研究》第14期（2012）。

易找到了一个既简短又很有特征的“对外汉语教学”，的确是额手相庆，皆大欢喜。然而，随之也就出现了两种不同的组合可能，并由此产生了歧义：“对外 / 汉语教学”和“对外汉语 / 教学”，正确而合理的究竟是前者还是后者？一般人都说是前者，但也有人说是后者[2]。英语可是没有产生如此歧义的称呼，必须说 teaching Chinese as a foreign language（TCFL，汉语作为外语的教学）或 the teaching of Chinese as a foreign language（汉语作为外语的教学）[3]，似乎支持了“对外汉语 / 教学”的切分，但也未必见得。当然，也可以翻译为 the teaching of Chinese to foreigners（对外国人的汉语教学），或 Chinese teaching for foreigners（为外国人的汉语教学），这又支持了“对外 / 汉语教学”的切分。不管怎么样，过了一段时间，“对外汉语”居然开始逐渐与“教学”脱离，成了一个更方便称说的词儿。似乎更证实了“对外汉语 / 教学”的切分。但“对外汉语”是什么意思呢？大家心知肚明，自然指的是“作为外语（或第二语言）的汉语”，应该翻译为 Chinese as a foreign language[4]。也有干脆就作为“对外汉语教学”的简称，请看：有篇论文标题是“对外汉语近义词辨析教学对策”，翻译为 Teaching Strategies for Synonym Discrimination in TCFL，把“对外汉语”翻译为 TCFL（对外汉语教学）。表面上“对外汉语”分离出来了，实际上并没有在语义上真正独立。可见大家是把这个短语理解为“对外汉语教学（TCFL）”的。当然，这个名称也有些毛病，比如，在民族学院任教，教少数民族学生汉语，这又该怎么称呼？“对外”当然是完全不行的。

有学者提出存在一种“对外汉语”，不同于我们对中国人教、学、说、写的汉语。这更是石破天惊！有吗？是这样吗？答案当然是否定的。“对外汉语教材”被干脆翻译为 Chinese textbook（s）[5]，《世界汉语教学》又翻译成 *Chinese Teaching in World*，证明了翻译者和主持者明白所谓的“对外汉语”是不存在的，依然是汉语而已。难道能理解为新产生的一种名为“世界汉语”的新“汉语”吗？我们有的只是经过学习量与学习程序考察以后，安排好词汇等级、语法项目以及情景—话题的量及相关教学程序的汉语。这是另一种汉语吗？当然不是，因为它没有不同于中国人所用汉语的“对外汉语的语音”，没有不同的“对外汉语的词汇”，更没有不同的“对外汉语的语法”。有的是“对外汉语教学用语音”“对外汉语教学用词汇”和“对外汉语教学用语法”。仅仅是为了对外国人教学而在不同阶段筛选的各个汉语部分，目的是为了更有效率地学汉语。其语言材料的终点和我们中国人说的汉语是完全重合的。否则，汉语就不能称为目标语，也就谈不上存在“过渡语”（即中介语）问题了。如果真的有人端出了一盘“对外汉语”，那这个“对外汉语”肯定不是真实的汉语，而是被过度选择、加工的，是编排出来的。大概很难根据这样的“对外汉语”学到地道的真实汉语。

2 要不要“语法”教学？

笔者是专攻语法的，不能说有多大成就，但多少还是写了几篇语法论文。可是，笔者在日本教学中从来都是尽量回避语法讲授的，而且也从不撰写针对对外汉语教学用的语法论文。这是基于笔者一贯主张的一个观点：没有什么专门的对外汉语教学的语法，也没有什么“对外汉语语法体系”。有的只是一种学习程序，一种经过选择后的语法项目、语法点，而不是有别于一般语法的所谓“语法体系”。所有的语法研究成果都可以用于汉语教学，但也可以基本不用它。笔者一贯反对在教材中、在课堂里大讲语法。不是我不能讲，而是这样讲的结果是扰乱正常的语言教学，以致把学生引导到错误的学习方向。

自从语言学科学化、现代化以后，所有的语言教学，包括第二语言和母语都掀起了一番所谓的科学化、现代化。我们亲眼见证了以苏联《现代俄语》为参照开设了中学汉语课及汉语语法知识课；我们也看到了大学的现代汉语课以及因笔者《十字路口的“现代汉语”课》（《语文建设》1987年第1期）一文兴起的一轮语法讨论；我们也看到对外汉语教学以西方二语教学为模特儿的一番挣扎。我们往往是在适应外国学习者习惯的前提下，在外国语课本和外国教学理论的参照下设计我们的对外汉语教学。我们的课本中有许多语法知识，有根据语法点设置的许多练习。笔者和许多人都亲身经受过中学和大学的三种课程：文章精读和诵读；英语语法及其练习；俄语程序式学习（从语音到基本例词，到短句问答，到短文，每次语篇都安排有按部就班式的语法知识和练习）。其中最不受欢迎、最不成功的项目就是脱离交际和语境的语法练习。至于程序式教学对形态丰富的语言（如俄语）也许非常必要，而对汉语却未必如此。

原因之一，语言教学不是语法教学，语言教学是教会学习者说话，而不是教会学习者讲语法、分析语法。会分析语法却未必真会用该种语言交际。语言教学是让学习者尽可能地在不依靠理性的语法知识的条件下，在一定交际环境下，有效率地学会听懂话并自自然然地说出正确而得体的话。理性知识教多了、学多了，感性的语言能力和语言行为就很容易被伤害，甚至丧失。而且，在交际过程中，语言的发出是瞬时完成的，在短促的时间内，无法容许再使用理性的语法知识去指导。**在语言真实交际中感性高于理性**。因此，理性语法知识需要转化为感性，转化为说话人自身的一部分。这样的转化也只能依靠大量真实语言的模仿。真实的语法是在语言学会之后的感悟或归纳，而不是在学习者学会该语言前作为前提而必须先行理性掌握的内容。

原因之二，支撑和构筑语言的虽然是许多成分及其结构体系，但它们又是在极复杂的复合情况下结合语境加以综合的。这就造成了它们的高度综合性。这样的综合性反映到心理层面，就形成一种感性直觉。这就是所谓的语感。人类的交际就依靠这种感性直觉去判断对与错、优与劣、通顺与阻塞、得体与失格。而要描写这样复杂的感性直觉，目前的语法学显然无法承担，也没有这样的任务。即使描写出来了，也很难以书面形式或理性形式让学习者接受并化为语感。

原因之三，汉语是缺乏形态的语言，这就造成了汉语缺乏很强的类推性机制。汉语更多的是习惯，一个个小习惯的累积，类推加上变异造成的富有弹性的习惯性用法。汉语的语法就是这一系列大大小小、粗粗细细、柔柔软软的习惯构成的。例如：“你爱说不说”“喊什么喊”“吃你的饭”“除你之外……”等等就是这种琐细格式。有些习惯法可以推演出很多句子，有些可能很少。还有很多是独此一份，无理可循，例如“打出界外”就是。因此，就形成学习者印象中的“你‘了’我不‘了’，我‘了’你不‘了’”以及“汉语是入门容易出门难”

的状况。对于汉语这样的习惯,我们还没有研究到什么问题都能迎刃而解的程度。切莫相信语法学和语法书上的规则能包打天下,百战百胜,无一例外。即使是《现代汉语八百词》,大部分问题还是解答不了。例如"一点"和"有点",可以说"跟他好一点""跟他有点别扭",却不能说"跟他有点好""跟他别扭一点",为什么?而"离车站远一点""离车站有点远"又都能说,又是为什么?《现代汉语八百词》一般只说"可以",但就不回答什么情况下"不可以"。每每遇到学生的这种问题,我们的教师只能回答"这是习惯"。而大多数学生对此都非常不满意。这就是传统大讲语法造成的困扰。另外,汉语的语法基本格式大部分都深印于词汇中,尤其是双音词和成语。至于离合词,更是超越传统句法或语法的关键区,无法用通常理解的句法架构去归纳,大都只能积累例子以获得鲜活或灵活的规则。这样的汉语词汇学得越多越宽,就越能增加汉语结构在大脑中的印记,会减少对汉语句法理解的困难。

看来,我们必须认真思考下面两个问题了:一是汉语的语法到底是怎么回事?二是汉语教学应该怎么处理语法项目?前一个是解决语法研究的问题,后一个是解决教学实践的问题。二者都是带根本性的。前一项需要另文阐述,至于后一项,依笔者目前的理解,汉语语法的学习应该结合活的语言,才能习得正确而得体的语言。我们需要在学习阶段最大程度地依靠对真实语言和真实情景的模仿,而不是依赖分析性过强的语法知识、语法规则。而对汉语来说,尤其要注意双音词、离合词、成语和惯用语的学习,要重视对真实语言的记忆或背诵。汉语比起形态语言,更为突出的是许许多多、大大小小的话语模式。记忆真实话语,就是记忆这些大大小小的模式,以此作为典型复制、类推、扩散并理解变异,在纠错互动中习得语感的基础。[6]有感于此,进入 21 世纪,我们在日本明海大学汉语教学中重点强调并推行的正是背诵和记忆。至于语法规则,讲些大的、粗的已经足够,不能陷入过细规则的讲解,否则会自投罗网,陷入被动尴尬。因此,如何利用"入门容易",降低"出门难",确实是对教师的一项挑战。

中央电视台有一位中英文财经主持人叫芮成钢,他以流利的英语采访世界政商高端人士与精英。他有一番英语学习的体验,很值得我们玩味深思。他的英语是在中国国内学成的,是依靠英文原版教材 *Essential English*(基础英语)，以及当时风行全球的英国灵格风语言学院(Linguaphone Group)出品的老唱片。他写道[7]：

“就我个人感受，学好英语最重要的途径是背诵，特别是初学者。我们小时候都背过唐诗宋词、经典美文，其中的句式、措辞、节奏，对一个人的语言应用水准、表达习惯有着深远影响。‘三人行必有我师’、‘分久必合，合久必分’、‘海内存知己，天涯若比邻’，拿来就用，出口成章。同样，英语的佳句名篇也要一字不落地背诵下来，时间长了它们将融入你自己的语感体系。”“在英语学习初期，背诵和套用句式的确是一种很奏效的方法。”

他强调使用与交际，说：“另一个学好英语的要义，是把英语当成工具，而不是一个独立的学科。想明白这一点，你就不会再纠结于某个单词的拼写或某种语法的释义，因为那并不重要。”

原因之四，人类具有天赋的逻辑能力、分析能力和语言能力，尤其是在语言方面的“语向自整理能力”。强调记忆，就是强调要充分调动人自身的语向自整理能力，让人在使用中自然地蹦出这些大大小小的话语模式，在使用中类推，在与外界听到的话语对比中纠正、调整，形成具有可以比较正确类推的内置模式，最后达到完全的语言习得。这一能力会受到理性知识的干扰。过分依赖理性的语法知识的学习，会降低甚或丧失自身先天具有的这一能力，降低对语言的感性获知，从而无法完成完整的语言习得。同时，这一能力还受到年龄的制约。年龄过大的学习者往往已经丧失大部分这样的能力。我们需要按照学习者的年龄大小，尽可能调动并充分利用我们的天赋能力，特别是语向自整理能力。[8]

因此，笔者主张在中学和大学阶段，只教授最基本的语法框架，即基本词序、基本关系和大语法项，以及大致的词类基本功能。其余都依靠大量实际交际，以及阅读、记诵由浅入深的真实语篇的教学和语感教学。在语篇—语感教学中出现的正误、通塞、优劣问题，可以适当地加以理性点拨，但也是点到为止。我们要引导学生去关注真实语篇的阅读和模仿，而切切不可引导学生把兴趣放到钻语法的牛角尖去。这样我们的语言教学才可能成功。许多离开正规课堂而在特殊的社会课堂(病房、相声学习、商贸环境)中学习成功的例子[9]已经对我们的常规教学发出了挑战。我们应该从中得到启发。

日本学生,在中学阶段就养成了专抠语法的习惯,他们对会话、口语并不太感兴趣,而喜欢把注意力集中在语法上,问的不是语词含义异同,就是语法问题。很多学生直到毕业仍然不能张口。教师似乎也不大将精力放在这些地方。如果日本教育界不能在这些方面有根本的改变,那么在日本的汉语教学要得到良好的效果也就只能是水中月、梦中花。

3 汉字能不能这样教?

使用非汉字文字体系的外国学生在学习汉语时,首先想到的可能就是汉字。他们首先是好奇,但接下来也许会想:这个与自己民族文字完全不同的符号体系,到底有多难,能不能学会,是不是要花很大力气、很长时间?如果结果不理想,是不是还要继续学下去?

欧美学生和阿拉伯、南亚、东南亚等地区的学生,由于长期使用线性的、基本上按语音认知的文字体系,他们对汉字的好奇与畏难可想而知,这也是可以理解的。

朝鲜半岛的学生,虽然使用的也是受汉字影响的方块形式,但却是拼音文字。他们历史上一直使用汉字,辞书上至今仍不能放弃汉字作为辅助标注,因此他们对汉字拒斥的心理会减少些,但除了能将笔画部件纳入方块和比例比较合适之外,学习的其他困难不会有实质的减少。

对于日本学生,虽然他们已经学会了许多日本形体的汉字[10],但情况也并不理想。他们对日式汉字的形体有根深蒂固的印象,不大愿意接受中国汉字的形体。[11]即使对日式汉字,由于汉文汉字在其教学中分量的减少,以及假名的大量使用,假名外来词的泛滥,英语教育的推进,他们中的一些人甚至产生厌恶汉字、不喜欢汉字的情绪。[12]现在的年轻人已经是手机狂,是火星文的爱好者,对汉字教学没有太多的热情。

对比一下,中国的学生以及中国的少数民族学生,我们可并没有听到他们喊汉字如何难，这是为什么呢？比较一下，就可以发现：

（1）中国学生认为汉字是天然如此的，不会去质疑，也不大会有好奇心。他们天然地认为必须学习，因此也就无所谓害怕。而外国学生对这种特殊结构和特殊记录方法的汉字怀有天然的好奇心，当然也会有许多天然的疑惧心。好奇心有助于学习汉字，但也容易在受到挫折之后丧失信心。

（2）中国学生从小就学习汉字，一张白纸，容易接受。外国学生大都是成年以后才学习的。就像成年人学习外语一样，成年人学习另一种完全不同的符号体系，当然不如儿童来得容易些、自然些。更何况汉字是这么复杂，其形体几乎必须一个一个地学，其困难可想而知。

（3）中国学生在中学前除了作为辅助工具的拼音方案外，大都没有实际学习过其他日常使用的文字系统。汉字对于中国学生是唯一的。而大多数外国学生从小已经学会了拼音文字，不管是罗马（/拉丁）字母系统、西里尔（/斯拉夫）字母系统的，还是阿拉伯、印地字母系统的，或是受汉字影响创制的朝鲜谚文、日本假名系统的，都早已先入为主，它们可能会有排斥异己的作用。中国的许多少数民族学生虽然也学过本民族的拼音文字，但他们在学习汉字时仍然是儿童或少年。困难程度当然不同，何况作为中国人，学习汉字似乎就是天然应当的。

（4）中国学生一直处于全天候的汉字环境中。这就如同不会游泳的孩子，当他处于水的环境中，他天然就必须去适应水，尽各种努力去学会游泳，以此求生。而外国学生除了日本外，都不能全天候处于汉字环境。与汉字的短暂接触，是很难学好汉字的。除非让他 24 小时都处于周围有汉字的环境。

当然，究其根本原因，乃是汉字的构件[13]与整字的性质与拼音文字完全不同，才导致了学习的困难。汉字与拼音文字是在完全不同的平台上的两类文字体系，应该采用很不一样的教学方法才能有较好的效果。目前对外汉字教学虽然非常中规中矩、循序渐进，但还是一种传统的路子。为了更有利于汉字的对外教与学，我们能否跳出窠臼，做些调整呢？根据本人的教学经验，可否做出策略上的如下调整：

（1）兴趣第一，效益为先。首先要引起学生对汉字的兴趣。不管采用哪一种方法都要保持学生对汉字的兴趣。如果能增加兴趣，则更好。兴趣是学好汉字的前提。为此可以采用溯源教学，让甲骨文、小篆适当登上讲台。也可以适当引进“歪解”汉字的教学，“波者水之皮”，“攀”者以“手”攀登“大”山，劈开树“木”丛林和交织（“㸚”）的荆棘。还可以采用绘画形式、娱乐形式的教学。其目的是增加兴趣，增强对目前汉字形体的了解，降低可能有的排斥力，并达到记忆与学会的目的。

（2）适度要求，不拘一格。应该容许外国学生先能认、后会写，容许他们在某一阶段只会认、不会写，也容许他们在某一阶段只会认、不会读。根据许多不会写字的国内成年人的经验，他们往往能够认得一些字，能够看书，却写不出汉字（我母亲与岳母都如此）。国内会汉字的许多成年人，都有这样的现象，有些字读不出，但却能明白其意思。这与语言习得相似，往往是听懂在先，会说在后。这也与艺术认知的一些现象相似，我们对绘画、音乐、舞蹈往往能够欣赏，但自己却完全不能画、不能唱、也不能跳。

（3）柔性处置，容错分解。现代汉字部件有大小不同的切分法，无法统一。接近传统的大略有表音、表意、指别[14]三类，它们各有不同的信息功能。纯粹为了拼组，大些的部件则有几百个。最小的才是零件，即笔画。因此可以大略告诉学生的还是传统的偏旁和笔画两种。无论偏旁还是部件都只需要临时面对某字再做说明，而且不必过于计较。因为汉字是依靠整字才能准确表达音义的。只有笔画，才需要在最初阶段说明。其他零件和部件的拆分、认知都可以适当宽容。“容错”与“冗余”是现代科技的两个新观念。在汉字分解中如果容许学生在一定程度上发生错误，有可能反而会促进学生学习汉字的积极性。

（4）测试考核，网开一面。对只写出汉字大致轮廓的也可以给予及格，以示鼓励。因为这涉及对汉字的认知。人对复杂图形往往只是提取其轮廓特征，很难完全掌握内部的细节构造，仅仅在对比的场合下，才会注意其细节差异。在实际使用过程中，“巳”“己”和“干”“千”同时并列出现是极为罕见的。对它们的区别和完全掌握是一个较长的过程，不要求外国学生一蹴而就。这就是一种现代的容错观念。我们再往前进一步，那就是接纳“容偏—容错”的观念。偏差甚至错误往往是完全正确的先导，它包含着合理与正确的成分。

（5）晓之以理，强化决心。可以适时适当告知外国学生：汉字具有冗余性强、综合性强、孤离性强三个特点[15]，告知他们：汉字是“复脑文字”[16]，使用汉字的人具有“双重编码”的特点，并对右脑或大脑功能的完全发挥大有益处，以此增强学生对学习汉字的信心与决心。[17]

（6）不同学生，区别对待。例如，对于日本学生，可以不必注意他们笔下的日本汉字形体。让他们把精力完全放在语言的学习上。对他们来说，中国汉字只是形体上的轻微差异，是异体，在日后慢慢改变即可，即使不改，也无伤大雅。

4 教得好还是学得好？这样教又如何？

一个学期教下来，学生成绩有好有差，每个班的平均成绩也有好有差。能不能根据这个成绩就判断，我教得好，或学生学得好，再不然是教材编得好？很难。学生的个体差异很大，就是经过检测招收分班，其个体差异仍不可小觑。你说教得好，我还说是学生学得用功呢，而他则说是教材不错才有如此成绩。而习得二语者，有经过正规课堂训练而成的，也有自学成才者，更有一些根本就“无师自通”，无专人教授，在社会上随处随遇而学，随景随人而习，碰见谁就模仿谁的话，没有程序，没有教材，没有一定而有顺序的情景—话题，也没有固定的对话者，甚至不懂汉字，居然学得一口不错的汉语。这是什么道理？有的干脆直接找相声演员学汉语，还真不负有心人，真让相声演员带出来十几个，不但汉语学会了，相声也会说了。大大超过课堂教学的效果。你说怪也不怪！这倒是给了我们很大的启示和挑战，我们又应该怎么教，可以怎么教？从生理—心理角度看，人有遗传因素，有语言中枢，有兴趣情绪的作用，也有二语习得最佳期。人的感知觉和思维会对客体情景加以图式化，会对所记忆语言材料进行自整理，它们可以自己从记忆的语言材料中整理出规则。这里就有快慢多少、准确偏误之分。于是就出现这样的现象：有的聪明敏捷，有的反应迟钝，有的学得快而好，有的学得慢而差。因此，千万不要觉得这就一定是某个环节的成功。教了几十年，到现在反而觉得越教问题越多，需要关注的项目也越多。初生牛犊、拍拍胸脯的气概没有了。看了很多书,越看就越感到山外有山,自己所拥有的多是教训而已。如今想到的是,要有热情而灵活的“教态”,还要激发或调整好学生感兴趣的“学态”。有什么样的“教态”,就会出现什么样的“学态”。[18]当然,倒过来,有什么样的“学态”也会养成什么样的“教态”。选择或转变“教态”就是为了转变“学态”。即使教材不如人意,也可以化解,适当改编程序和内容,并巧妙引导。于是师生互动而激发学生能动性,就上升为一个教学理论问题。

也许合格的汉语教学应该是:让大部分学生保持对汉语的学习兴趣,让有心者和有能力者达到教材预期目标。从“懵懂”到今天有点“明白”,跌跌撞撞,走过了40多年。把这些“明白”概括起来,就成为下面一串话。编录于后,以就正于方家、读者:

> 少理论,多实践;少语法,多用例;少单一,多综合;控语量,扬复述;少间接,多直接。学为本,教以情;少批评,多鼓励;去教条,扬能动;控理性,扬趣味;控课内,扬课外;控自我,扬交际;控旧习,扬新习。

这样教又如何?有没有道理?我必须质疑自己。

2012年初伏改定于京西小屋

附　注

[1] 我1955年进入北大学习,很快就被中文系指定为朝鲜留学生辅导员。辅导,其实很简单,记好笔记,跟他们对笔记、补笔记,讲解课堂中不懂的词句而已。之后,1958年笔者因结核病住进了亚非学生疗养院,与蒙古病员泽勒玛大姐结交几近半年。我教她汉语,她也顺便教我蒙古语。那时我才第一次看到了专用于对外教学的《汉语教科书》,第一次接触到如何循序渐进地教会一个外国初学者。这几个月使我懂得,课本原来就是一课之本。没有好的课本,很难有好的教学。而面对面的交际则是语言学习的最佳途径。

语言的学习必须持续不懈地进行，一旦中断，原本获得的那点成果就将付之东流。1961年毕业时，我主动要求去中央民族学院，原来的梦想是学习藏语，以便探寻原始汉语之谜。然而现实毕竟重于理想。民院只是要一个教汉语的老师。在几经挣扎之后，我不得不放弃原先的想法，待在少数民族汉语教学的岗位上。这是一次新的洗礼，连续几个学期编写口语教材并使用它，教授汉语水平高低不齐的朝鲜族学生，连续几年批改错误千奇百怪的作文。我第一次领略到夹生饭之后的苦恼和困难。而毫无理论指导地编写课本，又让教材成了单纯北京话口语的复制，缺乏教学点的整体安排，缺乏语法点的设置，缺乏词汇量的控制。这样的课本当然不可能让夹生饭变熟。教训就是收获。收获的另一份则是一册与张茵陈先生合作的《朝鲜族常见汉语病句分析》（延边人民出版社）和一套自编《现代汉语》教材，还有我为学生编写的《现代汉语量词手册》和《辨音字表》。1992年秋，经日本神户大学中川正之教授推荐，又经大阪外国语大学（今改为大阪大学外国语学部）中国语学科杉村博文教授的力荐，中国语学科主任大河内康宪教授（后任该校副校长）亲自邀请我赴日任教。从一年级到四年级的会话课和中高级汉语课，一教就是五年半。期间也曾在民间汉语学校教学，除了中高级汉语（日本称汉语为“中国语”），我还教过中国文化，教过连环画红楼梦。之后受日本明海大学为建立大学院（即研究生部）之邀，转任东京圈。不但教初级汉语和中级汉语，还编写1—2年级的基础、会话等教材（《中国语》Ⅰ—Ⅳ），总共8册。编写时所秉承的理念是：激活学生能动性和语向自整理能力；内容循序渐进，适当跳跃；从语篇配合语法过渡到语法配合语篇；照顾基本交际的方方面面；课文灵活分合，可拆可合，以便照顾不同水平的学生。这一晃又是十年。七十了，退休了。2008年回到国内，依旧义务承担明海大学的教材建设，在一年半内，又编成了《汉语会话》2册，了却了我对明海大学的承诺。

[2] 参见潘文国（2004）。

[3] 前一种TCFL是官方的规范译名，后一译名是《中国大百科全书》的翻译，也是一种规范译名。按照现在国外第二语言习得理论的习惯用法，这是指在中国以外国家从事汉语教学的名称；如果是在中国国内针对少数民族教学，那就需要改用teaching Chinese as the second language。

[4] 这也是官方规范的译名。“对外汉语”一名最早翻译为Chinese for oversea，也曾作为一种规范。以后也有译为Foreign-Related Chinese。如果是“对外汉语专业”，一般翻译为Chinese as a foreign language professional（s）。

[5] 例如2005年《语言文字应用》上有一论文标题为《初级对外汉语教材的词汇重现率研究》翻译为“Study of Frequency of Word Recurrence in Elementary Chinese Textbooks”。

[6] 参见史有为（2005）。

[7] 参见芮成钢（2012）《虚实之间》。本文所引节段刊载于2012年6月2—4日《北京青年报》（C3版）《虚实之间》连载之二十六、二十七、二十八。

[8] 参见史有为《习得与语向自整理能力》，发表于《对外汉语研究》第九期（2013）。（已收入本书）

[9] 例如在北京南锣鼓巷开店卖文化衫的英国人江森海(D.Johnson-Hill),没有经过老师的传授,居然说一口流利的汉语,虽说声调差点儿,但没有太多语法破绽。

[10] 日本“当用汉字”1850个字,现改称常用汉字,并增为1945个字。

[11] 日本汉字与中国传承汉字及简化字有或大或小的差异。中国汉字(传承/简化)与日本汉字的不同,如:“氣/气”与“気”;“爾/尔”与“尓”;“兒/儿”与“児”;“國/国”与“国”。

[12] 已故中国语学者伊地智善继认为汉字是学习中国语的最大障碍。在回答笔者提问时伊地智先生直率地说:“日本人会汉字,但实际上很多人是囫囵吞地理解一个多字组成的词的,不能一个一个分开地理解。因此,许多日本人的会汉字其实不是真的会。再加上日本语用汉字同中国人用汉字有很多不同,形式上相同但实际上不等,这就阻碍了中国语的学习。”这大概是迄今为止最直率的也是最发人深省的评论。参见史有为(1997:109—112)。即使是写,许多年轻人已经远不理想,例如笔顺的错误在在可见,繁体字的“为”可以认识,但不知道如何下笔,困难非常,还时见缺笔少折。

[13] 构件分两层:部件和零件。部件,有人称为字根,大的即偏旁,小的大多不能称说。零件即笔画,也有人称为字元,可归为5种大笔形。对部件的切分历来分歧不断。周有光(1980)记有《光明日报》(1979.11.23)的报道,北京大学汉字信息研究室用256个键来代表600多个部件(包括部分整字)。香港中文大学乐秀章的“激光中文排版系统”:分解为362个字根,由236个键来代表。据傅永和(1986)记述:《辞海》(1979年版)收入11,834个规范汉字,包括了648个不同部件。钱学烈(1998)根据对外汉语教材的统计,用520个高频字切分出表音部件145个,构字数201个,占总字数的38.65%。崔永华(1997)根据HSK构成1,033个甲级词的801个甲级字,分析出据以构成的330个部件。而根据国家语言文字工作委员会《信息处理用GB 13000.1字符集·汉字部件规范》(简称“部件规范”)的后期分析有578个基础部件。费锦昌(1996)认为:“语文界从识字教学的方便和效果考虑,在学生掌握了汉字笔画和一些基本字以后,不愿意把部件切得太碎,希望保持汉字部件的相对完整性和块状化,而计算机界受电脑键位数的限制,往往把汉字部件切分得比较细碎,所得部件形体小,部件数量少。”

[14] “表音、表意、指别”,前二者即传统所说的声旁和形旁。指别符是笔者归纳提出的(史有为1987、1996),指不表音、不表意的其他部件,其功能基本上只是在整字中起区别他字的作用。例如:“𡗗”以现代的形体看,在“春、奉、秦”中已只能起区别的作用了;而“华、毕”中的“十”也只是个区别符号;简化以后的“业”只能说是一个区别于“亚、为”等并指向语音“yè”和语义“行业、职业、事业”等的符号。另外,也包括少量造字时指示作用的部件,如“本”和“末”中在“木”之外的一横,“刃”中的一点。当然声旁和形旁也有区别功能,而指别符只具有这一种功能。这是汉字经过三千年造字又简化、异化的结果。

[15] 羡余性即冗余性。羡余度(冗余度)远远超出了交流信息的需要,并造成在教学与表达

上一定的困难。然而，在区分同音词上，在阅读反应（认知）的速度方面，羡余性强又不能不说是个优点。综合性是与分析性相对而言的。综合性其实是更高层次、更复杂的分析性。欧美文字都是单纯的语音分析，而汉字则是语音、语义、指别三方面的分析，虽然单独看起来都不如欧美文字分析得彻底，但综合起来，却具备了更强的区别性。区别性更强的图形给阅读带来更好的语义认知效果。孤离性是文字书面特点所要求、所决定的。可以只记录语言的主要信息，也就是可以不以句为单位出现，而只以词甚至语素出现。汉字不依赖上下文，单独出现表示交际中的信息的程度远比拼音文字大。参看史有为（1987）。

[16] 参见郭可教（1988、1989）和郭可教、杨奇志（1995）。

[17] 江苏师范大学语言研究所、江苏省语言科学与神经认知工程重点实验室杨亦鸣团队与英国伦敦大学学院 Cathy J.Price 教授团队合作研究跨语言阅读障碍课题，发现汉语正常阅读者在左脑额下沟（LIFS）表现出更强的激活，而英语正常阅读者在左脑颞上沟后部（LpSTS）有着更强的激活。这显示出两种完全不同的文字类型分别对应大脑的不同激活策略，显示阅读发展过程中大脑表现出针对所阅读文字特征的可塑性，对学习过程的策略会有积极的作用。（参见《江苏师范大学神经语言学团队发表重大研究成果》，《语言科学》2012 年 3 月第 11 卷第 2 期，第 222 页）

[18] 我们如果进入一个美国教师的课堂，就可能会大开眼界。原来，那种“排排坐”课堂可能已经改变为自由地围坐。老师只是围坐中的一员，师生间高与低、主导与被动、传授与接受的界限顿时模糊了许多，气氛也就更加和谐活跃。那些老师呢，当然也非常活跃，谈笑风生，不断提出问题，提出问话，打出比方，模仿情景，与学生打成一片。而教师获得的也是学生的活跃发言和积极对话。日本学生在这种情况下，过去习惯了的静静地被动听讲的形态也被潜移默化、日积月累地慢慢改变了。

参考文献

崔永华　1997　《汉字部件和对外汉字教学》，《语言文字应用》第 3 期。

费锦昌　1996　《计算机界和语文界在汉字部件切分上如何求同》，《计算机时代的汉语和汉字研究》，清华大学出版社，北京。

傅永和　1986　《汉字的整理和简化》，《语文建设》第 1—2 期合刊。

郭可教　1988　《“双重编码”和“复脑文字”——汉字认知的神经心理学研究》，《汉字问题学术讨论会论文集》，语文出版社，北京。

郭可教　1989　《汉字认知与神经语言学研究简述》，《心理科学》第 2 期。

郭可教　杨奇志　1995　《汉字认知的“复脑效应”的实验研究》，《心理学报》第 1 期。

国家语言文字工作委员会　1998　《信息处理用 GB13000.1 字符集 · 汉字部件规范》，语文出版社，北京。

潘文国　2004　《论“对外汉语教学”的学科性》，《世界汉语教学》第 1 期。

钱学烈 1998 《对外汉字教学实验报告》,《北京大学学报》(哲学社会科学版)第3期,总287期。

芮成钢 2012 《虚实之间》,长江文艺出版社,武汉。

史有为 1987 《汉字的性质、特点与汉字教学》,《世界汉语教学》9月创刊号。

史有为 1988 《汉字的重新发现》,《汉字问题学术讨论会论文集》,语文出版社,北京;并收入作者《汉语如是观》(1997年,北京语言文化大学出版社)。

史有为 1996 《汉字的指别功能和指别化·初探》,《大阪外国语大学论集》总15号。

史有为 1997 《伊地智善继先生谈日本的汉语教学》,《世界汉语教学》第4期。(已收入本书)

史有为 2005 《关于语篇—词汇主导教学——从日本汉语教学中词汇的地位谈起》,《对外汉语研究》第1期。(已收入本书)

史有为 杨大方 1993 《现代汉字中的指别符》,《现代汉字论丛》,北京市语文现代化研究会编印。

周有光 1980 《现代汉字学发凡》,《语文现代化》丛刊第2辑。

David Gustav Ottoson 1987 《大脑研究中的突破》,《信使》第1期,联合国教科文组织编。

习得与语向自整理能力*

1. "习得"等术语的梳理
2. 语言 acquisition 及其假说再认识
3. 语言"习得"之我见
4. 人的语向自整理能力

1 "习得"等术语的梳理

1.1 关于乔姆斯基的 device 和 acquisition 的译名

自从乔姆斯基针对旧有的"刺激—反应(S–R)"学说和"模仿—记忆/学习/强化"学说,提出 Language Acquisition Device (LAD) 假说[1],语言学界为之大大震动,拥护和反对的论与辩随之针锋相对,风浪不断。这一假说在中国或汉语语言学界曾被翻译为"语言获得机制",以后又被许多论著改为"语言习得机制",并与前者混合使用至今。仔细考察一下原文,就会发现 device 是一种实体,而汉语的"机制"是一种关系、原理、规律,对应的应该是英语的 mechanism。因此,从字面上看 device 应该翻译为"装置"。按照乔姆斯基原本的思想,假说中的 device 显然接近于指大脑中的实体,一种可以容纳普遍语法

* 本文由本书《日本汉语教材研究序论》原第一段移出,与笔者的《"习得"的含义和用法》(《世界汉语教学》1988年第2期)合并后增补重写而成。曾发表于《对外汉语研究》第九期(2013)。收入本书前做了必要的订正。

(UG)知识以及原则和参数、可以指挥儿童获得不同语言语法的生理—心理实体。对乔姆斯基假说而言,外部的语言接触只是一种对该 device 的触发,几乎相当于一种只要满足一定年龄和一定程度语言接触即可打开的“开关”而已。我们现在的翻译显然是不准确的,是容易引起误会的。[2]

按照乔姆斯基的原意,其假说并非“习”而所“得”,而主要是一种天赋所致的“触发并内设参数值而得”,即使有“习”也并非主要和基本部分。acquire/acquisition 词义中不含手段或限定成分,是个中性词,既不含先天义,也没有特别强调的后天义,“获得”与之对应较为合适。即使 acquire/acquisition 含有某些“习而得”之义,但相较之下“获得”也更能符合乔姆斯基原意,更能说明其非后天“习而得之”的内在心智假说。这样看来,乔姆斯基的理论应该翻译为“语言获得装置”才较为妥帖些。[3]

1.2 “习得”的来源与含义

古代汉语可以有“习得”这样的词组性组合,一向与“猎得、赚得、思得”等作为同一种非熟语性自由组合看待,是两个较为自由的成分在语义上的简单组合,意为“学习而得”,并未熟语化,也无专指义。而后现代汉语也未见其作为“词”来使用。这种情况一直延续到 20 世纪 80—90 年代,中国的应用语言学界才开始使用“习得”。词典则晚至 2005 年才收入。原因可能就是“习得”二字一直未熟语化,未获得作为“词”的身份。[4]

对于 acquisition,汉语本来只是用“获得”去翻译的,后来又怎么增加了“习得”一译呢? 这显然是受到了日语的影响。日语由于有形态限制,因此“习得”(为印刷和阅读方便,本文对日本汉字词一般都使用中国字形表示)很早就作为单词使用,也较早用于语言学习,并早就收入了日语辞典。[5]原本“习得”在日语中对应的是 learn 和 learning,以后日语也用以翻译 foreign language learning。[6]西方的 second language acquisition(SLA)原本就是由乔姆斯基的 LAD 激发或启迪后产生的科目,不乏乔姆斯基心灵主义的表述。SLA 进入日本后,为了与 LAD 相区别,便被日本学界翻译成“第二言语习得”,开始了“习得”对应 SLA 中 acquisition 的历程。此时此处的 acquisition 虽然译名不是“获得”，但明显是接受了乔姆斯基LAD的部分观点，即接受了人具有潜意识（下意识）地获得语言的理论或思想，同时也补充了需要后天有意识学习二语的观点，与乔姆斯基的具有先天语言能力的观点半同半异。这是针对二语/外语所做的必要调整或修正。此时acquisition似乎就被赋予了新的意义。于是，日语就把原本使用于learn/learning的“习得”移植到此处的acquisition。结果，日语对language acquisition就有了两种译名：“言语习得”和“言语获得”。大体上，“言语获得”指母语能力的获取，而“言语习得”一般指外语或第二语言学习。但这期间又分歧、混乱不断，造成了以后的种种纠缠与误会。[7]

中国的语言学经过20世纪六七十年代的停滞，到70年代末突然面对几乎全新的语言学世界，就像19世纪末20世纪初的中国那样，需要急切地引进各种新论。此时，借鉴日语的翻译无疑是最为方便的。[8]因此，尚未仔细咀嚼分辨就在二语学习领域引进了日语常用而对中国却是十分新鲜的“习得”，并进而延伸到母语acquisition或LAD上，造成“语言习得机制”这样的翻译。[9]这当然是可以理解的，但这却是不尊重乔姆斯基内在心智假说的原意，也是不够严肃的。[10]由于“习得”被使用于二语教学的acquisition，致使原来的平衡的词义系统产生不平衡，原有learning词义位置出现了“被”夺后的空缺。当语言学界发现acquisition不能完全说明全部语言学习过程，需要使用learning来补充时，当克拉申（Krashen）提出acquisition–learning假说时，有些论文就不得不创造一个别扭的新词“学得”来与“习得”相对待，制造了用“习得—学得”这样面目相似却很难区分彼此的尴尬翻译来对付。[11]

2 语言acquisition及其假说再认识

2.1 对LAD的再认识

LAD假说中包含人脑具有初始结构/初始状态的天赋的普遍语法与参数，关注的是一种内在的语言能力，而不是外向的语言应用。这样就把普遍语法限制在一个无法看到的黑箱内，既无法证实，也无法证伪，也就既不能肯定，又不能否定。这一假说一直被批评为缺乏生理基础与解剖学的支持，[12]也缺乏心理基础，无法解释儿童何以能承受可能简单但却较难明了的参数值，以便从普遍语法转化为具体个别语法，也无法解释儿童为何在学习语言初始阶段并无使用普遍语法的现象，[13]而是采用简单的单词句和双词句以及电报句。另外，LAD过分地强调了先天遗传因素，对学习语言的后天因素缺乏足够的重视。[14]但乔姆斯基提出的仅有人类可以学会语言，儿童学会语言却与人的智力发展等功能不相等，以及儿童学会语言仅需极少时段[15]与年龄期限等论述，却又使人无法否认某些天赋的存在。不管最后如何论定该假说，LAD 至少突破了旧有的语言发展模式，开辟了新一轮的理论与实践的追求，对语言学或应用语言学的发展是一大推动。当然，我们希望 LAD 能获得解剖学上确凿的证实，但这又不能阻止对此的怀疑以及提出新的假说。

2.2 关于“语义知觉”

知名教育学家何克抗多次发表文章提出，如同视觉、听觉，大脑中应该还存在先天的第六种知觉，即“语义感知觉”。他(2004b：39—40)提出“把言语知觉系统从一般声音感知觉(即听感知觉)系统中划分出来就应是理所当然、顺理成章的。”“每一种感知觉能力都应当是天生的，可遗传的。”“语义则有所不同，它不因语言而异(各民族各地区有不同的语言，但他们表达的语义都是一样的)，对语义的辨识能力可以与生俱来。……基于以上考虑，今后我们将把这个从一般听觉系统中独立出来的新系统正式定名为‘语义感知觉’系统，简称‘语觉’系统。”[16]该学说以“语觉”为基础，提出了儿童语言发展的假说。何克抗 2004b：161—162 还认为大脑的“这种神经生理机制(一般称为言语中枢)所具有的能够通过遗传获得的能力，只是对语音与语义的感知与辨识能力(即语觉能力)，而非对语法的分析与处理能力(如对词性与词义的识别，以及对词组构成分析和句型分析等能力)”。“儿童是通过语义关系结构模式的匹配来获得语言(而非通过语法网络)”，他明确承认并表示语言中枢先天存在一种语言“装置”(device)，只是这一装置并非储存普遍语法，而是掌管语义。该理论以此既与乔姆斯基理论划清界限又继承了其科学的内核。这是我国学者的原创学说,非常重要。但从以上几段引用的要点看来,似乎还存在多处疑问:第一,至今没有见到语义知觉的解剖学或心理学的直接证据;第二,凭借视觉神经中枢的例子并不能直接证明语义知觉的发展就是原先视知觉的一种,或与视知觉的发展是一致的,[17]也无法直接证明语义知觉的存在;第三,知觉虽然高于感觉,更为复杂,但仍是多个感觉的综合,是依赖多种感觉器官的联合活动,仍属于感性[18],而语义关系属于理性。感觉、知觉这两个感性范畴居然可以与语义关系这个理性范畴结合成"语义感知觉"或"语义知觉",令人难以理解。

何克抗(2004b: 57—59)用6个聋儿发明手势语试图证明先天就存在语义关系。然而根据桂诗春对同样材料的说明,则无法证明这些手势语中存在有声语言的语法范畴(参见注13)。另外这些手势语中存在的所谓语义关系也可以解释为幼儿是在对客体关系(或情景关系)逐渐认知的过程中产生的,并不能直接证明先天就具有这些能力,更无法证明生理上存在先天就有的语义关系机构或装置(device)。

"语觉论"还认为语言中枢具有类似八种语义格的语义关系辨识功能或分析功能,并可肯定无疑地把握整个句子的实际含义[19]。(同上45页)该学说提出了几个病例作为证据,但可惜都是成人的病例,(同上55—56页)并不能证明幼儿先天已经存在。另外病例中的关系,大都是高等动物(至少是高等动物)都会具有的典型上下、前后、施受等情景关系的分辨功能。但我们却不能说这些动物也具有语义知觉。所谓的八个语义格只是专家归纳出的典型语义关系,是一种人工归纳。实际上,语言的语义关系远比此八格[20]复杂。而汉语的语义关系又远不如西方语言那么细而多,许多是模糊的、综合或整体的,例如"拉—肚子、闯—红灯、出—问题"这些例子中两个组成部分之间又是什么关系呢?我们希望该原创学说有进一步的研究与证实。

2.3 对SLA的再认识

二语学习过去都是使用foreign language learning。现在的second language

acquisition(SLA)是接受乔姆斯基的LAD假说后形成的研究,是挤掉传统的learning或foreign language learning,于20世纪70年代逐渐流行开的[21]。此处的SLA不可否认地包含有LAD中的天赋假说成分,但又不排斥有意识学习的成分。由于同一个acquisition应用于两种不完全相同的场合,必然会导致语义理解上的变异,并导致翻译和理解的混乱(即"获得"还是"习得")。即使原文acquisition的语义并未分化,但acquisition本身也是有局限的,不能完全涵盖目前对二语学习的研究成果,因此早就议论应对此术语有所变革。现在已经有学者提出以development(发展)代替acquisition(获得/习得)[22]。我们也认为development是一个比较中性而且动态的单词,对于一个内在基础不够明了的过程是较为合适的术语。但是"发展"作为名词,仅仅是对过程状态的概括,缺乏主体的因素,仍不能包含"学习"所含有的学习者主体努力因素。依我们的理解,"养成"(cultivate/cultivation)一词或许更为合适,既可以替代混乱的"习得",也含有"发展"的意思。更重要的是,汉语"养"有"自养(养生、养身体)"和"养他人(培养人)"两种意思,因此"养成"也就有"(自身或对他人)用心达到目标的知识和能力"的意思。它既具有学习者的主体因素(学习本质上是主体的作为,外力仅仅是一种辅助),也具有双向性,又可包含授业者外加推力的意思。[23]"养成"似乎更能体现"获得""习得"和"发展"诸词所包含的内容。

2.4 对learning的再认识

其实,早先使用的foreign language learning并无什么过错。西方人由于受乔姆斯基的LAD的影响,放弃了learning。这是很遗憾的。不管是中文的"学习"还是learning,其实都可以概括二语"习得",可以含有主体的努力,也并不排斥天赋的存在和先天条件的作用,而且还可包容语言能力的不断发展。进一步看,"学习"也能概括幼儿最初的语言能力发展过程。根据现今的考察和研究,幼儿的认知(尽管是弱的意识)仍然参与了最初语言能力的发展。如果语言能力只是天赋的,为什么幼儿最初只能出现单词句,随后也只能出现双词句?即使是潜意识/下意识的阶段,也不能排斥学习的参与。另外,learning又具有"学会,学到"的意义,[24]与目前所说的二语acquisition有某种交集。因此,为何不能让“习得”回归其原义,去对应 learning 呢?为何不能让 learning 和“习得”担任两种学习阶段的说明角色呢?下面我们将以对应 learning 的“习得”来统一观察母语习得和二语习得,而不再使用让我们尴尬和混乱的 acquisition。[25]

3 语言“习得”之我见

实践中所得的经验告诉我们,塞林格(Selinker)和克拉申(Krashen)的观点在许多方面都颇有其理,但也并不完美无缺。[26]我们愿意提出一些看法,以对目前流行的某些观点做出新的诠释、修正或补充。

尽管母语习得与二语习得(按:此二处“习得”对应 learning,意思相当于“养成”,代替流行的 acquisition。以下同此)之间存在多个差异[27],但我们还是信仰这样的基本观点:母语和二语的习得具有基本共同的模式。母语和二语完全可以共处一个“习得”结构中。以下我们就来讨论一下这一共同模式以及二者的差异。

3.1 语言及其习得的基础

3.1.1 语言是具有特殊信号性功能的系统。皮亚杰(1980:64—69)指出:“在正常儿童中,语言与信号性思维的其他形式大约同时出现。”“信号性功能的表现虽有种种不同,但它们具有显著的统一性。……信号性功能和思维有着相辅相成的作用,因为信号性功能又是在思维和表象性智慧(representative intelligence)的指导下发展的。”盲童可以学会语言,聋哑儿童也可以掌握手势语和文字语言、读唇术,前者证明语言可以与视觉无关,后者说明凭借其他非语音信号的媒介也可以建构相似语言系统或另一类语言。信号性功能是包括语言在内的所有信号系统的基础。语言则是由人类生命本能的需求激发并发育而建立在某种生理—心理基础之上的复杂信号性系统,同时也是一种能力。

3.1.2 语言建基于基本通信结构。人类面对人与人之间的交际，也必然会产生一种基本通信结构（或信息结构）："目标物信息—目标物情况描述信息。"这是一种双段结构。前后二段的顺序可以颠倒，并被选择固定。这样的通信结构也是聋哑人手势语的依据和基础。它是语言发育、发展、复杂化的基础，也是"语向自整理能力"（参见本文第 4 节）的另一基础。我们相信只有大脑具有随着接触、认知客体和世界而逐渐发育、发展的能力，而且后天可以对这种能力加以利用。我们也更宁愿相信人存在有利于语言习得的遗传来的生理—心理基础，即存在语言习得的生理条件和心理"机制"（mechanism），并存在提供帮助语言理解与整理的生理"装置"（device），而并非 LAD 的 device。这种通信结构也会在大脑留下印记并遗传给后代。

3.1.3 多因素作用下的语言。人、社会和文化都不是一种单纯客体，因此由他们创造的语言必然也是由多因素造成的产物。语言既是一种工具，交际与思维的工具，也是某种习惯与文化的积淀。语言是人、社会、文化多方面造成的能力—符号系统。因此，任何使用单一因子的解释或假说必然是不完整的。儿童和成人的语言能力必是在多因素作用下才能习得。语言既需要先天的生理—心理条件，比如大脑 Broca 区和 Wernicke 区等所构成的语言中枢（或译"言语中枢"）分掌听说读写，比如年龄或生理—心理发展对语言能力习得的制约，当然也需要后天感知、认知、学习的作用和自然—人际环境的作用，又比如儿童由单词句到双词句再到电报句的过程，再比如儿童对与其生活不匹配话语的理解障碍。所谓的"刺激—反应—强化"仅仅是认知过程的一部分或其初级部分[28]，并不能被完全否定。语言能力及其运用的习得是个复杂过程，包含复杂的机理。我们主张在生理和认知心理基础上用多因素去理解语言能力的习得和运用，而不主张用单一因素束缚研究。

3.2 天赋和意识

3.2.1 先天和后天条件以及学习意识同样是母语和二语习得的必需。母语和二语的习得都需要先天和后天两种条件，都有潜意识（下意识）和有意识的成分，但程度和比例不同。二者会因大脑的发育—发展—衰退而互有消长。人在语言习得上既需要大脑内在的机能，更需要后天的追求与外在的环境。人的意识和语言学习意识是随着认知发展与深入而逐渐发展、逐渐开发的。例如二语主要是在学习者有意识的状态下学习的；二语学习者如果是已经掌握母语的幼童，也会存在潜意识的学习过程。到了成人阶段，先天禀赋能力开始衰减，后天能力开始突显，但潜意识始终低程度地或在某个方面存在着。

从根子上说，潜意识和有意识的二分并不完全科学。从无意识到有意识本是一个由零到满的连续系统，随大脑和认知的发展而由弱至强。"满"而"强"的"有意识"是不可能一下子出现的。在潜意识和有意识之间不存在绝对的分界或完全隔绝对立，而是彼此渗透、融入。一般而言，先天条件和潜意识的占比随年龄的增大而下降，反之，后天条件和有意识的占比则随年龄增大而升高。看起来，意识水平的提高似乎制约了下意识的作用；反之，下意识的持续作用也可能影响意识水平的提高。幼儿在需要食物时，必然有一种初级的意识冲动，此时的语言学习就无法否认其浅层或初级的意识。所谓的刺激—反应中的"反应"就是一种初级的意识。意识是动态发展的。儿童是在面对环境、本能需求和寻求信号手段下逐渐提高其认知和意识水平的。幼儿甚至在初始意识阶段就已经开始构建反映客体关系的图式（schema）[29]。随着环境认知和语言习得的进行、发展，幼儿完成了从简单指陈、过度泛化、试错—纠正到逐渐完善较正确图式和复杂图式的构建，而随着意识水平的提高和图式建构水平的提高，反过来又对语言习得起着推动作用。二者处于互动状态。[30]

3.2.2 一般来说，人的天赋能力是随年龄增长而逐渐衰减的。在这一过程中可能存在一种"习得不能"的关键下行斜坡，这表现为可能存在的母语习得"临界期"和二语"习得不能"时期[31]。处于该阶段，母语或二语习得都不能成功实现（realize）或内化（internalize）。这就是伦内伯格（E.H.Lenneberg）所说的语言的关键期（critical period）。该关键期与大脑的先天功能下降有密切关联。细致地说，听、说、读、写四项的临界期或关键期应该各有不同。例如，对超音段的听觉感知与模仿功能可能是最早开发，也是最早衰退的，其临界期也就更早些。其次是音段,再其次是语句规则。词汇的临界期可能是最晚的,甚至可以延长到老死之前。这样的顺序对母语和二语都基本如此,不会相差太大。由于个体的差异较大,因此临界期又并非绝对,不能将其时间绝对地确定下来。先天条件与后天条件以及与此相连的习得也并非绝对的对立,是具有弹性的,甚至可以互动。

概括 3.2.1 和 3.2.2 所言,可以大略图示如下(图中虚斜线表示区割的相对性、弹性和渗透性):

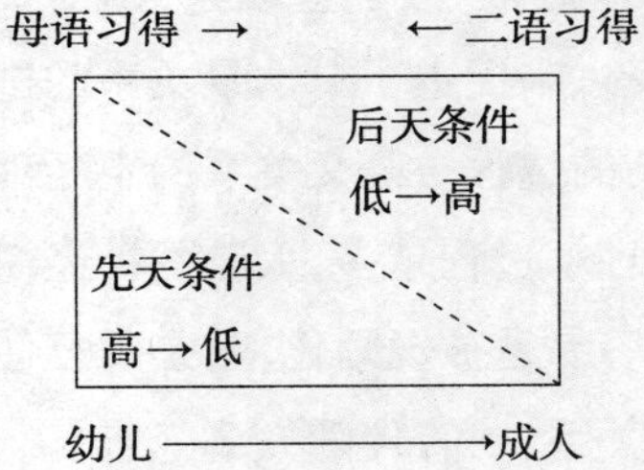

图 1a　先天 / 后天作用示意

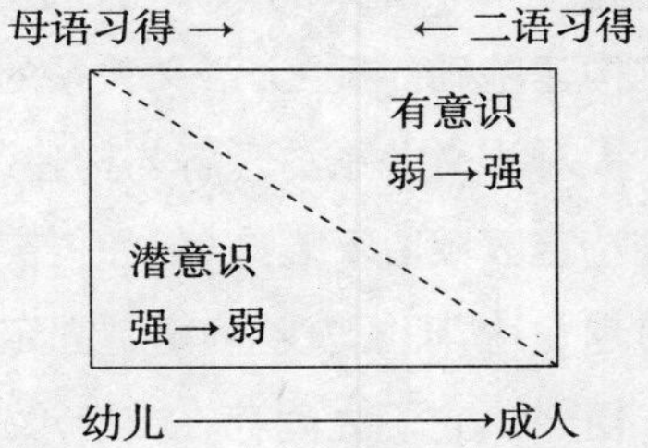

图 1b　意识作用示意

3.3 语言理解的机理与发展

3.3.1 语言理解就是言语形式与所指事物、事件之间建立起相对应的联系并在大脑特定区域产生反应并留下痕迹。在母语和二语的语义理解与习得过程中,都需要依赖一定手段与相对应的事物反复多次地建立由浅入深的联系。幼儿依赖养护人身体的动作指向以及当时情景(或场景);成人则依赖母语或当时情景。在交际环境的配合下,与所指情景的反复多次联系可以唤醒婴儿最初的理解和意识,离析大脑初始的混沌,可以加速、加固此后的语言理解。每次新的情景和新的动作指向或母语提示都是理解的进一步发展。不熟悉的情景则给理解以不同程度跃进的机会。它们都会促进大脑皮层锥体细胞的树突的分枝,树突棘的分化、增长,从而在大脑留下痕迹,为以后的理解提供进一步的基础。[32]

3.3.2 语义关系的理解是最难也是最重要的。语义关系的理解是建立在大脑对情景关系感知与分辨的生理—心理基础上。这些生理—心理基础是人天生具有的，是对实际情景中客体间基本关系（简称“情景关系”）感知的依赖。它们是几十万年甚至几百万年逐渐遗传积累进化而来。许多动物（尤其是高等动物）都具有对情景关系的感知与分辨，只是程度和类型不同。它们由视觉、听觉、触觉以及耳蜗平衡分析器等多个生理—心理方面综合作用逐渐形成于身体内部与外部。情景关系构成的图式并非语义关系本身，但它们可以映射到语言，可以转换为语义关系。动物没有人类的可分段语音的语言，很难转化为语义关系。只有人类才有语言，可以将这些情景关系的感知映射到语言理解上，或者将这些情景关系的感知与所输入音义串“比对”后建立联系，为语义关系的理解构建基础。反之，语义关系的建立又反过来促进了对情景关系的进一步分析。人对语义关系的理解与构建，是个逐渐的过程。语义关系的不断理解将在大脑特定区域留下痕迹（促使树突增生）。理解过程越多，大脑的神经树突或突状树越发达，理解就越确定越固定，关系就容易越被规则化，于是重复使用也就越方便[33]。它们之间存在交互渗透影响的关系，一直伴随人到老年。

二语学习者也存在情景关系与语义关系二者间的交互渗透和影响，只是二语学习者同时还受到母语的语义关系的影响。先入语言（母语）的语义关系模型对二语的语义关系的理解常常存在负面作用，阻碍二语语义关系的正确理解。这些影响或作用也因个体的不同而有相当的差异。许多人（幼儿或成人）在二者交互渗透或影响中具有更多的正面作用，这或许就是一种聪明的表现。

这两种类型中的映射关系和交互作用关系可以图示如下（斜虚线表示二者的区割具有弹性和相互渗透性，横虚线下方表示直到老年仍始终保有的一种情景关系基本分辨能力）：

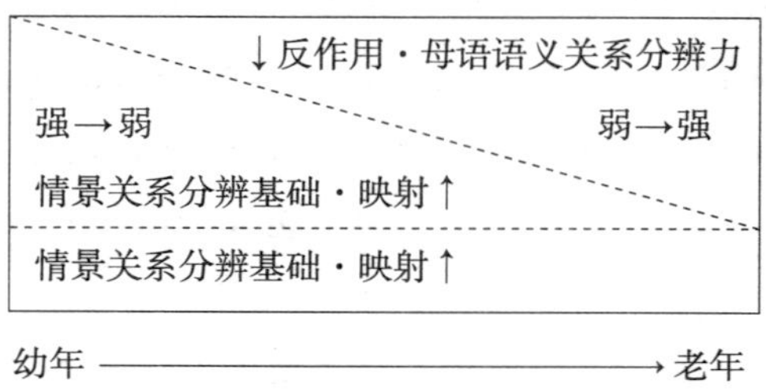

图 2a　母语语义关系分辨能力发展示意

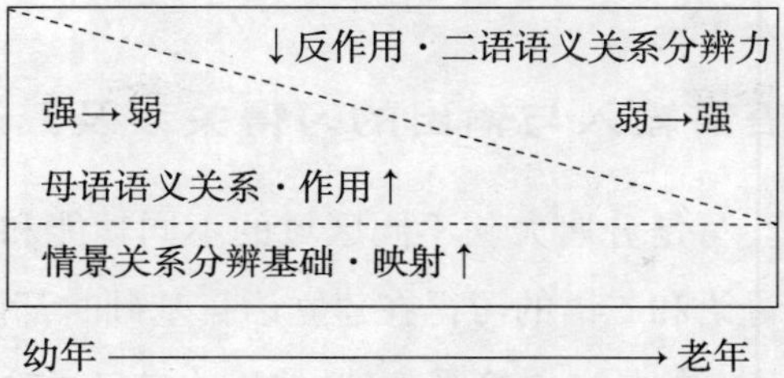

图 2b　二语语义关系分辨能力发展示意

3.3.3 在所有语言理解的养成/习得过程中，大体都由“点”理解（词、短语以及多词句中的个别词、短语）到“线”理解（句）再到“面”理解（语篇），在此过程中与语境、情景配合的立体理解也在逐步加深并丰富。幼儿的“单词句→双词句→电报句→主动宾句→多句”的理解与表达的发展过程可以为此作证。[34]成人由词汇·短语学习配合到句子学习，再到语篇学习的一般习得过程，也可为此作证。反过来，立体的理解和掌握又能加深线的理解和掌握，接着还能加深对点的理解和掌握。在此过程中，词汇和“泛词汇”是理解的骨干，也是文化积淀的集中区。所谓“泛词汇”在汉语中可以包括通常的单词和成语、惯用语等固定词组，也包括汉语离合词、动补结构的习用词语及俗语习用短句，还包括一些能产的词缀或类词缀。例如，汉语的“吃错、生气、仰慕、嫁娶；拍马屁、马后炮；谈－恋爱、闹－离婚、拉－肚子、闯－红灯、出－状况；买不起、看不进去；－性、－素”等等，它们带有汉语的特点和汉语文化的痕迹。词汇的扩大或泛化，可以减轻语法的分量，并为语言理解扫除许多障碍。[35]词语尤其是关键词语掌握得越多，就越容易听懂和理解。许多到日本的留学生都有这样的经历，在经过一个月到三个月听不懂日本人所讲的话、只能听懂一些词或短语之后，某一天突然发现居然听懂了。这一飞跃证明必须具有相当多的“泛词汇”量以及多次的重复才能迅速建立起听觉与大脑记忆区之间的联系，从而把一个个理解的词串联起来。最初可能是运用一个个词的语义去对应情景角色，猜出意义，达到“准理解”，之后则运用掌握的句法规则和功能成分基本理解全句，最后是结合语言情景达到完全理解全句。听懂是母语和二语成功掌握的基础。

3.4 语言输入与输出的习得关系及其顺序

3.4.1 听、说、读、写是分属大脑不同区域的不同功能和能力，其理解或掌握有一定的顺序。母语和二语的习得在建立语言基础时都需要先建立一个接受基础。幼儿最先建立的是口语接受基础，然后才是口语输出 / 发出系统。在课堂学习的成人，大体由听—读混合的系统作为最先的基础。听—读并非就是完全被动消极的过程，输入 / 接受本身也具有积极意义。对学习者而言，输入 / 接受的过程就是理解并储存信息模式的过程。但是没有适当手段的激发，这些被储存的信息模式不可能转变为完全积极的输出物（说的口语和写的文章）。听懂而说不出，看懂而写不出的事例比比皆是，我们每个人也都有体会。实践、交际的必需是激发它们转换的关键手段。

3.4.2 文字以及书面语是该语言的另一变异语言，尤其对于历史文化非常悠久的汉语和完全不同于表音文字的汉字。因此，适合于英语这种口语和书面语相差不大的语言的假设，肯定并不完全适合汉语。汉语的书面阅读和写作简直就像是汉语口语之外的另一种“类第二语言”学习。这是因为汉语书面语由汉字形式和程度不同的渗入文言成分、单字活动、修辞因素（如韵律节奏）等造成的，必须格外重视并另作设计。文字是第二语言习得中的重要影响因素。在母语和二语习得中对文字的依赖程度可能会随年龄和文字掌握度的增大而增大，对书面语的习得难度也会随年龄的增大而增大。因此利用与限制文字对成人二语习得是一重大课题。很多成年有文化教养的学习者有这样的体会，语言记忆对文字有依赖作用。文字帮助语言记忆，语言记忆也常常会依赖文字。在某些口语应对场合中可能出现因对应文字而出现反应放缓的现象。而无文字伴随的学习者既无文字的正面影响，也就不受其负面影响。

3.5 语言平台的建立

3.5.1 最小语言平台[36]。母语和二语的习得都需要建立一个多处相似的最小语言平台作为优化效率的二次起点。只有建立了最小语言平台，语言才能以系统形式占据大脑的语言的完整位置。婴幼儿由于初始阶段并无其他语言占位，每次母语点滴的学习几乎都能转化为记忆，并在以后转化为输出能力。儿童也只有过了电报语阶段，大约2岁以后才会建成最小语言平台，才能以大致合乎语法（尽管简单，但却基本正确）的短句语言和人交际。[37]而对于二语学习来说，学习得到的词汇和规则才能不被作为一个个分子而“母语化”，也即不被作为外来词那样被母语吞并，而是迅速成为另一个独立语言系统的一部分。这样的平台需要由近及远、由粗及细地构建与使用，以求巩固或内化。但是，母语和二语的最小平台规模和组成不完全相同，二语的最小平台可能要大于母语最小平台。它们二者所依赖的语言材料、客体种类和理解—使用程序等也不完全相同（汉语的二语最小平台可参看史有为2009）。构筑最小语言平台的材料大致按离学习者交际环境的远近而增加依靠度。最小语言平台的建立程序可基本图示如下，中心圈为最初的词汇范围：

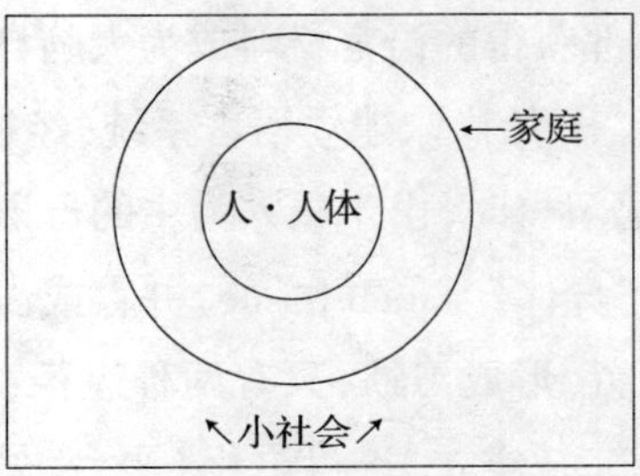

图 3a　幼儿母语习得环境示意

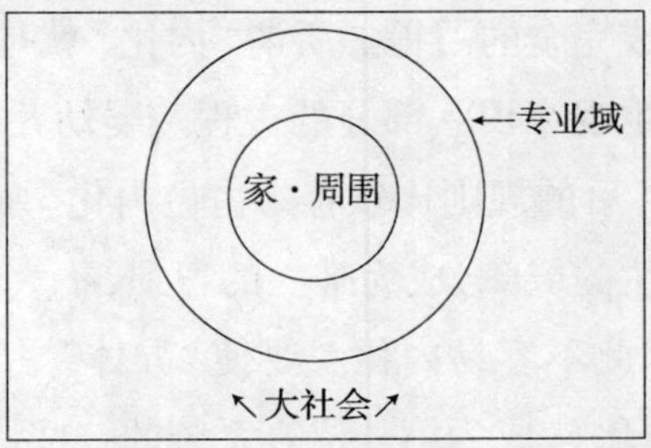

图 3b　成人二语习得环境示意

3.5.2“诱导语”策略。过渡语（又译“中介语”[38]或“中间语”）的存在告诉我们，有可能主动利用一定的诱导语使语言更容易接受并学习。这种技术可以称为“诱导语”策略。儿童学习语言时出现的“启蒙诱导语”（即儿向语言），二语教学中的“入门诱导语”，就是“诱导语”中的两种类型[39]。但诱导语使用不能超过一定时限，否则将不利于目标语的完全习得，也不利于目标语语感的养成。诱导语与真实标准语是一组互相矛盾却又有共同目标的存在。它们将使语言养成/习得提升到认识论、方法论的高度去认识。

3.6 语言的独立与内化

3.6.1 完全的第二语言能力是独立的。皮亚杰(1982：114)指出："语言是思维的根源。"语言与思维(理性思维)是同一事物的两个表现面。"习得"对二语与对母语略有不同。母语的习得,父母跟孩子的对话就能验证。而第二语言呢,仅仅对话并不能证明他就学会了二语。因为,母语可以作为中介物,在完成对话时起一定的中介作用,有的甚至是将第二语言翻译成母语之后再进行理解。我们在某些人的书面翻译过程中看到这一中介,同样也在口语对话中发现母语这一中介作用。因此,我们对这一命题的解释就是：完全成功的第二语言习得应该体现在它运用的独立性上,体现在独立能力上。所谓的独立性就是不依赖其他语言中介的独立交际能力以及独立思维能力。如何测量其习得成功的程度,则是语言教学与应用语言学的一项任务。

3.6.2 语言中的规则部分都必须内化(internalize)为潜意识的自在习惯才能完成完全的习得。所谓"内化"就是使外部获得的语言材料成为大脑自在功能或主观意识一部分的过程。婴幼儿由于一开始尚未建立语言系统,经过"自整理"后的规则比较容易占位内化。而二语习得时,由于先入为主的母语已成为占位的屏障,成为唯一的习惯,不大容许"异体"(alien tissue)并存或占位替代,因此不容易内化。要使"异体"占住位置,形成习惯,只有两种途径：一是"母语化",成为第一语言系统的一些成分；二是建立"准母语化"平台,另辟领域容纳"异体"系统。前者的母语化只能容许"异体"的成分(音、词语以及少数语法规则)以个体加入第一语言系统,就如同外来词一般。后者的"准母语化"则必须构筑具有满足"最小语言平台"的实体,才能有条件开辟出容纳二语的大脑功能区域。为了满足后者,二语有意识的语法理性学习,必须从理性到达感性。通过不断实践实用,逐渐摆脱理性意识,转化为语感型的自在习惯反应(即学习理性规则是为了甩掉规则的理性并转化为自在),完成功能内化,从而使大脑新语言领域的建构达致稳定、稳固。

3.6.3 不同语言习得的先后难易及其习得模式。母语对二语的习得一般只注意其负面作用。母语的占位就像一道屏障阻挡住二语能力的成功内化。这种屏障作用可以用阻碍度(degree of impediment)去描述。屏障一旦推倒或摆脱,将为第三语言、第四语言的习得开辟更易成功的通道,并延长此后新语言习得的临界期。其实前者对后者也有正面作用。母语的存在可以减去理解的初始过程,就像建立母语初始理解那样的过程。而母语在成功习得过程中没有这样的方便,但也就消除了先习得语言的阻挡和占位。这两种语言习得看似很不相同,并致使日本以“语言获得”来指称母语习得,而另用“言语习得”来指称二语习得。但实际上这二者是同一模式在不同条件下的变异。如果我们使用“先入语”和“后入语”来分别描述先、后习得的语言,那么就可发现,母语习得阶段的母语也可以用“后入语”来指称,此时所谓的先入语即为0。那么,一幅统一的习得模式就呈现在眼前。可以大略图示如下(图中虚斜线表示二者区割的相对性、弹性和渗透性):

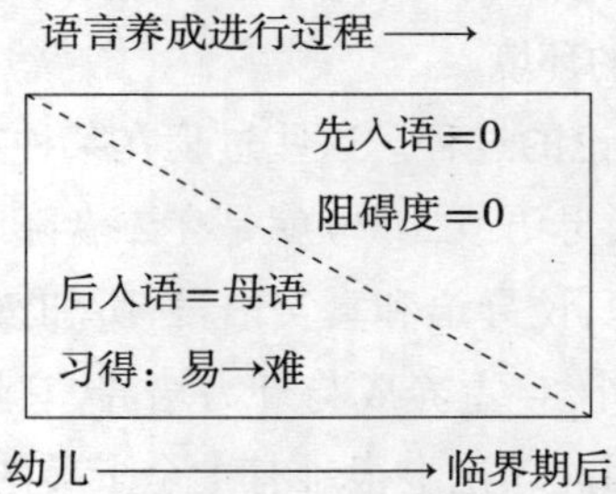

图 4a　母语习得 / 养成示意

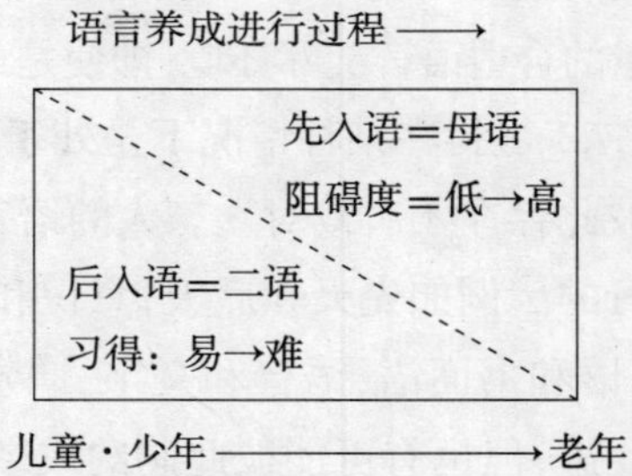

图 4b　二语习得 / 养成示意

3.7 小结

3.7.1 语言是交际—思维工具,又是习惯和文化经由某种积淀而成的内化系统。成功的语言习得依赖于作为模型的真实言语和真实环境。所谓成功的语言习得,是指会听、会说。如果是文化人或特殊人士,其语言习得的成功标准还需要加上会读、会写。母语习得是依靠父母亲或家庭成员反复使用日常真实言语而实现的。婴幼儿不断接受他们不断重复的言语,明白语言的能指与所指的关系,并以真实言语作为模型加以模仿。成功的第二语言习得同样依赖作为模型的真实言语。企图依赖缺乏完整言语的彼此无关联的若干句子,去成功学会另一种语言,其可能性极低。而仅仅依靠词典就可以学会另一种语言,更像是科幻故事,因为词典的信息有时过多,有时过少,尤其是语境语用的信息,除非他是特殊的天才或神童。

3.7.2 语言交际环境是语言习得的重要影响因素。语言是一种思维能力,是一种交际必需的基础能力。活的语言同时带上许多文化密码或信息,它也是一种文化能力。语言的产生、发展和生存都需要一定的交际环境。例如近来流行的"走你"。这种环境是交际所必备的,而且还是充满习惯性、文化性的环境。语言就是在这样的交际环境中生长发展的。其中充满因交际形成的琐细言语习惯,这些习惯有的推衍成了有一定适用范围的法则,有的还只是成员较少的习惯,甚至是孤立现象。例如近来流行的"走你"。这些习惯很难从语法中习得,也很难得到合适的解释。相比形态语言,汉语大而广的规则较少,而有更多后一类的成员少甚至成员唯一的习惯。因此,语言习得必须具备一定的语言环境。没有最低限度的交际环境,很难学到正确的可交际的语言。我们需要寻找或设计、制造一定量的合适语言交际环境,即使是最低量的环境。

3.7.3 习得在某种情况下是处于类似悖论的过程。这些过程在某种条件下可能彼此存在矛盾或对立。人的语言习得(母语或二语)就是在二者随时调和中前行的。例如先天和后天,意识和潜意识,诱导语和真实语言,听和读,说和写,口语和书面语,语音和文字,课堂和课外,自主养成与外力培养,它们可能彼此促进,但也有可能彼此制约或掣肘。因此理论上很难有十全十美的建构。但是清楚地认识到这一点,却可以使二语学习者和教育者清醒,使我们避免片面。目前在语言习得方面流行的交互作用论(interaction)为本文的观点提供了支持,并促使我们进一步提出互动—互制(interact & inter-restrict)的统一的模式[40],以使语言习得的解释更为合理有效。

4 人的语向自整理能力

4.1 人的语向自整理现象

事实1:许多孩子在具有两种语言的环境中先后不久或几乎同时接触两种

语言，并逐渐学会两种语言，并开始以它们为交际工具。在此过程中出现两种语言混杂、混乱的情况。例如，日本的一些中国孩子，常常把日语的语音（例如日语央化并微圆唇的 u）套到汉语词汇上，但过了一段时间，中日两种语音系统就开始各就各位到各自相对应的语词上。又例如，有些孩子在用汉语和家人对话时，在汉语语词担任造句元素的句子里，居然出现日语 SOV 的结构。而在过了一段时间后，这孩子的汉语又恢复了 SVO 的结构。在同时接触、习得两种语言时，幼儿开始会将两种语言的语音、语汇和语法的系统混合或混搭，语言呈现一种混乱状态。但随着语言学习的进行，他们渐渐地区分开两种语言的语音、语汇和语法，自然而然地各归其属，不再明显混合或混杂，词汇则可能还会时有混淆。如果两种语言使用程度相差较大时，其中使用度较低的语言则仍会明显掺杂另一语言的语音特征和语法特征。

事实 2：社会上多见一个家庭内不同成员分别操持不同语言，比如祖父母只会闽粤方言（或汉语），子女除祖居语言外还能操普通话（或当地外国语），年幼孙辈也能持这样的双语或双方言。在这样的家庭，子女不在时，家中有时也会来一位不懂闽粤语（或汉语）的客人访问老人。此时我们常常看见老人和客人会完全依赖孙辈进行对话，也就是让孙辈担当翻译的角色。这些孩子并没有学过翻译，甚至也没有当过翻译，也没有两种语言 / 方言对应的练习。但他们居然可以自然地沟通两种语言，虽然这样的翻译只能达到初步的“信”。

事实 3：笔者见到不少年轻的少数民族学生，例如以 SOV 为母语特点的蒙古族、维吾尔族、朝鲜族学生，在进入汉语学习、接受完全用汉语教学（不用双语）时，从开始学说汉语时的句法格局混乱，到逐渐符合汉语标准。当然也有一部分学生（特别是年龄较大的学生）始终带着母语语音（尤其在声调和句调方面）和句法的影响。笔者也见到这些民族的儿童，在没有学校教育的条件下，学会了汉语，从混乱无序或错序到达标准，只是语音还始终保持着当地“土汉语”无声调或声调混乱的特点。

事实 4：笔者见到或听到这样的情况，不少原本毫无外语能力甚至不识任何文字的成年人，在英美人家庭中担任过厨师或保姆一类工作，在经历过一段类似单词句、电报句的阶段，以及经过语序、语法或语音混乱之后，不少人也居然能说得一口大体正确的英语，与主人交流基本无碍。当然，也有生活多年，最终结结巴巴，不能完全掌握外语的。20 岁的英国人江森海（Dominic Johnson-Hill），从未经过汉语课堂学习，自 1993 年到北京，浪迹 10 多年之后，在南锣鼓巷开了一家出售文化衫的商店，还居然学得一口不错的汉语，只是不识汉字，没有正确的声调，词汇也稍嫌有限。

4.2 语向自整理能力

4.2.1 语向自整理能力和过渡语。我们常常惊异于 4.1 中的事实 1，惊叹幼儿或儿童学习语言的能力。母亲或玩伴没有任何语法知识和语法解释能力，也没有任何人告诉幼儿这些知识，可他们却能学会语法最复杂的语言，并基本按规则组成具体语句。习得的大致次序是：最初可能是结合具体语词的语音规则，同时也就是由语音体现的各种大小语词及其某种分类，接着是大而简单的语法规则，最后是各个琐细而复杂的语法规则。这说明，人先天就可能具有一种“语向自整理能力”（self-arrangement capability for language），具有对语音规则、词汇类别和语法规则的不依靠外来理性知识的自我发现、归纳、演绎、区分、对应、纠误 / 趋正等的能力，可以将许多具体言语和语句中合乎规则的部分加以归纳、归属，并在试错的过程中调整所认知的规则，也可以将不同语言（language 或 speech）的成分按不同特点逐渐区分、归属。桂诗春（2000：56）根据国外实验指出：“小孩生下来不一定具有某种语法、语音、语义的范畴或规则，但是他却具有某种组织经验的潜在能力，以发现、了解和产生符号，并用之于交际。这种潜在的能力是天生的，但是只有在和环境的相互作用中可能得到发挥。因此语言能力是客观因素和人类的潜在能力相互作用的结果。”本文的“自整理能力”实际上就是一种“组织经验的潜在能力”的表现。德国科学家 H. 哈肯（2000：34、7—8）提出“协同学”观点来解释大脑的工作原理，认为大脑是作为协同系统（synergetic system）处理而工作的。大脑许多工作“是一个细胞集体活动的结局”，例如：“模式识别由一个细胞集体的活动完成。”“大脑作为以算法为基础的编程计算机而运作时……我们认为，大脑是通过自组织作用的，我们可以（也可以不）引用算法。”这一观点支持了本文关于自整理能力的观点。大脑的自组织作用使得对语言的自整理成为可能。语向自整理就是一种通过大脑各相关区域神经的协同或即自组织作用而完成的。

在成年人二语习得中我们常常用“过渡语”（interlanguage）来指称语言混乱时的景象，但“过渡语”只是这一现象的表层描述和概括。如果联系到儿童、少年学习二语时的状况，那么过渡语只是自整理能力衰减或不能到位的一种表现。它们的存在并不能否认“语向自整理能力”。

4.2.2 理解是人对语言和客体间关系的整理。我们在 3.3.2 中指出“语义关系的理解是基于大脑中对情景关系感知的生理—心理因素”“人天生具有对实际情景中客体间基本关系（简称“情景关系”）感知的生理—心理基础”“这些情景关系的感知映射到语言理解上，或者将这些情景关系的感知与所输入音义串‘比对’后建立联系，为语义关系的理解构建基础”。这些“映射”“比对”就是一种大脑内的自整理活动。幼儿阶段，在亲人们不断重复以简单客体与语词联系的情况下，幼儿逐渐对二者的指代关系产生认可并在大脑神经树突留下痕迹，从而产生初步的认知和理解。在输入逐渐复杂化的情况下，幼儿以先期获得的理解在逐渐复杂的情景与逐渐复杂的语句之间进行新的联系，尝试建立新的联系，利用原有的联系对新联系进行分解、整理，并随着输入不断重复达到新的认可和理解。因此，幼儿对母语的理解就是幼儿激发并调动自整理能力的结果。

成人在二语习得中有两种情况，课堂的二语学习可能会大量使用母语及其规则，作为二语理解的媒介。在非课堂条件下，二语习得却仍然需要动员先天的自整理能力。当然在这两种情况下，学习者都可能会自觉或不自觉地把话语与情景及情景关系相联系、做比对，或者也可能与母语的语义及语义关系相联系、做比对，从而加深理解，或者产生偏误。

我们还常常遇到这样的情况：一些二语学习者使用不标准的中间语甚至规则不明显的“乱七八糟”的偏误二语，而受话方居然能大致听懂，并能继续对话（虽然有些困难，甚至可能有误会）。这说明受话方正在使用一种自整理能力对这些听到的语言材料按标准目标语规则做整理。此时受话方正是利用输入的基本语言材料（实词）所可能构成的图式同当前情景做比对、做猜测，并整理进合适的语义关系，从而达到理解。

前文 3.3.2 中的图 2a 和图 2b 中母语 / 二语语义关系分辨能力发展示意，如果以“自整理”视角去观察，那么也可以理解成“母语 / 二语语义理解自整理过程”的示意。

4.3 语言间自对应能力

4.3.1 对应与翻译。4.1 中的事实 2，即儿童或一部分未经学校语言学习的成人在母语和第二语言之间，或所习得的多种语言之间，可以进行交换和对应或所谓的翻译。这种交换和对应即所谓的“自对应”。根据大量的这类事实，我们认为人应该具有不同语言 / 方言间自对应能力，这种“语言间自对应能力”（self-correspondence capability between languages）是语言自整理能力的一种表现。所谓的翻译实际上就是语言内在对应的外化。两种语言的对应是一种内在状况和内在能力。只要学会或习得两种语言，这两种语言（词汇和语句）之间在所指事物或情景的共指作用下会建立起一种语义及其表现形式的对应联系。由于不同语言的词汇构成与语法繁简程度不同，其对应的程度也会有高有低。但最低限度的对应是必然存在的。这种能力与年龄的关系现在尚不清楚，但有一点是清楚的，儿童对不同语言、语体、语用的区分不及成人，成人这种自对应能力可能强于儿童。但在语言的准确度上，成人可能不及儿童。这些自对应仅仅是语句核心义的对应，之后的专业翻译训练是在准确度、风格、边缘语义、话语连贯以及对应技巧等方面的改进，也即更多的是提高这种对应的程度、速度和质量，优化对应的效能，从而提高“信”，并跃向“达”与“雅”。

4.3.2 两种不同的对应。翻译是既能听懂又能翻译出去的对应，是完全的外向对应，可以称为“积极型对应”。而仅仅听懂另一种语言或方言，则是不完全的对应，单向的内向对应，可以称为“消极型对应”。例如，我们常常可以听懂许多方言或语言，但却不会说，实际上所谓听懂也是一种对应，不过是单功能的内在“翻译”。任何自然的口头翻译，都是在外在需求下的一种完全对应。外在需求是触发另一半外向积极型对应能力的条件，也是完成这一完整能力的必要条件。这两种对应并非绝对对立，其间的分界也是弹性的、柔性的。

4.2 和 4.3 的统一模式可大略图示如下（图中虚斜线表示二者区割的相对性、弹性和相互渗透性）：

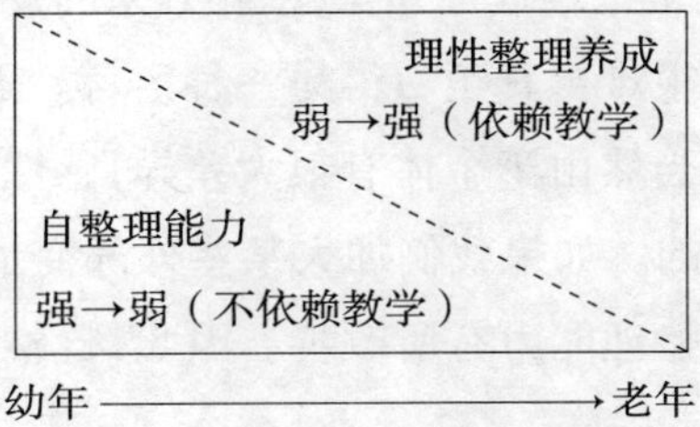

图 5a 语言内整理能力示意

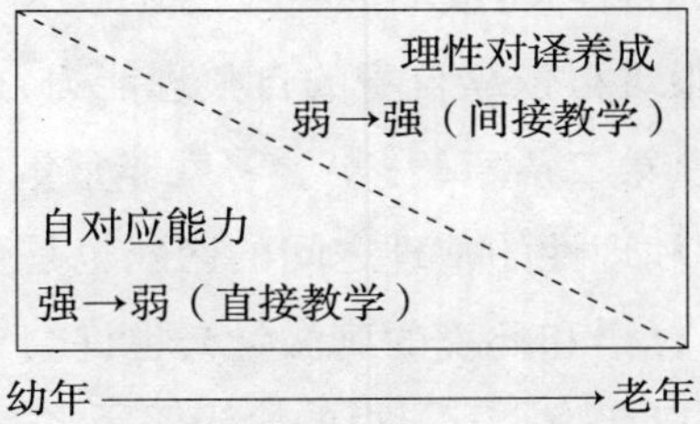

图 5b 语言间对应能力示意

4.4 语向自整理能力的基础

语向自整理能力（包括理解和自对应能力）实际上是潜意识（或弱意识）下的一种认知和逻辑的能力。婴儿出生后的大脑可能还处于混沌状态，之后会因食欲、不适和其他外界刺激而逐渐激发大脑的认知需要并激活大脑遗传得到的初步认知和逻辑的能力。大脑中这种认知和逻辑的能力包括初步的分类、归类、排列、比对并推理的能力。自整理能力建基于人所具有的天赋的初步认知和逻辑（归纳、演绎）能力、初步比较、证明（证明对或错）的能力以及初步调整的能力之上。

逻辑能力有两个部分，一部分是先天就具有的逻辑能力，一部分是后天学会并发展的逻辑能力。先天的能力是在学习生活、学习语言过程中被激发、激活并完善的。先天的能力更倾向于形象和感性，而后天学会的逻辑能力，更倾向于抽象和理性。扩而大之，人对语言（language 或 speech）的整理能力，也有两种，一种是天赋所有的而被后天激发的感性的整理能力，即本文所指的语向自整理能力；一种是后天学到的，多少带有理性特点的整理能力。随着年龄的增长，这两种能力出现消一长交替。过了十二三岁，随着年龄的增大对语言理性知识的依赖也就增大，母语甚至二语习得成功的难度也相应增加。根据种种语言学习的事实可以归纳出一个结论：随着人在一定年龄段内的成长，这些能力也随之发展。超过一定年龄段,对语言的自整理能力将逐渐衰退。但这种衰退具有弹性,因为人的生理—心理随着二语习得成功的程度会具有一定的可塑性。4.1 中的事实 3 和事实 4 可能就属于这种情况。如果老年人没有第二语言习得成功的经验,那甚至就将完全依赖理性知识,依赖外来的规则学习,很难再依靠自身的自整理能力,也就很难再真正习得另一种语言。因此,语言(第二语言)尽早学习就非常重要。当然由于个体有很大差异,感性的自整理和理性的整理之间的区隔也是弹性的。如果我们加大某些外部变量(例如目标语和环境的刺激量),也许会对自整理能力有所改善。因此,自整理能力可以作为语言习得的恰当解释之一。

4.5 语向自整理能力受制于多种因素

人的语向自整理能力来自人的认知能力与人脑机能的非凝固状态或称可塑性[41],但需要依赖多种内外因素的配合。成功的语言习得依赖于作为模型的真实言语;语言交际环境是语言习得的又一重要影响因素。活的语言不但是一种交际必需的基础能力,它还同时带上许多文化密码或信息,依托不断累积的知识,又成为一种文化能力。语言的产生、发展和生存都需要一定的交际环境。这种环境充满习惯性、文化性和知识性。语言就是在这样的交际环境中生长发展的。语言中充满因交际形成的大大小小的言语习惯,这些习惯有的推衍成了有一定适用范围的法则,有的还只是孤立现象。这些习惯很难从语法中习得,也很难得到合适的解释。因此,语言习得必须具备一定的语言环境。没有最低限度的交际环境,很难学到正确的可交际的目标语言。我们需要寻找或设计、制造一定量的合适语言交际环境,即使是最低量的环境。语言的习得又是以学习者为主体的一种自主能动过程。我们也要充分重视学习者的主体因素,并注意利用教授者的引导作用。为此我们也曾提出能动教学法[42]。

限于篇幅,本文只能做简要阐释。关于“互动—互制”和“语向自整理能力”,还只是初探,不免粗疏,但也许还能作为一种初步的假说[43]。如果这一假说能够成立,则二语教学,尤其是汉语作为二语教学的方法、模式或路子将有更大的变化。抛砖引玉,有待识者教之。

附 注

[1] 乔姆斯基在1966年的 *Topics in the Theory of Generative Grammar*（Mouton and Co.）中提出了LAD假说，而后又在1986年的 *Knowledge of Language: Its Nature, Origin, and Use*（Praeger）中进一步完善了该假说。

[2] 日语对乔姆斯基LAD中的device翻译为“装置”或“机构”，显然比汉语翻译得更为准确。在中国的自然语言处理学界中，device仍有翻译为“装置”的，保持了乔姆斯基的原意。汉语中的“装置”系借自日语，对应英语的device。日语“装置”（日音sōchi），名词与汉语相同，意思是“为一定使用目的的机械、设备”，日语最早书证见于1837—1847年。

[3] 目前许多中国的论文和语言学词典绝大部分使用“语言习得机制”对应LAD。而日语对乔姆斯基LAD的规范翻译是“言语获得装置”，也有译“言语习得装置”（《应用语言学事典》，研究社，2003），都说明其原意是一种实体。显然，日语翻译比汉语翻译更为准确。

[4] 自古以来，“习得”这一词组只在文言中使用，并未词汇化或专指义化，而且“习得”还有“许可学习”之义，与“拿得、看得、吃得”等词组是同一类型。在现代，《现代汉语词典》直到2005年的第5版才收入该词，解释为“通过学习而获得：语言～。”可见该词在现代汉语中长期未能作为单词存在；而且，从其举例观之，也显见是因为引进外来的应用语言学理论并作为应用语言学用语才得以作为单词出现。这一情况可以与“获得”比较。“获得”早在汉代已经成词，例如汉·焦赣《易林·既济之大有》：“蒙庆受福，有所获得，不利出城。”“习得”古代虽然可以组合，但一直未见成词。二者的差别就在于“获”和“习”的语义构成。“获”的语义已经包含结果成分“得到”，过程已经被封闭。而“习”在古汉语中，最初意为鸟练习飞行，后引申为“练习，复习”。《论语》“学而时习之”中，“习”即练习、复习之义。与表示“学习”义的“学”对举，即充分说明二者的不同。同时，“习”也引申出另一意义，即学习义。如《吕氏春秋·听言》：“蠭门始习于甘蝇。”含义中完全没有结果成分，是一个过程开放的动词。因此当“获得”出现时，“得”成为多余成分，说明整个组合已经被熟语化、专指化。而“习得”在古代至近代始终处于一种单纯句法构成的状态，没有熟语化，也没有专指化。直到“习”无法单用的现代，直到中国的语言学从外国引进了新概念，才实现单词的身份。

[5] 日语“習得”（日音shūtoku或shutoku）的意义是“学会，学了以后记住学习内容。”（日本《广辞苑》），“习得”也即“学得、学会”。其最早书证为1430年的《习道书》，日本用于教育学的书证为1882年伊沢修二的《教育学》，用于语言学的书证为1949年渡边一夫的《僕の語学修業》。日语辞典很早以来就收录“习得”。这与汉语形成鲜明的对比。

[6] 日本《角川新版实用辞典》（1988年）在“获得”条下对应英语acquisition；在“习得”条下对应learn。这一方面证明日语“习得”原来的意义和用法，另一方面也说明日语“习得”与acquisition的对应此时尚未传导到语文辞典。用“习得”对应learn是完全合适的，

learn 在同一义项下本来就有两个很不相同的意义："学习"和"学到、学会"，后者也就是日语的"习得"。

[7] 英语 acquisition 是一个完整的术语，并未分成"获得"和"习得"两个，日语将之分化为两个是不符合英语原文的。Acquisition 的原义是一个没有限定手段的"获得、得到"，并无"学习而得"之意，也无"先天而得"之意。《增订英华字典》（罗布存德原著，1884）在 acquisition 下仅注释为"得，获，所获的"。翻译为"获得"比较中性，比较符合原意。即使到了 2005 年和 2009 年，《牛津高阶英汉双解词典》（第 7 版，中文简体字双语本，2009，商务印书馆、牛津大学出版社。英语原版 2005 年）在 acquisition 和 acquire 条下，英语释义丝毫没有"学习而得"的影子，而中文依然只使用"获得，得到"来解释。可见，用"习得"去翻译 acquisition，是日语自以为是的翻译。现在许多英汉词典释文中的"习得"，显然是受到日语自以为是翻译的影响，因而衍生出的多余赘物。日语"习得"原先是对应 learn / learning 的，与原义较为符合。日本的语言学界也曾把 LAD 翻译成"言语获得（习得）装置"（参见日本《言语学大辞典》第六卷《术语编》，三省堂，1996）。而官方的《文部省学术用集 · 言语学编》（日本学术振兴会，1997）则明确规定 acquisition 对应为"获得"。到了日本《应用言语学辞典》（研究社，2003）才按母语和二语分别对应为"获得"和"习得"。LAD 对应为"言语获得装置"，有时也译为"言语获得机构"，而把 SLA 译为"第二言语习得（理论）"。至于另一部《新版日本语教育事典》（大修馆书店，2005）干脆把"习得"对应为 learning。这种种混乱都是日本自作主张分化 acquisition 而来。由于 acquisition 既有无方式含义的单纯"得 · 获 · 获得"义，以后又产生有"通过学习而获得"之义（可能就是因 SLA 而产生），因此现在日本语言学界是否真正统一，混乱是否完全停息，也还是个问题。此外，由于"获得"本身并无天赋之义，而"習得"在实际中又容易误会，因此，日本又创造出"生得""生得性"二词，来诠释乔姆斯基 LAD 中的含义，即语言乃"生而得"，强调其天赋或遗传的性质。

[8] 以"第二语言习得"为名的研究开始于 1967 年。日本很早就引入并作为一个研究方向，几乎与西方学界同时并行地推进。而中国在此一时期尚处"文化大革命"阶段，无人顾及对外汉语教学。因此在上世纪 80 年代前后重振学术时，最方便的办法就是借鉴和参考日语的翻译。这也是中国长期以来的习惯做法。借用日语中的"习得"，就是一例。

[9]《现代语言学词典》（[英]戴维 · 克里斯特尔编，沈家煊译，2000，商务印书馆）在 acquisition（acquire）条下对译汉语"习得；获得"，注释为："在儿童语言发展的研究中，指学会一种语言的某一方面和最终学会整个语言的过程或结果。这个领域的研究通常称作儿童语言习得（child language acquisition）。"该条另一个意义则是"'习得'还用来指学会一门外语。'外语'或'第二语言'习得因而有别于'第一语言'和'母语'习得。这种情形下'习得'有时跟'学会'对立：前者被视为一种下意识的、自然的过程，它是达到外语流利表达的主要动力；后者则被视为一种有意识的过程，它监测习得进展并引导说话人的语言运用。"该条下还指出另一理论："生成语言学中，语言获得机制（language acquisition device，简称 LAD）这一术语用来指儿童有获得语言结构的天赋素质这样一种

语言学习模型。这一观点通常与其他一些观点相对立,后者把语言获得或者看作模仿—学习的过程,或者看作认知能力发展的反映。”但多数中国文献对 LAD 使用“语言习得机制”来翻译。对于这一译名混乱,笔者曾在《世界汉语教学》1987 年第 2 期发表《“习得”的含义和用法》一文来回应,希望纠正当时“获得”和“习得”的使用混乱。为此,笔者最近去信请教了一些英语专家,他们都认为“习得”和“机制”的翻译是不妥的。例如徐烈炯先生给笔者的信中指出:“(‘习得’和‘机制’)术语翻译得不好,可是流传开了很难改。”这里的部分原因也在于汉语中缺少完全对应 acquisition 的词,两种语言的词汇系统和语义系统不是一一对应的,要翻译准确,确实非常不容易。

[10] 德语非常尊重英语、尊重乔姆斯基,对 language acquisition 在母语/一语和二语甚至多语几个方面都使用同一个名词去对译:Spracherwerb(语言获得< Sprache[语言]+ Erwerb[获得]),Zweitspracherwerb(< Zweit[第二]+ Sprache[语言]+ Erwerb[获得]),与对应 LAD 的译名 Spracherwerbsmechanismus(< Sprache[语言]+ Erwerb[获得]+ Mechanismus[机构])中的成分完全一致。

[11] 20 世纪 80 年代克拉申(S.D.Krashen)提出了 The Acquisition–Learning Hypothesis,它在中国就被某些论文翻译为“习得—学得假说”,而日本则未创新词,译为“习得—学习假说”。按字面义“学得”即“习得”,本是词组,二者语义难以区分,现在却无端地硬给分开成两个对立的词。于是我们就看到用“习得”翻译 acquisition 后所出现的尴尬后果。对 acquisition 和 learning 之间的对立,也有学者提出新的汉语术语来对应。王建勤(2004:222)引述李宇明在《语音学习异同论》(《世界汉语教学》1993 年第 1 期)中的观点:“他(指李宇明)把所有的语言获得都称作‘学习’,如儿童母语的获得、成人第二语言的获得以及聋哑人的语言康复。与此同时,他把通常所说的‘成人第一语言学习’(adult second language learning)称作‘学得’,儿童母语的获得称作‘习得’。”并将 acquisition 与 learning 相对,前者专指儿童母语习得,后者泛指一切语言的获得。“学得”一名是否因此而行,尚待考证,但这一做法似乎并未真正理解乔姆斯基所用的 acquisition 一词,反而让人更觉得混乱。

[12] 1998 年英国牛津大学遗传学家 Anthony Monaco 及其研究小组发现了一种“语言基因”FOXP2。该基因突变的结果使肺部、喉部、舌头和嘴唇的肌肉运动可以微细协调,从而取得了其他生物所不具有的控制发声的器官。而且 FOXP2 可控制其他一些基因或靶细胞,控制人类与黑猩猩的大脑生成不同的蛋白质。其缺损甚至影响组织句子,也影响正确阅读、拼写、理解。正是 FOXP2 的作用,使人类的发音器官有了飞跃性的发展,使之发生了其他物种所没有的变异,这对口语的产生、对大脑主管语言的区域的发育、对智能演化程序的取得,具有了决定性的意义。此外,后天的、环境的作用具有另一种决定性作用。(参看郭智颖、张积家 2009,121—123 页)由德国遗传学家斯万特·帕博(Svante Pbo)率领的小组与英国研究者进行了合作,着手追溯 FOXP2 基因的进化历史。他们说,FOXP2 基因关键的片断上共有 715 个分子。人类和小鼠最近的共同祖先生活在大约 7000 万年以前,从那时到现在,该蛋白质的氨基酸序列上只产生了 3 个不同分

子。其中2个发生在约600万年前人类支系与黑猩猩分离以后，1个发生在20万年前解剖学意义上的现代人出现的时候。FOXP2的突变使人能够发出更丰富、更多变的声音，并为语言的产生打下了良好的基础。可见，语音是人类语言的基础。黑猩猩具有逻辑和理解能力，但不能发出复杂语音，也就无法说话，无法进一步演化为"人"（据该团队2002年8月14日发表于《自然》杂志网络版上的报告）。以上可见，FOXP2还不是乔姆斯基的"语言获得装置"，它不是大脑内的这种装置，也不是语法的参数，而只是关于语音器官的基因。如果有"语言获得装置"，那么我们还须继续去发现它。

[13] 桂诗春（1985：44—56）引用I.Schlesinger的一个试验，试图来揭示英语国家的聋哑儿童中有无主语、动词、直接宾语、间接宾语。"试验结果表明……在手势语里并没有英语的那些语法关系。"从而否定了儿童先天就具有普遍语法的假说。桂诗春（2000：51—52）进一步介绍了1977年美国Doldin-Meadow和Feldman所记录的6个聋孩不依靠家长（家长有听觉，不会手势语）和其他任何人各自独立创造、发展出不同手势语的案例。他们的手势语都经历了单词话语—双词话语—复杂句的过程。在双词话语中全都按照"(patient受事物)(act动作)(recipient受事人)"的次序选择其中的两个来排列。但在手势语中却并没有显示存在有声语言中那些名词、动词和语法关系。

[14] 孙久荣（2004：70）"遗传物质只给出了神经系统发育的框架。在神经系统的发育过程中，特别是出生后的发育阶段，实际需要的发育要受到各种因素的影响，其中外界后天的刺激和学习对突触结构和脑的发育有着巨大的影响。"

[15] 一般都认为，儿童学会母语只需四五年。在这段时间里分为几个阶段。不同的学者对此会有略为不同的分期，成熟年岁的上限也会有不同。何克抗（2004b：69—79）提出儿童语言成熟四时期的观点：(1)发声练习期（出生至6个月左右）；(2)言语准备期（7个月至11个月或12个月）；(3)言语发展期（1岁至2.5岁左右）；(4)言语成熟期（2.5岁至4.5岁或5岁）。桂诗春（1985:44—56页）分为"最早的声音"和"真正的言语"（1岁至1.5岁）。后者又分为"单词话语""双词话语""连接语法"三个阶段。克里斯特尔（1995：366—387页）则分别从语音、词汇、语法、交谈几个角度更细致地区分它们各自习得的阶段。

[16] 一般认为感觉与知觉是认知发展中的两个阶段。皮亚杰和英海尔德（1980：24—28）认为，"感知—运动"和"知觉"，是两个阶段，二者是相辅互助的。"知觉"被"感知—运动"所丰富。它们都是感性的范畴。何克抗（2004b）提出"第六感知觉"，的确是一项创新，但我们却很难想象知觉也有抽象思维才有的语义关系。该文是否把对客观情景内客体间的关系也当成了语义关系？前者是可知觉的，而后者属于抽象思维范畴，是由前者经过大脑语言中枢的作用映射到语言范畴的。皮亚杰和英海尔德（1980：64—69）还指出"在正常儿童中，语言与信号性思维的其他形式大约同时出现。……语言的社会上或教育上的传递既然必先以这些个别的信号性功能的发展为前提，因此，似乎可表明语言由发生学上逐渐演化而来。""信号性功能的表现虽有种种不同，但它们具有统一性。……（其他信号性功能）或语言这些信号性功能对当前并未知觉到的事物

都能唤起表象。……信号性功能使思维成为可能”。桂诗春(1985：30—38)也证实：语言缺陷有遗传性，其染色体异常。表现为学话迟，发音不清，表达、阅读困难，很难学习第二语言，但智力一般不受语言缺陷的影响。有些遗传病影响智力，但不一定影响语言。这证明，语言和智力是分属两个区域。而语义关系更像是智力处理的范畴。

[17] 孙久荣(2004：68)认为婴儿出生时大脑视觉皮层初级层已成熟，听觉中枢的发育则晚于视觉中枢。出生2—3个月视觉皮层活动增加，6—8月额叶前部(即运动性语言中枢)皮层代谢速度增加。这些发展顺序都无法证明所谓的语义感知觉与视知觉同时发展，也无法证明传统的听知觉中包含语义关系的感知觉。

[18]《辞海》(1989年版)“感觉”条：“人类感觉在复杂的生活条件下和变革现实的活动中得到高度的发展。它与动物感觉有质的不同，后者只是自然发展的结果，而前者还是社会发展的产物。**感觉属于认识的感性阶段，是一切知识的源泉。它同知觉紧密结合，为思维活动提供材料。**”《辞海》(1989年版)“知觉”条：“(知觉)它同感觉一样，由客观事物直接作用于分析器而引起，但比感觉复杂、完整。大多是几种感觉的组合，但不是简单的相加，而具有新的品质。表现为对事物的整体认知或综合属性的判别。**知觉有遗传的基础，但主要依赖于人的主观态度和知识经验。**……(知觉)具有整体性、选择性和恒常性等特征。可分为空间知觉、时间知觉和运动知觉等。实践是知觉的基础，在实践中，知觉逐渐完善和精确。知觉的正确与否也只能依靠实践来检验。**知觉是感觉和思维之间的一个重要环节，对感觉材料进行加工，为思维准备条件。通常仍属于认识的感性阶段。**”(按：黑体为笔者所改字体格式)何金彩(2005：21)指出：“知觉依赖多种感觉器官的联合活动，可见知觉比感觉更复杂。”

[19] 参见何克抗(2004b：55—56)。该书引王德春之文：“顶颞枕部皮层损伤患者，虽能识别语句中的各个词，并理解单个词的意义，但无法对它们进行整合性加工，因而不能形成多维语义图式，即作为整体呈现的语义关系体系。”所举的例子是：患者无法判断“春在夏之前”和“夏在春之前”哪一句正确，无法弄清“在方下面的圆”与“在圆下面的方”有何不同，无法弄清“鸟巢筑在树枝上”这个句子中，“鸟巢”与“树枝”之间的关系，不能对句子“有个人乘车在路上行走”的正误做出判断，让患者复述句子“男孩打了狗”，患者将复述为“男孩……狗”，等等，从而判断患者失去辨识“时间格”“处所格”“受事格”“施事格”“工具格”的能力。这些都是成人的病例，不能证明婴幼儿生下来就有“先天装置”。而且就发展次序而言，时间概念是空间概念的延伸或发展，是后起发展出来的。“春夏”一例明显不能作为语义关系先天就具有的例证。

[20] 何克抗(2002，2004b)引用菲尔默的格语法研究，指有施事格、受事格、与格、结果格、原因格、工具格、处所格、时间格。但是许多学者对语义格的分割或分析有许多不同的观点和结果，并不完全同意菲尔默的观点。

[21] 一般认为，SLA的研究开始于1967年Cord与Selinker分别进行的中间语研究以及E.H.lenneberg等关于临界期的研究，而SLA的提法也开始于20世纪70年代。

[22] 我们高兴地看到2011年8月28日在北京外国语大学举行的第16届世界应用语言学

大会上美国 Diane Larsen-Freeman 教授在她的主旨发言中提出：我们应当为应用语言学的重点研究领域赋予一个更为准确的名称以代替原有的 SLA，并认为“第二语言发展”（Second Language Development，简称 SLD）能更为恰当地描述我们所研究的领域。她采用动态系统理论重新探索语言学习过程，指出“第二语言发展”承认不同学习者在学习方式、过程及结果上的差异。其实建议以 development 涵盖更早就已开始。这一名称似乎能为 L2 与 L1/ 母语的能力取得过程做出较好的区分。

[23] “养成”与“习得”一样，汉语中本非单词，而是词组。这里是借鉴日语有“养成”（日音 yōsei）一词而创立的汉语新词，并非外来词，与日语的意思（“养育、培养、造就”）不同。日语有“养成教育”之类的组合，指的是他向性的过程。而汉语则是双向的，既有自身的自主养成，也有对他人的“养成”。“我养成了刷牙的习惯”，此处即自向的行为；“把她养成了娇小姐”，此处即他向的行为。在这一点上我们与 20 世纪 60 年代皮亚杰（J.Piaget）等所倡导的建构主义学习理论（Constructivism Learning Theory）是一致的。Constructivism，或译结构主义，是当代认知理论的一种。建构主义认为，学习是主体进行意义建构的过程。或者如美国心理学家威特罗克（M.C.wittrock）所认为的：学习的实质就是主动地建构对信息的解释，并从中做出推论。该理论将学习看成是学习者通过新旧经验间双向的相互作用建构自己的经验体系的过程。强调主体性和选择性，指出了学习作为一种认识是主体能动的选择、主动建构的过程，其中心在于学生的“学”。参看薛国凤、王亚晖（2003）。

[24] 多部英语词典都标明 learn 在一个义项下有“学、学习”和“学到”“学会”“习得”几个意义，例如《英华大词典》（修订二版，商务印书馆，1984）和《朗文十万词词典》（外语教学与研究出版社，2001）。“学会”与“习得”的本义是一致的。“学、学习”和“学到”“学会”“习得”是语义结构完全不同的两组意思，如何能共处于同一个义项下是非常奇怪的。汉语由于有补语语素（如“- 到、- 会、- 得”），很难出现这一混居同一义项的现象。而且汉语是在走词义分析的道路，例如“见”“闻”“获”，演变为“见到”“听到、听见”和“获得”，原来的含结果的语义只能出现于“视而不见”“听而不闻”“不劳而获”一类固定组合中。因此汉语很难用一个词去涵盖两个不同结构的语义。这也是翻译的为难之处。

[25] 我们在 2.3 中提出“养成”（cultivation）一词，虽然“养成”更适合于母语和二语的学习，但我们并不坚持一定要使用。习惯是很难改正的，尤其是语言，将错就错、一错到底，经常会发生。我们也并未否定 acquisition 一词，它对学习而得或无意识得到其实都是中立的，只是觉得由于某些翻译的不当，把这个词在人们思想中的对应系统弄乱了。我们希望中文能回归原点，让 acquisition 对应“获得”，让 learning 对应“习得”或“学习”，取消“学得”这样的翻译。

[26] 塞林格（Selinker）于 1967 年提出过渡语（interlanguage，即中间语、中介语）的理论。克拉申（Krashen）于 1977、1981、1982、1985 年相继提出如下五种假说：1. 习得与学习（区别 / 差异，distinction）假说（The Acquisition and Learning Hypothesis）；2. 监控假说

(The Monitor Hypothesis); 3. 输入假说(The Input Hypothesis); 4. 情感过滤假说(The Affective Filter Hypothesis); 5. 自然顺序假说(The Natural Order Hypothesis)。其中如习得一学习区别假说,对习得与学习差异或区别有过分夸大、对立的问题。

[27] 一般认为母语/第一语言和第二语言的习得存在三大差异:1. 学习动机上的差异。2. 刺激量的差异。3. 认知和发展水平上的差异。也有人归为五点差异:1. 学习的主体不同,理解和接受能力不同。2. 学习的起点不同。3. 学习的条件、学习环境、学习方式不同。4. 学习的目的和动力不同。5. 语言输入的情况不同。可以发现这些差异基本上都是量或程度的不同,反而可以证明二者其实是同一模式分化而来。

[28] 皮亚杰(1980:44)认为"倘若语言如同经常所主张的那样,仅是通过一系列条件反射而获得,那么在儿童出生后第二个月早就出现语言了。"这段话肯定了刺激反应的作用,但又指出仅有刺激是大大不够的,还可能不是其最核心的作用。

[29] "图式"是心理学术语,指围绕某一个主题组织起来的知识的表征和贮存方式。图式实际上是一种关于知识的认知模式。有高级和低级之分。被建构主义引进作为其术语之一。本文使用在这样的意义上:人对外界的认识都用包含客体相对关系的具体或抽象的图景加以概括并储存于大脑,这样的图景就是图式。图式可随经验或实践的累积而修改、深化。这样的图景有简单也有复杂,有感性的也可以是理性的。儿童早期认识世界的图式是粗疏的、简单的。一个图式可以对应一个或一组语句。

[30] 桂诗春(1992:2)指出:"Wode(1984)还特别指出,有一种与语言学习有关的语言认知能力(linguo-cognitive ability),它不同于一般的认知能力。""以语言习得而言,儿童学话是他们的认知机制发展到一定阶段的结果。大脑的成熟是引起语言变化的根本原因,他们的一般信息处理能力(注意、记忆、声音输入的短时缓冲、发音的输出)都对语言习得产生重要影响。"

[31] E.H.lenneberg 和 John Wiley 在 *Biological Foundations of Language*(1967)最先提出"临界期"假说,认为在思春期(12—15岁)之前患有失语症的患者较容易恢复,而之后患有该症的患者则很难恢复,成功者很少。从而认为在思春期时期大脑有较大的质变,并由此证明确实存在语言习得的"临界期"。有人更指出母语习得最佳年龄为10岁之前。至于成人二语习得也应存在某种表现的临界期,如塞林格(Selinker)认为由于成人大脑中存在过渡语(中介语)规则时,大脑便出现僵化现象,不能成功激活,从而使95%的二语学习者无法习得目标语的语用能力。何克抗(2002)引用"著名的神经心理学家斯特朗斯沃德(K. Streamwood)在分析了许多语言发展存在关键期的案例后指出:'精密的语言能力测验表明,若儿童在青春期过后才首次接触一种语言,其流畅性就极少能接近该种语言的本族语者的水平。这种现象与哈贝(Hubel)及威塞勒(Wiesel)所发现的关于正常视觉发展要求在视神经发展的关键期提供视觉刺激的现象是一致的,并说明神经的精细转折(neural fine-turning)对正常语言获取非常关键,而且这种精细转折只有在一定时期内处在语言环境中才可能发生。'"桂诗春(1985:30—38页)指出,大脑左右两半球都具有语言理解力,但左侧为强。左半球功能如果萎缩,但仍有可塑

性，可以转换到右脑。如果左半球损害在5岁以后，则不能转换。这些都证明了关键期的存在。此说虽然有些过分，有许多人对此有异议，但可以证明确实也存在类似的临界期。目前对此的研究还比较欠缺。

[32] 何克抗（2002，2004b）引孙久荣《脑科学导论》（2001，北京大学出版社）介绍他观测了生活在感觉运动丰富（sensor motor enriched）环境的非独居大鼠与生活在'贫乏'（sensor motor impoverishment）环境的独居大鼠，"结果是，到了成年，前者的大脑皮层的前爪感觉运动代表区比后者的大。进一步还可以看到，前者的大脑皮层锥体细胞的树突的分枝、树突棘的数量和密度都大大超过后者。"按《环球科学》所编《大脑与认知》（2011）阐释，锥体细胞或锥体神经元是远距离传递信息或信号的承担者。它们很可能就是形成"意识的神经相关物"（NCC）。这样的神经元有100万个。

[33] 孙久荣（2004：70）指出："出生后几乎有一半的脑量是后天发育形成的，如果考虑智力的形成，则后天的影响更明显。如果没有后天的刺激，将成为白痴。""遗传物质只给出了神经系统发育的框架。在神经系统的发育过程中，特别是出生后的发育阶段，实际需要的发育要受到各种因素的影响，其中外界后天的刺激和学习对突触结构和脑的发育有着巨大的影响。"桂诗春（1985：30—38）指出，语言缺陷有遗传性，其染色体异常表现为学话迟，发音不清，表达、阅读困难，很难学习第二语言，但智力一般不受语言缺陷的影响。有些遗传病影响智力，但不一定影响语言。这证明，语言和智力是分属两个区域。语言有自己的语言中枢。

[34] 桂诗春（1992：2）引述1990年Pinkerd论述："概念的形成也会影响儿童语言的发展，在他们未掌握一些复杂的语义概念之前，他们也无从掌握其表达式。"概念的表现形式就是词。单词句（或称单词话语）就是概念先行的一个证明。

[35] 史有为（2005）曾论述汉语教学中的泛词汇教学，指出汉语由于许多"动宾""动补"组合都只能作整体理解，因此可以作为教学的重点，加上真实的语篇互相配合，可以成为一种词汇—语篇教学模式。日本伊地智善继主编的《中国语辞典》收有更多的短语类的词条。一般在中国词典中不认为是词的，在这部辞典中收入了不少，例如："听"字下收有"听不出来、听不得、听不懂、听不惯、听不进去、听不清、听不下去、听得懂"。据伊地智先生（对笔者）说，他了解日本人学汉语中的困难之点，所以在收词和解释上（跟一般的辞典）不大一样。

[36] 史有为（2009，2008a），论证构建该平台的重要性以及构建条件，并为此提出的所需最低量基础词汇具体词表（560个词左右）。

[37] 据克里斯特尔（1995：366—387），两岁的儿童会说3—4个词构成的句子。将近3岁时出现复合句。2—4岁交谈能力明显发展。3岁已学会许多对话策略。这说明语法和词汇甚至语用选择的习得都已达到一个质变的阶段。

[38] "过渡语"即通常所说的中介语。而"中介"是中间介绍之意，如中介商、中介人、中介机构。因此这个"中介语"译名容易误会。比如计算语言学中"中介语"指两种语言转换或翻译时的一种对双方都可以对应的语言，利用它可以为两种语言做介绍，以便更

好地翻译。Interlanguage，显然并非此意，只是一种对终极标准而言处于中间或过渡状态程度的语言。因此，本文使用“过渡语”来指称。

[39] “诱导语”可参看本书《初始过渡语异想》一文。笔者初赴日本任教时，当时接待我的大阪外国语大学杉村博文教授就鉴于日语动词形态变化太复杂，加上还有复杂的敬语系统，建议我出门跟日本人交际时，“动词可以用原形”，日本人能听懂；“因为你是外国人，日本人会原谅的”。这个“动词原形”的建议，从授方来说，实际上就是一种“诱导语”。

[40] 关于语言习得，现代有几种对立的观点，其中尤其是 Chomsky 提出的作为独立的心理器官的“组块”（modularity）论，H.Hebb 和 D.McNeill 最早提出、Anderson 等倡导的先天与后天“交互作用”（interaction）论，以及“连接主义”（connectionist）。这几种观点自 20 世纪 60 年代以来互相交替地占上风。桂诗春（2000：119）：“进入 80 年代以后，新的平行交互作用模型，连接主义（connectionist）模型又占了上风。”

[41] 桂诗春（2000：84）：“越来越多的证据表明，神经元在突触之间的信号可以有选择性地受经验所改变。”此即可塑性的生理—心理学基础。

[42] 参看史有为（2008b）《教学法和教学模式的解析与重组——兼及日本汉语教学中的相关课题》，笔者深感没有学习者的能动性，对外汉语教学将只能是走过场。

[43] 本文初稿提出 8 个命题：1. 母语或第二语言的语言能力既具有先天性，又受制于后天；2. 言语自整理能力是天赋语言能力中很重要的一种；3. 语言间（或第二语言与母语之间）的对应也是一种先天能力；4. 完全的第二语言能力是独立的；5. 成功的语言习得依赖于作为模型的真实言语；6. 听说读写是分属大脑不同区域的功能；7. 文字是第二语言习得中的重要影响因素；8. 语言交际环境是语言习得的重要影响因素，完全成功的习得体现在其能力的独立性上。八个命题组成了一套相对完整的“习得假说”。经过考虑，重新改写全文，与前稿彻底告别。当然篇幅也随之增加了两倍。现记录于前，立此存照。

参考文献

陈玉萍　2011 《克拉申（Krashen）“专题阅读”理论理据探寻》，《宁夏社会科学》第 2 期。

楚明瑞　2006 《人类大脑的工作模型》，中国科学技术出版社，北京。

戴维·克里斯特尔　1995 《剑桥语言百科全书》，中国社会科学出版社，北京。

戴维·克里斯特尔　2000 《现代语言学词典》，沈家煊译，商务印书馆，北京。

桂诗春　1985 《心理语言学》，上海外语教育出版社，上海。

桂诗春　1992 《认知与外语学习》，《外语教学与研究》第 4 期。

桂诗春　2000 《新编心理语言学》，上海外语教育出版社，上海。

郭智颖　张积家　2009 《语言相关基因 FOXP2 的发现及对语言研究的启示》，《韶关学院学报》第 1 期。

何金彩　2005 《医学心理学》,高等教育出版社,北京。

何克抗　2002 《语觉论——第二语言教学的理论基础》,转自 http://www.etc.edu.cn/ 学者专访 / 何克抗(2002 年 10 月)。

何克抗　2004a 《儿童思维发展新论和语文教育改革 ——对皮亚杰(J.Piaget)“儿童认知发展阶段论”的质疑》,转自 http://www.etc.edu.cn/academist/hkk/wenzhang/ertong.htm (2004 年 5 月)。

何克抗　2004b 《语觉论:儿童语言发展新论》,人民教育出版社,北京。

赫尔曼·哈肯　2000 《大脑工作原理——脑活动、行为和认知的协同学研究》,郭治安、吕翎译,上海科技教育出版社,上海。

胡文仲　1984 《语言习得与外语教学——评价 Krashen 关于外语教学的原则与设想》,《外国语》第 1 期。

《环球科学》杂志社编　2011 《大脑与认知》(第一科学视野丛书之一),电子工业出版社,北京。

黄慧 王海　2007 《对基于建构主义理论的我国外语教学研究的调查与思考》,《外语与外语教学》第 6 期。

荆增林　1991 《对克拉申习得—学得说的异议》,《现代外语》第 4 期。

李　莉　1997 《克拉申第二语言习得理论述评》,《郑州大学学报》(哲学社会科学版)第 4 期。

李宇明 陈前瑞　1998,《语言的理解与发生》,华中师范大学出版社,武汉。

史有为　1989 《语音学习机制和语音教学原则》,《语言教学与研究》第 2 期。(已收入本书)

史有为　2005 《关于语篇—词汇主导教学——从中国语教学中词汇的地位谈起》,《对外汉语研究》第 1 期;收入《对外汉语词汇及词汇教学研究》(孙德金主编,2006 年,商务印书馆)作为第七章第一节“日本学生的词汇教学”;日文稿曾以《中国語教育に於ける語彙の位置付け》发表于日本《应用言语学研究》(明海大学大学院应用言语学研究科纪要)2003 年第 5 期。(已收入本书)

史有为　2008a 《对外汉语教学最低量基础词汇试探》,《语言教学与研究》第 1 期。(已收入本书)

史有为　2008b 《教学法和教学模式的解析与重组——兼及日本汉语教学中的相关课题》,《世界汉语教学》第 3 期。(已收入本书)

史有为　2009 《最小语言平台与思维功能习得——兼议 CEFR 欧洲框架》,《对外汉语研究》总第 5 期。(已收入本书)

孙久荣　2001 《脑科学导论》,北京大学出版社,北京。

孙久荣主编　2004 《神经解剖生理学》,北京大学出版社,北京。

王建勤　2004 《汉语作为第二语言的习得研究》,《对外汉语教学概论》第六章,商务印书馆,北京。

王建勤主编　2009 《第二语言习得研究》(对外汉语专业本科系列教材),商务印书馆,北京。

薛国风 王亚晖 2003 《当代西方建构主义教学理论评析》,《高等教育研究》第1期。

杨连瑞 张德禄等 2007 《二语习得研究与中国外语教学》,上海外语教育出版社,上海。

袁博平 1995 《第二语言习得研究的回顾与展望》,《世界汉语教学》第4期;收入《汉语作为第二语言的学习者习得过程研究》(王建勤主编,2006年,商务印书馆)。

J. 皮亚杰 B. 英海尔德 1980 《儿童心理学》,吴福元译,商务印书馆,北京。

Rod Ellis 2000 《第二语言习得》(*Second Language Acquisition*),上海外语教育出版社,上海。

Rod Ellis 2005 《第二语言习得概论》(*Understanding Second Language Acquisition*),上海外语教育出版社,上海。

初始过渡语异想*

1. 一些值得重视的语言现象
2. 一个新命题
3. 初始过渡语的比较
4. 过渡语习得的制约因素
5. 入门语的应对
6. 衍生的课题

1 一些值得重视的语言现象

现象一：汉语环境下的幼儿在开始说话时常常使用叠音式的语词，例如：开门门、吃饺饺、坏坏。人们在和幼儿说话时也常常使用这些语词。而这样的叠音式语词一般不出现于大人口中，更不可能出现于正式用语中，甚至一些语法书认为重叠式名词是基本不存在的。同时家长跟孩子说话或教孩子说话时也模仿孩子说话的样子。幼儿长大以后，到了某个年龄段，这种叠音式用语就慢慢不见了。

现象二：初学汉语的日本学生，在课堂内外试着用汉语时，常常只用一些单词做句子（如"好""明白""馒头"），在没有其他辅助成分时依然用日语的

---

* 本文根据笔者在日本为明海大学研究生上课时的讲稿改写而成，并曾发表于《语言教学与研究》2012 年第 3 期。此次结集前做了少许修改。

宾—动语序（如“饺子吃”），同时也基本不使用语法词（如“我吃”，缺“了”）。

现象三：日本常常邀请不会日语的中国教师去日本大学教汉语课程，要求中国老师用汉语上课。除了诵读、领读之外，中国教师还能说什么呢？为了适应学生初学汉语的情况，模仿起学生，说一些类似学生说的汉语：简单到甚至只是单词，规规矩矩的主动宾句式，当然还要一字一顿，清清楚楚的。居然也起到最低交际的作用，安然渡过了初始教学关。而过了这个阶段，教师便使用正常的教学语言。笔者即是其中一例。

现象四：一次，一位日本学生初次和两位中国人谈话，男的是普通话比较好的教师，带有北京话的轻声和儿化音；女的则是受上海话影响，没有卷舌音，当然也没有什么轻声和儿化，但其他方面还算正确。这个学生事后说，我差不多能听懂“她”的话，可我不大能听懂老师的话。其中的“老师”就是笔者。联想到初学者，是否也如此。又一次，一位日本会汉语的管理留学生工作的职员跟笔者说：“老师你跟我说的话，我都能听懂，为什么别的中国人跟我说话，我听不懂呢？”我说：“我说话的时候是挑你听得懂的词说。估计哪些词你大概能听懂，哪些你可能听不懂。”

2 一个新命题

2.1“初始过渡语”

显然，以上的事例是普遍存在的。其中幼儿语言尤其明显地被人所感觉到，但是，对于第二种现象，人们却常常浑然不觉或习焉不察。根据第一种现象，可否设定幼儿学话初始阶段必然存在一种“启”语言之“蒙”的“言语”形态。根据第二种现象，可否设定第二语言学习者在初始阶段也必然存在一种“入”二语之“门”的“言语”形态。如果我们把这二者合在一起观察，就可发现这实际上属于同一范畴，都是一种初始阶段的语言学习，只不过，前者是母语学习，后者是第二语言学习。

第三、第四两则现象虽然与第一、第二不同,不是初学者的现象,而是教师和学过汉语的外国学生的现象,但与初始阶段的教与学有关。第三种现象是希望强行打进不纯粹的二语,以便运用此不纯粹二语形态进行教学并切断母语的干扰,希望学生尽快摆脱初始学习二语时出现的不纯粹二语状况,实现否定之否定,尽快进入纯粹的二语境地,而并非将这样的语言形态固定下来。第四种现象说明在非初学者处,"纯粹""纯正"或过于"纯粹""纯正"的汉语都很难被接受,那么在初学者那里,这样的"纯粹""纯正"的第二语言更应当受到控制,以便让学习者更容易入门。

这两种"语言"同样都是语言学习/习得初始阶段的现象,同样都是过渡性的,同样都非常简单、简陋、不系统,与习得目标语言在质与量上都有相当大的距离。这样看来,我们应该可以把它们二者合起来观察。于是,就可以提出这样的命题:语言学习者在语言学习的初始阶段不大可能一蹴而就地学会虽然简单然而地道的目标语言,他们在这一阶段实现的应该是一种"初始过渡语"。为了适应初学者的这一情况,在语言学习的初始阶段父母在与幼儿教话、对话时,教师在和学生教话、对话时,他们也自然地使用一种不纯粹的目标"语言",这种语言,有的是模仿学习者的,有的是生怕学习者感觉太难、太复杂而故意降低标准,估计对方接受可能而做出的语言调整。这种语言可以说是一种带有模仿习者言语性质的言语形态。为了简便并形成对照,我们建议称之为"初始过渡语"(inceptive transitional speech)。

由此我们认为,初始过渡语之下也应该存在两个种,或者说,有两个相似并同类的种,并可以在初始过渡语下共处。其中的一个是幼儿习得母语的"初始过渡语",可暂时称为"启蒙语"(initial speech),另一个则是第二语言习得时的初始过渡语,可暂时称为"入门语"(threshold speech)。每个种下又各对应一个相关联的"类镜像言语":与"习方"产生的启蒙语、入门语分别对应的是"授方"模仿前者而故意为之的"仿启蒙语"和"仿入门语"。对于语言习得来说,前者是过渡语的主要形式;后者则是辅助性的,是为了转变前者而出现的言语形态。

启蒙语是幼儿激发或激活天赋语言能力过程中必然的一站。相对于此,入门语则是天赋能力已被激活后进而激活容受第二语言能力的过程中必然的一站。它们存在的时间可能很短,但也可能会影响语言习得。因此就有必要做些探讨。

启蒙语的现象早已为人所关注,并有多种说法,获得不少研究成果。本文的重点则在于探讨入门语以及比较启蒙语与入门语的异同。

2.2 中介语与过渡语

二语教学所指的“中介语”,我们认为也是一种过渡语,可以与初始过渡语合起来成为一个更大的范畴,即“过渡语”(transitional speech)范畴。中介语(interlanguage)只是学习者在中间阶段时、在完全习得目标语之前的一种过渡状态。有的人甚至一辈子会固定在这种中介语状态上,而无法到达标准的目标语。对于可以习得标准目标语的学习者,这的确是一种过渡语。而对于不能完成过渡的学习者,这就成了终点。而且,中介语只存在于学习一方,而不存在于教授一方,即没有“仿中介语”。这与初始过渡语不同。本文不讨论这种语言状态。

3 初始过渡语的比较

3.1 启蒙语与仿启蒙语

(1)人们早就注意到本文所称的启蒙语以及仿启蒙语。学界称启蒙语为babytalk, baby talk(幼儿语)。而仿启蒙语则名称较多,常称之为motherese(妈妈语、母亲语), mother talk(妈妈或父母亲对幼儿说的简单话语), mommy talk(妈妈语);也称之为caretaker speech(幼稚语、保姆语、保姆式语言), caregiver language(保姆语言);更术语化的是称child-directed-speech, CDS/child-directed-language(儿向语、儿向语言、儿童导向语言、儿童化的语言), IDS/infant-directed speech(儿向语言)。目前较多使用的是motherese和child-directed-speech（CDS）两个术语。海外语言学界与教育学界似乎更多地侧重于研究仿启蒙语（CDS）。

（2）语言学界、心理学界和教育学界早已注意到：婴幼儿时期，尤其是0—3岁的婴幼儿是语言发展的关键期。从0岁开始培养婴幼儿的倾听能力，随后并培养口语表达能力。1.5—2岁时，幼儿的被动语言开始向主动语言发展，注意到问句的发展，并开始出现2词句和3词句。2—3岁时出现的语言问题最多，3—4岁语言习得进步最快，语音按照调位—元音音位—辅音音位顺序习得。在幼儿语中具有特殊的语音特征和韵律特征。儿童的基本语言习得大致完成于4—5岁，但会因个体差异而有所不同。[1]

学界也注意到成年人往往使用一种简单的、语速慢的、容易理解的、容易辨识模仿和记忆的儿向语或妈妈语（即本文的“仿启蒙语”）与幼儿沟通。这种语言与儿童理解水平相一致的。语言的内容和形式（所用的词语、语句、语调、语速等）都是考虑到幼儿的语言能力和认知能力以及幼儿的理解和接受能力，并略高于其水平的形式和内容。仿启蒙语对语言习得的速度与质量有重要的影响。

启蒙语（幼儿语）是一种逐渐向标准语言发展或靠拢的动态言语。仿启蒙语（儿向语、妈妈语）则是一种策略性的一时性言语形态。它们都只是一种speech，还不能称之为language的言语形态。对于启蒙语，国内不乏观察，但缺少理论性的解释，仍需进一步的努力。[2]

（3）本文没有采用已经应用的“幼儿语”和“儿向语”或“妈妈语”，而是建议称为“启蒙语”和“仿启蒙语”，其原因在于前者仅表明用语的年龄段或身份，不能准确表示该种言语形态的实质，并因此出现了多个较为随性的不同术语。这样，作为术语就不够完善，不够准确。启蒙语正好弥补了它们的不足，指明了该种言语形态“启”语言之“蒙”的本质。再则，在实际使用中我们发现“儿向语”有被误认为或混淆为“幼儿语”的情况。许多论文标题为研究“儿向语”，而实际上探讨的是幼儿语言的发展。这就说明这些术语的不足与缺陷。

（4）启蒙语的产生可能有两个方面的原因：

其一是幼儿本身的原因。比如由于发音器官和脑机能尚未发育完全，或刚刚训练，不能适应成人语言而自然产生的。例如，幼儿较难连续发出几个不同的音，而比较容易连续发出两个相同的音。又比如幼儿尚未习得或适应虚义成分或语法成分，因此就不大出现这类成分。再比如，在上海地区发现，许多幼儿不能发[dzo/zo]（上海话“茶”），只能发[ɦo]；不能发[ŋ]、[g]，只能发[n]、[d]。父母也就仿照此音与孩子交流，“吃－茶”（喝水），就变成“吃－[ɦo]”；[ŋagon]（上海话“外公”）就变成[adon]，父母也就会顺势回应。

其二是母亲或全日抚养人（例如全职育儿保姆）的原因。母亲或抚养人了解幼儿的生理和心理特点，故意使用幼儿容易学会或已经掌握的语言形式来启蒙幼儿的语言。像“吃饺饺、买果果”就是授方最先开始使用的仿启蒙语，而后才是幼儿模仿学会成为启蒙语。部分启蒙语形式可能会留存到正常的语言系统中。例如“过家家”就是启蒙语留下的痕迹。

（5）授方的仿启蒙语（儿向语）大约有如下主要特点：慢速；实用；简短、简单、规则；适当重复；很少使用语法词或虚义词；甚至可以违反成人语言的某些语言习惯。具体如：

语音：速度放慢，发音清晰或强调、拉长，语调简单，避免改变声韵母的一些发音（如：轻声的“葡萄”；处于中间音节的“不知道”）。

语汇：门门　饭饭　外外　臭臭　抱抱　亲亲

组合：吃饺饺　买果果　戴帽帽　宝宝好

　　　爸爸好　妈妈走　门门坏　门门开

句子：句子常不完整，常出现单词化的句子（名词、动词、形容词都常常单独成句）。

主语：主语一般都出现，而且模仿幼儿很晚才出现人称代词的现象，大都使用具象词，如“宝宝睡觉”“阳阳乖”“阳阳不哭”。

当然这些仿启蒙语只是授方语言的一部分，另一部分则是正常而速度放慢的语言。据我们观察，幼儿启蒙语存在的时间会比母亲的仿启蒙语长一些。使用仿启蒙语的整个时间，大概也就1—24个月左右。随着孩子的成长，授方仿启蒙语越来越少，直至完全消失。

（6）启蒙语与仿启蒙语究竟先产生哪一种？哪一种制约哪一种？这是个

很难回答的问题,也是我们应该研究的新课题。现在国外一般探讨的多是“儿向语言”或“妈妈语”,让人觉得他们倾向于儿向语最先产生,然后幼儿学着学着再出现了“幼儿语”(babytalk)。实际上这是个鸡和蛋的关系,而且是一种互动的关系,主要看我们站在哪一方去探讨。本文从语言习得角度去观察,当然首先应着眼于启蒙语(幼儿语),然后再探讨传授一方如何应对,这才涉及仿启蒙语(儿向语)。[3]至于入门语和仿入门语的关系也应类此。这样我们才能有针对性的应用。

3.2 入门语与仿入门语

根据教学经验,我们把习方的入门语的时间大致定在初学的第一学期之内,之后出现的过渡语可以归属于中介语。入门语带有某些对成人而言的非自然性,以及某些对群体而言的个体性。授方使用的仿入门语是从习方不会该第二语言到习得该第二语言的过程中,为便于习方最初学习而用以教学和使用的部分言语形态。其目的是为了让学习者更容易进入语言或进入该语言,建立最初的语言处理(理解、表达、使用)平台,以便于进一步学习更为复杂的自然语言。以汉语为例,作为第二语言汉语的授方“仿入门语”与习方“入门语”有一些差别。习方入门语除了慢速,实用,简短、简单、很少使用语法词或虚义词之外,可能更多地会违反目标语规则。而授方仿入门语的主要特点是:慢速,实用,简短、简单、规则、重复,也尽可能地少用语法词或虚义词,个别情况下甚至可以违反目标语的习惯规则。仿入门语的这些特殊言语形态的使用频率大大低于习方的入门语。仿入门语特点具体如下:

慢速清晰:语速缓慢,发音清晰,尽量使每个字的发音清楚;尽量使每个句子有机会在学习者大脑中得到充分的反应或处理。

实用:如“你好”“对不起”“谢谢”“再见”“身体好”。

实义:避免使用很难对应的语法词,如助词“了”。

简短:注意合适的长度,保持简短,如1—6或7字,或1—3或4词。

简单:尽量多使用标准的主—谓/施—受结构的句子;省略语气词;避免轻声和儿化;语调多取尾降型陈述句调和尾升型疑问句调。

规则：尽量使用或出现主语；尽量使用宾语并选择受事宾语；句子表现出过分的完整，即主动宾齐全。

适当重复："谢谢、谢谢""我是日本人，日本人"（或请再说一遍）

个别违规：个别情况下（在尚未学到该语法点时）可以违反母语者的某些语言习惯。例如：

（1）语序错置："我已经看书"（= 书，我已经看了）。

（2）语句分裂："我写信，完了"（= 我写完信了）；"木村起来，木村回答"（= 木村，你起来回答）

（3）过度使用"的"：学到的虚词很少，但却容易按照日语"の"（no）的习惯，在每个定语之前都使用"的"。

（4）同义词使用不当：每个词都有一定的使用范围，许多同义词，大都使用于不同语境。入门阶段学到的同义词不多，因此可能允许故意使用不当。例如"母亲"和"妈妈"可能用错。

3.3 两种过渡语之间的异同

入门语与启蒙语有很多相似之处。它们同处语言学习初始阶段，时间段一般都很短，语言上有许多相似之处（例如音节清楚、语速放慢、简单、重复、违规等）。它们之间的不同在于：

（1）总的不同是：二者所处习得类型不同，语境不同，目的不同，年龄不同，所教和所学的具体词句不同。

（2）幼儿处于初始激发 / 激活天赋语言能力的阶段。二语学习者更多地是利用前者已激活的语言能力，第二语言学习也存在不完全同于前者的某些天赋能力（例如接受不同语言系统的能力，不同语言系统共存的能力以及控制互不混淆的能力），这与前者有所不同。

（3）启蒙语是在幼儿阶段人的大脑和语言机能发育发展过程中的现象。此时的幼儿还处于混沌初开、懵懂无知的状态，其逻辑能力、分析能力尚待开化发育，感性大大强于理性。入门语一般是在人的大脑和语言器官、语言容受—发动机能都已充分发育和发展的时候出现的现象。入门语阶段的学习者其理解能力和分析能力一般已经较强。此时的学习者随着年龄的增长其理性逐渐高于感性，语言学习的所需和方向都会有差异。

（4）入门语受到第一语言或母语的干扰或影响，对二语学习者的学习效能或利用二语交际与思维都有很大的干扰。而启蒙语没有受到这样的影响，幼儿只能完全依赖母语来交际与思维。因此，幼儿只能依靠启蒙语做初浅的交际和思维，而入门语的使用者可能以母语为中介进行翻译式的交际和思维。

（5）学习说话前的先置条件不同。启蒙语实际上是在先听懂了母亲部分语言以后才开始的，即听懂在先，说话在后。而入门语一般都是听与说几乎同时进行的，缺乏已经听懂这一先置条件。因此，二者的后续进程也会受到影响。可以观察到，幼儿的说话能力在初始阶段带有某种跃进的现象，父母常常会因孩子突然能说什么话而感到惊讶或惊喜。而二语学习者很难有这样的可能，一般只能循序渐进。通常二语学习者只有在学习了一两年之后，才会有突然能听懂或突然能多说的感受。

（6）启蒙语时段不可能过长，它们的特点一般不大可能带入今后正常的母语，除非个别孩子由于发音器官的生理原因而需要花费更长时间来矫正（如舌、齿和唇有异样或残疾）。而入门语的语言特点却可能带入中介语阶段。

（7）入门语在语汇、语法的广度与选择方面不同于启蒙语，有些可能超过后者。而幼儿的启蒙语可能在语言成分的辨认、理解与模仿方面更胜一筹。

4 过渡语习得的制约因素

4.1 启蒙语的制约因素

生理制约：人的生理条件是在不断发展变化的，1—18 个月幼儿的发音器官还没有完全发育完成，而 24 个月左右的幼儿其发音器官就已经基本发育完善。由于生理上或语音上的特殊性，某些音素对于幼儿（个别人甚至大多数）可能还有困难，例如边音[l]，汉语的卷舌元音[ɚ]和儿化音，俄语的颤音[r]，法语的小舌颤音[R]。此外还可以看到幼儿快速发音的能力不足,快速变换语音的能力也不足。可见,幼儿和成人的发音能力是不同的。这有大脑的皮质和神经突的发育问题,也有练习而致熟练程度(即生理—心理定势)的问题。

心理制约:表现在记忆、认知、分析、理解方面。幼儿和儿童是心理未定型的,而成年人则已大致定型。所谓的习惯就是一种可反映在行为上的心理程式。

语言制约:语言规则本身的复杂程度也制约幼儿的语言习得。汉语缺乏形态,对幼儿最初阶段语言习得的阻难较小,德语、法语、俄语的形态比较丰富而繁复,对幼儿最初阶段语言习得的阻难显然较大。因此,为了减轻幼儿的习得阻难,就可能会使用比较简单的,多为语词原形的形式,如动词可用现在时或原形形式。

语境制约:幼儿接触的语境十分单纯,家庭及其成员,卧室、餐厅、饮食、花园、玩具等。因此,所用语汇和语句也必然简单,一般围绕其周围语境,并在这样的语境中慢慢建立最初的语言平台。

这样的言语是家庭成员为了孩子学会语言所必然采取的。过了初始阶段,儿童的接触面(对话者和语境)扩大,生理、心理进一步发育,不自觉的语言限制消失,语言习得也随之扩展,开始进入真正的语言世界。

4.2 入门语的制约因素

生理—心理制约:成人的发音器官已经发育完成和完善,因此,成人在学习二语时发音困难并不在于纯粹的生理器质,而在于母语习惯形成的肌肉—神经协调情况,以及生理—心理上的发音定势。这种协调与定势是后天造成的。在听辨语音方面,基本上有心理因素的制约,有因母语定势造成的心理上听音、辨音定势。例如吴语区人学普通话时在 –en 与 –eng, –in 与 –ing 上最感困难,很难发出不同的差别音,更难辨别二者的差异,这就是由心理定势造成的。这一困难情况(–n 与 –ng, z 与 zh, zh 与 j 等)在日本学生学习汉语时也同样出现。

语言制约:不同语言由于其规则的复杂程度不同,在入门之初会有不同差别的制约。规则相对简单的就比较容易,入门语与正常语言之间的差别也就会小些。例如汉语由于语法的大规则简单,没有形态,学生普遍觉得入门容易。相反德语语法比较复杂,入门较感困难。语音上日语比较简单,汉语比较复杂,入门阶段学日语的很快就掌握了,而日本学生学汉语语音就叫苦不迭。

语境制约:课堂学习外语缺乏真实语境,缺乏模仿的真实性,也就会降低学习的自然、真实与紧迫感。

学规制约:这里的学规指的是课时安排等制度,学习要求的高低,以及校方和自我对自学练习的约定。这对入门阶段有着相当大的影响。一周一次和一周三次的学习效果差别很大。每次课后"放羊"不再复习与课后经常练习,其效果当然也很不一样。

5 入门语的应对

既然客观上存在这样一种入门语。我们就需要在对外汉语教学上就此做些研究和处置。研究这种入门语表现在哪些方面,与标准目标语有多少不同,研究这种入门语会在不同学习者身上存在多长时间,研究入门语在口语和书面上的异同,研究它对二语教学与教学双方的影响,研究在教学上如何利用或应对,以便有利于二语教学。研究入门语的目的不是为了保持入门语,相反,恰恰是为了尽快终止入门语阶段,为了更好更快地入门并尽快升入另一学习阶段。

如果入门语对继续学习二语的影响不大,我们可以忽略不计,不做应对。如果认识到入门语是与中介语连接在一起的,某些特点可能转化为中介语的特点。那就必须认真研究,适当应对。就我们在日本汉语教学的经验,可以提出如下应对方面:

(1)作为教学策略,可否适当使用仿入门语作为一种诱导语,如降低语速,适当避免那种改变声韵母的轻声和儿化,多用简短句子,适当避免某些助词,引导学生尽快掌握一部分语言材料,实现初步对话,引起兴趣。这样的应对是以尽快终结入门语使命为目的的。

(2)尽可能缩短入门语持续的时间。入门语时期虽然很短(可能一个月到半年),但却是过渡到正常目标语的一个必经阶段。为了不让其固定并延长,为了尽快过渡到标准目标语,必须尽快地放弃入门语,尽快衔接真实语言。为此需要逐渐加大标准目标语的教学投入。例如随着课程的进展而逐渐加快语速,逐渐恢复正常的轻声和儿化,提高用词的水平,逐步恢复正常句子的比例。

(3)对入门语不要批评或判罚,应该允许学习者在一段时期内发音不到位,用词和造句不到位,应该更多地采用正面鼓励的方法,以保护学习者的兴趣与积极性。

(4)仿入门语不需出现在教材中,只需存在于教师在与学生的口头对话。在课堂上也要更少地、有控制地应用仿入门语。

入门语和仿入门语是一个并不显眼的"小现象",过往视而不见,似乎无关紧要。我们"异想天开"地提出,一是并非要拔高其地位,而只是为了帮助学习者尽快地过渡到正常的应对中介语的阶段,为了更好地阻止学习者入门语阶段出现的偏误带入中介语阶段,以提高教学效果。二是出于科学的认识:作为语言科学,哪怕是一个很小的现象也都是值得关注的,都有研究的必要。因为在研究之前,谁都不能判定其价值的有无。为此,需要从学生一进校便跟踪记录其二语生成状况,划分阶段,结合理论,做出合理解释,并提出理论模式,以指导今后教学。

6 衍生的课题

6.1 "不标准"与"次标准"

初始过渡语实际上是一种严重的"不标准"。放宽了说,至多也只是一种"次标准"。关于后者,陆丙甫和谢天蔚(2004)曾论述道:"在把汉语当外语进行教学时,不妨在某些方面把标准放松些,可以把某些中国人中也常见的'错误'说法当作偏离'高标准(strictly standard)'的'次标准(substandard)''非正式(informal)’的说法或者是普通话‘变体’和风格的差别;将其处理成可以接受的选择,而不是当作完全错误的形式简单地加以排斥。这样可以相当程度上缓解初学阶段的压力。考虑到人的超音段或韵律的习得关键期可能早于音段,而音段习得关键期又可能早于词汇、语法,因此语音不准确并不能证明学习者没有习得目标语,也就不能过分强调语音标准。尤其在次标准形式的习得远比高标准形式容易的情况下,采取次标准也许是比较理智的。容许学生使用一些次标准的形式,这样就可以避免在一两年的学习期间,把大量时间、精力耗费在一些枝节技能上,才可以腾出时间来学到更多有关中国语言文化的实质性内容。”这又是“经济原则(economic principles)”使然。

天然或自然存在着的初始过渡语以及仿启蒙语、仿入门语,与标准目标语都有着相当的距离,这种不标准言语形态却又是合理的存在。经济与成效是相关的两个方面。少出力而又要办好事,二者表面上是矛盾的。我们很难两全其美。如果我们把次标准作为一定条件下以及某些可容忍和利用阶段可接受的目标,那么无论习者和授者,都将如释重负。

“初始过渡语”的事实为我们再次提出一个衍生或延伸的语言“次标准”课题。接下去,我们就必须认真研究:可以容忍什么样的次标准;对什么样的学习者可以容许这样的次标准;从什么时候开始以及到什么时候可以容忍这样的次标准。

6.2“另标准”的“目标”

初始过渡语和“次标准”又衍生出另一个并不限于目标语的课题,即教和学的“另标准”,也即我们在教和学两方需要容许什么样的教学“目标”和“目标”教学法。还是先谈事实:

例一:维吾尔族老革命家包尔汉,说着一口缺少声调的汉语,但完全可以表情达意,交流无碍。正如同新疆、青海的汉话,上海普通话,广东普通话那样,可以被绝大多数人接受和理解。我们相信康有为向光绪建言时必然也是这样的广东官话,如果光绪听不懂,就不会有当初的百日维新。

例二:中央民族学院一位维吾尔族女学生,在入学之初,即发现她身患淋巴结核，不得不住院治疗，经过半年多的治疗，走出医院，她的汉语已变得非常流利，声调基本准确，句子标准，水平几可达到毕业程度。

例三：一些外国学生来华后，很快拜师学相声。没有按部就班的语音、语法教学，可是一年半载下来，汉语水平突飞猛进。其佼佼者如加拿大的大山、法国的朱利安。

由上看来，我们是否可以设置或调整适当的教、学"目标"。在一定条件下可以容许习者的"次标准"语言为合格，授者也可容许有创新的"另标准"教学法。学习二语总的目标是为了能培养二语交际的"能力"，而非书本上的一般标准。能力高于标准，测试当然也应以此能力为目标才是。这些也就是效度高于信度的一种体现。

以上只是我们的初步探讨，抛砖引玉，希望同道有以教之。

附 注

[1] 本节可参看李宇明等（1991，1995，1997），陈敏、陈颖（2006），程瑞兰（2011），管莉（2003），袁野（2010），乔丽娟（2011），单兴缘、吴万华（2007），石锋、温宝莹（2007），司玉英（2006），唐立宁（2010）。

[2] 袁野（2010）采用"折中构式语法"（compromised construction grammar）较好地解释了幼儿语各个阶段的具体言语表现，认为大多数语言知识是后天通过普遍认知能力习得的。文章还指出国内学者如下不足：多倾向于对个案语言特征进行传统观察和描述，却与语言学理论（尤其是构式语法）结合不足。该论文值得我们参看。

[3] 关于仿启蒙语（儿向语），国外或境外研究成果较多，而国内只是近年来才比较关注，而且多为外语学界人士。这些研究表明：长期在儿向语言环境中的孩子极有可能以加速度的趋势习得语言，并对语言习得的质量有重要的影响。有些研究探讨了影响儿向语的若干重要变量，探索改善和加速儿童语言习得的方法。台湾傅丽萍（2010）的研究发现客家方言的"儿向语言"（infant-directed speech, IDS）具有独特的语音特征。并提出相对的"成向语言"（adult-directed speech, ADS）概念，探讨儿向和成向语言的差异。傅丽萍发现儿向语有引起注意的功能，传递情感的功能，以及促进语言学习的功能，并探讨了母亲与幼儿语音互动模式和亲情因素对儿向语言造成的影响。Linda Daniel（网络论文）针对听觉的观察表明，儿向语对听觉理解和口语发展十分重要。在12—14个月时出现语言理解迹象，18—36个月时表述更加合乎语法。幼儿在2岁以下句长为3.5

个语素。妈妈语一般限定为现在时,具体名词。另外,单兴缘、张文瑶(2009)研究词类信息的输入和获得,也是一项有价值的研究。

参考文献

陈敏 陈颖 2006 《儿向语语言特征及调整状况研究综述》,《邵阳学院学报》(社会科学版)第4期。

程瑞兰 2011 《Motherese(儿向语言研究)》,《语文学刊:外语教育与教学》第1期。

傅丽萍 2010 《客语儿向语言塞音VOT与母音声学研究——以苗栗四县腔为例》,2010年11月第十一届全国语言学论文研讨会论文。

管 莉 2003 《儿向语言中的社会因素与儿童语言习得》,《江苏外语教学研究》第2期。

李宇明 1995 《儿童语言的发展》,华中师范大学出版社,武汉。

李宇明 陈前瑞 1997 《儿童问句理解的群案与个案的比较研究》,《语言教学与研究》第4期。

李宇明 唐志东 1991 《汉族儿童问句系统习得探微》,华中师范大学出版社,武汉。

陆丙甫 谢天蔚 2004 《对外汉语教学的经济原则》,《汉语学习》第4期。

乔丽娟 2011 《儿向语言——促进儿童语言习得的好途径》,《理论观察》第2期。

单兴缘 吴万华 2007 《从儿向语的角度看非宏观语言习得早期非地道言语输入》,《黑龙江生态工程职业学院学报》总第20期。

单兴缘 张文瑶 2009 《从儿向语的角度探微汉语言语输入的词类信息》,《边疆经济与文化》第3期。

石锋 温宝莹 2007 《汉语普通话儿童的元音发展》,《中国语文》第5期。

司玉英 2006 《普通话儿童语音习得的个案研究》,《当代语言学》第1期。

唐立宁 2010 《0—3岁婴幼儿语言发展中的家长回应策略》,《幼教新视野》第1期。

袁 野 2010 《构式语法的语言习得观》,《解放军外国语学院学报》第1期。

Linda Daniel 《母亲歌声:听觉口语发展的自然语言》。中译稿参见 http://www.docin.com/p-91529479.html。

字本位及其在对外汉语教学中的适用性*

1.“字”的检讨

2.“本位”的检讨

3.“字”与“字本位”在对外汉语教学中的适用性

4. 小结

20世纪90年代至今,语言学界出现一种“字本位”的理论,有的学者建议将此引进对外汉语教学。我们认为“字本位”是一个十分重要的观念,是具有自源性或原创性的理论。无论这种理论正确与否,认真的态度则是:必须在“怀疑一切”的科学精神下,对此做出认真的严肃的研究。我们本着这种精神和态度,从“字”和“本位”两个基础概念入手讨论,并希望在对日汉语教学的适用性方面给予适当的、也是初步的回应。

1 “字”的检讨

1.1 “字”的分化

“字”历来就有不同的理解和应用。一般认为,“字”的最初意义是基本

* 本文根据笔者在日本为明海大学研究生上课时的讲稿改写而成,并曾发表于《语言教学与研究》2012年第3期。此次结集前做了少许修改。

汉字孳乳而生的非基本文字，也就是一般为合体的派生字，而独体的象形、指事文字，则为“文”。而后这个界限在应用过程中被逐渐突破，“字”也就可以指称一切单个儿汉字，即包含原先所指的“文”和“字”两类汉字。再发展到后来，在口语中，“字”既可以指文字的单位，又可以指口语中的一个个（基本上都带有意义）的音节，也就是以第二性的书面记录符号指称第一性的口语中的音节，它们基本上都带有意义，即相当于现在的单音节语素。

在普通人口中或非学术环境下，“字”的意义总是多义而含混的。这种情况显然不利于学术应用。为了论述和研究的方便，我们将仅仅使用于图形意义上的“字”称为“形字”；将仅仅使用于语音方面的“字”称为“音字”；将仅仅使用于意义方面的“字”称作“义字”。这些提取并分别出来的“字”常常合起来指称一个语文对象，如“音—形”二合的二合字，“形—音—义”三合的三合字。这种二合、三合的字是不同程度整合后的汉字概念，可以合称之为“合项字”。

例如：“这个‘来’字写得很好看”和“中国的字是由笔画构成的”中的“字”，说的就是“形字”。联绵字（现在改称联绵词，如：逶迤、磅礴）就是几个“音字”的结合。在研究变调时我们常常使用“二字组”“ 三字组”这样的说法，这就是“音字”的概念。不过在一般情况下，很少使用最后这种含义。单作“义字”的情况非常之少。“这个地方该用什么字合适”，这里的“字”差不多就是“义字”。一般情况下，“义字”总是不单独使用的，通常不是和“形字”结合使用，就是跟“音字”合起来使用。“书上那个字做什么解释”，这里的“字”是“形—义”二合字；“你说的这个字是什么意思”，这个“字”是“音—义”二合字。音译所用的“字”一般都是“音—形”二合字；这些“字”是不带意义的，只有连在一起才能有意义。“一字一板”中的“字”一般都是“音—义”二合字，少数情况下也会指“音字”。在“中国的字由形音义三个方面组成”中就是“形—音—义”三联合的“字”，通常所说的“字”一般就是这种三合字。更多的情况下，“字”只是笼统的指称，例如这部书有20万字，这里的“字”还包括标点符号，甚至还有空格。这又是一种方便的引申用法，是用于纸面或类纸面（如电字版面）上的字符（空格则是空字符）计算单位。至于对应外国话时我们也常常会使用“字”去指称外国语文中的“词”，例如“英文版《独立宣言》有多少字？”，以及“在英语演讲比赛时他一口气说了个40多个字的长句子”，其中的“字”就是外国语中的word(s)。这可以称作“词字”。这些含义其实都是文字的“字”的引申和借用。

由此可见，“字”在中国人原来的习惯中是个多义性的或意义模糊充满弹性的单位，也可见汉字单位在中国人心目中地位之重要。当然，有些学科术语一开始也不过是口语词，但经过改造定型也可以转变其身份，成为学科术语，例如word就是一例。“字”当然也存在这样的可能性，但是，“字”的转变条件已经远不及word。其一是语言学已经有了word/“词”这样被广泛承认并接受的术语。先入为主，永远是现实世界的法则，有了先占领的强者，后来者的机会就小很多。其二，“字”具有太多的可选意义或不确定性，与word有很大不同。这在非正式的口语应用来说，的确有其方便之处，但从科学术语角度看却是很不利的。多义性、不确定性和意义模糊在术语中是必须尽力防止的。即使有些术语有多义性，那也必然会设法限制在不同分布中。而口语和非正式情况下的“字”则不符合这样的要求。其三，即使我们设法使“字”单义化，可朝向什么方向单义化，选择哪个意义，这都是个问题，我们已经缺少让试验或实践来做自然选择的时间。

1.2 不同的“字”在汉语语言学各领域中的可能使用

“字”是一个多义用语。其意义在不同的语言学场合显现，而且有两三个意义同时出现于同一个场合。其大致情况如下表：

表　一

字的使用场合	字的意义1	字的意义2	字的意义3	字的意义4
文字	**形音义三合字**（即作为整体的**合项字**），汉语文字基本单位，能单独使用的个体符号。	**形字**，用于传统文字学，也日常使用。	**形音二合字**，用于传统文字学，也日常使用。	**形义二合字**，用于传统文字学，也日常使用。

续表

语音	**音字**，即相当于“音节”。	**形音二合字**，用于传统音韵学。	**音义二合字**，用于传统音韵学。	**形音义三合字**，用于传统音韵学。
语汇	**音义二合字**，汉语语汇的最基本构成单位，基本上相当于语素。99% 以上的字为义字，即相当于通行的“语素”。很多可独立使用，即相当于通行的“词”。	**音字**，可在部分构词层面使用，如联绵词；也可在构词语音层面使用，如四字语。	**音义二合字**，有时也使用此意义。	
语法	**音义二合字**，部分间接又部分直接地使用于句法语义中。间接的部分则直接使用合成词和短语（也可称为“字组”）。	**音字**，可在句法语音层使用。		
语篇	**音义二合字**，一般间接使用于语篇中。直接使用的单位则是“句”。	**音义二合字**，也间接使用于语篇。		
语义	**音义二合字**，相当于语素和单音词，能使用于小部分场合。其他场合均为间接关系。			
语用	**义字**，相当于单音词，能使用于小部分场合。其他场合均为间接关系。			

由此看来，使用多义的“字”，比较适合中国人的日常称说习惯，有方便之处。但对于要求周严的语言学来说，似乎就有概念不确定之短。用于文字学没有问题，用于词汇学也还勉强，而用到除此以外的场合则不甚相宜。如果为了长度较短，适宜于组成某些术语（如：语音学中变调问题时使用“三字组”），那么也必须有必要的限制，必须是组合型的场合，即已经组合为一个新的整体。在此情况下，“字”及其含义已被限定。因此，我们认为，在汉语语言学

的范围内把“字”基本限定在文字符号这个意义上,另外使用在少数表示音节(如:“三字组”“四字语”)以及基本表示语素的情况下,应该是当前比较妥善的选择。

2 “本位”的检讨

2.1 本位概念的变迁——从金融的本位到语法的本位

“本位”二字在汉语当前的使用中存在不同的理解。“本位”一名最初是从货币制度的“金本位 / 银本位”(gold standard/silver standard)而来,是日语最早翻译并使用,而后引进汉语的。这里的意义就是作为“换算的标准”或“核算的基准”,是一种“单位本位”。它暗含着一种兑换关系,即两种货币单位之间所存在的以兑换率体现出来的关系。其兑换率是外加在同是通货形式的金 / 银单位和其他货币单位之间的。可见,单位本位必须有关系模式作为辅助。以后在语法界出现的“句本位”,以及晚近的“小句本位”,其意思就变成以“句子”或“小句”(指其结构关系)作为语法的分析基点或基础,失去了“换算标准”或“兑换基准”这一很关键的意义。这里已经不是“标准”,而是接近“中心”“基点”的意思。这里包括的不是各种不同的具有同等地位的货币单位,而是指句法和词法之间的关系。句法和词法是语法中的两大门类。这是自身中的两种不具同等地位的部门。以句法去理解、制约词法,去设计词法框架。这才是句本位的核心意义。而这也就偏离了金本位 / 银本位时“基准 / 标准”的意义。以后的“词组本位”也有类似的意思,但不同的是,词组本位以单位内的构造关系作为基准,即把关系从辅助位置提升为主要角色,而不再把单位本身的异同作为主要对象。这一类关系都不是像金本位那样不存在于单位之内。句本位、词组本位等都可以概括为“关系本位”,并属于其中更具体的“句法本位”一类。而人们一般所指《马氏文通》的“词本位”则并不如“金 / 银本位”那样,其实是一个误称,准确的说法应该是“词类本位”,即以词法所包含的功能和位置去分析描写语言，把结构关系兑换成了此类，因此本质上还是“关系本位”，只是属于其中的另一种“词法本位”而已。真正的“单位本位”可能只是影响不大的“词本位”“语素本位”和20世纪末勃然兴起的“字本位”[1]，指的是以“词”“语素”或“字”来作为汉语内的一切换算的基础。但这两种单位本位彼此间有着原则的区别。

朱德熙（1985）在谈到“旧语法体系”时曾有这样的说明：“所谓以句子为基点进行句法分析，就是把一切句法分析都附丽在句子的模型上进行。……我觉得用黎锦熙先生《新著国语文法》的‘句本位’这个术语来表示这种观点是很合适的。”同时他也将自己的语法体系看成是词组本位：“由于汉语的句子构造原则跟词组构造原则基本一致，我们就有可能在词组的基础上来描写句法，建立一种以词组为基点的语法体系。”“跟句本位语法体系相对待，这种以词组为基点的语法体系似乎可以叫做词组本位的语法体系。”这里清楚地把句和词组的“本位”定义为语法分析 / 描写的“基点”以及认为是“语法体系”的另一种表述。在另一个更早些的场合朱先生似乎还没有考虑成熟，他回避“本位”一词，但在内容的说明中仍很明显地把“本位”对应为“坐标”。他说：“汉语语法著作向来都是以句子为‘坐标’来描写句法的。所谓以句子为坐标就是把各种句法结构都纳入到‘主语——宾语’这个句子模型里头去看待。”（朱德熙 1982）以上这些是对“本位”的最早也是最清晰的界定，说明“本位”的含义是从分析 / 描写的“坐标”逐渐明确为分析 / 描写的“基点”的。这些都是语言学在20世纪90年代以前的传统使用，而且都是在“关系本位”意义上的。而这些实际使用都不是“金 / 银本位”创立时“单位本位”的原意，已经引申或转喻了，甚至走样了。当然这也是概念或科学发展的一种途径或方式，无可厚非。

上述本位中所涉及的“构造”“关系”和“兑换率”，表面上似乎很不相同，无法统合在一起，但实质上它们都是一种关系，只是分属于完全不同的两种关系类型。前者是同种单位（同一语言的不同语法单位）之间的关系；后者则是异种单位（不同国家的货币和金 / 银）之间的关系。前者是内部的结合关系，后者却是外部的对应关系。前者是针对语法的；后者完全无法针对同一语言的语法，倒是可以在共性研究或语码转换研究中发挥作用。因此，二者无法类比。对于语法，"单位"和"构造"是互相对立的，也是事物的两个必要组成方面。"本位"一名也使用于另外两个互相对立的概念上。这种情况当然对科学讨论是不利的，因为容易发生"鸡同鸭讲"的尴尬或麻烦。由此，我们觉得以"本位"这种已经被多义化的语词来命名一种理论，有可能使理论本身不明确、不坚实。

2.2 从词类本位到字本位

2.2.1 以词类作为诠释语法的基点。最初提到的"词本位"其实就是"词类本位"，它属于"关系本位"下的"词法本位"。一般都认为是1898年《马氏文通》第一个设立了汉语的词类本位。它的本质就是模仿西方的词法来通盘解释、分析整个语法，把语法问题都归结为词的词类功能或分布。这是移植西方语言的传统分析。西方语言有许多形态，形态在某种程度上把语句中句法单位间的相互关系凝集到了词的身上，使得以词为本位有了相当的依据和成效。但是对于缺乏形态的汉语，显然是不很合适的。虽然我们也可以以词类为基点来描写整个句法，但汉语词类的无形态和游移不定状况显然影响我们对汉语句法的描写，并导致句法缺乏形式依托的尴尬。

2.2.2 以句法构造作为诠释语法的基点。包括最初黎锦熙先生1924年首次明确提出的"句本位"和20世纪60年代以后朱德熙先生提出的"词组本位"，以及20世纪80年代史有为提出的"小句本位"[2]和邢福义提出的"小句中枢"。这是以高于词的不同层次句法单位的构造框架作为整个句法的坐标，从而实现对整个语法分析的系统化。也就是说，是把所有语法分析问题都归结为句法和句法构造的层次，都换算为这些被选中作为本位的单位及其构造。其中词组本位论述最为严整，也影响最大，以至成为当代的主流学说。在这样一类的系统里，词类或词法都不过是句法的另一面。与"词类本位"相比，它们显然更符合汉语的特点，也就更适合汉语。

2.2.3 以流动不停的眼光看待语法分析的基点。20世纪90年代，史有为在提出小句本位之后对本位情结进行了反思，随后提出了“移动本位”[3]，邵敬敏则提出了“无本位”的意见。这些是化解本位情结、摆脱本位思维的两种做法，其实质都是反对用一种固定的基点去观察、分析整个语法。移动本位是基于语法有多个层次，每个层次的参与因素都不可能完全相同，因此有可能在不同层次使用相关而不同的本位。实际上，在词法层次上，当然还是以词类即词的功能或分布为本位；在句法层次上，使用句法关系作为本位也是合理的；在广义语法的语篇层次上，句法关系的那些概念就几乎全无用武之地，而必须寻找另一种解释的本位，比如“话题—述题”和包含语句间逻辑关系的本位。这样做，现存的本位都具有在有限范围内的合理性，而如果范围一旦扩张也就可能有相当的不合理性。

2.2.4 以“字”为本位。

(1)原创性的“字本位”。“字本位”是一个新概念，也是一种原创理论。翻译成现代语言学的术语，就是将“音节”“单音节语素 / 单音节词”“代表单音节或单音节语素的方块文字形体”捆绑在一起作为语言分析和语法分析的基点。从本位的初始使用来看，“字本位”无疑是一种回归，回归到“金本位”的意义上，因为它和金本位一样也是一种单位本位。这在中国语言学历史上还是第一次认真的创建，因此具有开创性的意义，值得认真研究和讨论。创设这一理论的徐通锵(2001：33)认为：“‘字’是汉语的基本结构单位”“字有明确的封闭性、离散性特点，一个音节表达一个概念，形成‘1 个字・1 个音节・1 个概念’的结构格局；字在汉语社团中具有心理现实性，不管是谁，受过教育还是没有受过教育，都知道一句话中有几个字。字是汉语音义关联的基点，人们可以把一个音节表达一个概念的字组织起来，造出交际所需要的句子。”

(2)“字本位”的困扰。字本位有其合理和简便之处，也有其困难和不便的方面。合理的是：“字”符合中国人的观念，汉语本来就没有“词”；这个理论说出了外来的“词”观念的尴尬和不适合。方便的地方是：在不同场合可以启动不同的“字”含义。例如：碰到文字场合就以文字的“形字”或“合项字”去理解；遇到语音场合就以音节的“音字”去理解；到了词汇、语法场合就以“音字＋义字”去对待。但困难之处：一是容易误解；二是在语法场合让人无法确认什么时候是以“音字＋义字”来分析/解释，什么时候又是以“音字”来分析/解释；三是如果把词本位的基点降低到“单音节语素/词”本位，那么这又在哪些方面或何种程度上超越了“语素/词本位”呢？四是字本位并不附带有一套构造关系，不能像词组本位或句本位那样直接提供一套构造的坐标，也不能像“词类本位”那样间接地暗示某种句法关系。

因此，到了语法部分，实际上并没有正面以字为本位，而是转个弯以语义来代替，“字的核心是意义，我们如以字为基本结构单位探索语法研究的途径，就应该突出语义句法的研究”。（同上，186页）同时又以“话题—说明（述题）”这样的“字”之外的构造来补充。前者让人觉得可能就是以“字”（单音节语素/词）的语义来分析解释，后者又令人感到“字”的无能为力。语法是一套形式规则，或者说是一套形式和意义组配方式或规则，仅仅用字的意义能解开这套规则吗？好像是很困难的。这只是提供了某种可能性，而并不具有必然性。由于词组本位附有词组和句子、复合词的构造一致的前提，因此在这一点上二者没有大的区别。尽管如此，字本位依然为我们突破了禁区，有其功绩和合理处。

我们的疑问归结起来就是：

其一，如果以一个彼此有冲突的多义性单位作为理论的核心，那么这个理论就有着天然的而且严重的不确定性。作为方法论概念，其术语通常具有单义性和确定性。为了保证科学的严格性，尤其需要排除概念的模棱两可或多义性。这是任何理论创设所必须避免的。

其二，语法或者句法，是以研究关系或构造及其意义为中心的学问，因此设定关系或构造的基点或坐标就是最为重要的，“字”本身并无任何单位之间关系的设置和表达，因此很难以“字”做“本位”来观察汉语句法，这显然是方法上的一个缺陷。

其三，现在“字本位”所配套的“语义句法”或“话题—说明”构造，实际上并非“字”所独有，任何缺少形态或形态退化的语言，甚至形态丰富的语言都有语义互相制约从而形成一定语法规则的现象，也都有“话题—说明（述题）”的构造。而没有形态变化的语言也必须借助虚字这一功能单位而并不是全依靠语义来组合。因此单位本位天然地不能完全解决构造关系方面的机制问题。

2.3 本位的质疑

2.3.1 关于本位情结。我们觉得，汉语学界在此以前已经有太多的“本位”情结。“本位”在许多中老年一代中有太多的纠葛，许多人的思想沉陷于此一固定框架，纠缠于不同本位体系间的是非和选择，而不能跳出，这实在有点遗憾。当然有人也许会说，一个成体系的研究怎么能没有本位，设置本位应当是研究起始的必需，也是研究的必需和基点。不错，一个成系统的研究必须有内部的和谐与统一，必须有一个基本的作为起点 / 原点的单位，必须有一个作为基础的关系架构，但生成这种和谐与统一也可以有多种设置供选择，本位只是多个可能中的一个，而且单位和关系是两个完全不同的东西，本位很难把单位和构造关系捏合成为一个东西，从而成为研究的基点，成为体系的基础架构。比如某种理论观点，某种视角，某种贯通性的起始研究，某种基础平台，都可以生成系统内部的和谐与统一。除了实用型的金融业和研究型的语言学以外，我们还没有发现其他自然科学或社会科学使用“本位”的术语与概念。最具有客观性质的数学、物理和化学，它们的本位是什么？最具有主观性质的文艺学、社会学，它们的本位又是什么？显然，本位不是科学研究所必需的唯一选择。因此，质疑的必要性就毫不奇怪了，而移动本位以及无本位的主张就是质疑的具体行为。

2.3.2 关于本位的扩展。“本位”最初是从金融货币开始的，是一种方法、制度。语言学中的“本位”则是从语法方法论角度提出的，并不是认识论或本体论的概念。虽然方法论与认识论、本体论有关，虽然现在也有学者主张从本体论和认识论角度接纳“字本位”，但至今仍主要将此作为方法论看待。

“字本位”最初的目标也只是语法。随后就被扩展到所有语言项目，而且有的学者还将此引入对外汉语教学。这有点类似于句本位。但不同的是,句本位设计之初就是为了教学,而字本位在教学上的企图则是在本位实施过程之末。我们认为语言研究的体系和语言教学的体系可能有所不同。前者是理论层次的,后者是应用层次的。字本位本是为理论语言学框架提出的,它对属于应用语言学的语言教学究竟有无适用处,适用面有多大,还需要一番认真的调查检讨。

我们对"本位"的过度变动和扩展[4]表示相当的怀疑,尤其对于在应用层面上能否具有效用更为关心。

2.4 本位小结

我们可以把以上这些关于本位的主张以下表分析归纳表示:

表 二

	本位的含义		本位的类别		含有 / 附带工具		
	换算基准	描写基点	单位本位	关系本位	异系单位间相关率 / 模式	同系异层单位间相关率 / 模式	结合关系模式
金 / 银本位	是		是		附有	含有	无
句本位		是		是	无	可能有	含有
小句本位		是		是	无	可能有	含有
词类本位		是	[兼]	间接	无	可能有	间接含有
词组本位		是		是	无	可能有	含有
词本位		是	是		无	可能有	无
语素本位		是	是		无	可推导含有	无
字本位		是	是		无	可推导含有	无

从上表中可以看到本位概念及其使用的复杂性。按理说,语法研究的是单位之间的关系及其意义,其中关系应该是最重要的,是语法的中心,而单位并非语法的中心。只有单位的结合关系才能产生具体组合的意义。而汉语是单音节语言,由于单音节语素的强势,单位之间的分野已经不大重要,关系的重要性则更加突出。因此,关系本位应该优于单位本位,如果能兼顾单位则更

为理想。以此而论,最早的词类本位倒反而是比较符合这样的条件,只可惜,词类本位——说得透彻些——只是一种"间接关系本位",只能间接含有关系,顶多适用于形态语言。而汉语的词类又非常模糊游移,难以勘定,因此,词类本位也就注定不能在汉语中通行。就以上本位而言,如果仅以分析句子为目的,则词组/短语本位甚至小句本位都还不失为较好的方法,而句本位如果不坚持其中心词分析框架,则也仍然是在一定范围内可行的方法。

3 "字"与"字本位"在对外汉语教学中的适用性

3.0 术语和理论在应用层面的适用性

从教学上说,教学场合由于其实用性,可以容许术语有某些通融。为了某些场合称说方便,也容许在教学中使用多义性的教学用语。也就是随着实用性的增加而降低严格程度,可以使用日常通用型(非专业术语型)的词语。我们不反对在教学上使用"字",但如何使用,使用到什么程度都需要认真考察并论证。至于"字本位",在教学上使用时应该界定为"利用字的形音义兼有的特点对非汉语母语者进行汉语本体的多领域教学"。这方面还没有多少认真的讨论,因此,我们就更需要慎重探讨或论证了。

3.1 "字"与"字本位"在文字教学中的适用性

"字"本来就是文字的概念,当然需要使用"字"来教学汉字。因此在汉字教学上无须提出所谓的本位问题。日本也使用汉字,但日本汉字的字形和笔顺与中国的大同小异,有一部分不同于中国。它们各自根据的坐标不同,都有合理之处。至于笔顺只是汉字图像的在线形成过程,并非"字"作为单位以及以此为方法论核心的本身,更与"字"的地位无涉。显然这不是严重的问题。现在以"字"为基点的汉字分析是基本适宜的。问题主要是在:声旁和形旁不能包括所有的汉字构件,仅仅使用部件又不能说明不同的类型。它们在教学上都是有缺陷的，需要从教学上再考虑新的分类或补充新的下位类型。我们曾提出的“指别符”就是一种适当的补充（参见史有为 1996b）。

3.2 “字”与“字本位”在语音教学中的适用性

3.2.1 以“字”作为语音的基点。如果把“字”理解为“音字”，一个音节就是一个字[5]，那么声韵调分析的系统显然是“字本位”的一种体现。声韵调分析是传统音韵学的一种框架。语音学则是元音辅音和声调的分析，或者是音素—音高的分析。看来这和以“字”为本位的语音分析是完全不同的。但是如果我们把语音学的分析限定在“音节”范围内，那么所谓开音节、闭音节，以及开首辅音、介音、主要元音、尾音，也都可以体现传统“字”的观念。这二者之间只有便利与麻烦、传统与非传统之别，而没有正误的对立。因此，把“声韵调”分析简单归属于“字本位”是一种显然的错误。事实上，现在的语音教学中，音韵学和语音学的观点是融合在一起的，是一种互相补充与辅助的关系。《汉语拼音方案》的设计就是最好的证明。在这个方案中，声母表和韵母表担任了主干，而声调和轻声的表示则蕴涵着语音学的音高和主要元音理论。儿化音节本是“字本位”理论难以解决的，但方案里却以一个“-r”很好地解决了这个难题。方案在“字”与音节之间构筑了桥梁，维持了“字”又体现了现代语音学的理论。目前的大学“现代汉语”语音课实际上是依据拼音方案的语音教学，而现在的对外汉语语音教学又是依据拼音方案并考虑教学需要和教学效果的设计，是大学“现代汉语”语音课的变异或变通。（参见本文 3.5 节）

问题的焦点之一是：是否需要强调以“字”作为认读的单位，能否以“字”来驾驭语音教学。在这方面，日本存在着截然相反的两种操作。一种就是以现在的汉语拼音 / 注音符号作为语音学习的拐棍，而以汉字作为教学的主体，认为这是便于引导进入教学和习得的较佳工具。早先则是以日本假名来注音。另一种则是主张在开始阶段完全排除汉字，而代之以完全的罗马拼音，代表人是颇负盛名的仓石武四郎。伊地智善继先生对汉字也有类似的质疑。他们都认为汉字是妨碍汉语语音学习的很大的障碍或困难[6]。当然还存在一种做法，即用汉字来直接进行语音教学。不过，这种做法，已经被淘汰，仅仅存在于 20

世纪前三十年的日本，现在已经完全不见。当然，这些都不过是具体的操作，并不涉及本位问题。

3.2.2“字”“字本位”与语音教学。

（1）音节教学。使用“字”如同使用“字母”，他们都不能代替完全意义上的语音分析和语音教学。因为字母不能代替音位或音素，也不能代替这类分析。当然，汉字也可以直接认读，但这是非常困难的，尤其对于外国人。在汉语语言学的发展中，我们的祖先曾先后创造了“直音”“读若”“二字快读”“反切”，这些都是以字为单位的结果，但是除了直音和读若之外，其他这些办法都不是容易的。他们的缺点导致“注音字母 / 注音符号”和各种“拼音方案”的诞生。前者是传统音韵学现代版的另类表达，后者是西方语音学汉化版的别样翻新。它们都是由音节而产生，却不能说直接与“字”有多大关系。只是从结果上看，西方人比较习惯于拼音方案，中国人习惯于注音符号式的分析和学习，而日本人由于假名与英语教育，似乎对二者都并不排斥。从语音习得的正确程度来看，虽然注音符号的声韵调法少了更细的分析，却容易获得更高的发音正确度；拼音字母看起来更简单，但却需要经过表层的许多换算，才能得到正确的变体读音，其间的对应规则比声韵调法复杂，因此容易误会，正确发音的习得也就较前者为困难。看来，笼统地以字本位来做语音教学的纲领是并不适宜的。

在教学上哪一种语音理论最为合适最为简便呢？不同的人可能有不同的看法。有些人认为声韵调和元音辅音混合教学是叠床架屋，要让学生同时接受两套各成体系的学说，实在是不经济的做法。应该在这两种学说中只选择一种，以减轻负担。这话也不无道理。可以设想一下：如果我们单纯采取声韵调教学体系，那么最好的工具就是注音符号 / 注音字母。这是完全根据汉语语音特点和传统分析创制的现代标音符号体系。然而我们为了和现代工具接轨，已经在法律上采用了拉丁字母体系，已经得到联合国的承认并为世界组织采用于各种应用场合。如果我们完全采用元音辅音体系来教学，那么被破坏的就是中国人对“字”的感觉，很难建立一个个几乎等长的音感。保持传统和特性还是获得现代和世界，这就是我们面临的两难困境，我们别无选择，只能确定一种具有“张力”的折中的方案：这就是现在所广泛使用的依托汉语拼音方案并融入声韵调概念的教学体系，区别的只是不同的人可能注入传统或现代不同比例的内容，而混合的性质却是不可能改变的。我们只能在这样的架构下尽力突出传统体系、减少实质性的重复，比如可以只使用韵头、韵腹和韵尾，而不再引进介音、主要元音和尾音的概念。这些都不会影响“字本位”的地位。

（2）变调和韵律教学。在连读变调方面，“字”这个名称当然得心应手，至今我们仍然可以在方言学中看到“二字组”“三字组”这样的术语。但那只是术语的长短，并非问题的本质，不影响字本位的地位。

在韵律教学上，“字”的概念基本上还是适用的。汉语的韵律基本单位无疑是“字”，由 1+1 字组成了二字组的韵步，成为另一个主要单位。汉语的主要韵律基本上是由这两种单位组成 1+2、2+1、2+2 等三种基本形式。三字组包含两种不同的韵步，其一是 1+2 或 2+1 格式，可以用 2+1 的组合来解释；另一种是 1+0.5+1，中间一个是短音节。轻声是近现代汉语或北京话的一个特点，而非汉字所有的概念。在标准语中实际存在两种短音节，一种即轻声，相当于正常音节的一半（0.5），一种可称为次轻声音节，相当于正常音节的一半至三分之二。它们共同形成了现代口语中的另一种韵步，但又不是汉语的主要韵步。如果不引入短音 / 轻声的概念，那么用“字”作为单位的韵律教学将迎来一些困难。

（3）儿化——字本位束手乏策的部分。由于轻声和儿化的出现，汉语韵律就发生了许多变化。轻声是个短音节，只能算 0.5 个“字长”，或只相当于一个 mora。但字本位还将就可以凑合。而儿化造成的是个心理上的长音，是字本位难以控制的。它们都突破了以“字”为基本单位的传统 / 书面韵律，需要增加新的语音学血液。而在语调方面，“字”就几乎无能为力，必须加入现代语音学的概念。

由此可见，当字做音节理解时，“字本位”基本上是适用于语音和语音教学的。但其使用程度可能与字组的长度和层次成某种比例。语音片段（也即字组的语音表现）越长，越需要补充超音段和韵律层次的特殊要素，其适用性就可能越衰减，也就越需要补充新的工具。

3.3“字”与“字本位”在语汇教学中的适用性

3.3.1 以“字”作为语汇的基点。以“字”作为基点来看待语汇[7],有天然合理之处。因为汉语的基本单位就是单音节语素,这一单位在传统说法里就是“字”。“字”是具有语音和语义双重限定的用语,在使用上当然就比较灵便。汉语中除了可单用的“字”(单音节词)之外,其他绝大部分都是由几个有义的字构成的,另有一部分是由无义的字组成。它们都可以统称为由“字”构成的单位。这样当然有称呼的方便之处,但却削减了义字和音字之间的本质区别。放弃了“词”这个称呼,语汇成了“字”的天下之后,其他只能以“字组”来表达。虽然我们省却了分词、辨认词组的麻烦,但却失去了一个紧密程度次之如“词”和“词组”之类的语,减少层次,却多了些新的不便。于是就必然会补充新的层次和新的术语。可以想到的诸如“辞”“基本字组”“熟字组”,或含糊些的“-语”之类的术语,都可能成为补充选择的对象。看来,少了一个麻烦之后,又增添了新的烦恼,问题并没有多大改善,实质性的困扰依然存在,因此,这似乎并不十分理想。

3.3.2“字本位”与语汇教学。对外汉语的语汇教学包括四个方面:语音、构造、语义/意义、功能。其中最大的问题是语义理解和使用功能。如何解决好这两个问题乃是所有应用理论的试金石。

(1)在语音方面,一般不存在问题。可以按字读音。存在的问题主要在轻重音和儿化方面,它们不能直接从“字”获得。如:

欢喜(无轻音)——喜欢(欢字轻音)

地道(名词,道字非轻音)——地道(形容词,道字轻音)

花儿(花朵,儿化)——花儿(曲调名,非儿化)

前者与以“语素”为单位的应用相同;后者则不如语素,“儿”作为语素一定要明确的。字面上“儿”常常被忽视或省略。如“小孩太爱玩了。”字面上无儿化,但实际读音有“小孩”“玩”两处儿化。如果按字面去分析,将发生语词的错误分类。

(2)在构造方面,一般可以通过字义去理解构造,但有时候也不能完全奏效,如:

绝症 / 绝学 / 绝技(偏正式)

绝种 / 绝食 / 绝望(支配式)

绝路(支配式:断绝了出路)

绝路(偏正式:死路)

都是同样的成分为什么构造相差如此之大。这完全不能依靠“字”来解释,跟语素相同,都需要引进关系类型的概念。

(3)在语义理解方面,汉语语汇(除音译外来词外)中也存在至少两种凝固性多字组合:

一种语词的意义可以通过字面结合“结构类型”即可大致理解。其中有复合类型的,例如:黑板、鸡蛋、牛肉,等等;有附加类型的,使用“类词缀”的,如:绿化、现代化、妖魔化、教员、服务员、售货员,等等;还有“加合型简称”的,如:企事业、中老年,等等。大部分凝固性或准凝固性组合都可以从参与组合的字的意义去理解词的意义,但这种理解也只是大概齐。

另一种是无法直接从字面理解其意义,例如:漂亮、爪牙、吊诡、冰敬、坐标、猫腻、寒碜、寒颤、挤兑、挤对、二百五、十三点、半斤八两、牛气烘烘、城门失火,等等。这是由于词语在使用中的引申、移用等发展,加上许多用字不是本字,使许多词的意义已经不能大概地去理解了。而音译外来词则更是无法按字面理解了。

介于以上二者之间的是各种不同程度字面上可理解 / 不可理解的中间性单位,例如:跑官、跑票;跑马、跑步;好吃、好看、好听;难吃、难看、难听;以及负担 / 担负、规定 / 定规、路线 / 线路,等等。

(4)在使用功能方面,大部分凝固性或准凝固性组合都可以从参与组合的字的意义去理解词的功能,但还有不少组合词是无法这样去理解的,例如:开关、扶手;黑白、美白;长短、大小。

有的构成成分相同却功能大异,如:绝路(名词)、绝路(动词),色彩(名词)、彩色(区别词)。

有的构造相同,功能却不同,例如都是支配式的:出席(动词)、出名(动词 / 形容词)、出差(动词)、主席(名词)、出色(形容词)。

有的构造和成分都相同，而功能却相异，如：手术（名词）、手术（动词）；明白（形容词）、明白（动词）；出手（名词：袖子长短）、出手（动词：脱手 / 拿出）。

当然，大部分凝固性或准凝固性组合还是可以从字面推测到功能的。

由上可知，“字”大致可以作为语汇含义和功能的某种认识依据，或作为解释途径之一，但却不是获得语汇准确内涵和功能的最佳途径。词语意义和功能的最佳获知途径是大量的配合语境的语句、语篇的反复听读和事物指向实践，说写则是这种获知的巩固手段。这些才是教学的主要依赖。而认识上的解释分析只是一种辅助手段而已，有无都并不影响教学的有效性。

因此，我们认为，“字”在语汇方面的适用度是不高也不低，在语汇教学上还可以利用，可以在某种程度上作为字本位和字本位教学的一个论据。

3.4 “字”与“字本位”在语法教学中的适用性

3.4.1 以“字”作为语法的基点。“字本位”最初的目标其实就是语法。除了在上文 2.2.4 节中已经陈述的以外，这里再补充一些看法。在进入语法关系层面后，由于“字”内不存在关系坐标，字本位创始人提出了几种关系作为该本位的关系基础：

其一，以语义和语序作为语法关系的起点。这种设想有一定的道理，因为汉语没有形态，只能使用语序作为关系的形式依托，进一步说也只能用语义作语序的基础，来形成语法关系。这些原本都是有理的，但是它们却不能说明何以同样的组成成分以及同样的语序可以产生完全不同的关系和组合意义。例如：动词性的“来信、烤白薯”，和名词性的“来信、烤白薯”，其产生机制有何不同，显然，除了语序和语义之外，应当还有别的什么。我们认为，应当还有隐含功能以及语义和功能的选择机能。语言不能自动生成，它是要靠人操纵的。人的心理机制正是语言处理中的一个要素。语法是一套形式规则，或者说是一套形式和意义组配方式或规则，仅仅用字、用语义能提取 / 解释这套规则吗？缺少了一套关系，又如何能做选择的坐标 / 基准，如何能贯通一切语法组合呢？因此，如果能用“关系本位”作为互补的另一方面，应该是较好的选择。

其二，“话题—说明”的设置。这是创始人后期所补充的关系，而且作为一种基础架构。这本来是极有意义的，但可惜并非“字本位”本身所含有或可推导得出的结果，因此也就无法算在“字”的账上。

其三，字本位创始人提出汉字字形本身的结构也是一种语法关系，比如以形声结构对应为偏正关系。这就突破了文字字形与语言法则之间的鸿沟。如果从更高的认知角度看，这二者可能有相当的交集，但从各自对象与学科看，二者毕竟是完全无关的。把两种完全分属不同领域的事物混同为一，不但有牵强附会之感，也将会完全搅乱科学的分野。这样做的代价是很高的。笔者钦佩创始人的勇气，但却不能苟同。

3.4.2 “字本位”在语法教学上的适用性。对外汉语教学的本质是语言实践，是实践课而并非知识课或理论课，不是语法学的教学。因此实践是第一位的。对学生解释规则或归纳规则，可以使用词组或句子的构造，也可以使用句法成分，但要把这些概念仅仅联系上“字”确实非常困难。即使引进语义，我们也不能向学生解释清楚许多组合何以有相同的语义却可以有不同的意义和功能。因此从教学的实用性和功利性考虑，除非不讲语法规则之类，否则以“字”为单位做语法关系的设计是很困难的，即使增加语序、增加单位的层级，仍然无法处理所有的语法组合。更何况，语法并不仅仅是组合关系及其意义的描写，还有语用表达层面。在教学上甚至更需要语境或语篇的参与。句子对了，并不一定在话语中也对。单纯或过多的语法说明在教学上也几乎没有多大必要，甚至适得其反。从以往的和今次的调查中发现，许多长期执教、有经验的教师都反对多讲语法，认为汉语教学是实践课，因此我们认为实践是汉语教学的最高品质。感性高于理性，这是语言教学的铁律。因此，我们认为，在教学中利用“字”或“字本位”来增加效能，可能是一种不大能被证实的理想。

3.5 “字”与“字本位”在语篇教学中的适用性

语篇是超出句子和所谓句群的概念，是以整个语言交际的言语作品为完整研究单位。语篇中的最小单位一般认为是句子，但近来的研究表明，汉语有其特殊性。由于汉语中句子的界限不明，复合句也常常可以被人认可为数个句子,因此,非包含的小句就成为语篇的最小构成单位,犹如句法中词是最小单位,构词法中语素是最小单位。因此,"字"在语篇中几乎没有直接地位。字在语篇中的作用仅仅体现在隔着许多层次之后的间接关系上。因此,在语篇中无法以"字"作为基点 / 换算单位。

由于语篇最小的可能单位是小句,语篇更多涉及语境(包括上下文和情境),涉及逻辑安排,涉及上下文相关,涉及语用,等等,因此语篇教学是一门实践性更强的应用。虽然"小句"和句群甚至整个语篇都是由字构成,但在教学上做这样的分析是不经济也是无法设想的烦琐。至于在语义上的不适用,由于语篇涉及语境和语用,因而更是一个大问题。因此,"字本位"在语篇教学中的不适用是十分明显的。

4 小结

4.1"字"是一个多义用语

"字"在不同的语言学场合有不同含义,其间的差别可以很大,而且使用也不稳定。鉴于此,我们建议在汉语语言学中限于在语音中使用,在语汇中有限制地使用。

4.2"字本位"是方法论的概念

"本位"最初并不是认识论或本体论的概念,至今仍主要将此作为方法论看待。作为研究型的方法论概念,需要排除术语和概念的模棱两可或多义性。科学的术语通常具有单义性和确定性,不容许一时如此,一时又非如此。虽然方法论与认识论、本体论有关,虽然现在也有学者主张从本体论和认识论角度接纳"字本位",但如果要保证科学的严格性,仍然需要尽量减少其不确定性,至少在方法论上是不能容许如此多义或不确定的。我们建议仍然在方法论范围中使用并研究。

4.3“字”和“字本位”对汉语的适用程度

“字”和“字本位”在汉语各个层面上的适用程度可以用这样的方式表达：如果语言的层面是由语音—语汇—语法—语篇逐级升高的话，那么汉语的层次越高，“字”和“字本位”的适用程度越低。

在具体的语汇、语法、语篇等教学层面上，“字”的概念及其使用都很难证明其直接的适用性。“本位”在此范围内的直接的和积极的作用很难实现也很难发现。迄今为止的探讨似乎都停留在书面，在实用场合也只限于语汇的一部分或古代汉语的构成单位[8]等方面。如果将“字本位”引入语用和语用教学，其不适用程度将会进一步增加。

4.4“本位”术语的弃取

“本位”一名是个历史性的用语，可能会随着学科的发展而完成任务。“本位”也并非语言学所必不可少。我们可以用一些自然科学来做比拟：化学是以元素作为分析的基础，但从不提元素本位。即使是以分子作为尺度的分子生物学也从不提分子是本位。一是因为元素中还分成原子和分子，而原子和分子也有着某些不同的性质和功能；二是因为元素只能解决结构的成分，而不能解决结构的关系；三是因为元素组合后的“基”有许多无法仅仅用元素解释的性质/功能。虽然如此，化学和语言的一个很大的不同点乃是，元素的性质是稳定单一的，元素组合的性质/功能也是稳定单一的，而且可以从元素的原子或分子微观结构及其性质/功能中获得逻辑解释或规则性解释，但是语言中的语素组合，却往往不是语素性质和意义的规则性组合，作为词汇构成单位的语素的意义一般都是多义的，即非单一的，在不同组合中有不同的意义，而且不稳定。至于语言的深层，探究语言的生成机制和语言共性，就更不是“字”所能涵盖的。“化学”和“分子生物学”是非常典型非常严密、严格的科学，它们尚且不设所谓的本位，语言学就更无须设立本位了。只要实事求是，在每个层次上甚而在整体上推求最基本的单位，探求最基本的关系类型，那么语言就可以逼近化学，也能做近似可观的描写。因此，放弃本位实质上是思想的一次解放。[9]

附 注

[1] “字本位”理论是徐通锵先生首先提出的。他曾说起(2004):字本位的思想最初于1991年已经初露端倪,但是还没有正式提出这个名称。1992年时才正式有较明确的思想。

[2] 史有为80年代后期曾提出“小句本位”的初步设想,以后在1996年进一步论述了这一设想。其实这是继承吕叔湘先生很久以来的一个想法,也是为了解决句子并非完全是词组的实现这一困扰,并为了能够向上贯通复句以及语篇(见史有为1996)。

[3] 史有为(1991)提出“移动本位”,但没有具体展开讨论。

[4] 除此之外,还有所谓的官本位和民本位,那是一种比喻或引申。当然也是一种单位本位的概念,但包含了以官或以民为主的关系。其所指与金融及语法所用内含都有不同。

[5] 在语音层次上,“字”就相当于“音节”以及在听觉上可以分离的一个个“音”。所谓的“音”在中国人的感觉中除了音节之外还可以包括:某些复辅音中前一个组成音素、非唯闭音节中的非鼻音辅音尾音。前者例如擦音/塞音/塞擦音—边音组合(sl-, tsl-, kl-之类)和擦音—塞音的组合(sk-, st-, sp-之类)中的前一音素。后者例如英语top, at, look, as, push之类中最后的辅音/复辅音尾。这些音,语音学称之为音节的一部分,而中国人却可以感觉为另外的音或字。两个甚至三四个音也就是三四个“字”。在这种场合两种观点就发生了冲突。我们以哪种观点来作为研究的起点呢?事实上中国人的感觉的确是建立于听觉心理上的。这样我们就只能建立一个全新的心理语音学来解释了。当然这并非无理。不过,这对汉语语音本身暂时还不需要,可以避开不论。

[6] 仓石武四郎(1953, 1958)曾强烈主张在入门阶段排除汉字,只使用罗马拼音进行教学,并编写了若干以拼音做主干的教材。伊地智善继先生(见史有为1997)则认为对于日本人来说,汉字是汉语学习中的最大障碍。

[7] 本文把“词汇”改称“语汇”,以求论述公平。

[8] 徐通锵(2004)曾提到法国白洛桑所编的汉语教材中,白洛桑认为汉语的口语是词本位,书面语是字本位。我们猜测,白洛桑这里指的可能是语汇,不大会涉及语法问题。因为古汉语和现代汉语的主要区别是在语汇上,语法类型仍无根本性的变化,古今语法的区别也并不涉及基点是“字”还是“词”。笔者以为,白洛桑可能对“字本位”也理解有误。

[9] 关于“本位”的最新最完整的研究请参见史有为(2009)。

参考文献

仓石武四郎　1953　《ラテン化新文字による中国語初級本》,岩波书店,东京。

仓石武四郎　1958　《ローマ字中国語初級》,岩波书店,东京。

潘文国　2002　《字本位与汉语研究》,华东师范大学出版社,上海。

史有为　1991　《多元·柔性·主体——80—90年代语法研究大势之我见》,《世界汉语教学》第4期。收入《80年代与90年代中国现代汉语语法研究》(1992年,北京语言学院出版社)。

史有为 1996a 《小句和小句本位》,《中国语研究》总 38 期,白帝社,东京。
史有为 1996b 《汉字的指别功能和指别化·初探》,《大阪外国语大学论集》总 15 号。
史有为 1997 《伊地智善继先生谈日本的汉语教学》,《世界汉语教学》第 4 期。
史有为 2009 《“本位”梳疑》,《语言科学》第 4 期。
徐通锵 1991 《语义句法刍议》,《语言教学与研究》第 3 期;收入《80 年代与 90 年代中国现代汉语语法研究》(1992 年,北京语言学院出版社)。
徐通锵 1994a 《“字”和汉语的语法结构》,《世界汉语教学》第 2 期。
徐通锵 1994b 《“字”和汉语研究的方法论》,《世界汉语教学》第 3 期。
徐通锵 1996 《语言论》,东北师范大学出版社,长春。
徐通锵 2001 《基础语言学教程》,北京大学出版社,北京。
徐通锵 2004 《徐通锵教授谈语言理论研究》,《外语教学与研究》第 4 期。
朱德熙 1982 《语法分析和语法体系》,《中国语文》第 1 期;收入作者《语法丛稿》。
朱德熙 1985 《语法答问》,商务印书馆,北京。

本位：第三种观点与对外汉语教学*

1 “本位”小引

1.1 汉语“本位”语法四阶段

第一阶段为词类本位：以“词法”为基础。这就是以马建忠《马氏文通》(1898)为代表的学说。当时并未提出“本位”。1924年有了句本位之后，由学界以句本位为标准去分析，最初指《马氏文通》为“词本位”，以后发现该书实为“词类本位”，并为学界公认。

第二阶段为句本位：以“句法”为基础，由黎锦熙(1924)自己命名。

第三阶段为词组本位：以词组为基础，也即以一种最基干的“句法”作为

* 本文根据笔者在日本为明海大学研究生上课时的讲稿改写而成，并曾发表于《语言教学与研究》2012年第3期。此次结集前做了少许修改。

语法基础。由朱德熙(1985)在与句本位比较时提出。

第四阶段为字本位[1]：以包含字符个体、音节、语素三者的“字”为语法基本单位，以“字形—语义语法”+“话题句法”为基础。由徐通锵于上个世纪90年代逐步明确并提出。但其含义不断有所修改。初时将“话题—说明”[2]纳入，最后又把“汉字字形构成”之法纳入，作为汉语句法的基础。

至于“词本位”[3]则是近年来的一种新鲜提法，是将第一至第三阶段各种本位学说概括而成，还包括未以本位命名的一些语法体系，它们均以词为语法基本单位。以词素/语素为初始分析单位的词组/短语本位，在进入语法结构后，也仍然以词为基本单位。因此也包含于“词本位”内。这个术语是为了对应“字本位”而新设立的一个对立概念，以便做比较并进行论辩，并非第五阶段。

1.2“本位”含义的嬗变

随着“本位”语法的演变，其中的“本位”的含义也发生嬗变，三种意义表示着三个阶段：

第一阶段，词类本位、句本位，其“本位”指语法的中心、主体。

第二阶段，词组本位，其“本位”指语法的基点。

第三阶段，字本位，包括其对立面“词本位”，其“本位”指语法的基本单位。

词类本位、句本位、词组本位三者的本位含义基本相同，可以合为一大类。句本位和词组本位都以句法为基础。词类在印欧系语言以词法为标准或基础，而汉语却仍是以句法作为基础。这三者处于基本相同的术语平台，因此它们之间较易对话、辩论。而字本位的本位与前三者大不相同，含义大变。前三者与字本位较难沟通，一是因为所据单位和基础完全不同，二是因为本位含义大相径庭，不处于同一术语平台。为了沟通对话，将前三者改造成“词本位”，以便于对比、争论，这也不失为一种办法。如果抛弃“词本位”的名称，以各种本位原本所指去对话，更因为字本位的本位含义有本质变化，可能会有“鸡同鸭讲”的尴尬，妨碍明确无歧义的对话(参见史有为，2009)。

有人提倡以多义的“字”来做术语。没错，word开始也并非术语，是语言学家利用语言中原先存在的语词加以改造并术语化（专职化、单义化、明确化）而成。基础术语最初可能是没有定义的，但一当成为术语就必须具备术语的单义性。笔者不反对字的概念，但应该严格定义，使所指单一，避免歧义，避免混乱。这是术语的基本条件。有人认为汉字是单音节的，主张用“字”代替音节和单音语素。这是不完全符合客观事实的，容易引起误解。其实，汉语“字”的单音节特点是人为规定的。“字”完全可能是多音节的，例如日本许多汉字都是双音节的，又如中国曾使用双音节的“呎、浬”和三音节的“砼、瓩”，只是在现实中在规范化作用下才限定为单音节。混合式的“字”，以及由此剥离出的字符“字”和音节“字”，至今仍共处一堂，实非语言学之愿。这样的情况不可能有利于学术研究和讨论，作为语法基础术语，也可能是不适合的。只有控制在单义的情况下，语法学才可能有限利用。

2 “字本位”与国外语言学

2.1 不同语言的术语对接

不同语言可能由于学术传统的不同而有不同的术语体系。但是如果要探讨语言的共性，要互相交流，就必须既考虑本身的特点，也考虑语言普遍性，采用彼此容易沟通的术语体系，至少在基础术语方面如此。当然，我们不一定需要语法理论的完全“接轨”，但必须考虑到在术语上是否能“对接”。接轨与对接完全是两个接近而大不同概念。接轨是完全让自己变为对方的形制规格；对接是保持自己的特质或体系而仅在接口部分（如术语）能保证与对方沟通交流。例如，日本语分成两套体系，对内的是国语学，用的是完全自己创造的术语。对外的或从事对外日语教学的是日语学，用的则是国际通用的术语。因此，当我们选择术语时必须清醒地认识到这一点。如果一个术语只能用于本族语言，完全不可能对接到世界，那么以这种术语建构的学问，只能限于自己，将行而不远。“字本位”恐怕就是这样的术语。“字”是完全汉语的概念。它相当于音节，又相当于语素，还相当于字符个体，是极大的歧指，很难兼容于其他语言，也很难在外国语中找到对应语词，因此，也就很难实现对接。

2.2“本位”在英语语法学

“本位”在英语语法学中没有位置。对现代英语语法学而言，一个含义或界定明确的术语符合科学的要求。比如传统语言学以词作为分析起点，结构主义以语素作为分析起点。中国与西方不同，中国一直以来都习惯于含混的综合的概念，如同中医的“阴·阳”“虚·实”“湿”“肾虚”之类 。而西方追求单纯、明确。这是两种很不相同的文化取向。“本位”是中国对英语语法学曾经以句子为基础分析的概括。这一术语对应的 based 在英语根本引不起争论，因为英语学科早已超越了以何为基础、为中心这个阶段。英语经历了以词类 / 词法为中心、以句子 / 句法为中心、以词组为中心的阶段。现在已经进入到句子与语篇研究同时并重的阶段。它们不像汉语那样从一个基础点向全句展开，始终局限于句子构成范围。此外，英语语法学处于一种大格局的转移或变动，从归纳法为主的“格式—描写”发展到以演绎法为主的“心理—解释”的大变化。对汉语这种“本位”小格局之争没有兴趣。相形之下，汉语语法研究的创新就更需要摆脱这类小格局的束缚，更需要加强对实质的追求。而字本位尤其需要摆脱“字形构成”之法作为语法基础的想法。要知道，真理超出一步就会成为谬误。

3“字本位”与“词本位”的对立

3.1“字本位”与“词本位”所谓对立的要害

“词本位”既然被“字本位”学者提出，那就形成了二者近乎非此即彼的对立，让学界很多人感到很无奈。笔者认为，它们二者的要害并不在于“字”和

“词”是否存在，也并非“最小的自由形式”应该否定，或音节—语素—字符三合一的“字”是否应该否定。关键在于它们各自行动的范围和针对性及其有效性。具体而言，“字本位”的要害是：“字”在人处理语言时的效率能有多大，“字”的多义并涉及文字与语言的分野是否能适合语法学的论述。“词本位”的要害是：“词”的定义，根据该定义能否顺利“非A即B”地分词、能否顺利处理汉语特有的语言问题。因此，它们各自有各自的适应区域和麻烦，并非就是简单的非此即彼的对立关系。

3.2 词在语法上的处境

词/word作为“最小的自由形式”或“最小的能够独立活动的有意义的语言成分”，对于汉语这种非典型自由形式的语言，显得捉襟见肘，常常因此而引起争论。尽管如此，我们必须承认汉语中的确存在自由形式的单位，即典型的word（“词”）。比如我们不能否认下面的形式不是自由形式：

折腾、忽悠、邋遢、尴尬、逶迤

又如我们也不能用字来解释下面字序相反的并列式单位仅仅是字序的不同。我们只能承认它们是典型的自由形式，即word：

狮虎、虎狮；色情、情色；兄弟、弟兄；社会、会社

但这样的word在整个使用单位中并不占绝对优势。再比如下面的数量单位到底是什么？按照英语，它们是word，但这适合汉语吗？根据是什么？

十一、十二、十八、十九；二十、三十；一百、一千、一万

如果它们是word，那么下面进一步的组合呢？是word还是词组？根据又是什么？

一百二十六；二百零三；一万三千九百九十九

汉语的“词”比西方语言或日语的平均凝固程度低。其中一部分是受到外语影响才强加上凝固性，并列入“词”的系列。用西方语言“词”的概念，我们很难解释下面广泛存在的用法：

<u>什么</u>桌——办公桌；<u>什么</u>极/<u>哪个</u>极——南极

<u>怎么</u>跑——慢跑；<u>怎么</u>描——白描

上面这些“代词”代替了什么？词还是非词语素(字)？

我现在就去化妆。——化什么化！来不及了，别化了。

上面这种格式和单字又算什么？用什么 word 理论来解释？而下面的“离合词”又如何用 word 理论来解释？

结婚——结了个婚；婚也结不成(口语)

幽默——幽了他一默(林语堂)

体操——体了一堂操(赵元任)

奇怪——我就奇了怪了(口语)

3.3 字在语法上的处境

以“字”(汉字)作为单位是汉语独有的问题。中国古来一直是以“字”处理书面语和口语的。汉语的所有问题都被“字”所掩盖：汉语有无多音节的语义专指性单位？应该有。汉语有无语段间的停顿？当然有。但汉语又是单音节语素作为广泛基础的语言，字的单音节性，字的表意性，与这一基础存在广泛的交集。字间的全分写(= 全连写)掩盖了语汇单位[4]的问题。因此，在很长时期内，以字为单位似乎是天然合理的，人们会天然地切分开语汇单位。实际上人们在切分或认知语汇单位时使用的是试错方法，长期试错并积累下的组合模型掩盖了汉字带来的问题。当然这个问题一般不会影响对多音节单位占多数的现代汉语的理解，但在古汉语中我们却为此而苦恼。在语法学中，这个问题也没有办法绕开。因此，“单音语素、单音词、音节、字符”相对于“字”，“多音词、联绵词、词组、多音节”相对于“字组 / 辞”，等等，不过是更换名称而已，把一组分析较细的名称换一两个分析较粗的名称，而原先的问题依然如故。当然，字组这类名称可以避免对是词还是词组这种非此即彼问题表态，避免对离合词分与合身份的表态。然而我们依然无法用“字”来解决熟语化单位的认识问题。比如“滑野冰”，我们不能从这三个字的组合中，获得真确的语义和组合的分合可能；又如“车水马龙”，也不能从这四个字的组合中获知该语段的确切含义。而且，汉字的多义使对“字组”的理解更复杂化，更无效率。例如“就学”中，“就”有 16 个义项，“学”也有 6 个义项，怎么才能分别选定一个义项来理解“就学”呢？如果真的要实施以字为本位，教学上、认知上的复杂性可想而知。[5]因此以字为本位在“字组”教学和理解上是效率低下的。[6]可见，“字本位”没有解决问题，而只是把问题用另一种方式留给了大家，而且在某种范围内可能还更麻烦了。

3.4 汉语语汇单位的实况

汉语的很多语言单位处于自由和黏附经常变换的状态，它们在文言—白话、口语—书面语之间经常变换身份。用现今语言学理论来描述，就是在某个历时平面上非词语素与词之间发生经常性的交替。例如：

这个论，那个论，就是没有我这个论。

你说苦尽甘来，尽是苦，哪有甘哪！

正误表：正的有了，误的怎么没有啊？

如果查标注词性的词典，就会告诉你，这个“苦”是形容词，那个“甘”不是词。但是实际语言中那个“甘”却处在了自由状态，即成词了，该怎么解释？这种情况太多太多。于是学习者就会质疑：这本词典是不是不靠谱啊？

尤其是，汉语有非常频密的临时词。这导致非“词”语素和“词”的界限发生模糊，导致分析的困惑。临时词是指为临时应用而构成因而并不稳定的词，也是使用频度极低、仅为个别人或个别文本所临时使用的词，例如“媒体大摄汇”（凤凰卫视资讯台栏目名）中的“摄汇”，这是谐音“社会”的临时词。临时词当然也可以转化成一般的词。它显示汉语语素的活跃度和自由度。后者显示汉语简称在word和phrase之间摇摆，其构成成分在word和非词morpheme（语素）之间犹豫。如果我们把绝大多数“字”看作“可认知性极强的语素”，那么这些临时词也可以看作临时性“字”组，就可以不需要“词”典而很容易理解它们。因此，“字”可以是另一个角度的单位，是语汇认知和构成角度的语言单位，当然也是教学角度的文字单位。例如去认知下面的语词：

内商（类推仿自“外商”）

夏眠（类推仿自“冬眠”）

魔丽迅白（牙膏广告，为广告效应）

冰爽（牙膏广告，为广告效应）

家庭煮夫（谐音仿自“家庭主妇”）

妹力四射（谐音仿自“魅力四射”）

享瘦（谐音仿自“享受”）

还有汉语相对于西语所特有的简称（日语汉字词简称，也应属于汉语），它们也是介于词和短语／词组之间的单位。就简称中的成分而言，我们真无法给一个确切的称呼，而“字”则是很好的一个回避说法。

保证学生每天体锻一小时（“体育锻炼”之非广泛承认的简称，《文汇报》2009年9月7日）

老中青结合（还可以说：“老的有了，中的还没有，青的太嫩”，非词突然又成词了）

八大员（“服务员、理发员、炊事员……”，一个个类词缀，却变成词组中的一个个真“词”）

五子登科（“票子、房子、车子……”，一个个真词缀，却变成词组中的一个个“词”）

看来，“字”在汉语语法学中还是有用的，在汉语语言学中也不大可能消失。虽然它的定性太含糊、太含混，但却又是“难得糊涂”！

4 “字”“词”与语言教学

4.1 汉字教学的难易

汉字是又难又易的，拼音文字也是又难又易的。只是二者的难和易分布在不同的区域。泛泛地说学汉字难或不难都是不严谨的。拼音文字的语音分析性常常使中国人无法很好掌握，甚至使西方儿童发生阅读障碍。汉字的笔画繁复，汉字在形体上只有部分的系统性和理据性，都说明汉字是困难的。但汉字又具有极具个性的图像性，尤其是汉字的实义字部分常常可以跳过语音背景直接与所指客体相联系，就如同认知图像（如“☆、※、§、￥”）那样。从这点看去，汉字又是不难学的。因此，汉字由于其特殊性，不管到什么时候，不管是对内还是对外，单独的汉字教育都不会取消。只是这一教学在段落长短和位置安排方面可以有不同的类型。

汉字的教学还需要掌握合理的界限，超过合理，也就转化为反面，容易反而会成为困难。因为，语言中存在熟语性或专指义单位，如果一味地追求“字”，而忘记1+1可能不等于2，那就会像有些扫盲已“合格”者，读得出“字”而不知这些字排列在一起表示什么意思。对外国人更是如此。例如：“滑野冰”，并没有一种叫“野冰”的冰；“踢假球”，其实球并不假，乃是假的踢球。因此，仅仅学字认字，对外国人来说仅仅学到了字符的形、音和单字义，而没有学到语言中组合时的意义。从整体来看，广义的“词”（即包括固定短语）无疑也是教学的一个基础。因此，适当强调“词”教学也是必要的。

4.2 对外基础语文教学

对外语文教学，传统也曾经是读“三（字经）百（家姓）千（字文）”，是读经读诗，而且还学类似《老乞大》《朴通事》那样的专门教材。这是在传统对内教学模式基础上做了针对性改变的模式，是在对内教学的“单字（单音词）—短句—韵文”+“史事—文章—德育—句读”混合模式基础上，插入“对话＋完整篇章＋文化＋言语模仿”的混合模式，我们现在已找不到有关它效果的古代记录。但相信这样的模式至少在对象不很多的情况下是有效的（不一定是最有效），就好比私塾式的教学曾经为我们国家培养了一代又一代的栋梁，这样的模式也培养了足够的翻译人才。

我们来看看《重刊老乞大》这份古代教材是如何安排的：

【第1对话段】

（甲）大哥你从那（哪）里来。

（乙）我从朝鲜王京来。

（甲）如今那（哪）里去。

（乙）我往北京去。

(甲)你几时在王京起身来着。

(乙)我在这个月初一日离了王京。

【第2对话段】

(甲)你学的是甚么书。

(乙)我曾念的是论语孟子小学。

(甲)你每日做甚么工(功)课。

(乙)每日清早晨起来。师傅根(跟)前受了书。放学。到家里吃饭。再到学里写仿。写仿后头对句。对句后头念诗。念诗后头师傅根(跟)前讲书。

【第4对话段】

(甲)你有甚么主见。你说与我听。

(乙)如今朝廷一统天下。到处用的都是官话。我这朝鲜话。只可在朝鲜地方行得去。过了义州。到了中国地方。都是官话。倘有人问一句话。也说不出来。

【第111对话段】(即最后一段)

(乙)大哥我们迴(回)去了。你们好迴(回)去罢。

(甲)我们多多的慢待你了。你别见怪。

(乙)咱们四海之内皆兄弟。在这里做了数个月火(伙)伴。不曾有面红的话。如今辞别了。别说后来不看见。倘有再相逢的日子。岂不都是好兄弟么。

从上面的例子可以看到古代教材是如何循序渐进地安排语言学习与文化学习的,是多么地精彩。我们现在的一些做法其实在古代已经使用了,有的甚至用得非常纯熟。

1949年以后我们在科学化、国际化的名义下改用"语音—音标"+"单词—文字"+"短句—对话"+"语法"的分段模式进行对外汉语教学。这几十年我们把重点由学"字"逐渐转移到了学"词"。但是,根据上一节对汉字的分析,变来变去,我们仍无法绕开汉字,不得不保持必要的汉字教育。

对内与对外语言教育本是两个不同领域,但又显示它们之间的相关性:即越是教育的基础阶段,越可能显示彼此的差异性;越是到教育的高级阶段,彼此的同质性就越强。但直到今天为止,这二者仍具有相同的"字—词"混合型教学性质。学汉字和学语词都很重要,只是根据学习者混合的不同特点和目的,在力量分配上会有所调整。如果一个外国人要学习中国的语言和文化,他一定要面对汉字,否则不可能深入,不可能提升自己。除了为了给旅游者应付几句日常寒暄的小册子外,抛弃汉字学习、完全以词为单位的教学模式或教材是不可能存在的。至今为止的完整考虑的教材都是建立在"字"和"词"两个基础上的,其间的差别只是二者的比重和安排方式可能会各自不同。如果将过去的教材都扣上"词本位"的帽子,那是有欠公允的。笔者不相信有一种信奉"字本位"理论的汉语教材能够抛弃"词"的教学,而且可以成功。同样,笔者也不相信有一种信奉"词本位"理论的汉语教材能够抛弃"字"的教学,而且也可以成功。语言的理论系统和教学系统是基本一致的,不可能脱离。否则这个号称某理论的教材就必须改名换姓。

当然,过于重视"字",我们的语汇教育将严重不足,必然影响语汇的理解、应用以及翻译[8]。如果轻视"字"的教育,我们对汉语的语汇特点也将认识不足,按此培养的人将在词汇上显得呆板、僵硬,语汇的创造性将受到限制。

5 直接教学法的"本位"误解

曾经有学者(伍铁平,1990: 120—130)把第二语言教学的直接教学法与"句本位"联系在一起。他写道:"直接教学法也主张所谓的'句本位',即只教学生记句子背句子,不必分析句子由哪些词组成。用林语堂的话说就是'整句吞下去,再整句吐出来。'""……他们还认为作为听话、说话材料的言语是混沌一体、没有分割的,所以学话的教学方法最符合他们的句本位理论。"在谈到分析与理解的基础上掌握句子并注重培养综合运用语言、活用句子的能力这一原则时,作者接着说:"这个原则是针对直接教学法的囫囵吞枣,死背句子的句本位原则提出来的。"

这些论述与很多人的理解有很大差异,也比较粗率。其一,直接法来自西方，那时西方并没有"句本位"的提法，有的只有重视句法平面的研究和教学，句本位是中国人所创名词。要把中国名词安在西方人头上，有点不公平。其二，"只教学生记句子背句子，不必分析句子由哪些词组成""言语是混沌一体，没有分割的"这些说法似乎并非黎锦熙的句本位主张。相反，图解法中几乎把每句话都分析到最小的词。因此，这对黎锦熙先生也是不公平的。其三，直接教学法既非句本位也非词本位，而是一种传统的模仿—语感教学法。这种教学也需要引导学生分析句子，分析词和形态变化，而且需要扩展到语篇。比起现在用本位框住的教学法，并不见得差。因此，不能把所有的教学法都一一套在某种"本位"上。根据中国教会学校毕业的学生回忆，他们上学那时都是模仿，没有现在的那一套语言分解方法，也没有教多少语法。一开始确实有点晕，但最终却是学到了语感，学到了跟英美人几乎一样的口语。现在他们都是英语十分了得的高手，成为各个部门的高端或骨干，例如毕业于上海圣约翰大学的胡明扬教授。而据大平正芳日语班的学员回忆，日本老师根本不会汉语，一开始就完全用日语讲课，虽然他们学过一点日语，但还是听不懂，大约三个月以后才逐渐明白。等结业的时候，他们的日语语感就非常好。这些学员现在都成为许多高校或机构的顶级人物，例如张麟声教授。其四，这种教学法是不自觉地调动了学生的能动性，迫使他们去记忆、去解构分析、去理解、去跟语境联系、去能动地组合语句。直接教学法确实包含了许多合理因素。当然它的缺点也明显可见，否则就不会有以后新的教学法的流行。

6 让对外汉语教学走出"本位"

6.1 "字眼（儿）"——汉语自源性单位

我们主张符合汉语自身特点的汉语学术体系。汉语的"字"和"词"，在语言—文字中有其很难替代的地位。因此，汉语自源地产生了涵盖字—词的一

种弹性术语:“字眼(儿)”。《现代汉语词典》(第6版)对此的解释是:

【字眼】(~儿)名用在句子中的字或词语:挑~|抠~|激动的心情,使我找不出适当的~来形容。

“字眼(儿)”,可以表示字或单音语素,也可以表示多音节的“词”或固定短语。这是汉语词汇—语法的自源性单位,换一种更科学的说法就是“字—词临机选替单位”。笔者认为,汉语是语素(“字”)相对重要、单音节(“字”)为基础韵律、近代以来又具词汇化优势的一种语言。因此,简单地说汉语是单音语素为基本单位或是以词为基本单位,都不能解释语言事实,尤其解释不了离合词。离合词实际上是具有专指义(或熟语化)的“词”和句法扩展双重特征的单位。它们是词与短语势力拉锯中的一个平衡点。对此,需要我们采取容纳幅度更宽的柔性处理。我们认为,以“字眼(儿)”为代表的“字/单音节语素—汉语式词”双元机制对汉语可能是一个合适的理解。

6.2 汉语结构/关系的基础

汉语语法系统需要三种基础:

第一种基础是构成语句的基本语法单位。应该以“词”作为主要单位,但在必要时可以用“字”(单音语素和单音节)作为辅助单位。这大都可以在离合词的情况下使用,以便回避对分离的两部分做过分确定的表态。

第二种基础是蕴含句法关系的基本单位,或称句法关系基本蕴含单位。基本词组/短语甚至“复合词”应该是句法结构的基础或缩影。或者说,最小的语法模式存在于基本词组和“复合词”中。朱德熙先生主张以“词组”作为语法的基点,是十分正确的。许多“复合词”在赵元任先生看来就是词的复合。

第三种基础是句法关系或语句内关系的基础,或即基础关系。汉语语句的基础关系无疑是话题结构,即话题—述题/说明结构。可以这样说,所有其他的关系都是在话题结构上发展形成的。在话题结构基础上,加上语义合理契合和各种语义范畴的支持，以及言内语境和言外语境的辅助，就成为汉语造句与理解的关键。

6.3 对外汉语教学问题所见

根据笔者30年在国内对兄弟民族汉语教学以及15年在日本汉语教学的经验，笔者认为，我们的对外汉语教学存在的问题并非“字本位”还是“词本位”，需要关注的也不是什么“本位”问题。“词”与“字”都是汉语之所需。在语法上以“词”为主、以“字”为辅是最现实的处理。我们必须走出“本位”术语的影子或束缚，采用更明确无歧义的说法，并认真关注现在需要的教学问题。这些问题主要是理性过多，感性过少，借助逻辑的过多，借助形象的过少，以及教学与测试应如何配合。具体而言是：

（1）对外汉语教学的主要问题可能在于语汇不足和练习、应用不足，而过多的语法知识[7]也误导了教学（可参见史有为2005）。

（2）如何强化语感教学及通过语篇进行语感教学依然是需要解决的问题。

（3）教材的弹性不足。教师面对程度不齐的班级往往束手无策，不知如何化解，如何弹性地教学。

（4）学生理解并切分语汇单位时的联想—想象能力和试错能力不足。由于汉语的文字表达是不分词连写的，因此语汇单位的切分常常会困扰人们，所以加入这方面的训练也很有必要。

（5）HSK模式以及测试标准需要检讨，需要吸取其他测试体系（如CEFR）的长处。如何使词汇表、语法等项目体现在教材中是一个大问题（可参见史有为2008）。

（6）标点符号教学未得到足够的重视。例如很多日本学生在毕业的时候还基本不会使用新式标点符号[8]。

加强以汉字—词为基础、以短语—语篇为学习和应用的中心、以培养文通字顺语感为目标是第二语言汉语教学的关键，也是成功的关键。我们应该认识到如此两难又两便的现实。

2011年大伏天改毕于北京

附 注

[1] “字本位”曾被翻译为 Zi-based，与句本位的 Ju-based 相仿。但字本位所谓的“本位”已经转成基础单位之义，因此创始人徐通锵在原著中翻译为 sinogram as based unit（SBU），或 sinogram（character）unit，突出了 unit（单位）之义。

[2] 话题结构确实很重要。徐通锵的“字本位”的意思是以字为基础单位，话题结构离此“字本位”似乎有些远，脱离了 based unit 所应有的含义。

[3] “词本位”最早曾指《马氏文通》所遵行的体系。本次会议所用“词本位”一名是指以词为语法基本单位的理论，按此解释，现在流行的各种汉语语法体系都是词本位。会上华东师范大学潘文国教授在回答笔者质疑时承认“词本位”这个用法由他首先提出，以便与“字本位”相较并讨论。根据这一情况，传统的英语译名 word-based 应改译为 word as based unit，以便与字本位相平行。

[4] 现实中，对汉字和词的认识并非只是从单字到词，还可以有“逆解汉字”方式，即在整体理解词语的过程中再返回去认识单字。例如可以从“空旷”“旷野”和“旷工”“旷课”去学习“旷”，从“泔水”去认识“泔”，从“诡谲”“谲诈”“云谲波诡”中去了解“谲”。一个人在语文上的成长，更多的是处于后一学习过程中。

[5] “人、狗、刀”这些字对于幼儿来说比较容易认知，不那么困难。但虚词就没有这样的幸运。幼儿对虚词（如“的、呢”）很难认识，需要通过语句才能去认识去掌握。书写也大大不同于认字，包含的项目更多，显得更为困难些。如何把学字与学语言联系起来是一个早期开发智力的课题。

[6] 曾有人考问没有学过 Arctic Ocean 的中国人：“北冰洋”如何翻译？学生答：North Ice Ocean。这是按“字”翻译，并非按“词”翻译。这说明外语教育要加强“词”的对应教学，应该控制“字”的影响。反过来，我们也可以问问没有学过“水景房”的英美人：在无法依靠词典的情况下，他们怎么理解？看来他们也必须重视适当程度“字”的教学，重视“字”的作用。

[7] 由于缺乏形态，汉语语法没有形成强制性很大的语法规则，其“习惯性”极强。“例外”极多。要提出一条明白无误的规则，必须提供哪些是可以说的，哪些是不能说的（即例外）。与其这样，还不如让学生更多地学习语篇，积累语感，利用人自身所有的语向自整理能力来学会如何正确地类推出句子，更多地以语篇的感性替代语法的理性。我们需要有一套全新的语法教学观。投师相声演员以超常规方式学习的大山、朱利安应该为我们提供了一个榜样，也提供了一个非常好的教学启示。

[8] 在科学化口号之下注入的“新式标点”其实并不完全符合汉语，因为新式标点的核心是按西方语言 sentence（句）来规范汉语。汉语的“句”与西方语言的 sentence 有相当大的区别。小学生的“一逗到底”并非孩子们的过错，乃是汉语特点所致。而“新式标点”并没有照顾到或重视这一特点，甚至不愿看到这一特点（可以对比一下日语，日文至今还只使用从汉语引进的“句”“读”两级符号）。

参考文献

马建忠 1983 《马氏文通》,商务印书馆,北京。1898年初版。

潘文国 2002 《字本位与汉语研究》,华东师范大学出版社,上海。

黎锦熙 1924/1980 《新著国语文法》,商务印书馆,上海/北京。

史有为 1997 《伊地智善继先生谈日本的汉语教学》,《世界汉语教学》第4期。(已收入本书)

史有为 2005a 《"字本位"及其在中国语教学中的适用性》,《明海大学外国语学部论集》第17集。(已收入本书)

史有为 2005b 《关于语篇—词汇主导教学——从对日汉语教学中词汇的地位谈起》,《对外汉语研究》第1期;收入《对外汉语词汇及词汇教学研究》(孙德金主编,2006年,商务印书馆),作为第七章第一节"日本学生的词汇教学"。(已收入本书)

史有为 2008 《对外汉语教学最低量基础词汇试探》,《语言教学与研究》第1期。(已收入本书)

史有为 2009 《"本位"梳疑》,《语言科学》第4期。

伍铁平 1990 《直接教学法和自觉——实践教学法重探》,《语言与思维关系新探》(增订本),上海教育出版社,上海。

徐通锵 1991 《语义句法刍议》,《语言教学与研究》第3期;收入《80年代与90年代中国现代汉语语法研究》(1992年,北京语言学院出版社)。

徐通锵 1994a 《"字"和汉语的语法结构》,《世界汉语教学》第2期。

徐通锵 1994b 《"字"和汉语研究的方法论》,《世界汉语教学》第3期。

徐通锵 2004 《徐通锵教授谈语言理论研究》,《外语教学与研究》第4期。

朱德熙 1985 《语法答问》,商务印书馆,北京。

关于语篇—词汇主导教学*

——从日本汉语教学中词汇的地位谈起

0. 引言：日本汉语教学中的学习问题
1. 日本汉语教育的各种主张
2. 习得效率——日本汉语教育的关键和指标
3. 汉语词汇的特点及其对教学的影响
4. 语篇和词汇在汉语和汉语学习中的位置
5. 非严格的“语篇—词汇主导”教学

0 引言：日本汉语教学中的学习问题

日本汉语教学（或对日汉语教学）中的问题很多，可以从教材、教学法、教师、学生（包括学习方法）、环境和语言本身六个方面来探讨。但这里先就日本学生在学习中的一些问题做些说明。比较明显的问题有以下这些方面：

（1）依赖阅读。原因大致有四：一是因为都使用汉字；二是因为汉语的发音完全不同于日语；三是因为没有在纯汉语的内外环境中接触汉语，无法摆脱日语在大脑内部的控制和干扰，也进而导致缺少说与写所必需的语感；四是可能还受到阅读为主的传统英语教学的影响。

---

* 本文根据笔者在日本为明海大学研究生上课时的讲稿改写而成，并曾发表于《语言教学与研究》2012 年第 3 期。此次结集前做了少许修改。

(2)爱钻语法。这可能是受到发音困难和缺少实践的限制,也可能是由于许多日本中学英语教育过于重视语法教学所带来的影响。

(3)词汇量少。日本由于学期短,课时少,一般的汉语教材容纳的词汇量都比较少,[1]又没有别的补充词汇的机会,因此学生的词汇量也就非常有限。这种情况当然就极大地限制了汉语能力的提高。

(4)汉字作怪。日语中有太多来自汉语的词,汉语中也有太多来自日语的汉字词。中日都使用汉字,模样差不多,不过读音很不相同,而且含义和功能也常常不同,有的区别较大,有的区别很小。例如:出品(汉语义:产品,出产;日语义:展出品)、着实(汉语义:确实;日语义:踏实)、迷惑(汉语义:辨别不清楚是非,闹不明白;日语义:麻烦人家、总是打搅)、专门(汉语义:副词、区别词,针对某范围或事业(进行);日语义:名词,专业)。有的是汉字写法不同,语言来源不同,最著名的是:手纸(汉语义:厕纸,卫生纸;日语训读义:信函)。因此,常常使学生对汉语的词语似懂非懂,一用就错。[2]

(5)不会说写。这有许多原因,主要的有四:其一是因为似懂非懂;其二是因为不去积极使用;其三是因为教材和教学中的使用实践比较薄弱;其四是因为没有真实的使用模式、使用环境。

(6)害怕说写。这直接的原因是因为不会说写;还因为缺少强制性使用的环境;再有一个重要因素是因为日本人的集体性格以及行为文化和处世文化对语言习得起了消极的作用。

这让我们思考,日本学生究竟怎么才能把汉语学好?这也让我们考虑,在教学方面我们究竟可以采取一些什么相应的措施?提高一步说,我们究竟应该有什么样的教育主张?

1 日本汉语教育的各种主张

关于日本汉语教育的主张很多,有以教学法为中心或主导的,有以教材为中心或主导的,也有综合整体性的。所谓“××主导”大致相当于通常所说的“××中心”，但前者强调的是作为教学考虑和教学安排的引导因素与驱动因素，后者着重于围绕该中心而展开教学。这类“主导”所主张的既非纯粹的单一教学，也非一概并列的综合性教学。它们是综合的，但是有主导者和驱动者，也有配合者。这样的主张无疑表现了一种教学思想。这种思想是否完全合理，我们暂且不论，这里我们仅就以内容为中心或主导的主张做些说明。所谓内容中心/主导，即以某种教学内容类型作为教学的中心或主导，去带动教学法等其他方面的一种主张。就目前所知，主要存在以下几种：

（1）**范文中心/主导**：这是最传统的一种未经论证的主张，其出发点非常素朴，由天然感觉所引导，也是把第一语言教学不自觉地移植到第二语言教学上的一种主张。

（2）**语法中心/主导**：这是新近成了传统的一种主张，是从西方输入语法学以后的主张，以为学习外语的核心就是学习外语语法。在对外汉语教学上也曾经实行过这样的主张，所谓的替换法教学就是较后起的一种表现。

（3）**句型中心/主导**：这是一种比较新的主张，是语法主导的一种改进，所谓的句型教学法和汉语“五百句”“九百句”之类就是其表现。

（4）**功能中心/主导**：这是最近以来较热门的一种教学主张，是认识到围绕具体交际功能类型去学习外语的好处才产生的，也是教学理论的一大进步。

但是几乎没有人提出初级阶段以词汇为中心或主导的主张[3]。有仿照《英语900句》的“汉语五百句”“汉语九百句”，然而却没有“汉语九百词”“汉语三千词”的教学模式。

汉语词汇在对外汉语教学中究竟处于怎样的地位呢？能不能有以词汇为主导的教学？

中国已故的著名语言学家和语言教育家张志公先生曾经以“语汇重要语汇难”为题撰文讨论词汇教学。这句话确实意味深长。现在让我们先来看看日本汉语教学的关键是什么，然后也来探讨一下词汇在其中的作用。

2 习得效率——日本汉语教育的关键和指标

历来对第二语言教育有许多看法，人们关心的是教什么和学什么，是怎样教和怎样学。前者是属于教材范畴，后者则属于教学法范畴。这当然无可厚非。但是其中有个关键问题和重要指标却似乎很少有人特别关心或集中论述，这就是“习得效率”。所谓习得效率问题，指的是“怎样才能更快地让学习者建立起一套基本不依靠母语（或第一语言）的第二语言基本处理（听说读写）机制”；或如何在尽可能短的时间内达到大致相当于第一语言的基础程度，而且可以在这种程度上听说读写时基本不依赖母语。这里强调的是“快”或“短”，是在保证“好”的前提下的“快”或“短”。这是第二语言教学区别于母语教学的关键。如果一个20岁的年轻人学习了一辈子第二语言，直到学了50年以后，在他70高龄的时候才基本摆脱母语（或第一语言）而基本建立起第二语言处理机制，那么这样的教育绝对不能算是成功的，也绝不能被学校所采用。根据许许多多常人的实际事例，我们可以提出一种公式：如果一个已经掌握母语的非老年人建立第二语言基本处理机制的时间只有他学习并使用母语的时间（或实足年龄）的六分之一左右，那么这就是基本成功的外语教学。例如12岁的少年用2年左右时间学成，20岁的人用3年左右时间学成，40岁的人用7年左右时间学成，50岁的人用8—9年时间学成，就可称得上基本成功的外语教学，否则就不能算是成功的教学。这个时间比例的公式是根据实际例子归纳而来的，而且这是一个适用于一般智商水平的比较保守的比例[4]。一般来说，越短越快，就是越成功。但那种“三个月学会英语”的许诺，则是虚假的，不是商业广告就是骗局，需要提高警惕。

习得效率问题并非本文现在才提出的，它本来应该是个常识性问题，然而过去很少从这方面去集中论述或研究，更没有以此作为教学研究开展的中心。学校外语教育与一般自学外语的主要不同处就在于学校必须以习得效率作为区别性标志，作为有必要存在的依据或证据，并由此展开教学。那么怎样才能提高习得效率，使教学更加成功呢？回答是多方面的，需要好的教材、好的教学法、好的教师、好的教学管理、好的环境，等等。这里，我们只准备讨论其中的一个重要课题,那就是:词汇以及与词汇相关的话语(discourse)和篇章(text)在提高教学的习得效率方面的作用。这里我们需要再次提出:

(1)词汇在语言中的地位是什么?词汇在以习得效率为目标的汉语教育中的地位是什么?

(2)如何安排词汇教学?以什么去提高词汇习得效率?词汇中的控制中心在哪里?哪一部分词汇更需要在初级语言教育中加以关注?这部分词汇应该以什么作为标准来确定?

(3)什么样的教学法对词汇习得才是比较合适的?

(4)应该有什么样的词汇学习辅助材料?

鉴于本次讨论只涉及前两个问题,为此,我们需要对汉语词汇的特点做些探讨,以便了解其在汉语中以及在第二语言教学中的地位。

3 汉语词汇的特点及其对教学的影响

3.1 汉语基本单位的特点

(1)孤立单纯:无形态变化,名词没有性、数、格的变化,动词没有时、体和态的变化,形容词没有级的变化。主语和动词之间也没有一致关系的变化。许多状况依靠虚词表示,甚至依靠汉字形体来区别。例如:

名词(“人”)本身没有“数”和“格”的区分:一个人、三个人;人走了、来人了

人称代词(第三人称“[$t^{h}a^{55}$]”)没有“性”的区别:他、她、它

动词(“走”)在数和时方面与主语无一致性关系:你走、他们走;昨天走了、明天走

动词(“看”)依靠添加助词表示某些“体”:我看了电影、我看过电影、我看电影呢、我正看着电影

形容词(“快”)本身没有“级”的分别:你快、我更快、他最快

（2）语素主导：单音节语素（一般地与“汉字”相当）基本上都是古汉语的词，现在仍然以词的身份存在于成语中，是具有生命力的。它们是词汇的核心（构词能力强，使用频率高），也是语言理解的核心。而传统的联绵词，也就是双音节语素，大约不会超过5%[5]，其构词能力很低、使用频率一般也低；它们当然而且事实上不处于词汇的核心。例如：

单音节语素：手（构成：手工、手段、手册、手相；拿手、对手、顺手……）

民（构成：民间、民房、民俗、民心；农民、平民、居民……）

联绵（词）语素：慷慨、坎坷（双声）

怂恿、崔巍（叠韵）

逶迤、荏苒（双声并叠韵）

冉冉、霏霏（叠字）

芙蓉、鹦鹉（其他类型）

（3）组合浅显：汉语复合词的构成及其汉字表示，清楚了然，具有高“透明度”或高“了然性”。包括用汉字语素意译的概念，甚至包括某些“谐音”音译词（以前曾被理解为音译兼意译），基本上都可以明白个大概，或者可以引导人们比较容易地理解和记忆，例如：

帐篷　　提高

黑板（blackboard）　　墨水（ink）

激光（laser）　　搏击（professional wrestler）

酷（cool）　　保龄球（bowling）

幽浮（UFO）　　俱乐部（来自日语音译，club）

（4）归类倾向：汉语习惯以一个属概念单位统率一组种概念词，具有归类性构词倾向，形成了逻辑性构词系列，因此就容易理解，容易记忆。例如：

-月：一月、二月、三月……十二月

-鱼：鲤鱼、鲢鱼、鲷鱼、三文鱼（salmon，鲑鱼）、沙丁鱼（sardine）……

-酒：黄酒、茅台酒、香槟酒（champagne）、威士忌酒（whisky）、马提尼酒（martini）……

民-：民歌、民乐、民谣、民权、民生、民情、民俗、民品……

星期－：星期一、星期二……星期六、星期日

（5）**结构一贯**：复合词的构词类型和短语的句法结构的基本类型大部分是一致的，很难区分，都由大致相同的结构方式构成。而一般的简单句的基本结构又是跟短语大致相同的。因此通过词汇学习就可以学到短语和句子的基本结构。例如：

	词	短语
支配型：	饮茶、售票、作文	吃－饭、开－会、写－文章
修饰（定中）型：	白菜、大楼、高峰	很白的房子、挺大的企业、挺高的个子
修饰（状中）型：	难得、深入、忽视	快来、慢慢看、很好
后补型：	提高、推翻、扩大	吓坏、工作完、打扫干净
联合型：	兄弟、深浅、喜欢	哥哥和弟弟、漂亮又聪明、研究并讨论
陈述型：	地震、心疼、人为	我想、他很累、妈妈喜欢
缀附型：	桌子、真的、所属	我们的、戴眼镜的、（被假象）所迷惑

（6）**词界模糊**：由于复合词基本上都由短语词汇化而来，由于动词和宾语的特殊离合关系和语义相互依赖性（参见 3.2 节的第 3 项），以及汉语中的动宾化趋向，造成了在两个方面的相反的趋向。即短语的词化，如“惯用语”，以及词的短语化，如“离合词”。

短语的熟语化（一种词化），造成三音节“惯用语”，如：

拍－马屁（拍部长的马屁）　开－玩笑（开了一个玩笑）

闯－红灯（闯了几次红灯）　闹－别扭（闹过别扭）

某些词的短语化，以及某些短语的词化，造成双音节“离合词”。如：

结－婚（结了三次婚）　散－步（散了一会儿步）

毕－业（毕了业）　考－试（考完试了）

（7）**单双音节具有各自的优势**：

其一，**单音节语素的数量优势**：在固有语素（或称“自源语素”）中，大约

90%以上为单音节。即使把音译外来词计入,单音节语素仍然将占绝大多数。而且单音节语素在构词能力或能产性方面远大于多音节语素,有无法相比的差距。

其二,单音节词的使用优势:单音节词在语言中具有最高的使用频率(57.53%/64.3%),而双音节词只有39.25%/34.3%,二者之比接近2:1,其余的多音节词语的频率合计起来也不超过2%。(据《现代汉语常用词词频词典》/《现代汉语频率词典》)[6]

又据对中国十年制课本的统计,在9—10两个年级都使用的1,050词中,单音节和双音节词之比约为1:0.58,而只在1—2两个年级使用的11,635词中,单音节和双音节之比为1:9.03。这说明,在基础阶段的汉语中,双音节词的通用性或覆盖面远不如单音节词,可见单音词是更具有语言控制性的词汇,而在双音词更多是知识增长性的词汇。[7]

其三,双音节词的数量优势:双音节词在词典中呈现最高的静态比例,例如:

据《现代汉语频率词典》,单音节词为3,751个(占12.0%),双音节词为22,941个(占73.6%),二者比例为1:6.12。(参见附注[6])

以十年制语文课本来说,在十个年级中,单音节和双音节词数之比则约为1:4。[8]

以《现代汉语词典》(2002年增补本)中占篇幅最大的首字母S区段为例,其单音节和双音节的词语数分别是562和2,562,分别占首字母S区段总词数的14.27%和65.06%,二者的比例约为1:4.56,与十年制语文课本的统计比例基本一致。[9]

3.2 汉语词汇的特点对教学的影响

(1)词汇是教学关键之一。汉语语法由于缺乏丰富的形态与充分分化的形态的支持,因此特别依赖虚词和语序,依赖实词语义之间的逻辑联系、语句和语境之间的照应来表达相对准确的信息,这是一种非常有意思的思维运作模式和接近深层的处理模式。例如:

“人咬狗”和“狗咬人”(名词没有格的变化)

“狗咬人了”和“狗在咬人”(用虚词“了”“在”分别表示事件达成和正在

进行的体貌）

“客人来了”和“来客人了。”（主语位置表示“有定”，宾语位置表示“无定”）

“下雨了，我回去了。”（用“意合法”表示两个分句之间的条件关系）

学会汉语就是要求学会这样的处理模式。那么怎么样才能更快、更好、更顺利地实现这样的模式转变呢？可以发现，这里的关键之一就是词汇，以及基本的语序（此项参见本文第4大节）。因此可以这样说，没有足够量的词汇，就不可能建立起摆脱母语（或第一语言）的第二语言基本处理机制。同时，汉语词汇的一系列特点，即汉语词汇构成比其他许多语言更简单透明，汉语词汇包括了语法的基本格式（尤其是成语等固定短语），汉语比其他许多语言更依靠词汇之间的逻辑联系，等等，这些又增加了词汇在教学中的重要性，因此，汉语词汇的学习就成为更快掌握汉语的关键之一，也给我们的教学提供了一个另外的可能选择。

（2）**单双音节词语是不同的教学重点**。汉语这种单音节占特殊地位以及数量和频率不同优势的情况启发我们，汉语的词汇教学应该是：在操练上应该更加重视单音节词和语素，尤其是单音节的动词。应该使学习者逐步建立以单音节为主的内部控制模式；而在记忆上则应该更加重视双音节，因为顺利地听和说、阅读和理解不能不依靠大词汇量。即使从数量上看，在作为初级汉语教学范围的前1,000词中，依然是单音节词565个占多数，而双音节只占431个，因此单音节词在初级阶段的操练就显得格外重要。（参见附注[6]）

（3）**动宾组合是教学重点之一**。如果从数量上看，名词是最多的一类，其次才是动词，而助词则是最少的。但是如果从控制的角度看，那应该以少制多，虚词少于实词，动词少于名词，应该是前者控制后者。如果从语义限定的角度看，则名词更有资格限制动词，因为名词的语义比动词简单一些。例如，义项多的“打”，作为词的义项有25个；义项少的“看”，作为词有8个义项；当然还有更少的，如书面语中的“沸”，只有一个义项。无论动词的哪一项词义都必须依靠宾语来确定。例如：

打：打人、打球、打油、打赌、打工、打气、打官司、打先锋……

看：看书、看病、看朋友、看他还老实、看摔着了……

很多具体用法更是必须依靠具体的动词和宾语的组合才能有最基本的

理解：

看	见	看见
看书	× 见书（见书如见人）	看见书（看见书就头疼）
看过这本书	≠见过这本书	＝看见过这本书
看过他	≠见过他	＝看见过他
看过那所房子	≠见过那所房子	＝看见过那所房子
看过这个电影	× 见过这个电影	× 看见过这个电影
× 看故宫	× 见故宫	看见故宫了

又例如，离合词、惯用语是汉语的特点，按照学院语法去分离词汇单位肯定是事倍功半、得不偿失的。只有把它们当成一个特殊的单位才能解决许多用法上的困难。例如下列各种结构不同而被动宾化了的离合词[10]（见表一）。

表 一

原结构式 / 结构松紧	动宾式	动补式	修饰式	连谓式	并列式
结构最松	结［了两次］婚 抗［了三个月的］旱 散［了一会儿］步				睡［了一个安稳］觉 （“睡觉”的原始构词类型是并列式）
结构次松	尝［个］新	打［了个］准[11]			考［完］试
结构较紧	毕［了］业	失［了］盗	迟［了］到	退［了］休	

因此，从动词和名词两类词看，VO（动宾组合）才是较为理想的教学单位，也是教学的重点。至于其他的词类还需要另外考察。

4 语篇和词汇在汉语和汉语学习中的位置

如果我们认识到：词只能活在语句中，表现在活的语句中，语句又必须活在相当于英语“discourse + text”或“discours/text”的“语篇/话语文本”[12]中，那么就可以说：语法（或语序）基本体现在词语与词语之间，基本语音系统表现在词汇上；而语法（或语序）和词又活在语篇中，语言也就只能活在语篇中。构成这一链条的两端则是词汇和语篇。因此，我们必须在词汇之外提出语篇这另一个关键项目。这样词汇就不是死的词汇，而是活生生的，是可以使用的，是带上语法功能或构句功能的活的词语。

我们可以从下面四个方面论证“语篇—词汇”在语言教学中的位置：

（1）语言研究和语言教学的现实性。语法和语篇规则的复杂性早已被公认。至今没有人能够正确、完善地描写出特定语言的语法。其原因可能在于它们的构成因素和影响因素的复杂性，以及语言是一种层积而又活动的特殊对象。因此，具有简单明确词汇和语篇就成为传统外语教学的基础甚至全部，也使现代教学更应该慎重对待它们，优先选择它们。实际上也是如此，现在的语言测试都把掌握词汇量的多少作为最重要的标准之一，例如：

原HSK（北京语言大学版汉语水平考试）大纲把基础词汇分为甲乙丙丁四类，初级水平的标准之一就是必须掌握甲乙类共约3,000词，中级水平的主要标准之一是掌握甲乙丙三类共约5,000词，高级水平则必须掌握甲乙丙丁四类共约8,000词。[13]又如：在日本《中国语检定》中规定三级必需熟练掌握3,000常用词。再如：在日本《实用技能检定》中规定二级必须掌握5,000词，一级必须掌握6,500词。

（2）效率原则的制约。第二语言教学的最高原则是习得效率。一切教学设计都必须考虑效率，考虑如何更快地学会外语。在教学上，语法的本意是使言语规则化，也就是简约化，从而使语言学习更为容易和快捷。然而，现今人们总结出的语法规则大都过于理性和繁复庞杂。为了简化而追求的语法通则，又如同天书般难以理解。如果语法规则过于繁复，过于难懂，那就失去上述的意义，反而成为负担，最终违反效率原则。因此一切语言学习，务必使语法的理性学习限制在骨干规则（大规则）的范围之内，而尽可能使枝节规则（小规则）通过具体语篇逐步无意识地掌握。于是语篇和词汇就成了最好的选择。除了极少数例子外，许多人的实践经验都证明，在习得阶段大量学习语法知识的效果是适得其反的，反而阻碍了在有利于摆脱母语干扰控制的目标下发挥学习者自身的语向自整理能力，自然而感性地学会第二语言。[14]

（3）**感性高于理性**。理性来自感性，抽象来自具体。语言是感性的，具体的，只有理性和抽象的掌握并不能真正掌握活的感性的、具体的语言。只有回到感性和具体才能说掌握了语言。从语言教育来说，**感性应该高于理性，具体应该高于抽象；而且感性难于理性，具体难于抽象**。因此，语言的感性掌握也应该高于理性掌握。只有具体话语、语篇以及活动在其中的词才具有感性和具体，而且人们都是从词和具体话语、语篇及其中的词语开始学习语言的，而最后也还是回到语篇和词。这对学习母语和学习外语来说都是相同的。

（4）**外语教学和外语学习者的实际**。所谓学会一种语言是指能大体无阻碍地听说有声话语，甚至读写书面文章。可是至今还没有听说有人通过语法学习而学会一种语言，也没有听说老师仅仅通过教语法就能让学生掌握了外语。而没有学过语法但学会外语的人倒是不乏其例，因为人天然就有从实际言语中归纳规则、提取规则从而事实上掌握语法规则的语向自整理能力，而且年龄越小，这种天赋能力越强。因此，语法项目的理性学习，应该是年龄越小越不需要，年龄越大越有依赖性。如果过分加强理性语法学习，那就会妨碍对自然语言的感性掌握（听说读写），也就可能难以摆脱对母语的依赖，从而降低语言的习得效率。（参见附注[14]）

所有的外语学习者都有切身体会：没有一定量的词汇便不可能听懂外语并看懂外文，没有一定量的“语篇”（包括所谓的范文和口头形式文本）的学习也不可能听懂外语并看懂外文。许多传统的外语学习者都有这样的感受，他们是通过配合适当查词典的大量阅读而掌握了一门外语。而所谓大量阅读，就是大批量地重复认知并积累语词，大批量地重复认知并感性掌握句型。即所谓“书读百遍，其义自见”。不断听说过有人通过词语的强记博闻以及利用词语相似性而很快成为书面翻译者。前者例如现代著名的藏语学家于道泉，这是一位通过背词典而能读懂多种外文的语言学家；后者例如现代著名的政治家、学问家康有为、梁启超、章太炎，他们在日本短短的几个月就能够通过汉字表达的相似性而读懂日文文献，并可大略翻译。当然，这些学者所学到的外语大都只是外文，而且仅仅是会阅读而已，不能算是语言的完整习得。

根据我们在日本明海大学的调查，在被询问和答卷的所有人中都用不同方式表达了掌握大量词汇的重要性。有的认为大量记忆词语是听懂外语的关键，有的认为是背诵文章（包含了记忆大量词语）、多听和大量阅读对自己听懂外语起到了关键作用。实际上这些感受都承认了大批量词语的掌握与大批量语篇学习对提高外语听力的关键作用。[15]

因此，语篇和词汇的学习就成为学会活的语言、学会能使用的语言的关键。

5 非严格的“语篇—词汇主导”教学

5.1 一种需要实践来进一步证实的设想

由上文观之，词汇是为了达到高效率习得的汉语教育的中心之一，语篇更是中心的中心。语篇和词汇的结合乃是汉语教学中的一个重要环节，而且可以作为一种教学主导。然而所谓主导，即并非唯一，必须有配合的项目。因此，准确的提法应该是：配合语音、语法、功能等项目的“语篇—词汇主导”，简称“非严格的语篇—词汇主导”教学模式。至少它对汉语教育格外合适。

具体说来，我们应该在以语篇为依托的基础上进行渐进而大量的词汇教育，尤其是单音节词（包括实词和虚词）更需要在语篇中进行学习和操练；在语法控制方面尤其应该注意动词和虚词的教学[16]，而在语义控制方面更应该注意名词和动词的搭配教学。这一切都需要通过大量语篇学习的积累来实现。

5.2 一种供选择的教材—教法模式

根据以上的分析，也根据笔者多年来的实践，并根据“非严格的语篇—

词汇主导”的原则，我们认为，20岁左右的日本在校学生在缺乏汉语环境的情况下，需要淡化语法学习（并非没有语法项的有序安排），突出语篇和词汇的学习（这种词汇学习并非围绕生词做那些令人生厌的词语辨析、辨字组词、同义词反义词配对、大批量造句等练习），特别要强调传统的记忆（通过熟读、多听、反复练习、背诵，其中包括背诵一些变化形式）在汉语教学中的作用。没有记忆（对词语、语言模式和言语行为模式的记忆）就没有第二语言的真正习得。另外，在缺乏汉语环境时还必须强调模仿性、联想性的使用（即适当的练习）。

根据以上的分析，于是，我们提出以下初级阶段的教材—教法模式：

{[（1语篇 ×m词语）×（1词语 ×x词语用法 ×y生词现次）]×z练次}×n课程单位

该模式的说明如下：

语篇：以交际功能项目和重点语法项目为分篇标准，由浅入深，由易及难，由短至长，由近及远。一般说，内容相对完整而具有尽可能通用的语境和尽可能短的文章或会话是初级阶段最理想的语篇。

m（词语）：根据语篇（课文）长短调整，一般来说语篇和生词二者呈正比。但根据实践的经验，每课的生词不宜超过30个。[17]

x（词语用法）：根据实践经验，一般不宜超过3，一次出现太多用法，不利于掌握基本的用法。

y（生词现次）：应该是越多越好，但由于生词很多而课文长度有限，实际上不可能，大概3—5现次比较适中。[18]

z（生词练次）：也是越多越好，但由于课时和学生注意力的限制，实际上是做不到的，一般能够有3—5个练习次数就不错了，中国国内那种排山倒海式的练习，在日本显然不大适用。[19]

n（课程单位）：根据学习时数而定。所谓课程单位是指围绕一篇课文展开的教学内容。我们认定的语篇（课文）一般都是比较短，有利于记忆和练习。一课也可以容纳两个或两个以上的语篇单位。如果是汉语专业，在日本一个学年至少应该有36个语篇单位（除去语音阶段的课程），如果真正想达到比较好的水平，那么一个学年就应该有50个左右的语篇单位。而非专业的学习，则因人因地因班级而不同，很难划一。以上的模式只是教学中的可能选择之一，并不想否定其他的模式或方法。

5.3 日本汉语教学的相关问题

如果以此来反观日本的汉语教学，我们觉得是有相当多无可奈何的问题。以日本的汉语教材为例，离开这个目标还有相当大的一段距离。以我们自己编写的明海大学专业汉语一年级教材（第三版，2001。去掉语音部分，还有37课）来说，这本教材已经充分考虑了必要的基础语法项目，其词汇量统计如下（见表二）：

表 二

	生词（包括惯用的短语）	练习词语	小计（含专有名词）
第一册（上学期使用）	399词	166	565
第二册（下学期使用）	493词（另有补充课文154词）	294	787
合计	892词（实际学习738词）	460	1352

整个学年所要求掌握的词汇量（892词）还达不到中国的对外汉语教学初级之第一级（相当于第一学期）1,011词的水平。就是这样的词汇量，我们的学生还诉说负担太重，量太大，以至于不得不删去第二学期的一部分课文，将它们列为补充课文。这些补充课文实际上是不学习的，因此相应地也就删去了154个词。这样的话，整个学年只学到738词，远低于1，011词的水平，势必影响第二学年的学习起点和学习内容。即使我们教师和学生一起拼命努力，到了第二学年结束的时候也无法达到初级水平的最后目标，当然也不可能达到升入HSK中级水平教育的要求。这当然是日本环境造成的无可奈何的问题。另外，删去课文这个情况也说明在5.2公式中所提出的语篇不宜太长的合理性。看来，我们只能根据日本和明海大学的情况来安排教学，只能按照这样的情况来改进教材。如果这个问题不解决，那么日本的汉语教育将只能依靠长期留学来解决了。[20]

以上情况要求我们进一步考虑下面的一些问题：日本开展汉语教学已经很长时间了，已经积累了大量的资料和经验，因此，我们是否可以制定一个适合日本的合理的教学时间量呢？我们是否可以针对日本的情况制定一份教学用词汇表，以及分阶段的语篇量呢？我们是否可以确定一些适合日本人学习的语法项目和交际功能项目呢？这应该也是我们今后的研究课题。

附　注

[1] 关于日本汉语教材的词汇量参见5.3节和附注[20]。

[2] 关于汉字，已故的伊地智善继先生曾经有非常尖锐的评论，他认为日本人学汉语的最大障碍不是别的，而是汉字。在回答笔者提问时伊地智先生直率地说："日本人会汉字，但实际上很多人是囫囵吞理解一个多字组成的词的，不能一个一个分开地理解。因此，许多日本人的会汉字其实不是真的会。再加上日本语用汉字同中国人用汉字有很多不同，形式上相同但实际上不等，这就阻碍了中国语的学习。"这大概是迄今为止最直率的也是最发人深省的评论。参见史有为（1997：109—112）。

[3] 以词汇为中心的主张一般只出现在中高级阶段。例如：有人（张维，1979）认为："外国留学生学完了汉语语音和基本语法之后，学习的主要注意力就要转移到词义和词的用法方面来了。"另有人（孙瑞珍，1995：343）解读为"到中高级阶段才有'以词语为中心的教学模式'"。然而，至今还没有人提出初级阶段要采用词语为中心的模式。

[4] 六分之一，这是一个保守的比例。以中国外语专业大学生来说，18岁入学，只要学习努力，大约两年以后即可以流利地使用外语，而个别学生甚至一年就可以达到这个程度，稍差的学生，四年毕业时也就可以达到这样的程度。如果毕业时是24岁，那么以稍差学生为标准，那么也是相当于24岁的六分之一。我们又发现许多到外国去学习的小学生和初中学生，一般在两年之内即可无障碍地听讲并与当地学生沟通。以12岁为这个程度的标准年龄，那么也是六分之一。而40岁、50岁，甚至60岁左右的学生，本人都教过，也观察过，他们习得成功的时间显然与年龄成正比。如果以六分之一来计算，分别是6—7年、8—9年和10年左右。这和我们的观察所得是基本吻合的，也是与生理—心理的情况吻合的。这可能是由于年龄越小，大脑的再生机能和接纳机能越强，不同语言在大脑中的彼此依赖程度、干扰程度越低。因此，为了获得更好的习得效率，全世界的教育界差不多都主张外语教育低龄化。

[5] 联绵词传统也称"联绵字"，但历来对于联绵词的界定有不同看法，因此其所包括的数量也就不尽相同。有的人偏向于合，有的人偏向于分。但核心条件是相同的，即大致是

汉语的双音节固有词，或在史前即已汉语化的词，而不是明确的外来词。吕叔湘（1979）说："辨认语素跟读没读古书有关系。读过点古书的人在大小问题上倾向于小，在异同问题上倾向于同。"即使都读过许多古书，也有不同看法，例如符定一所编《联绵字典》（1943）就偏向于合，收了不少合成词，词量较大。本文取一般的看法，以双声、叠韵为联绵词集合的核心。但是，本文举例中的双声叠韵等类型并非只有联绵词才有，只是联绵词在这方面更突出显著而已。对联绵词，现在还缺乏严格的分析和统计。如果以固有这一条件看，哪些是固有的，哪些是外来的，现在也只能大致说说，很难确定。语素的分化和确定是比词更为复杂困难的，我们只能以汉字为单位（即95%以上的汉字是作为语素出现的）做一个含糊笼统的估计。

[6] 刘源、梁南元等（1990：9）根据统计列出，在1919—1981年共4个时间段10个学科35个分时期分学科的3亿个汉字选材中再抽选出2,000万余编码汉字语料的77,482个不同词中，单音节词在语言中具有最高的使用频率（57.53%），而双音节词只有39.25%，单、双音节之比接近2∶1，其余的多音节词语的频率都不超过2%。具体如表一：

表　一

	1字词%	2字词%	3字词%	4字词%	5字词%	6字词%	7字词%
使用频率	57.53	39.25	1.95	1.09	0.11	0.06	0.01
折合字数占总字数比例	39.07	53.33	3.97	2.95	0.38	0.25	0.05

北京语言学院的《现代汉语频率词典》（1986）统计了180万字或131万词次，包括1919—1981年间报刊、科普、口语、文学等四类体裁作品和1978—1980年全部中小学语文课本的课文，共计获得31,159个词条，其单音节词和双音节词的"词数"（词条即词种、type的数）之比为1∶6.12，"词次"（token，一个词出现一次为1词次，该书的解释是："指在所统计语料内该词出现的次数"，实际上就是频率）之比则接近2∶1。基本情况如表二：

表　二

词的音节数（%）	单音节（%）	双音节（%）	三音节（%）	四音节（%）	五及以上音节（%）
词数量	3,751（12.0）	22,941（73.6）	2,374（7.6）	2,010（6.4）	83（0.2）
词次量	845,356（64.3）	451,048（34.3）	12,274（0.9）	5,506（0.4）	220（0.0002）

在前3000个高频词中，词的不同音节数的分布如表三：

表　三

词的音节数	单音节		双音节		三音节		四音节		五及以上音节	
词数和词次	词数	词次	词数	词次	词数	词次	词数	词次	词数	词次
前10词	10	230,791	0	0	0	0	0	0	0	0
前100词	85	509,858	15	38,328	0	0	0	0	0	0
前500词	332	691,558	166	136,416	2	1,196	0	0	0	0
前1,000词	565	749,839	431	207,781	3	1,455	1	476	0	0
前2,000词	957	795,662	1,020	280,808	18	3,196	5	1,064	0	0
前3,000词	1,309	816,671	1,653	318,987	32	4,112	6	1,121	0	0

由上可见，单音节词在前1,000词中不论是词数还是词次都还占据着优势，而到了2,000词时才在词数上略少于双音节词而居第二，在词次上一直到3,000词，依然是单音节超过双音节，约为2^{+}:1。

双音节词超过单音节词的变化大概开始在频率段301—400序号时，此时单音节和双音节在词数/词次上才开始接近持平（单53/27,501:双45/23,462），而到了401—500序号时双音节词词数和词次才首次超过单音节词（单49/20,132:双51/20,695）。因此，在前300词更有理由关注单音节词的学习或练习。

[7] 常宝儒（1985：122—127）作为主要人员参与了《中小学语文课本汉语词汇的统计与分析》的研究工作，该项目统计了1978—1980年中小学语文课本（试用本），可能就是北京语言学院《现代汉语频率词典》（1986）的构成部分。语文课本的有关统计数据是：

十年中都出现的词：571词，单音词401，双音词167，比例为1:0.42

九年中都出现的词：479词，单音词260，双音词215，比例为1:0.83

八年中都出现的词：539词，单音词238，双音词291，比例为1:1.22

前两项相加：1,050词，单音词661，双音词382，比例接近1:0.58

三项相加：1,589词，单音词899，双音词673，比例接近1:0.75

另外一头则是：

只在三年中出现的词：1,700词，单音词291，双音词1,300，比例为1:4.48

只在两年中出现的词：3,019词，单音词369，双音词2,377，比例为1:6.44

只在一年中出现的词：8,616词，单音词634，双音词6,684，比例为1:10.54

后两项相加：11,635词，单音词1,003，双音词9,061，比例接近1:9.03

三项相加：13,335词，单音词1,294，双音词10,361，比例接近1:8.01

[8] 常宝儒（1985:122—127）公布了《中小学语文课本汉语词汇的统计与分析》的统计数字，十个年级课本（1978—1980年）中总计出现的词汇量为18,177个词（出现374,654词次）。具体如表四：

表 四

	数量(个)	占总词汇量 %	占总词次 %
单音节词	3,036	16.7%	66.89%
双音节词	13,341	73.4%	31.69%

在整个十个年级中,单音节和双音节词数之比则约为 1:4,双音节词的成长率更快,词次(频率)之比却约为 2:1,完全相反。

在前 100 高频词中单音节词占 85 个,双音节词仅占 15 个,二者之比更高达 5.66:1,其中动词和名词词数相同,但动词的频率(19.81%)仍高于名词(13.22%)。其中助词频率(21.37%)最高。这说明在基础阶段汉语中,单音节词在使用上更为重要,而双音节词在词汇量中更为重要。而在初入门阶段,动词、名词和助词几乎同样重要。

[9] 史有为(1995)以《现代汉语词典》(2002 年增补本)中占篇幅最大的首字母 S 区段为例,其单音节和双音节的词语数分别是 562 和 2,562,分别占 S 首字母区段总词数的 14.27% 和 65.06%,二者的比例约为 1:4.56,与十年制语文课本的统计比例基本一致。具体如表五:

表 五

1 字词	2 字词	3 字词	4 字词	5 字词	6—10 字词
562	2562	441	340	22	11
14.27%	65.06%	11.20%	8.63%	0.56%	0.28%

[10] 离合词一般认为有两种,一是动宾式的,按照动宾结构的分离模式活动;一是动补式的,按照动补结构的模式活动。这里只举普通话中动宾的活动模式,其中有些原来是其他构词形式,但在分离时被动宾化了,例如表内的例子,某些方言中还有别的例子,如上海话可以说"小个便",把定中结构动宾化了。动补的活动模式则是中间插入"得 / 不"的,可以形成可能式动补结构,例如:提[不]高、说[不]服(他)、出[得 / 不]来。

[11] "打准"一般不认为是词,是个动补结构短语,但可以被动宾化。这样的情况在汉语中并不少见,又如:"吃遍——吃了个遍"。可见动宾化是并不限于词汇的。

[12] "话语文本"是我们提出的一个更有包容度的概念,它既指一个或长或短的成篇章的文字材料,也指一次或长或短的口语言谈,甚至也指具体环境中的一个具有交际功能的词语,即包括了文章和口语对话、标题、标语口号以及所谓的独词句、标题句构成的文本等。它既相当于英语的 text 或 discourse,也可相当于 text + discourse,比较有弹性。这个概念所指的特点是:言有所指,言有所为;具体的活的言语;有一定语言环境(包括言外环境和言内环境)。在汉语中 text 一般对应于"篇章",discourse 则对应于"话语",但这两个英语词也有人用"语篇"翻译,即时而指篇章,时而指话语。因此,本文主要使用"语篇"这个较短的词来表示话语文本的所指。

[13] HSK,即汉语水平考试,也是对以此考试为目标的一些等级标准的通俗概括,例如下面将提到的一些大纲。其中关于词汇量比较详细的说明是:

(1)刘珣(2000:361)列出 1988 年《汉语水平等级标准和等级大纲(试行)》和 1992 年

《汉语水平词汇与汉字等级大纲》(以下分别简称为1988等级试行和1992词汇大纲)在分类时的区别,现列表如下:

表 六

	甲级词	乙级词	丙级词	丁级词	总计
1988等级试行	1,011	2,017	2,140	——	5,168
1992词汇大纲	1,033	2,018	2,202	3,569	8,822

该书还指出:头1,000词是口语词汇的核心,要求听说读写四会;阅读方面要求达到掌握7,000词以上。听力方面要求掌握4,500词左右。初等水平的会话需要约2,500词,看懂一般新闻和听懂一般广播的中等水平约需要5,000词,看懂非专业性文章和听懂非专业性广播的高等水平需要约8,000词。

(2)刘英林(1997:253—262)指出在《汉语水平等级标准与语法等级大纲》(1995)中规定如表七(本文做了整理):

表 七

级别	词汇量	语法项
初级水平	一级1,033甲级词	129甲级项
	二级3,051甲乙级词(增2,018乙级词)	252甲乙级项(增123乙级项)
中级水平	三级5,253甲乙丙级词(增2,202丙级词)	562甲乙丙点(增400丙级点)
高级水平	四级7,000甲乙丙丁级词(增1,747丁级词)	910甲乙丙丁项点(增348丁级点)
	五级8,822甲乙丙丁级词(增1,822丁级词)	1,168甲乙丙丁项点(增258丁级点)
合计	8,822词	1,168语法项点

(3)邱军(1996:220—229)谈到,一般认为基础阶段词汇,是3,000词,也是初级和中级水平的概括量。但他们在研制大纲时发现,这个数字可能太高。根据实践的经验,2,500—2,700是相对合适的量。《基础汉语教学词汇大纲》选择2,700词左右。其中最常用词为1,000词。根据这样的统计和研究,大纲确定:总词汇量为2,760,一级词汇量第一学期998,全部复用式掌握;二级词汇量第二学期为1,762词,复用式掌握800词。复用式掌握词汇占总词汇量65%左右。

该研制组以《汉语水平词汇与汉字等级大纲》的甲乙级3,050词为基础,采用5套基础汉语教材的词汇统计进行对比。具体如表八:

表 八

水平大纲	甲级词1,033	乙级词2,018	总计3,051 (3,050)
基础大纲 一级词	出现≥3次	出现≥3次(30个)	
二级词	出现≤2次(50个)	出现≤2次	

续表

领会式掌握词汇		出现≤1次(部分收入,有的删除)	

(4)陈灼(1996:230—239)认为,中级阶段词汇,升入二年级的学生应该已经掌握2,500,在此年级可扩大到4,500词,其中复用式掌握1,200—1,500词。具体如表九:

表 九

总词汇量	甲级词	乙级词	丙级词	丁级词	超纲词
1750	25	485	1000	140	100

[14] 这里有两个例子:主持人陈鲁豫在中学阶段英语就非常好,可以和外国人流畅地交流,她谈到自己学英语时说:"每个人都会有一样与生俱来的特质,赋予我的恰好是对语言的感觉。我学外语,越过了语法阶段,直接从单词过渡到了语句的表达,其实,正确的方法就应该是这样。语言是一种提倡表达的东西,我们现在的英语教学喜欢弄一大堆语法塞给孩子去背、去记,这是一个误区,很多孩子还没学外语就被语法吓住了,他们可能永远也体会不了说英语的乐趣,只是记住了学语法的苦处。"在回答为什么她的外语会比别的学生好时,她说:"其实那就是语感,别人问我(这个句子为什么要这么造),我确实不知道,我是在大学才正儿八经地学了点儿语法,知道了怎样用理论去解释英语。"(见《中国妇女》2002年11月上半月号,第5页)其实,许多人都有这样的感觉,讨厌语法学习,觉得语法乏味;至于不经过语法学习而习得外语的例子也是常见多有。另一个例子是某学日语的学生,他的日语语法知识很丰富,但却苦于摆脱不了日语语法理性知识的束缚,每当听、读日语时先要用语法规则去解析,影响了理解速度;而在说、写日语时也总要先用母语(汉语)思考好然后再按照日语语法翻译成日语去表达。结果所表达的常常是慢了一拍而且失真于日语的自然样态。研考其根源,则可能是在学习日语的基础阶段他把语法学习放在了第一位,因此而形成了首先使用语法理性知识的习惯,而摆脱不了这一可省略也必须省略的环节。

[15] 我们对日本明海大学大学院(即研究生院)专攻外国语的研究生做了一次词汇调查,在12个被调查人(以日语为目标语的有:汉族中国人6人;朝鲜族中国人3人;以汉语为目标语的有:日本人2人;以英语为目标语的有:汉族中国人1人)中,具体情况如表十:

表 十

	帮助自己听懂	帮助自己看懂	帮助自己说话	帮助自己写作
掌握语法	0	7	2	8
掌握词汇	11	8	9	9
背诵课文	6	3	10	6
钻研语法	2	7	4	8

在问到听懂这种外语是跟哪种因素最有关系时，他们的回答是：

掌握的词汇量（此时的词汇量） 10人（5千或6千—7千或更多）

背诵一定量的文章（此时已背的文章） 1人（几十篇，其中包括了掌握大量的词语）

其中有一人完全没有回答在听懂项目上的影响因素，也没有回答听懂和掌握词汇量或背诵之间哪个更有关系的问题，与此相关的是，这位被调查者非常喜欢钻研语法，而且自认为在说外语是“几乎完全用母语先思考”，而在听外语时总有大脑中解构语法的过程；而且他自己“极力避免听过一段话之后，又在脑中解构一次的过程，可是也没有多大的进步。”这是非常有意思的例子，说明过分依赖语法，在实际建立外语思考功能上是没有什么益处的。

另外，有人补充还需要文化背景和语言环境，或者补充多听这一因素。

由此可见，词汇在帮助听懂、看懂、说话、写作这四项上几乎都被认为是最重要的。

[16] 词类重点的确定也有某些统计上的根据，例如常宝儒（1985）指出在《中小学语文课本汉语词汇的统计与分析》（以下简称《中小学语文课本》）中，课本（1978—1980年）中的“使用度”前100词（及其总词次160,648）的分类统计显示动词和虚词在基础阶段的重要性。具体统计如下表：

表 十一

	名	动	助动	形容	代	数	量	副	介	连	助	语缀
词数	21	21	3	4	12	8	2	12	7	2	6	2
词次%	13.22	19.81	1.76	3	12.88	7.76	2.5	11.44	3.23	1.62	22.05	0.73

这100高频词占总词次的42.88%，因此它们是基础阶段最核心的词汇。这100词的具体词目见下。此外，我们将北京语言学院《现代汉语频率词典》（1978—1980年，以下简称《词典》）根据四类作品和中小学课本统计所获得的“使用度”前100词也附于其后，以做比较，二者非常接近。（按照《词典》上的说明，所谓“使用度”（usage）是“综合词次、类、篇三方面因素，按一定公式计算得出的压缩了的词次。”“以使用度作标准来衡量词的常用程度，比单纯以出现次数多少为标准更准确、合理、客观。”）：

《中小学语文课本》：单音词85个，双音词15个，共100个词。

《词典》：单音词86个，双音词14个，共100个词。（二书的比较见下表）

表 十二

	《中小学语文课本》	《词典》
实词	**单音词57个，双音词14个，共71个词。**	**单音词57个，双音词13个，共70个词。**
名词	单音词14个，双音词7个，共21个词。上、人、地、里、天、年、中、时候、山、家、水、同志、头、革命、国、主义、敌人、手、人民、声、主席	单音词14个，双音词4个，共18个词。上、人、里、年、天、主义、中、国、时候、家（名、词尾）、工作、人民、同志、话、水、手（名、词尾）、头、时

续表

动词	单音词 19 个,双音词 2 个,共 21 个词。 是、要、说、到(补)、来、去、看、走、起来(补)、到(动)、用、出(补)、像、吃、想、叫(动、介)、做、起(补)、在、上(补)、知道	单音词 18 个,双音词 3 个,共 21 个词。 是、有、说、到(补)、来、去、看、出(补)、走、用、到、起来(补)、做、叫、想、像、打、下(补)、使、知道、出来(补)
助动词	单音词 3 个,共 3 个词。 要、能、会(一般也作为动词统计)	单音词 3 个,双音词 1 个,共 4 个词。 要、能、会、可以
形容词	单音词 4 个,共 4 个词。 大、小、好、多	单音词 4 个,共 4 个词。 大、小(形、词头)、好(形、补)、多
代词	单音词 7 个,双音词 5 个,共 12 个词。 我、他、这、我们、你、那、他们、她、什么、自已、这样、它(该词原文缺,是引者根据《词典》补出的)	单音词 7 个,双音词 5 个,共 12 个词。 我、他、这、你、我们、那、她、他们、什么、自已、它、这样
数词	单音词 8 个,共 8 个词。 一、十、两、三、几、二、四、五	单音词 8 个,共 8 个词。 一、十、两、三、二、几、四、五
量词	单音词 2 个,共 2 个词。 个、种	单音词 3 个,共 3 个词。 个、种、次、
虚词	**单音词 28 个,双音词 1 个,共 29 个词。**	**单音词29个,双音词1个,共30个词。**
副词	单音词 11 个,双音词 1 个,共 12 个词。 不、就、也、都、又、还、很、没、一、只、才、没有	单音词 12 个,双音词 1 个,共 13 个词。 不、就(副、连)、也、都、还、又、很、没、一、只、没有、才、最
介词	单音词 7 个,共 7 个词。 把、从、向、给、在、被、对	单音词 6 个,共 6 个词。 在、把、从、对、向、给
连词	单音词 2 个,共 2 个词。 和(连、介)、而	单音词 2 个,共 2 个词。 和(介、连)、而
助词	单音词 6 个,共 6 个词。 的、了、着(按:原文误为"看")、得、呢、吧(按:原文将最后 2 词列入"叹词",系误。引者今改入此处。前面的统计表同理而改,删去叹词一项)	单音词 7 个,共 7 个词。 的、了、着、地、得、呢、吧
前后缀	单音词 2 个,共 2 个词。 第、们(按:一般也可作为助词)	单音词 2 个,共 2 个词。 第、们

[17] 关于课文中的生词量，刘珣（2000：361）认为：初级阶段每课的生词量3—5个开始，一般不宜超过30个。

[18] 关于课文中生词的重复量，刘珣（2000：363）认为：初级阶段的新词至少需要重复6—8次。在结构主义教材中甚至要求平均出现30—40次。

[19] 附注[18]中关于生词重复量的表述是不很清楚的，这样的重复是否仅限于课文内的重复出现？是否包括练习中的重复呢？如果包括练习，那么6—8次这样的重复量对日本学校的学生还是合适的。否则，30个生词 ×（6—8）次的出现量 ×（3—6）次的练习量，这样的负担可能是过重了。如果我们不采取场景式的应用性学习，那么这样的练习也就太枯燥难耐了，并可能影响其效果。

[20] 我们还可以看看作为第二外语学习的日本汉语教材的情况。下面以这样五种初级教材（这些教材是根据词汇量统计是否容易来选择的，并不含有其他想法）为例：

a.《2000年からの中国語》（除发音部分外，共11课。金星堂，2000年初版）只有542个词；

b.《表现する中国語》（除发音部分外，共16课。白帝社，1999年初版）也只有538个词；

下面的三种教材要求高于以上二书，可适合专门学习汉语的业余人士学习，词汇量也略大些。

c.《简明實用初級中国語（改訂版）》（除发音部分外，共16课。白帝社，1999年改订初版），有923个词（这是按照书后的日译词语索引计算，实际上不到这个数字，可能也是800出头一些）；

d.《简明基础中国語》（除发音部分外，共25课。东方书店，1977年初版）有803个词；

e.《新编東方中国語井座第一卷總合基础篇》（除发音部分外，共15课。东方书店，1990年初版），适合接近专业学习的人使用，词汇量为973个词。

如果以1,000词为初一级（入门阶段）的目标词数，则以上显示，在日本所进行的汉语教育有着非常大的差距。这可能就是日本不同于中国的现实。如果没有特别的强制性措施，这样的情况是很难改变的。

在日本，对日本语的要求却不同，据日本语能力考试的要求，达到下面级别的词汇量分别是：

日语一级：10,000词（约在日语学校学习2年所要求达到的水平）

日语二级：6,000词（约在日语学校学习1年所要求达到的水平）

日语三级：1,500词（大概是许多日语学校入学时所要求达到的水平）

至于教材方面，我们以下列两册日本语初级教材来与汉语教材对比：

f.《初級日本語》（東京外国語大学留学生日本語教育センター编，凡人社，1994），总词汇量2,166（含补充词语）；

g.《進学する人のための日本語初級》（国际学友会日本语学校编，国际学友会发行，1996改定版），总词汇量1803（含补充词语）。

二者对比，由此即可发现日本的汉语教育大概的问题。

参考文献

北京语言学院语言教学研究所编　1986 《现代汉语频率词典》,北京语言学院出版社,北京。

常宝儒　1985 《现代汉语词汇统计问题的初步研究》,《第三届科学报告会论文选》,北京语言学院出版社,北京。

陈　灼　1996 《制订〈中级汉语课程词汇大纲〉的原则及理论思考》,《语言文化教学研究》(北京语言学院汉语学院编),华语教学出版社,北京。

杜尔文编　1999 《六千个词,中文词汇频率手册》,南天书店,台北。

符定一　1943 《联绵字典》,商务印书馆,北京。中华书局于 1983 年再版。

刘　珣　2000 《对外汉语教育学引论》,北京语言文化大学出版社,北京。

刘英林　1997 《"汉语水平等级标准"的制订》,《对外汉语教学概论》(刘珣主编),北京语言文化大学出版社,北京。

刘源 梁南元等　1990,《现代汉语常用词词频词典(音序部分)》,宇航出版社,北京。

吕叔湘　1979 《汉语语法分析问题》,商务印书馆,北京。

邱　军　1996 《略谈〈基础汉语教学词汇大纲〉的研制》,《语言文化教学研究》(北京语言学院汉语学院编),华语教学出版社,北京。

史有为　1995 《效率单位:语素和短语之间》,《大阪外国语大学论集》第 14 号,大阪。补入 4.3 节后收入作者《汉语如是观》(1997 年,北京语言文化大学出版社)。

史有为　1997 《伊地智善继先生谈日本的汉语教学》,《世界汉语教学》第 4 期。

史有为　2000 《中国语教材研究序论——中国语教育学研究之一》《应用言语学研究》(明海大学大学院应用言语学研究科纪要)第 2 期。

孙瑞珍主编　1995 《中高级对外汉语教学等级大纲》,北京大学出版社,北京。

张　维　1979 《汉语词汇教学谈》,《语言教学与研究》第 1 期。

对外汉语教学最低量基础词汇试探*

1. 最低量基础词汇的理论设定
2. 最低量基础词表的基本设定
3. 最低量基础词汇表的参与因素与构成类
4. 词汇单位的选定程序和相关安排
5. 对日汉语教学最低量基础词汇表(试拟案)
6. 余言

日本市场上汉语教材繁多,更换频繁,而符合语言科学和教育科学的又很少,因而淘汰率也很高。适当的差异虽然是教材的生命线,然而不合理的差异也可能就是教材死亡的推手。如何控制差异,保证各种初级教材都能符合一个最低标准线,又如何让词汇大纲真正在编写教材中发挥作用,乃是研制"最低量基础词汇"[1]的一个起因。而如何能让这样的词表在第二语言学习中更符合语言习得机制,也即起到更关键更有效率的作用,则是更深一层的起因。

1 最低量基础词汇的理论设定

1.1 假说 1

思维功能是语言的基本功能之一;语言习得成功才能获得思维功能。

---

* 本文曾发表于《语言教学与研究》2008 年第 1 期。部分内容曾以《中国语教学的最基础词汇》为题,在现代中国语研究会(东)第 23 次学术研讨会(东京 2005 年 1 月 16 日)发表。此次结集前补充了附录,并做了必要的修改。

推论 1-1：根据假说 1，思维功能虽然被认为从属于交际功能，但却可以证实或测试语言是否被真正习得。第二语言学习 / 习得（learning）中能够不依赖母语作为媒介的交际过程，也即排除了翻译阶段，就意味着获得了思维功能，达成了第二语言习得。交际过程中的语速与自我感觉可能是测试是否获得该功能的两种最简单的方法。

推论 1-2：一种设计妥善的初级语言平台应能满足最基本的第二语言交际和思维功能的需要。掌握该平台可以大大促进二语习得的成功与提升。许多事例证明，仅仅是二语语词的学习，会被当作母语的一部分而被母语吞并，即“母语化”。只有满足了二语平台的最基本要求，二语语词才会归入二语平台，而二语才会以二语身份去思维并交际。

1.2 假说 2

语言的完整习得是一种在习得最小语言平台基础上的生长、发展过程。人在习得母语时是逐步的，到一定阶段才可能获得交际和思维的功能。此时就是语言习得成功的最初阶段，所习得的语言就是最小语言平台。该平台是基础，可以满足语言的进一步生长发展。

推论 2-1：根据假说 2，第二语言的习得也是如此。最初也必须经历最小语言平台的阶段。这之后的第二语言学习 / 习得才能更有效率。这样的平台可以满足基本上不通过第一语言为媒介的第二语言言语行为，即最基本交际和最基本思维的需求。获得这种平台以后，就可以满足第二语言的进一步发展（比较容易地吸收、扩大以及滋生），也即在此基础上可以比较容易地增长第二语言。

推论 2-2：可以满足最小语言平台需求的语言项目为最低量基础语言项，包括足以应付语言平台需要的最必需的语法成分（句法框架和句法关系、语法词）和概念成分（封闭性概念词、开放性概念词），以及基本语音项目（音素、声调和音节结构）。其中的词汇（语法词 / 封闭词和概念词）为最低量基础词汇。最低量基础词汇可以简称为“最低词汇”。根据不同年龄段人们的事实，最小平台的词汇构成会因人而异，具有一定弹性，很难勾画出确定的“核心”。只要满足该范围人们的最低交际需要，该词汇就是合格的。

推论 2–3：最低量基础词汇中的语法词 / 封闭词必定是最基础的，而概念词则是日常生活交际中最常用的，后者具有更多的弹性。根据学习者所处环境的不同，现实交际需要的不同，概念词的具体成员会有若干调整。其中的封闭性概念词则与语法词一起构成最低词汇中的最基础部分。

2 最低量基础词表的基本设定

2.1 基本要求

(1)本词汇表需要满足最小语言平台的需要。理由已如上述。

(2)本词汇表需要满足可操作性。现今的所有教学用词表都缺乏可操作性，而可操作性是词表使用价值之所在。不具有可操作功能的工具并非真正的工具。

2.2 词汇单位的设定

2.2.1 词汇单位的大小。根据汉语的特点以及学习者第一语言的习惯，我们对初级汉语教学中的词汇单位采取从宽处理，也就是应用语言学角度的处理方法。例如："之间""点钟""里地""得很""极了""没关系""为什么"，等等，可以算一个单位；离合词"开－会""结－婚""进－来""提－高"，出于学习方便考虑既可以算一个单位，也可以算两个，也即可以根据两个汉字的表面意义和离合词意义相差距离的大小决定；组合或框架"为什么""越来越……"甚至跨结构组合"分之"，从学习和使用角度也不妨作为一个特殊单位。能产性特别强的语缀(例如"－性""－化""老－")、强类推性词根如"－边"(北边、东边、西边)和常用的固定语句(例如"拍马屁""泼冷水""请多关照")都可以算作词汇单位。如此看来，这必然是一种柔性或相对的处理，没有太绝对的标准。而随着学习阶段的提高，"字"作为词汇单位或"准词汇单位"的可能与必要程度也将随之而提升。为了方便讨论,在以下论述中“词”或“词语”都作为这样的“词汇单位”来理解。

2.2.2 词汇单位的数量。可以根据多种现行教材和词汇表的共同点以及满足基本交际功能需要来确定,不宜做确定数量的硬性规定。根据频率统计的一般规律,使用度最高的最初500—1,000词,其覆盖率也是最高的。[2]因此许多词汇表都选择1,000词作为初级阶段词汇,但对于最低词汇来说,这个数字仍然太高,还需要再做进一步选择或研究。以下词表或研究可以作为本研究的参考:北京语言大学《外国留学生汉语教学大纲(长期进修)词汇表·初等阶段词汇(最常用)》(根据日本高中用“中国语语汇表”的说明)为764词,据此调整的日本高中用词汇表为718词。大河内康宪(1980)曾试拟过汉语入门必要基础词汇,词汇量是600词。日本“中国语检定”作为入门阶段的准四级设定为500词的词汇量。日本《中国语教育基本语汇八种比较对照表》(山田真一,1995)对比了包括1989年版HSK甲乙两级词在内的八种中日制作的词表,词种总数为4,132个,其中四表共有的584词(但其中有不少乙级词,如六表共有词中有198词,七表49词,八表17词,说明当时HSK甲乙级分级确有问题)。一些日本中国语教师在讨论史有为、周刚《第二外语汉语教学初级词汇大纲》662词时也表示,如果要制定什么核心词汇,最好以500词左右为一条线。多种研究都表明,最低词汇量大约以500—600之间为宜[3]。

2.2.3 选择词汇单位的语体标准。以什么为标准,是口语还是书面语做标准?通过长期的实践,我们以为以通用性(即在书面和口语都可应用)为基本标准较为合适。但在有多个候选项目时,为了照顾地区的通用性并便于进一步扩展词语,可以略倾向于可以出现于口语中的普通话书面语。因为书面语比口语更容易从汉字表面上理解语素构成的词义,更能利用汉字的长处(这些汉字大致也是能产性强的语素),从而更容易扩展增长,也即更容易学会新的词语。有的时候,由于两种单位各有应用的区域,则不妨合起来组成一种可选择单位,例如“爸爸/父亲”,增加词汇表的弹性。

3 最低量基础词汇表的参与因素与构成类

3.1 词汇表的参与因素

参与或影响最低量基础词汇的主要有下列因素：

(1)常用性因素，即基本交际因素。词表必须根据使用度的统计，还必须适当照顾到日本环境下日常最常用的需要。

(2)句法—搭配因素。根据2，词语必须可以满足构筑并使用最基本句法的需要，包括语法范畴和语气表达的需要，还应该考虑语词间搭配的需要。

(3)功能—话题因素。必须考虑到最需要的语言功能和话题交际的需要来选择语词。这实际上是第一项因素的延续。

(4)语义相关因素。频度统计获得的词表有时会由于选择的语料不够全面平衡而造成某些缺失，因此需要适当根据语义联想(包括同语义场的适用词语、同义词和反义词)做出一些调整。

除此之外，语体因素和文字—书面表达也会影响到词表的制定。比如，日本和中国都使用汉字，两种语言中有相当部分的词语的汉字形式和词义是相同的，只是发音不同，因此可以尽可能地把它们放在最低词汇表之外，不必占用词表。

最后，最低量基础词汇的目标是很有限的，我们暂不考虑语篇因素参与。

3.2 最低量基础词汇表的构成

从可操作性角度考虑，大致可分为两大类：

(1)封闭类单位。包括：基础性结构类功能词；基础性范畴类功能词；最必需语气词；最必需的单音副词；数词；代词。

(2)开放类单位。日常生活的最必需概念词(包括广义的名词、动词、形容词)：衣食住行，学习工作，文体休闲，商银邮电……。其中最重要的是动词，是这类单位中的核心。因为动词一般说来是句子的组织中心，也是词义变动最大、功能最强的部分。名词和形容词相对来说其词义和功能都比较稳定和简单，比较好学。至于量词，虽然也可以作为封闭类单位，但毕竟只是名词和动词的附属或搭配者，是更其次的部分，因此也就顺便安置在这个部分，以方便操作。

3.3 语词平衡和人工干预

以上这些方面都需要考虑语词平衡和一定的人工干预，这是因为根据词频统计得到的词表往往由于语料的局限性而发生同语感相左的情况，或者由于所根据语料的滞后，导致统计上的欠缺。另外，我们研制的是最低量基础词汇，目的是为了未来可以更好地扩展和增长，因此，需要考虑周到一些，这样对进一步发展更为有利。比如可以有下列一些值得注意的方面：客观统计和主观语感之间，常用度（频度和使用度）和词语平衡之间，功能—话题和情景之间，课堂教学和环境补充之间；常用词汇单位和常用汉字之间，等等，都需要做出适当的平衡和干预。

最后，我们发现语词中仅有不大的一部分是非有不可的，而另外一些词都是处于可选可弃之间。一切都决定于所处环境和使用场合。我们所根据的只是日本的环境。因此，最低词汇的一部分依然是柔性的、相对的、开放的、有弹性的。

4 词汇单位的选定程序和相关安排

4.1 对最低量基础词汇表选词程序的考虑

出于可操作性的考虑，我们决定放弃传统的词汇单位选定的程序，而首先考虑如何使词汇表能发挥编写教材和课堂教学的指导作用，然后再考虑其他因素或其他选择方法。为此，一定需要最大限度地贴近教学实际和生活实际。现在，一般教材都是按照话题—功能—语法点编写的，课堂教学也是使用这样的教材并按照这样的次序和形式教授汉语的。那么能不能也按照类似的多维角度把词汇单位综合成一张真正的教学用“表”呢？这样的“表”将会考虑几乎大部分主要的参与/影响因素，从而使教师和学生以及教材编者倍感便利。

4.2 最低量基础词汇的选词和制表程序

根据以上论述，可以设计如下的选词和制表程序：

(1) 确定蓝本。根据种种考虑和比较，我们决定采用《对外汉语教学初级阶段词汇大纲》(1999) 的一级词作蓝本，参考根据 HSK 词表调整选择而成的《第二外语汉语教学初级词汇大纲》(史有为、周刚，2004) 的 662 单位，并依据日本的需要来选择并安排语词。《对外汉语教学初级阶段词汇大纲》(1999) 在制定原则和操作程序方面都称得上是迄今为止最具有科学性的，也是比较成熟的。《第二外语汉语教学初级词汇大纲》(2004) 原本就是根据 HSK 词表来选取的，已经包含了适应日本的一些因素，其 662 单位的数值也与最低量基础词汇标的目标值 (500—600 词) 比较接近，容易在此基础上调整完善。由于目的不同，本文所研制的词表肯定会有少量超出上述大纲一级范围的词语。

(2) 以多维标准作为选词的原则。多维标准包括：

①以主要/常用语法框架、语法功能为选词标准之一；

②以封闭性的范畴 (包括功能类和意义类) 为选词标准之一；

③以基础性的功能—话题的需要为选词标准之一；

④按照搭配的原则防止漏选并补充新单位；

⑤我们认为许多语料是书面的，而且其出现场合不可能周全，因此需要依据教学经验、语感以及在日本应用的特定环境，对上述语词做出最后的调整或平衡。

(3) 将词汇单位按上述第二项制成两个表，第一个表为封闭类词表，仿佛是人体的骨骼，是基础中的基础，具有核心作用，弹性较小。第二个表为开放类词表，就像人体的筋脉肌肉，具有更大的弹性。第二表采用综合性的多维排列方法，以结合功能[4]的话题[5]大类作为名词、动词的归属区域，量词则作为名词和动词的附属成分，形容词也作为名词的相关成分，同时归入该话题区。此外，这两个词表都附有若干推荐补充词语，以便适合不同的需要，也使最低词汇有一个后续和回旋的余地。

4.3 最低量基础词汇表的特点与突破

我们的研究是出于可操作性的考虑，因此许多方面需要突破以往的词表模式。其中不同于以往传统的做法是：

（1）出于基础性和数量限制的考虑，一个功能或意义项尽量只选取一个词汇单位。

（2）出于应用语言学的考虑，把某些具有相同语义场的常用同义语词认作异体，并处理在一个单位里，以便于使用时选用，而不跟随传统的分作两个词的处理法。例如："这里 / 这儿、一起 / 一块儿、爸爸 / 父亲"。

（3）出于规则性操作的考虑，将具有高度规则性的相同构词语素，包括语缀，提取为一个词汇单位，以发挥汉字语素的特点。例如：趋向性成员的"－来、－去"（和上、下、进、出等组合）和方位成员"－边、－面"（和前、后、左、右、东、南、西、北等组合）。

（4）出于应用方便以及汉语的特点，一些词义相同或相近而功能有所不同的同形同音单位尽量予以归并。这就是同形而词类不同者，有些则通常被认为是兼类或借用者。例如：动词和介词的"在"，连词和介词的"和"，名词和量词的"碗"。

（5）出于教学上必然会学习的考虑，一些课堂用语和教学用语不予收入。因为它们只是一种教学工具，而不是最小语言平台所必需的。例如：拼音、声调、大声、发音、生词、举例、听写、默写，等等。

（6）专有名词并非概念词或功能词，只是某个人、地或机构的名字，没有什么使用上的困难，只需要记忆，而且与所处环境有太多关系，不很稳定，决定基本不收。

（7）日本学生的语言文字背景比较特殊，有很多和中国在形式和意义上相同的汉字词，只是发音不同。因此可以选择两种方法处理：一是在词表中增加这些词，因为它不占很大的负担量；二是在词表中略去这些词，因为它们在日语背景和日本环境下可以很容易自学获得。在矛盾地考量之后，我们下决心采取后一种，但又略作折中。即其中的一些词可以考虑列入推荐词语的附带表中，作为教学和编写课本时的参考。

(8)出于可操作性的考虑，也即为了方便编写教材和教学，在选词的同时就考虑可操作性及其相关词表的设计，并把最低词汇设计成多维的综合的搭配型的词表，完全改变传统的做法。在应用时可以方便地按照表格去编写、去教授，可以将这个表的语词作为中心，在把这些词完全纳入教材和教学后，再根据不同需要补充其他语词，而不必千篇一律地要求。这样的话，我们就达到柔性的要求，可以满足各方面的基本需求，也给教员和教材编写者留下了充裕的回旋余地。在具体词语安排时，词表将采取“一词多现，不同标记”的原则。

(9)最后，我们认为汉语的词类具有不同于日语和西方语言的特点，是一种属于句法范畴的类别。由于缺乏形态，因此柔性很强。为此，我们将少纠缠于此，而从宽处理词的类属。而且在归并为一个词汇单位时也不采取绝对的严格的按语法功能类标准，而采取在词义上相近功能上也相近即可归并为一个单位的标准，因为这对教学两方都较方便，较为容易理解和接受。

从以上这些方面看来，我们所制订的词表必然是不同以往的，也必然带有很大的柔性和相对性，甚至有很明显的挑战性。

5 对日汉语教学最低量基础词汇表（试拟案）

根据以上的分析和原则，我们具体选出最低量基础词汇562单位，并制订下列二表。这两个表应该综合参校使用。其中一些符号和标记说明如下：

(1)离合词采用中间加短横表示，如“放-假”和“起-来”。

(2)词缀、(类)词缀或可广泛组合的语素采取前或后添加短横表示，如“老-”“-边、-面”。

(3)标黑体者为首次出现，如“**喜欢**”；黑斜体且有底线者为再次重复出现，如“***<u>喜欢</u>***”。重复出现者不再计入词汇量。

(4)方括号表示该词的搭配词或适当的说明，如“数[上声]”“请-[-问/-坐]”。

（5）圆括号表示该成分有时可以不出现，如“（一）点儿、（一）些”。

（6）作为一个单位计算的两个同义形式之间用斜杠隔开，如“爸爸/父亲”。

表一　封闭性语词表

	先期学习词语（以通用性词语为主）		补充推荐词语（以通用性词语为主）	
词类	词语数（个）	具体词语	词语数（个）	具体词语
数词	21	一、二、三、四、五、六、七、八、九、十； 百、千、万； 零、几、多少； 第－、两、半、倍、（一）点儿/（一）些	2	亿、分之
指代词	25	我、你/您、他/她/它、我们、咱们、你们、他们/她们/它们、谁； 这、那、哪、什么； 这里/这儿、那里/那儿、哪里/哪儿； 这么、那么、怎么、怎么样； 为什么； 有的、自己、各、多少、别人	4	每； 这样、那样、怎样
方位词	16	上、下、左、右、前、后、里、外、东、南、西、北； －边/－面； 中、中间、旁边	5	以上、以下、以内、以外、内
时间词	28	今天、明天、昨天、今年、明年、去年； 现在、刚才、以前、以后、将来； 星期、星期一、星期二、星期三、星期四、星期五、星期六、星期日/星期天； 春天、夏天、秋天、冬天； 早晨/早上、上午、中午、下午、晚上	6	后年、前年、后天、前天； 后来； 秒/秒钟
否定副词	3	没/没有；不；别/不要		
程度副词	7	很、太、最、非常、比较、更； 有点儿/有些	5	十分、挺、多（么）； －得很、－极了
范围副词	3	都、只、一起/一块儿	1	全

续表

语气副词	6	大概、一定、必须、总是、真/真的、当然	2	得[dei]、也许
时间副词	8	刚刚/刚、快、就、才、还、正在/在、常常/常、马上		
助动词	6	能/能够、可以、可能、应该、要、会	1	敢
趋向动词	9	出、进、**上**、**下**、回、来/-来、去/-去、**起-来**;**到**		
介词	10	**在**、从、***到***、朝; 把、被、为、为了; **和**/**跟**、比、对	5	同、与、当、向、往
助词	7	的、地、得;了、着、过;们	2	所、等
连词	7	***和/跟***、或者、而且; 因为、所以、如果/要是、虽然、但是	2	***与***、而且、并且
语气词	4	吗、呢、吧、啊、*了/*啦[了+啊]	1	着呢
兼语句使令动词	3	让、请、叫	1	派
双宾句动词	4	教、借、送、给		
谓宾句述语动词	9	**想、相信、准备、打算、喜欢、爱、怕、觉得、愿意**		
叹词	0	可临时根据需要添加	2	喂、哦/噢
拟声词	0	可临时根据需要添加	1	哈哈
共计	176		40	

表二　话题大类搭配语词表(开放性语词)

类型	名词	量词	动词	形容词	常用短语
1 **家庭** 〔30〕	**家**、**人**、**男**、**女**; 年龄/年纪、名字; 爸爸/父亲、妈妈/母亲、哥哥、弟弟、姐姐、妹妹、孩子、儿子、女儿[15]	***家***、口、个、岁[3]	**有**、**是**、**叫**、**像**、**爱好**[5]	**好**、**漂亮** 老、年轻; **多**、**少**[6]	多大[1] (**补充推荐词语**) 爷爷/祖父、奶奶/祖母、姥姥/外祖母、叔叔、爱人〔5〕

续表

2 **住房** [31]	房子、楼、房间/屋子、厕所； 窗户/窗子、门、桌子、椅子、**床**；箱子、包；灯/电灯、钟、电视机、收音机 **东西** [16]	**座**；层；间、*个*；**张**、把、*床*、台 [6]	住、*在*、*有*； *朝*、放； **开**、关 [4]	**新、旧、高、大、小** [5]	 （补充推荐词语） 锁[名词]、锁[动词]、摆；宿舍、厨房、洗澡间〔6〕
3 **起居** [18]	**样子**；电、水 [3]	*个* [0]	用、*喜欢*、*怕*； 起－床/ *起－来*、刷－牙、洗[－脸]、洗－澡、睡－觉/睡、躺、**坐**、站、*放* [9]	干净、整齐、乱； **早**、**晚** [5]	**有时候** [1] （补充推荐词语） 被子、枕头、毛巾、手绢〔4〕
4 **自然/天气** [37]	山、河、海；太阳、月亮；鱼、树、花儿；天气、雨、雪、风、云；声音 [14]	*座*、**种**、**条**、**只**、*个*； **场** [4]	晴、变[天气－]； 活、死； 刮－风、*下*[－雨/雪]； *开*[－花]； *有* [5]	*漂亮*、好玩儿、可爱； *大*、*小*； **红、黄、绿、白**； *高*、低、长、短 *好*、**坏**、暖和、热、冷、凉快 [14]	*有时候* [0] （补充推荐词语） 狗、猫、马、牛、猪、鸡、草； 头、匹、棵、响〔11〕
5 **时间** [15]	时间、时候、年、月、天、小时、一会儿 [7]	*天*、日/号、点/点钟、分/分钟 [3]	*是*、*到*、过、差 [2]	*早*、*晚*、快、慢、*多*、*少* [2]	**差不多** [1] （补充推荐词语） 钟头、空儿[有－/没－]〔2〕

续表

6 **学校** [52]	学校、**年级**、**班**； 老师、学生、同学、留学生；书包、**课**、课本/教材、笔记、笔记本、**练习**、作业； 日语、汉语/中国话； 寒假、暑假 [18]	***个***、***种***、 位、门、 **本**、***课***、 节；***年级***、***班*** [4]	***有***、上－课、 下－课、***坐***； ***教***、说、读、 **听**、**看**、**问**、 写、记、带、 忘/忘记、 **明白**；懂、**做** [－练习]、***练习***、**学/学习**、 回答；帮助、 迟到、请－假； 放－假、毕－业 [21]	**高兴**、对、 错、有趣、 难、容易、 ***明白***、**认真** [7]	**感－兴趣**、**有－意思**； ***有时候*** [2] **（补充推荐词语）** 帮－忙、办－手续； 外国语/外语、英语 〔4〕
7 **学习** [28]	笔、铅笔、纸； 字/汉字、生词、句子、话；**书**、词典； 图书馆、报/报纸 [11]	支、***张***； ***个***、句； 份、***本***； 遍、次； [5]	***练习***、***学/学习***； 感到、***用***、**经过**、翻[－书]； ***看***、***借***、还[－书]、完 [5]	深、浅； ***好***、***坏***、忙、 累、努力； 清楚、安静、***认真*** [7]	***感－兴趣***、***有－意思*** [0] **（补充推荐词语）** 杂志、录音机、录－音、圆珠笔、钢笔、 橡皮〔6〕
8 **饮食** [28]	饭、米饭、面条、面包； 菜、肉、汤、茶、酒、咖啡；**碗**、筷子、杯子； 饭店 [14]	***种***、***碗***、 ***个***、块、 杯、瓶、 **双** [4]	吃、喝、倒、***做*** [－饭/－菜] ***喜欢*** [3]	好吃、甜、 咸、酸； 饱、饿、满 [7]	***有时候***、***差不多*** [0] （补充推荐词语） 食堂、饺子； 辣、苦〔4〕
9 **衣着** [16]	衣服、裤子、鞋、手表、眼镜、袜子 颜色 [7]	***种***、件、 ***条***、***双***、 ***只***、***块***、 副 [2]	穿、戴、脱 [3]	***新***、***旧***；***大***、 ***小***、舒服； ***深***、***浅***；好看、***漂亮***； ***红***、蓝、***黄***、 ***绿***、***白***、黑 [4]	***有时候***、***差不多*** [0] **（补充推荐词语）** 领带、围巾； 围、紧〔4〕

续表

10 **购物** [16]	商店、***东西***； 钱（多少钱/三块钱） [2]	***种***、元/块、角/毛、分 [3]	数[上声]、算、**买**、卖、***给***、加 [5]	贵、便宜、满意； ***大***、***小***、轻、重、***新***、***旧***、***好***、***多***、***少***、破、***坏***； [6]	***有时候***、***差不多***[0] （补充推荐词语） 百货商店、超市、减、价钱、**逛**〔5〕
11 **交通/旅游** [25]	车、自行车、汽车、公共汽车； 火车、地铁、飞机、船； 车站、机场、路； 地方、行李、票 [14]	***种***、辆、架、***座***、***条***、***个***、***件*** [2]	走、***坐***、骑、***开***、等、***经过***、拐－弯，打－的、离－开/离、***上***、***下***；旅游 [7]	远、近、***快***、***慢***；***好玩儿*** [2]	***有时候*** [0] （补充推荐词语） 电车、出租汽车/的士、桥、航空；街、***逛***[－街](5)
12 **休闲** [17]	照相机、照片、电影、电视、戏、歌、琴、画儿； ***票*** [8]	***种***、***台***、***个***、***场***、***支***、***张*** [0]	玩儿、休息、散－步、***看***、***听***、***买***、画、***带***、拉[－琴]、弹[－琴]、唱；跳－舞 [8]	***好看***、好听、***好玩儿***、***清楚*** [1]	***有时候***、***差不多*** [0] （补充推荐词语） 音乐、公园；上－街、演、响、精彩(6)
13 **体育** [6]	运动、球、棒球、足球 [4]	***种***、***只*** [0]	打、踢、***喜欢*** [2]	***好*** [0]	***有时候***、***差不多*** [0] （补充推荐词语） 排球、游泳、网球(3)
14 **身体/医疗** [34]	身体、头、眼睛、嘴、手、脚、耳朵、头发；***男***、***女***；医院、大夫/医生、**病**、药 [12]	***种***、***个***、***条***、***双***、对、***只***、***张***、***包***、***颗***、***位*** [1]	***看***、看－见、***听***、听－见、闻、哭、笑、拿、***打***、摸、提、推、***拉***、跳、动、握[－手]、呼吸；***病***、咳嗽、发－烧、看－病 [16]	疼/痛、***酸***、痒、难受、健康、精神 [5]	***有时候***、***差不多*** [0] （补充推荐词语） 拉－肚子、吹、吃－药、举、抬、指、抱、点－头、摇[－头]、毛、鼻子、牙齿、嘴唇、舌头、嗓子、心、气、**挂**－号(18)

续表

15 **邮电/储蓄** [10]	信、邮票； 电话、手机 [4]	*种*、封、*张*、*个*、*件* [1]	*打*、寄、发、收；存、取 [5]	*快*、*慢* [0]	*有时候*、*差不多* [0] **（补充推荐词语）** 电邮/伊妹儿、包裹、*挂－号*(2)
16 **社会/交往** [23]	国家、公司、**工作**、事情/事儿、结果； 先生、小姐、朋友；礼物； *样子* [9]	*种*、*个*、*家*、*位*、*台*、*件* [0]	谢谢、再见、关照、对不起、客气、祝/祝贺； *问*、姓、*叫*、*爱好*； *请/请*–[–问/–进/–坐]； *让*、*送*[–礼]、*想*、*相信*、*打算*、*准备*、同意、告诉、*愿意*； 认识、*觉得*； *工作*、*做*[–老师/–工作] 见–面、*等*； *给*、*借* [11]	*客气*、*高兴*、*多*、*少* [0]	你好/您好； 好久不见； 没–关系、*有时候*、*差不多* [3] **（补充推荐词语）** 老–、小–、社会、职员、机会、得到、打–工、开–会、行[动词/形容词]、电脑/计算机、上–网、不好意思、抱歉、*办–手续*(13)
总计 [386]	**共计** [158]	**共计** [38]	**共计** [111]	**共计** [71]	**共计** [8]
					（补充推荐词语） **总计**(98)

以上二表合计：（试拟）最低量基础词汇 562 个单位（176+386）。

此外另有补充推荐词汇 138 个单位（40+98），供后续或当时优先选用。

以上两个词表的最低词汇部分可以按照词类来统计。其中，时间词和方位词归入名词，助动词和趋向动词归入动词。现列表如下：

表三 词类分布表

词类	名	动	形	数	量	代	副	介	连	助	语气	拟	叹	短
分计	203	141	71	21	38	25	27	10	7	7	4	0	0	8

6 余言

最低量基础词汇，是出于构建最小语言平台考虑的新课题。对此，我们还缺乏经验，尤其在可操作性的要求下试制这样的词表更是一项挑战。本文的研究和试拟词表只是一种尝试，而且是同时考虑在日本环境下日本学习者的一种尝试。这样的词表具有一定的柔性和相对性，可以针对不同的学习者提出大同小异的最低词汇表，以便促进更快更好地学习 / 习得汉语。即使到最后词表被认为已经完善，那也是相对的。

附 注

[1] 近来有日本学者提出“核心词汇”，我们之所以没有采用这样的名称，是考虑到我们设定的词汇范围很难证明其是否为核心。而“最低量基础词汇”一名只是从方便语言进一步发展的角度考虑的，不牵涉是否核心，因此不需要更多的论证或证实。

[2] 根据《现代汉语频率词典》(王还等，1986）统计，1—500 词的覆盖率为 63.08⁺%，1—1,000 词的覆盖率为 73.00⁺%，1—2,000 词的覆盖率为 82.22⁺%，1—3,000 词的覆盖率为 86.80⁻%，1—4,000 词的覆盖率为 89.66⁺%，1—5,000 词的覆盖率为 91.65⁻%，自此以后每增 1,000 词其覆盖率仅增长不到 2%，到 9,000 词时甚至增加不到 1%。由此可见 500 词左右是覆盖率高而用词又少的最有效益区域，具有极高的应用价值。

[3] 在所参考的文献中有董洁、远藤光晓（2000）的《わかる中国語単語 1000》。该书共收 1,125 词。该书以“中国语检定”准四级 500 词为基础，再从四级的另 500 词中补充，据此选定 718 词作为第一级，又根据四级 500—1,000 词选定 399 词作为第二级。根据其排列方式可以推测其词表是基本按照词类选出的。

[4]《对外汉语教学初级阶段教学大纲》在功能大纲部分列出六个大项：1. 表达社交活动；2. 表述客观情况；3. 表达理性态度；4. 表达主观感情；5. 表达命令；6. 社交技巧。共

117个小项。由它们的名称和实际要求的内容来看都是作为对具体言语中句子(也可以是短语篇)表述 / 表达的分类,虽然也涉及到一些专项词汇,但用来对词汇分类是很困难的,也很难成功。

[5] 我们考虑过多种分区办法,最后选择话题大类来分区。话题大类是各种常用话题的归类。我们参考了多种教材及分类,如《日语交际口语》(赵敬、于慧,2004)下分4大类85个功能—意念,《对外汉语教学初级阶段情景大纲》(杨寄洲,1999),共分3大类104小项。我们结合自己的教学经验重新加以分类,选出最需要的16类。

参考文献

北京语言学院语言教学研究所编　1986 《现代汉语频率词典》,北京语言学院出版社,北京。

大河内康宪　1980 《AA諸言語教育基本語汇表——入門期の学習に必要な基础語汇600項目試案》,《特定研究·AA諸言語と日本語の学習》資料79,東京外大アジア·アフリカ言語文化研究所,东京。

董洁 远藤光晓　2000 《わかる中国語単語1000》,朝日出版社,东京。

山田真一编　1995 《中国语教育基本语汇八种比较对照表》,高冈短期大学,日本。

史有为　2003 《中国語教育に于ける語彙の位置付け——中国語教育学研究その4》,《应用言语学研究》(明海大学大学院应用言语学研究科纪要)第5期。

史有为　2005 《中国语初级教学词汇考察——中国语教育学研究之六》,《应用言语学研究》(明海大学大学院应用言语学研究科纪要)第7期。

史有为 周刚　2004 《第二外语汉语教学初级词汇大纲》,《明海大学外国语学部论集》第16集。

杨寄洲主编　1999 《对外汉语教学初级阶段教学大纲》(词汇大纲),北京语言大学出版社,北京。

张国强主编　2003 《日语能力考试基础词汇例解》,外文出版社,北京。

赵敬 于慧编著　2004 《日语交际口语》,中国宇航出版社,北京。

附录一　按音序排列最低基础词汇表

(562单位)

音序	词数(个)	具体词语
A	4	啊[语气词]、爱、爱好、安静
B	35	八、把[介词]、把[量词]、**爸爸/父亲**、吧[语气词]、白、百、班、半、帮助、棒球、包[动词]、包[名词/量词]、饱、报/报纸、杯[量词]、杯子、北、倍、被、本、比、比较、笔、笔记、笔记本、必须、毕业、**-边/-面**[和方位词结合]、变、遍、别/不要、别人、病[动词/名词]、不

续表

C	27	才、菜、厕所、层、茶；差；差不多、长、常常/常、场、唱、朝[动词/介词]、车、车站、吃、迟到、出、穿、船、窗户/窗子、床[名词/量词]、春天、词典、次、从、存、错
D	45	打、打-的、打算、大、大概、**大夫/医生**、带、戴、但是、当然、到、倒[动词、去声]、低、地方、地铁、弟弟、第-、地、的、得、灯/电灯、等[动词]、等[助词]、(一)点儿/(一)些、点/点钟、电、电话、电视、电视机、电影、东、东西、冬天、懂、动、都、读、短、对[形容词]、对[量词]、对不起、多、多大、多少
E	5	饿、儿子、耳朵、二、而且
F	17	发、发-烧、翻[动词]、饭、饭店、**房间/屋子**、房子、放、放-假、飞机、非常、分[量词]、分[货币单位]、份[量词]、风、封、***父亲/爸爸***、副[量词]
G	25	干净、感到、感-兴趣、刚才、刚刚/刚、高、高兴、告诉、哥哥、歌、个、各、给、***跟/和***、更、工作、公司、公共汽车、刮-风、拐-弯、关、关照、贵、国家、过[动词]、过[助词]
H	32	还[副词]、孩子、海、寒假、***汉字/字***、**汉语/中国话**、好、好吃、好久不见、好看、好听、好玩儿、***号/日***[量词]、**和/跟**、河、很、喝、黑、红、后、呼吸、花儿、话、画、画儿、坏、还[动词]、黄、回[动词]、回答、会、活、火车、或者
J	33	机场、几、记、寄、加、家、架、间、见-面、件、健康、将来、教、**角/毛**、脚、叫、***教材/课本***、节[量词]、结果、姐姐、借、今天、今年、近、进、经过、精神、九、酒、旧、就、句[量词]、句子、觉得
K	19	咖啡、开、看、看-病、看见、咳嗽、可爱、可能、可以、客气、课、**课本/教材**、口、哭、裤子、块[量词]、**块/元**、快[形容词]、快[副词]、筷子
L	23	拉、来/-来、蓝、老、老师、了[助词/语气词]、累、冷、离-开/离、礼物、里、练习、凉快、两、辆、零、留学生、六、楼、旅游、绿、路、乱
M	22	妈妈/母亲、马上；吗、买、卖、满、满意；忙、慢、***毛/角***、没/没有、没-关系、妹妹、门[名词]、门[量词]、-们、米饭、***-面/-边***[和方位词结合]、面包、面条、名字、明年、明天、摸
N	23	拿、哪、哪里/哪儿、那、那里/那儿、那么、男、南、难、难受、呢、能/能够、**你/您**、**你好/您好**、你们、年、年级、年龄/年纪、年轻、女、女儿、努力、暖和
P	8	怕、旁边、朋友、便宜、票、漂亮、瓶、破

续表

Q	21	七、骑、起床/起来、起－来(趋向动词)、汽车、千、铅笔、前、钱、浅、琴、轻、清楚、晴、请/请–[–问/–进/坐]、请－假、秋天、球、取、去/–去、去年
R	10	让、热、人、认识、认真、**日/号**[量词]、日语、容易、肉、**如果/要是**
S	45	三、散－步、山、商店、上[动词]、上[方位词]、上－课、上午、少、什么、身体、深、生词、声音、十、时候、时间、是、事情/事儿、收、收音机、手、手表、手机、书、书包、舒服、数[上声]、暑假、树、刷牙、双[量词]、水、谁、睡/睡觉、说、死、四、送、宿舍、酸、算、虽然、岁、所以
T	26	他/她/它、他们/她们/它们、台、太、太阳、弹[–琴]、汤、躺、疼/痛、提、踢、天[名词/量词]、天气、甜、条、跳、跳－舞、听、听见、同学、同意、头、头发、图书馆、推、脱
W	19	袜子、外[方位词]、完、玩儿、晚、晚上、碗、万、忘/忘记；为、为了、为什么、位、闻、问、我、我们、握、***屋子/房间***、五
X	41	西、洗、洗澡、喜欢、戏、下[动词]、下[方位词]、下－课、下午、夏天、先生、咸、现在、相信、箱子、想、像、小、小姐、小时、笑、***(一)些/(一)点儿***、鞋、写、谢谢、新、信、星期、星期二、星期六、星期日/星期天、星期三、星期四、星期五、星期一、行李、姓、休息、学/学习、学生、学校、雪
Y	37	颜色、眼睛、眼镜、痒、样子、药、要、***要是/如果***、一、***(一)点儿/(一)些***、一定、一会儿、一起/一块儿、衣服、***医生/大夫***、医院、以后、以前、椅子、因为、应该、用、邮票、有、有的、有点儿/有些、有趣、有时候、有－意思、右、鱼、雨、***元/块***、远、愿意、月、月亮、云、运动
Z	45	在[动词/介词]、再见、咱们、早、早晨/早上、怎么、怎么样、站、张、照片、照相机、这、这里/这儿、这么、着、真/真的、整齐、**正在/在**[副词]、只[副词]、只[量词]、支[量词]、纸、中、***中国话/汉语***、中间、中午、钟、种[量词]、重、住、祝/祝贺、准备、桌子、**字/汉字**、自己、自行车、总是、走、足球、嘴、最、昨天、左、坐、座、做

附录二　按音序排列补充推荐词汇

（138个单位）

音序	词数(个)	具体词语
A	1	爱人
B	11	百货商店、摆、办－手续、帮－忙、包裹、抱、抱歉、被子、鼻子、并且、不好意思
C	6	草、超市、吃－药、**出租汽车/的士**、厨房、吹

续表

D	11	打－工、当、得到、－得很、得[dei]、等、***<u>的士／出租汽车</u>***、点－头、电车、**电脑／计算机**、**电邮／伊妹儿**、多(么)
E	1	而且
F	2	分之－、分钟
G	6	敢、钢笔、公园、狗、挂－号、逛[－街]
H	5	哈哈、航空、后来、后年、后天
J	11	机会、鸡、－极了、***<u>计算机／电脑</u>***、价钱、减、江、饺子、街、紧、精彩、举
K	4	开－会、棵、空儿[有－/没－]、苦
L	7	拉－肚子、辣、老－、**姥姥／外祖母**、领带、录－音、录音机
M	6	马、猫、毛、毛巾、每、秒／秒钟
N	4	那样、**奶奶／祖母**、内、牛
O	1	哦／噢
P	3	排球、派、匹
Q	5	气、前年、前天、桥、全
S	13	嗓子、上－街、上－网、十分、食堂、舌头、社会、手绢、叔叔、宿舍、所、锁[名词]、锁[动词]
T	4	抬、挺、同、头[量词]
W	6	外国语／外语、***<u>外祖母／姥姥</u>***、网球、往、围、围巾、喂
X	6	洗澡间、响、向、橡皮、小－、心、行[动词／形容词]
Y	15	牙齿、演、摇[－头]、**爷爷／祖父**、也许、***<u>伊妹儿／电邮</u>***、以内、以上、以外、以下、亿、音乐、英语、游泳、与、圆珠笔
Z	10	杂志、怎样、这样、着呢、枕头、职员、指、钟头、猪、***<u>祖父／爷爷</u>***、***<u>祖母／奶奶</u>***、嘴唇

【附录说明】以上二表内，凡是两个词合在一起，中间插有斜线的，都只作为一个单位计算。如果前后两个词的首字不一致，则用黑体(如“**姥姥／外祖母**”)，并再颠倒前后，重复出现一次(用黑斜体加底线表示，如“***<u>外祖母／姥姥</u>***”)，安排在另一首字的音序位置，但不重复计数。

最小语言平台与思维功能习得*

——兼议 CEFR 欧洲框架

1. 关于最小语言平台的假说
2. 关于思维功能习得的假说
3. CEFR 与语言习得假说

我们在对日本学生汉语教学实践中逐渐悟出一种应用理论，可能会对教学有帮助，会让学生在学校里更有效率地习得汉语，而这恰恰是对外汉语教学成功的关键。这一理论就是关于最小语言平台及其习得的假说。这一假说由最小语言平台和思维功能习得两部分组成。近来的 CEFR 欧洲框架对这两个假说有着支持作用，因此很值得我们为此做些相关探讨。

1 关于最小语言平台的假说

1.1 假说之一：最小语言平台

语言的有效率教学就是首先要设法建立最小语言平台，然后才能更有效

* 本文曾发表于《对外汉语研究》第五期（2009）。此次结集前做了必要的修改。

率地逐步扩大和完善这个语言平台。这个**最小语言平台就是满足日常最小交际需要水平的语言体系**。如果这个语言平台能及时在教学中建立，那么以后的学习将越来越容易、越来越快；反之则越来越困难。因为，语言习得类似滚雪球，有了球核以后，雪球就会越滚越大，雪球体积的增速也会越来越快。如果这个球核不正或者残缺，那必然会影响到雪球滚动的方向以及未来的形状，甚至会影响雪球发展并完成的可能性。

最小语言平台的设想是有根据的。大家可以发现幼儿在第一语言的习得过程中，是经过一个"启蒙"或"入门"过程的：从不懂到似懂非懂，再到真懂；从听懂一两个关键词到几乎全部听懂语句中的每个词；从说单词句（也称单词话语，用一个词作为语句），到会说双词句（也称双词话语，用两个词构成动宾短语或主谓短语的语句），到说电报句以及说出配合有必要虚词的句子。这个"启蒙"或"入门"过程使幼儿逐渐建立起一套母语的最小平台，从而帮助他在该平台上植入并生长更多的语言材料。建立这个平台是一次语言习得的飞跃。这个飞跃大约在 3 岁左右实现。从此，儿童就可以飞速发展其语言能力，类似滚雪球地扩展词汇和句式、框架，逐渐掌握在语境下的使用和语义。第二语言习得当然不同于母语习得，但在最小语言平台及其习得这一点上是相似的。最小语言平台应该由三部分构成：最基本交际情景，最低量基础词汇，最基本语法项目。当然还要加上非常必要的语言运用实践，但这已不在最小语言平台范围之内。这个平台可能最先在语言理解 / 接收方面得以实现，然后才在语言表达 / 输出方面也实现。这两个过程非常重要。而只有这两个过程都实现了，我们才能说这孩子已经学会说话，也即建立起最小语言平台了。二语习得也有类似的情况，只是它有另外的参与因素，还有更多的有利和不利因素在影响习得过程。

1.2 最小语言平台的基础背景——最基本交际情景

语言是首先用来交际的，而交际都是有情景的，而且是围绕该情景的话题展开的。所谓情景就是语言交际各方为了某个目的而共处于一个具体实景—事件或共同认同某一设定场合—事件范围。言语的话题以及语篇，就是围绕着该设定情景并依据事件的发展而展开。因此，设定最基本交际情景就是规定了语篇内容的大致范围，从而也规定了词汇的大致范围，规定了最小语言平台的所需。在这一方面当然就不同于母语习得，因为幼儿的交际需要和交际情景都非常狭窄，而成人的第二语言交际和情景就与成人的母语交际和情景较为接近，当然在广度和深度上会有些区别。撇开幼儿和成人的差别，从更一般角度看，语言交际与情景也是一个成长过程。最核心的部分，也是最早接触的交际与情景是个人和家庭及其基本日常生活，其他交际和情景是一层加一层地围绕在前者之外，逐渐扩展，形成一个同心圆。当然，幼儿和成人这两类语言习得的语言交际和情景都始终存在特异性，每个家庭和每个个人接触的方面会有些不同，但依然可以找到共同的核心范围。在一般的情况下，人的语言习得如同这个同心圆，一层一层地增长或成长。而最基本的交际情景则是二语在初级阶段最需要使用的部分。我们认为现在行之有效的许多教材应该是有意无意地符合这个过程的。因此我们可以对这些教材所设情景和话题加以统计归类，从而获得更具客观的情景类型。根据我们对许多教材的统计归纳，参考有关的大纲[1]，并从教材编写和教学经验中总结，最基本交际情景可以归纳为20类。从同心圆的角度看这20类可以大致分出四层：

(1)核心层——①家庭 ②身体 ③饮食 ④衣着

(2)中层——⑤住房 ⑥起居 ⑦天气 ⑧时间 ⑨医疗

(3)外层——⑩学校 ⑪学习 ⑫体育 ⑬自然 ⑭交通 ⑮购物

(4)最外层——⑯邮电 ⑰储蓄 ⑱旅游 ⑲休闲 ⑳社会交往

但是，每一个交际和情景都有深浅，都可以分处两个层面。为了方便教学和教材编写，这20类从接近程度看可以合并成16个交际情景，甚至还可以再聚合成便于提纲挈领的8大类，下面以表一表示：

表　一

A家·住	①家庭 ⑤住房 ⑥起居	E健	⑫体育 ②身体 ⑨医疗
B衣·食	③饮食 ④衣着	F行	⑭交通 ⑱旅游 ⑲休闲
C天	⑬自然 ⑦天气 ⑧时间	G商	⑮购物 ⑯邮电 ⑰储蓄
D学	⑩学校 ⑪学习	H社	⑳社会交往

1.3 最小语言平台的构成（1）——最低量词汇

这是最小语言平台的基础材料，也是该平台成功的关键。经过我们这几年的研究，500—600个词汇单位大概就可以满足构筑最小语言平台的需要。而针对日本的情况，我们选出了562个词汇单位（内含：封闭性词语176个，开放性词语386个），认为可以应付最小语言交际的需要（参见本书《对外汉语教学最低量基础词汇试探》的表一、表二，以及附录一、附录二）。这562个词汇单位的选出依据五个方面：依据HSK词表和初级教学词汇大纲；依据在日本交际的具体情况而加以调整；依据对日本所使用教材的调查；依据"交际场"理论（有关论述见1.4）内的相关性和共现关系；依据教学经验。下面以表二表示这些语词按词性的分布：

表 二

词类	名	动	形	数	量	代	副	介	连	助	语气	拟	叹	短
分计	203	141	71	21	38	25	27	10	7	7	4	0	0	8

我们把这562个词汇单位分成封闭性和开放性的两大类，并相应地分成两个表（见分别作为范围和样品的表三和表四；全表可参见史有为，2008）。前一类封闭性词语共176个，是通用性的，大多是语法词，因此也是汉语语法的基础项目，任何交际都需要使用。例如下面18类词语组成了如下的封闭性词语表：

表 三

名词性	①数目词　②指代词　③方位词　④时间词
副词性	⑤否定副词　⑥程度副词　⑦范围副词　⑧语气副词　⑨时间副词
动词性	⑩ 助动词　⑪趋向动词　⑫兼语句使令动词　⑬双宾语句动词　⑭谓宾句动词
辅助性	⑮介词　⑯助词　⑰连词　⑱语气词

后一类开放性词语共386个，是对交际有选择性的，可以按照功能—话题分类。这功能—话题的分类实际上与以上所说的交际情景的分类是可以重合的。[2]它们既是情景，也是交际范围、交际内容和话题。这样我们就把开放性词语分为16大类。

1.4 关于“交际场”理论与组配式词表

我们采用以名、动、形三类为主的组配式框架设计成新型的词表。这样的词表架构是根据一种“交际场”的理论拟制的。

“交际场”是我们在教学实践中提出的：即任何一次有意义的交际都形成一个语言的场，其中的语词都处于该场之中，而且彼此有相当密切的相关性，包括互相交叉的意义相关以及某种语法相关。而从语词角度看，除了专职性功能词以外，几乎所有的语词都带有或多或少的适用于某些交际场景的背景。它们是功能的一种，也是构成语感的一个方面。这样的“场”就是交际场。因此这些语词之间就产生较高的相关性和共现关系，例如名词和量词、形容词的相关，名词跟动词的相关。这种相关性和共现关系就是组配式词表的根据。（参见史有为，2008）

新词表框架可以举例如下（表内**黑体**表示重复词首见；*斜体*加底线，表示重复词再次出现）：

表　四

类型	名词	量词	动词	形容词	常用短语
家庭	**家**、**人**、**男**、**女**； 年龄 / 年纪、名字； 爸爸 / 父亲、妈妈 / 母亲、哥哥、弟弟、姐姐、妹妹、孩子、儿子、女儿	*家*、口、个、岁	**有**、**是**、*叫*、像、爱好	**好**、**漂亮** 老、年轻； **多**、**少**	多大 （补充推荐词语） 爷爷 / 祖父、奶奶 / 祖母、姥姥 / 外祖母、叔叔、爱人
住房	房子、楼、房间 / 屋子、厕所； 窗户 / 窗子、门、桌子、椅子、**床**； 箱子、包； 灯 / 电灯、钟、电视机、收音机； **东西**	**座**； 层； 间、*个*； **张**、**把**、*床*、**台**	**住**、*在*、*有*； *朝*、**放**； **开**、**关**	**新**、**旧**、**高**、**大**、**小**	 （补充推荐词语） 锁［名词］、锁［动词］、摆；宿舍、厨房、洗澡间

续表

购物	商店、<u>东西</u>；钱	<u>种</u>、<u>件</u>、<u>个</u>、元/块、角/毛、分	数[三声]、算、买、卖、给、加	贵、便宜、满意；<u>大</u>、<u>小</u>、轻、重、新、旧、好、<u>多</u>、<u>少</u>、破、坏	有时候、差不多 （补充推荐词语）百货商店、超市、减、价钱、逛

1.5 最小语言平台的构成（2）——最基本语法项目

包括基本短语结构，基本句型或常用句型，基本的情态、体貌和语气。其中又分为一级和二级两类。它们都是基本的、典型的或常用的类型，而并非这些术语含义内所包括的全部语法项或语法点。这种限制是必需的。因为在入门和初级阶段，课文的字数和教学时数以及学生消化并实践的可能性都是有限制的。请看表五：

表　五

	基本短语结构	基本句型	基本情态	基本体貌	基本语气
一级	动—宾 偏—正 述—补 主—谓 介—宾 数量—名	主谓句（SV/SA） 是字句（判断句） 名词谓语句 有字句 单宾语句（SVO） 双宾语句（SVOO）	可能 必须 意愿	达成/实现 持续 经历	陈述 否定 疑问 祈使/命令 确认强调 程度强调
二级	谓—结果补语 谓—趋向补语 谓—可能补语 谓—介系补语 连动结构 兼语结构	谓宾句 受动句 把字句 存现句 连动句 兼语句			

1.6 最小语言平台的相对性

最小语言平台的边界应该是模糊的，其构成的三个项目也是如此。也就是说，它们都有相当的弹性，容许词汇、语法以及交际情景在保证基本面的前提下有适当的浮动或调整。这是因为，二语教学不是工厂统一的机械加工。需要根据不同学员的不同国度、不同民族、不同文化背景和不同母语以及不同学习需求做平行的调整。这样的相对性不但不是违反科学，反而更是二语教学中人本理念和科学理念的体现。

2 关于思维功能习得的假说

2.1 假说之二：获得思维功能是语言真正习得的主要标准之一

思维功能是与交际功能几乎同等重要的一项基本语言功能。交际功能是最基本的语言功能，思维功能是伴随交际功能而来的一种基本语言功能。虽然思维的某些类型可以不依赖语言，比如幼儿在语言习得前的以实体为代码的简单思维行为，艺术家的灵感和形象思维，哲学家、科学家等的悟觉、灵感和"立体思维"。但是从一般的最大量的情况来看，语言的交际功能和思维功能二者犹如一张纸的正反两面，没有交际也就没有思维，没有思维也就谈不上交际。当然，思维时的语言形态与交际时的语言形态会存在某些不同。最显著的就是交际时的语言几乎是详备的、完整的、合乎逻辑的，而单纯思维时的语言则往往是简略的、不完整的、跳跃的、速度更快或更慢的。但是当思维和表达几乎合一时，也就是表达的同时必然存在思维，这二者的同一性就非常突出。例如演讲时说出的句子应当就是思维的外显；边思考边写作时，思考的句子就是写出的句子；又例如修改文稿语句时，反复斟酌中的文句既是思维所得，也是表达所见。从语言系统的角度看，思维和表达 / 交际所用语言无疑是同一个系统，而且无此即无彼。人们一向只关注语言的交际功能，但实际上要真正学会一种语言，必须能够以这种语言来思考，获得思维功能，这才是真正把语言植入了大脑，真正习得了语言。由于二语交际也可以通过母语翻译来完成。故而笼统地说获得二语交际功能,或仅仅依据某二语可以交际,并不能证明该二语已经真正习得。测试思维功能是否已获得的方法最主要的就是切断可能依赖母语的翻译过程。这个过程主要反应在语速和反应时间上,另外还可以反应在紧张感的有无及其程度上,反应在流利自如的程度上。不给予母语翻译的时间,观察对二语反应的快慢,可能是最简单的测试。

思维有理解、思考和表达几种类型/方面。在交际中这几种类型/方面是同时存在并起作用的。一般来说,母语和二语的理解思维习得先于思考思维和表达思维的习得。几乎每个具有初级目标语水平的留学生都有这样的体会,刚到目标语(二语)国家时,根本听不懂当地人的话,从努力分辨出二语(目标语)中一些词并努力寻找母语中的对应词,到逐步不需要寻找母语对应词而能自然领悟(即听懂)一些关键词语,一直到大约三个月以后才能完全听懂;从边用母语思考边翻译成二语表达开始,到断续地以二语和母语交替思考然后二语表达,直到完全直接用二语思考并合一表达;从使用二语说话紧张得出汗、疲劳或头疼,到轻松自如同母语一般。这一过程就是一种抛弃母语中介并实现二语思维的飞跃。二语实践告诉我们,二语思维功能习得的重要性毋庸多议,因为只有获得了思维功能,最小语言平台才能发挥迅速生长或再增长的作用,才能真正通畅地用以交际。因此尽快实现二语/目标语思维就是语言教学成功另一高度的指标。

当然,语言除了交际和思维两大功能外,还应该具有文化功能。这是一个民族或地域群体的存在体现、自我群体认同、文化创造与欣赏的功能。语言是文化之外又在文化之内的人类创造物。在最小语言平台上基本上不能或很难实现文化功能,需要进一步到达中高级阶段才能谈及并实现文化功能。

2.2 实现思维功能的途径和方法

在最小语言平台上有可能经过多次使用,逐步摆脱母语的中介,成为最低需要的思维工具。最小语言平台要达到具有思维功能的水平,可以通过两个途径实现。一个是不断多次使用,从而飞跃到可用以思维,另一个就是在迈入更高阶段学习中实现。从目前实践经验来看，后者，即不企图在初级阶段达到思维功能的习得，而是在初级到更高级别学习的过程中稳步地达成，是一个更为多见而可靠的实现类型。这样的评估将会防止急躁，并对教学起着稳步、实在、有效的作用。

成人第二语言习得的有些环节很像幼儿的母语习得。但是，二者还是很不相同。幼儿母语习得时候除了极少数语言之外没有其他工具可以依靠，因此，必须依靠它来交际和思维。这个时候，交际和思维功能的获得是同时的。因此幼儿很容易实现母语的思维能力。但是第二语言的成人教育不同，根深蒂固地使用母语交际并思维的习惯非常妨碍第二语言的真正习得，尤其是思维能力的获得。母语能力越强，对母语的依赖性也就可能越大，第二语言的根植就更不容易。交际还可以通过内部翻译来实现，而思维却无法通过母语翻译。因此，用第二语言进行思维是一次质的飞跃。

摆脱母语实现二语思维是最难的。只有用强制性的快速反应式的交际（包括听、说、读），才能逐渐摆脱母语，实现飞跃。鉴于理解思维先于思考、表达思维的原理，训练过程可以分阶段各有侧重。首先是实现听和读，进而扩展到说。听和读的纯二语理解训练需要在熟悉词汇和基本语法框架的基础上进行，尤其是对词汇的熟悉。因为，听和读的直接二语思维或理解往往先经过个别以及部分实体和功能关键词理解这一中间站，然后到达基本理解，也即基本听懂读懂。而完全依靠二语表达则需要输入更多的语句模式，除了听和读之外，还需要记忆文句甚至语篇。记忆可以有多种方式，最典型最传统的是背诵，多听多读，反复听反复读，兴趣型的听和读，多种类型的复述，抄写和模仿写作等等，这些都属于记忆或即属于增加语法模式和增强记忆的范畴。

2.3 语言习得辩证

从上所述，真正的或完整的第二语言习得成功应该包括两个方面，一个是在容许有母语做辅助的条件下以二语进行交际，另一个是能够不依赖母语作为中介或辅助进行思维并交际。这两个方面其实也就是二语学习的两个阶段。而第二个阶段更具有决定意义，是语言习得的飞跃或质变。而建立最小语言平台是更有效更快速地实现二语习得的一个模式。建立该平台的过程包括：二语平台的多次使用，并在同目标语环境对接过程中逐步修正或调整，逐步建立第二语言的语感；二语平台逐渐扩大、逐渐完善；二语使用范围扩大和深度增加。这个平台的建立也是一种飞跃，由此将可以更快地进入更高阶段的习得过程。

3 CEFR 与语言习得假说

3.1 关于 CEFR 的语言评价框架

CEFR 或称 CEF（Common European Framework of Reference for Languages），即"欧洲语言共同参照框架"[3]。CEFR 包括三个方面：学习、教学、评价（Learning, Teaching, Assessment）。CEFR 着重于沟通不同语言和测试体系的评价标准，以保证求职时的公平和流动。由于制定者的权威性，CEFR 已经被公认为一种最有影响力的标准，被三十多个国家和地区所接受，多个国际英语考试标准甚至主动实现与其对接。根据制定者的说明，制定 CEFR 的目的应该是：

（1）为了促进欧盟的沟通、合作与团结。

（2）为了提高评价的精确度、透明度和可比性，并沟通不同评价标准。

（3）为了明确界定教学目标和教法，以促进教育。

（4）为了有利于职业流动。

该文件制定的依据是：不同语言的平等权利和语言的多样性。

CEFR 所界定的语言能力，是全面的语言沟通能力[4]。具体可归纳成 4 项：

（1）一般能力（general competence）。

(2)语言沟通能力(communicative language competences)。

(3)语言活动(language activities)。

(4)语言使用的社会情境(social contexts)。

它按照听、说、读、写、互动等方面界定语言能力,并界定能力指标,以便说明学习者所能表现的语言行为(speech acts)。其评价指标分成3类6级[5]:

A级基础用户(Basic User):A1起步级;A2初晋级

B级独立用户(Independent User):B1中入级;B2优升级

C级精通用户(Proficient User):C1熟练级;C2精通级

从六个级别的名称及其衡量内容(参看本文附录)来看,该框架的评价语言完全一反以往,以正面的具体交际范围、沟通能力、信息质量等语句来描述界定,所注重的是语言的功能(functions),能在真实情境下发挥作用的能力,而不仅仅是传统对语言文字的认知能力。显然,CEFR本质上放弃了传统以词汇量和语法项目为测试评价的体系,改为以交际能力作为语言水平衡量标准。这蕴含着推崇交际/功能教学法的教学理念,并以交际功能作为沟通不同语言之间的标准。因此,这是一份带有革命性的框架。CEFR虽然一开始只是个评价系统,并非考试标准,但已经逐渐在欧盟不同国家发展成一种考试标准。许多英语考试系统也纷纷打出与CEFR对接的旗号,声称自己与CEFR相当。目前,已经有专门机构对此细化为测试系统[6]。而多个国家和地区,包括日本和中国的台湾、香港地区也对此做出了对接的反应,有的已经开始具体化。

3.2 CEFR界定的再分解

CEFR以具体的正面的功能类用语,清晰地给出能力程度,而且涉及语言使用的各个方面,与传统的测试标准大不一样。为了更清楚地认识CEFR标准的构造,并联系以上两个假说,我们需要做进一步的分解。A、B、C三级的界定语言能力实际上可以归纳为8类。其中A级和B级是两个最基本的语言级别。一般大学语言专业大概只能达到这两个级别。请看表六的解析:

表　六

语言交际的分解	A1. 起步级	A2. 初晋级	B1. 中人级	B2. 优升级	C1. 熟练级	C2. 精通级
1. 理解能力	能了解日常表达方式。	能了解大部分切身相关领域的句子及常用辞(例如:非常基本之个人及家族资讯、购物、当地地理环境、工作)。	针对一般职场、学校、休闲等场合常遇到的熟悉事物,在收到标准且清晰的信息后,能了解其重点。	能了解具体及抽象主题的复杂文字的意义重点。	能了解多知识领域且高难度的长篇文字,认识隐藏其中的深意。	对所有听到、读到的信息,能轻松地做概观式了解。
2. 交际范围	能介绍自己及他人并能针对个人背景资料,例如住在哪里、认识何人以及拥有什么事物等问题做出问答。	针对单纯例行性任务能够做好沟通工作,此一任务要求简单直接地对所熟悉例行性的事务交换信息。	在目标语言地区旅游时,能应付大部分可能会出现的一般状况。	主题涵盖个人专业领域的技术讨论。	针对社交、学术及专业的目的,能弹性地、有效地运用言语工具。	能于更复杂的情况下,随心所欲地自我表达且精准地区别出言外之意。
3. 表达能力	能使用熟悉的日常表达方式做简单的交流。	能简单地叙述出个人背景、周遭环境及切身需求事务等状况。	能叙述经验、事件、梦想、希望及志向,对看法及计划能简短地解释理由及做出说明。		能流利随意地自我表达而不会太明显地露出寻找措辞的样子。针对社交、学术及专业的目的,能弹性地、有效地运用言语工具。	能由不同的口头书面信息做摘要,再于同一简报场合中重做论述及说明。甚至能在更复杂的情况下,随心所欲地自我表达且精准地区别出言外之意。

续表

4. 流畅自如程度				有一定的流畅度且不会感到紧张。	能流利随意地自我表达而不会太明显地露出寻找措辞的样子。	(甚至能于更复杂的情况下,)随心所欲地自我表达且精准地区别出言外之意。
5. 词语范围	使用非常简单之词汇以求满足基础需求。					
6. 信息传输速度/质量	能在对方语速缓慢、用词清晰并提供协助的前提下,做简单的交流。		收到标准且清晰的信息后,能了解其重点。	能即时地与母语者做互动。	能流利随意地自我表达而不会太明显地露出寻找措辞的样子。	
7. 写作能力(范围与程度)			针对熟悉及私人感兴趣之主题能简单地撰稿。	能针对相当多的主题撰写出一份完整详细的文章,并可针对所提各议题重点做出优缺点说明。	能清楚地针对复杂的议题进行撰写,结构完整地呈现出体裁及其关联性。	能由不同的口头、书面信息做摘要,再于同一简报场合中重做论述及说明。
8. 有无协助	提供协助的前提下做简单的交流。					

仔细地观察，CEFR 的这 8 个方面的界定是不需要遵守对称和平衡要求的，也就是需要什么就提出什么，是实用性的。比如，其中的 A1 级有 6 个方面的要求，而 A2 级只有 3 个方面，意味着 A1 的 6 个方面在 A2 已经达成；B 级的分布更不一样，增加了表达质量和写作，缺少了另一些方面。这跟以前的一些测试标准大不一样。又比如对词汇的要求，在 A2、B1、B2，甚至 C1、C2 中再也看不到这方面的具体要求，基本上隐含于交际范围的界定之中，也就是不做硬性的规定。同时我们又看到框架中明确地提出了交际范围和交流程度的要求，这在第 1 和第 2 两项中表露得非常清楚。我们以为这是很正确、很明智的，对编写教材提供了全新的指标，同时又留下弹性的空间，编写人更可以放手从实际的交际需要出发，而且这也是符合教学和教材实际的。而在另一些方面，CEFR 也一反传统，要求得比较明确比较具体，比如第 4、第 6、第 7 三项。这些，对今后的语言教学有着重大的参考和指导意义。

然而仔细查看下，有些项目的空缺或描述却还是有些遗憾，对语言教学来说，缺少了某些明确标准，需要进一步细化确定。例如第 4 项“流畅自如程度”，B2、C1、C2 的部分表述，像“随意地”“随心所欲地”这些界定，就过于综合、笼统、模糊，需要再分析、再细化。又如第 6 项“信息传输速度 / 质量”中 B1“标准且清晰的信息”，进一步的意思是“语速不快不慢而且吐字清楚，信息表达所用的句子比较完整和标准”。总的来说，这样的要求具有相当的弹性，容许教材编写者有主观选择，尤其在词汇方面，更有弹性，比 HSK 词表更适合于教材编写。[7]

3.3 CEFR 的评价标准为最小语言平台假说提供了支持

CEFR 的 A 基础级（A1/A2）实际上就是对最小语言平台的认可。请看对 A1 级标准进一步的分解：

（1）理解能力：能了解日常表达方式。

（2）交际范围：能介绍自己及他人并能针对个人背景资料，例如住在哪里、认识何人以及拥有什么事物等问题做出问答。

（3）表达能力：能使用熟悉的日常表达方式，做简单的交流。

(4)词语范围：使用非常简单之词汇以求满足基础需求。

(5)信息传输速度 / 质量：能在对方语速缓慢、用词清晰并提供协助的前提下做简单的交流。

(6)有无协助：提供协助的前提下做简单的交流。

这 6 项是 3.1 节所介绍的"一般能力、语言沟通能力、语言活动、语言使用的社会情境"四项要求的具体化，也更能容易把握。从这些界定中可以看到，这个评价标准并不是以语法为主导，相反，是强调了一个一个的完整交际情景，一个一个的完整语篇，也即 CEFR 中所指出的日常交际的语言表达方式，包括一套一套表现为交际中的完整意义。这是最小语言平台的一个具体化。显然，这跟一般的语言水平标准很不相同。在这个阶段，"能在对方语速缓慢、用词清晰并提供协助的前提下做简单的交流"，这说明所学到的第二语言还不是真正的习得，还需要母语的辅助或转换，可能还需要理性的语法知识的核对。

3.4 CEFR 对思维功能习得假说提供了支持

CEFR 对 A、B、C 在第 6 项"信息传输速度 / 质量"的界定内容实际上包含了对语速和流利度的要求。比如 A1 级的"语速缓慢、用词清晰"就是还存在母语的中介作用；B1 级的"收到标准且清晰的信息后，能了解其重点"，就是一种较快速的语言接收与理解；B2 级的"即时地以母语做互动"，实际就是快速的语言反应，就是能够以目标语进行快速思维的另一种表述。又比如第 4 项"流畅自如程度"在三个级别提出了要求：B2 级的"有一定的流畅度且不会感到紧张。"C1 级的"能流利随意地自我表达而不会太明显地露出寻找措辞的样子。"C2 级的"甚至能于更复杂的情况下，随心所欲地自我表达且精准地区别出言外之意。"这些带底线的部分只有在以二语思维的条件下才能达到的。可见 B1 级的"收到标准且清晰的信息后，能了解其重点"还只是被动地听懂，完成了以二语做思维功能中的接收部分，只是以二语做半截子思维工具。只有完成 B2 级的学习后才能完全以二语思维并流利交际。(参看表一)

以上分析告诉我们，CEFR 在分级和界定中确实包含着这样的思想：A1 级加 A2 级的程度所习得的顶多只是最小语言平台，而且从语速缓慢的限定来看，还不到习得思维功能的程度。B1 级是可以被动地以二语快速理解，即获得思维功能的一个侧面，是达到了思维功能习得的第一阶段。B2 级要求的才是主动的思维并表达，具有完全的思维功能。可见，需要经过 A1 级、A2 级和 B1 级、B2 级这四个阶段才能达到真正获得二语思维功能的目标。因此，从 A1 级到 B2 级的教学过程非常重要，是决定真正习得语言的关键过渡段。而最小语言平台的建立也是需要经过几个阶段才能逐渐建立的。最初建立的是需要"提供协助"的，有母语中介的相对平台。经过 A2 阶段，到了 B1 阶段才能建立被动理解型的平台。只有到了 B2 阶段完成，才能达到习得完全思维功能的最小语言平台。这也就是说，最小语言平台的完全建立和习得是在逐渐扩大习得语言项目的过程中完成的，这大约相当于我们习惯所说的中级结束阶段。但是，我们还是要质疑 CEFR 有无对思维能力追求的自觉，有无这样的理论的自觉。

3.5 余言

HSK 是个考试标准，CEFR 名义上是评价系统，就其实质而言也是一种测试标准。我们常说：考试是根指挥棒。一个终点指挥起点，似乎于理不合。的确，语言测试是由语言教学内容和教学理念来决定、来指挥的。但是如果不是出于成绩的好坏，而是出于学习考试内容的需要，那么考试在某种程度上指挥教学内容或教材编写，影响教学理念及其教学方法，却也有其合理之处，值得研究和关注。CEFR 虽然不是为对外汉语教学设计的，但对我们对外汉语教学有启发，有参考，而且会有影响。现在看来，CEFR 对教学和教材的影响将可能在淡化语法、强化交际能力和综合能力的大原则下进行。而且对语法在教材教学中的存在量和存在形式将有革命性的影响[8]。我们预期对外汉语教学及其教材也会在类似的方向下进行。

附 注

[1] 例如赵敬、于慧所编《日语交际口语》（中国宇航出版社，2004）把交际功能分为 85 项；

杨寄洲主编《对外汉语教学初级阶段大纲》(北京语言大学出版社,1999)将功能分为117项,将情景分为63项。

[2] 日本《高等学校の中国語と韓国鮮語学習のめやす(試行版)》(財团法人国際文化フォーラム 2007,東京)刊载了试订高中阶段汉语和朝鲜语的"交际能力指标(草案)"。其中在汉语教学方面分16个话题区域,具体是:1. 自己、友人、家属;2. 日常生活;3. 学校·教育;4. 交通·旅行;5. 购物;6. 饮食;7. 人际交往;8. 休假·游乐;9. 衣着·时装;10. 身体·健康;11. 自然环境;12. 居住;13. 地区社会;14. 节日;15. 汉语和中国;16. 日语和日本。

这是日本首个类似教学大纲的指导方案,大学阶段至今还没有类似的方案。这16个话题区域与本文所载16个交际情景或功能—话题大类十分近似。这两个话题分类表是各自独立拟制的,互相没有影响或参照。

[3]《欧洲语言(学习、教学、评价)共同参照框架》(CEFR, Common European Framework of Reference for Languages: Learning, Teaching, Assessment),中国也有翻译为"欧洲语言能力等级共同量表",台湾翻译为"欧盟语言能力指标",日本翻译为"ヨーロッパ言語共通参照枠"。CEFR是经过长达二十多年的研究并修正,并于2001年在欧盟议会上通过的。2001年被欧盟会员国采用。CEFR包括三个方面:学习、教学、评价(Learning, Teaching, Assessment)。采用该框架的会员国包括:英国、法国、德国、意大利、比利时、丹麦、卢森堡、荷兰、爱尔兰、希腊、西班牙、葡萄牙、奥地利、瑞典、芬兰、塞浦路斯、捷克、爱沙尼亚、匈牙利、拉脱维亚、立陶宛、马耳他、波兰、斯洛伐克、罗马尼亚、保加利亚,这些国家使用CEFR共同语言参照架构课程设计、教学方法、教材规划、师资培训与评测工具。其中有多个国家已经以此作为课程规划与测验设计的蓝图。欧洲以外还有加拿大、新西兰、日本、智利、墨西哥、哥伦比亚,以及中国的台湾和香港等国家或地区将此定为语言测试的统一标准。

[4] CEFR所界定的能力指标(descriptors,即描述要点)为:

(1)一般能力(general competence)。包括知识(knowledge)、人格特质(characteristics and personality traits)、技术(skills)、学习能力(ability to learn)。

(2)语言沟通能力(communicative language competences)。包括语言文字能力(linguistic competence)、社会语言能力(sociolinguistic competence)、语用能力(pragmatic competence)。语言文字能力包括音韵、构词、语意、语法等能力;社会语言能力涉及社会文化因素,如礼貌规范、性别、阶层等语用差别;语用能力涉及语言的功能(functions)、语言的连贯(coherence and cohesion)、文本类型(text types)等。

(3)语言活动(language activities)。包括听、说、读、写以及互动,听与读属于语言的接收(reception)行为,说与写属语言的产生(production)行为表现,另有对话以及咨商讨论等,属于语言的互动行为(interaction)。

(4)社会情境(social contexts)。语言使用的社会情境指涉广泛,包括:①四种生活领域(domains:个人家居生活、公共场所、职业场所、教育场所);②情境(situations:如人、事、时、地等)；③条件(conditions：如说话环境、参与人数、时间限制等)；④主题(themes：如饮食、娱乐等)；⑤功能(functions：如询问、指认、建议、描述等)；⑥任务(tasks：如找工作、问路、做简报等)；⑦媒介类型(media：如面对面、电话、电视、录音等)；⑧文本类型等(text types：如典礼、讨论、面试、报纸、期刊、信函等)；⑨策略(strategies：如自我修正、重复、澄清等)。

[5] CEFR 所定六级语言整体能力评价系统的译名有多种，可以对照如下：

CEFR 英语用词	英语原义	方绪军译语	台湾译语	本文译语
A1.Breakthrough	突破	起步级	入门级	起步级
A2.Waystage	逐步	初阶级	基础级	初晋级
B1.Threshold	门槛，界限，开端	入门级	进阶级	中入级
B2.Vantage	优势，有利	良好级	高阶级	优升级
C1.Effective Operational Proficiency	有成效熟练，熟练	熟练级	流利级	熟练级
C2.Mastery	熟练，精通，全控	优秀级	精通级	精通级

[6] 欧洲的 ALTE(The Association of Language Testers in Europe，欧洲语言测试学会)已经对此框架做“细化”，这体现在两个方面：其一，根据语言交际的不同领域，将语言能力分为普通能力、社交和旅游所需能力、工作所需能力和学习所需能力等四个领域，分别给予“能做”的描述；其二，对以上四个领域的各个等级分为“听 / 说”“读”“写”三项，分别进行“能做”描述。(参见方绪军，2007)又如：2006 年 9 月 6 日全球最大的国际性专业英语教育机构——华尔街学院(WSI)宣布：该学院成功完成了一项将其英语学习梯级课程与剑桥大学 ESOL 考试中心的 BULATS 考试(即剑桥商务语言测试，以下简称“博思考试”)进行等级对应的研究。结果显示，WSI 梯级课程从“初级”到“专家级别”的各梯级学习课程与博思考试的相关级别非常吻合，从而完成了与 CEFR 的对应，并正式投入使用。

[7] 从 CEFR 对各等级的描述看来，该框架是以具体“能做”什么作为界定的。方绪军(2007)简单介绍了西方对 CEFR 不足之处的描述：“当然，CEFR 也有许多不足之处，如在量表的适用条件、效度验证、‘能做’描述语等方面，都还有不少需要完善的地方。但这些不足，多是在操作层面上的。人们对 CEFR 的基本框架和原则并没有疑义。”

关于 CEFR 的评价，还可参看 2007 年 6 月 6—7 日中国中央教育科学研究所心理与特殊教育研究部主任孟万金教授在越南河内“语言评价——国际标准与认证(Language Assessment——International Standards and Recognition)”研讨会上所作题为“中国的英语考试反思：欧洲共同语言框架的启示(Reflection on English Testing in China: Insights from CEF)”的专题报告。

[8] 笔者是专攻语法的，但一向也最反对在二语教学中大讲语法。这一主张是笔者几十年教学所得教训的总结，也是许多成功二语习得者的经验。但这又给我们带来一个挑战：如何把语法隐藏于语言，让学习者既不感到语法的枯燥烦琐，又能有效率地说出正确的语句。

参考文献

北京语言大学汉语水平考试中心“HSK 改进工作”项目组　2007　《汉语水平考试(HSK)改进方案》，《世界汉语教学》第 2 期。

北京语言大学汉语水平考试中心编　2006　《实用汉语水平认定考试应试指南及真题分析》，北京语言大学出版社，北京。

北京语言大学汉语水平考试中心编　2007　《中国汉语水平考试 HSK(改进版)样卷》，北京语言大学出版社，北京。

方绪军　2007　《CEFR 对汉语测试研发的启示》，《世界汉语教学》第 2 期。

史有为　2008　《对外汉语教学最低量基础词汇试探》，《语言教学与研究》第 1 期。(已收入本书)

附　录

CEFR(欧洲语言学习、教学、评测共同参照框架)分级评价表

A	A1 (起步级) Breakthrough	能了解并使用熟悉的日常表达方式，及使用非常简单之词汇以求满足基础需求。能介绍自己及他人并能针对个人背景资料，例如住在哪里、认识何人以及拥有什么事物等问题做出问答。 能在对方语速缓慢、用词清晰并提供协助的前提下做简单的交流。
	A2 (初晋级) Waystage	能了解大部分切身相关领域的句子及常用辞(例如：非常基本之个人及家族资讯、购物、当地地理环境、工作)。 针对单纯例行性任务能够做好沟通工作，此一任务要求简单直接地对所熟悉例行性的事务交换信息。 能简单地叙述出个人背景，周遭环境及切身需求事物等状况。
B	B1 (中人级) Threshold	针对一般职场、学校、休闲等场合常遇到的熟悉事物，在收到标准且清晰的信息后，能了解其重点。 在目标语言地区旅游时，能应付大部分可能会出现的一般状况。 针对熟悉及私人感兴趣之主题能简单地撰稿。 能叙述经验、事件、梦想、希望及志向，对看法及计划能简短地解释理由及做出说明。

续表

	B2（优升级） Vantage	能了解具体及抽象主题的复杂文字的意义重点。 主题涵盖个人专业领域的技术讨论。 能即时地与母语者做互动，有一定的流畅度且不会感到紧张。 能针对相当多的主题撰写出一份完整而详细的文章，并可针对所提各议题重点做出优缺点说明。
C	C1（熟练级） Effective Operational Proficiency	能了解多知识领域且高难度的长篇文字，认识隐藏其中的深意。 能流利随意地自我表达而不会太明显地露出寻找措辞的样子。 针对社交、学术及专业的目的，能弹性地、有效地运用言语工具。 能清楚的针对复杂的议题进行撰写，结构完整地呈现出体裁及其关联性。
	C2（精通级） Mastery	对所有听到、读到的信息，能轻松地做概观式了解。 能由不同的口头书面信息做摘要，再于同一简报场合中重做论述及说明。甚至能在更复杂的情况下，随心所欲地自我表达且精准地区别出言外之意。

会话教学的要素及其相关实践*

1. 会话课及其成立
2. 会话课的参与因素
3. 会话课组成模式
4. 会话课参与因素间的关系

1 会话课及其成立

会话是语言交际功能的主要体现形式，是第二语言教学中的必要组成元，也是第二语言教学在一定阶段上必然出现的内容。它可以成为单独的课型，也可以是另一种课型中的组成成分。在日本，会话课是当地大学中的一种常见课型。这种课型在中国大致相当于口语课。一般理解这两种课是等同的课程，可以使用相同的教材。但是，日本有的大学所聘请的中国教师，除了明确担任"中国语会话"课外，有的还特别列出"オーラル中国语"（オーラル即oral，口头的）课，即"汉语口语"课。可见，这两种名称所表示的实际上是不尽相同的两种课程，并反映了两种不同的观点。说它不尽相同，意思是有很多相同之处，但还有相当的差别[1]。从名称上看，"会话"强调的是"说"这一使用方面，重点在于交际功能的实现，能说能交谈就行，并不含有对语音、词汇、语体的什么标准或要求，更不含有强调这种标准或要求；"口语"所表明的

---

* 本文曾发表于《语言教学与研究》1997年第3期。此次结集前做了必要的校正及注释。

基本上是语体，即第一要求就是语体（可以因场合不同而有所变异），这种语体既可以是听和说，也可以是读和写，因为字面上并不含有使用或功能之意。当然，语体和使用功能及其实现有关，使用也要求有相应的语体作为手段，就此而言，会话课必然以口语体为语言基础，口语课也必然是以会话形式为教学主干。

深究起来，日本之设立或称为会话课是有其历史和文化原因的。

一方面，从历史上看，日本传统的汉语教学是“目读主义”，使用的是“训读”法，只求阅读和理解，目的是为了研究传统的汉学。[2]而明治维新后，随着日本向外拓展需要的急剧上升，随着西方新学、新文化的猛烈冲击，一种以实用为目的的新的文化教育观也在20世纪初相应产生。这就是重务实的“实用主义”。出于商业和军事上的实用目的，在外语教育上就需要强调会话的一面。同时，在日本这一重礼仪的国度中，实用主义的不可忽视的重要方面则是礼仪用语，需要应付在各种礼仪性场合的致辞应答。因为此二种缘由，实用主义在日本的外语教学上就必然体现为“会话主义”。

另一方面，大多数日本人有内向和群体的文化心理特点，一般不喜欢或不善于在许多人面前用语言充分表达自己的观点，更不会主动地表达。这种民族心理和民族性格显然与“目读主义”是十分协调的，但对于实用交际却成为巨大的障碍。因此，在课程名称上明确强调使用功能当然也是十分必要的。

会话课就是在这样两种背景下酝酿产生的。在目标上和理论上，这样的设置显然是合理的，科学的。

在日本，正式明确为“会话课”是经过一个阶段的。在上世纪20年代后期（大正本年）已经出现以“会话”为名的实用小册子，例如1926年出版的《支那语会话新编》（杉武夫编）、1928年出版的《注音对译简易支那语会话篇》（秩父固太郎编），它们只是随身携带备查的用书，还不是正式的教科书。而一进入30年代，在经过同时试用其他名称（例如曾使用过“谈论”）后，“会话”独领风骚，成为一种独立的课程，同时也作为教材的名称，例如1931年出版的《支那语会话教科书》（吉野美弥雄编）。会话主义在当时已经成为一种时尚，尤其在日本操纵成立伪满洲国、侵占东北以及1937年侵华战争正式开始后，华语会话的需要急增，会话课程顿成热门，各种“会话”教科书大量应市。其中有日人所编，也有不少是华人所写（如：1933 年金邦彦编的《最新会话华语初阶》）。大部分在日本出版，也有少数在中国印刷或发行（如：1939 年果浩东编，北京佩文斋发行的《增订北京实用会话》）。这样的课程经历了二战，又经过战后的大幅衰落，终于在 20 世纪 60 年代末 70 年代初迎来了新的大发展。其名称也历经清语、中语、官语、满支官语、支那语、华语、中华国语等等（参见本书 184 页 1.1.3）之后加上“会话”的变化，最后于战后稳定在“中国语会话”上。应该承认，这样的会话课对于战前的日本是必需的，对于 20 世纪后半叶并面向新的世纪，迎来新的巨大交际机会的日本则更是必需。

20世纪80年代以来，口语课和会话课在中日两国似乎有部分相混的苗头，随着中国教师应聘赴日本和其他国家，日本学生到中国留学，日本开始出现以“口语”为名的教材，中国也出现了冠以“会话”的教材（例如北京师范大学所编的《中级汉语会话》）。因此，很有必要就“会话”教学做些研究，以便确定其在教学体系中的性质、位置、必要程度以及相关的教学理论和技巧。笔者曾有机会在国内担任过朝鲜族学生的口语课老师，并有在日本各年级会话教学的经历。本文就是对此教学形式的一种通论，主要根据在日本教学五年的时间，[3] 所涉及的主要也是日本国内大学的汉语教学。

2 会话课的参与因素

从直观上看，我们在会话课上看到的是这样六种参与因素：会话双方（学生之间、学生和任课教师）、会话引导者（任课教师）、会话教材、会话引导（任课教师的课堂安排、组织及其用语）、会话练习、会话环境。

这六种参与因素无疑是必不可少的、重要的，然而仅仅这样去理解却又是很不够的。下面就这六种参与因素做进一步的分析。

（1）会话双方。又包含四个方面：

①会话者（学生或参与教师）的态势。这里说的参与态势，是指积极还是

消极，主动还是被动。积极的、主动的态势将必然获得活跃的课堂气氛，并使课程更加有效，反之则冷冷清清，不能有效利用有限的课程时间。参与者的态势受到两方面的制约：一是学生的学习目的。日本学生一般来说积极性和主动性都不够。但以本人任课的五年间所看到的情况而言，参与者的积极性和主动性正在逐年上升。这跟日本二战后开放了半个世纪，年轻一代越来越受欧美民族的行为文化影响有关，以致传统的行为文化模式正在部分地、逐步地解体，并影响到个人的性格和心理。同时，这也跟中国已经成为日本人就业的一个主要方向有关，明确的目的必然会导致产生相应的行为态势。当然在许多学校的选修课中还是有很多学生主要是为了获得学分。受制的第二方面是教师的教学积极性，这与教师的教学目的或教学动力有关。一个仅仅为了挣钱谋生的教师，或对教学失望的教师，很有可能采取应付的态度，那这样的态势就是极其可虑的，不可能对课堂教学有积极的作用。笔者在日本的确看到类似的情况。以上二者恰恰又互有影响，不容轻视。一方的积极或消极会影响另一方的态度，促使另一方向上或向下转变。

②会话者的话语。这指的是实际出现的话语及其内容、数量、水平和交互程度。话语的内容、数量、水平和交互程度可以说明会话课的有效程度。所谓交互程度是指会话参与者的会话交替频率和人均会话参与次数—时间比。如果交替频率低下，即主要由一个人唱独角戏或少数人说话，虽然可以应付一节课，但却是效果不理想的教学。人均会话参与次数—时间比是指平均每个人在课堂上说话的次数和说话时间的比率。比值越高，说明课堂的会话效果越好。话语及其交替是会话的具体化，是借以评判课程的主要依据。

③会话者的话语能力。这是指理解和表达不同话语类型的能力，包括听和说。因为会话的基础之一是“听懂”，然后才是适当的反应——“说出”，并形成“交谈”。在听和说的基础上结合社会—文化的会话规则，才能达成合格、完全的会话，才能显示合格、完全的话语能力。一个掌握了母语的人已经具备了某种语言的话语能力，这种能力是养成第二语言能力的基础。但是，由于话语规则有一部分具有社会—文化性质，因此母语话语能力又会成为二语话语能力的干扰因素。不同程度和不同性格的汉语学习者会有不同的话语能力。

即使是低年级学生，在几个星期的二语学习之后也应该具备某种程度的二语话语能力，因此完全有可能对他们进行相当程度的会话教学。

日本的大学汉语课可能除了中国教师外，一般都用日本语授课，而到了三四年级时汉语课程锐减，常常每周只有一大节中国教师的会话课，形成杯水车薪、一曝十寒的状态。因此学生的汉语话语能力最高点大都在二年级结束阶段，而一般在进入三年级时就开始逐渐下降。许多学生话语能力明显比二年级下降，而到了四年级有的学生甚至还说不出几句正确的汉语，更不用说要表达较为抽象、复杂的想法了。因此，学生话语能力的提高甚或维持，简直是一个在日本国内极难解决的课题。

④会话者的心理状态。日本学生通常比较内向害羞，不习惯在人多的场合说话，尤其不善于表达自己的观点，特别害怕在众人面前说错话。[4]这是会话课的主要障碍。但是高年级日本学生中除了部分为了取得学分而选择会话课外，很多还是为了想提高和保持汉语会话能力而选择的。由于日本社会二战后几十年的亲美仿美，日本年轻一代（所谓“新人类”和“新新人类”）已经与“旧人类”有很大区别，行为模式逐渐比较开放，比较爱表现。此外，由于部分学生从中国留学回来，受到中国人的行为模式的影响，在中国学校中受到过锻炼，原有的性格和心理都有了不同程度的改变。这些都是积极的因素，不能忽视。

另一方面，课堂又是塑造或形成新的心理和性格的“温室”。提倡并要求能听、会想、能讲，塑造“外语学习”的新行为文化，应该以此作为教学目的之一，而且必将回馈会话教学。这是迄今为止未曾明确过的可能和事实，我们应自觉地促进这种可能，以回报于课堂教学。[5]

（2）会话引导者。包含两个方面：

①教师的态度。教师不仅仅是教师，同时也是会话的参与者。无论是哪一种身份，教师的态度都会直接影响课程和学生的参与。根据调查，日本学生同许多国家的学生一样，也喜欢热情、随和、一同积极参与、同学生距离较小的教师。日本学生对于这样的老师有一种“放心”的感觉，即觉得在这样的老师引导下语言能力肯定能提高，而且还觉得在这样的老师面前什么话都可以放

心说，不会招致难堪。[6]这无疑是课程成功的一个因素。

②教师的引导能力。教师的引导能力应该是会话课成功的最重要条件。教师好比是导演、指挥。他应该善于引导。所谓引导能力可以包括：寻找适合学生的教材的能力，在理解课文的基础上对会话做出适宜安排的能力，引导学生参与会话的能力，在课文之外随机应变寻找话题引导会话的能力，以及随时纠正各种语言错误的能力。一个好的教师，应该意识到自己是个引导者，应该以积极的态度投入引导，而不是只满足于课文内容的解释和照本宣科式地进行教学。这些都需要教师有扎实的汉语知识基础和教学的实践经验。因此，所谓会普通话就能教汉语的说法是不正确的。[7]

(3)会话教材。包含两个方面：

①教材正文。教材是脚本，教材的正文是学生获得新话语能力的主要依凭，其中包括各种新的词汇、习用语句、句型、语用表达、社会文化背景知识。现在国内出版的一般都是通用型的“口语课”教材，并不直接针对某个国家或民族，尤其不是针对“会话课”而编写的。日本国内初级会话教材充斥市场，中级会话教材则罕见而且很不成熟，[8]高级会话教材几乎没有。因此选择教材，在课堂上修正教材，就成为教师的一项重要任务。

一种好的、合适的教材可以事半功倍。但是就现在所见到的教材而言，中国的口语教材一般量太大，有的学校编写的则过于“北京话”，不够“普通话”，适合于阅读理解而不适用于目的为会话的语言学习。有的中国教材虽然也冠以口语，但又掺杂大量书面语，甚至有十分“文”和“拗口”的语句，可是又不提供相应的口头表达形式，这使教师和学生都感到不好教、不好学。日本的会话教材虽然数量很多，但有特色、有水平的较少，雷同程度很高，而且功能场景和用语比较单调，语言常不标准，注释说明也不够。相较之下，初级教材还相对成熟些。到了高年级，只能勉强选用中国的口语教材或其他教材来应付。其效果当然也就不能预期过高了。这种情况不能不限制教师去更好地引导会话。

中国有的学校近年来为了适应国外会话学习的需要，也开始设置会话课或编写会话教材，例如北京师范大学对外汉语教学机构所编的《中级汉语会话》分20个功能场景，每课课文只是会话。又如北京语言学院出版社的《汉语会话301句》，有40课，每课课文有主要句子和会话两部分。从日本学生的角度来看，后者比前者要适用些，但分量仍太大不完全适合日本学校使用。

②教材练习。国内的口语教材一般有多种练习，练习量较大，诸如新词理解和造句、按新句型造句、填空选择、理解练习、问答练习、相关话题表述、看图说话，等等。这种综合性的多种练习对于国内那种课时较多的设置来说是可以的，但是对于日本却不太合适。一是日本大学普遍课时少，在一篇课文上不能花费太多时间；二是日本对该种课的要求就是会话，笔头练习、造句练习不太适合这种课程（日本学校一般另设有作文造句课）。因此，练习部分一要选择修改，二要自己重新设计。

（4）会话引导（包括课文解释和会话指示）。包含两个方面：

①引导的话语。在课堂上我们听到的话语有两种，一是会话话语，二是引导话语。后者是对教材的解释、回答学生的理解疑问，以及引导学生进入某个话题会话的话语。这类话语对学生来说虽然不是直接会话，但却具有丰富学生词汇、语法语用和社会—文化知识的作用，当然也可提高学生的接受能力。然而，这毕竟只是教师的“一面之词”，不能占据主要地位。根据调查，作为教学主体的日本学生一般不喜欢满堂解释的课，希望在引导的同时仍然有学生参与会话的机会。这就对教师提出了更高的要求，要把课文解释化整为零，穿插进行，要使每个学生都动起来，都有机会真正会话。

②引导的内容。引导话语的内容要有价值，即比较直接地同会话相联系，有新信息，有趣味。有联系是为了会话更有效；有新信息是为了学生对汉语、对中国社会—文化更了解；有趣味是为了防止课堂乏味沉闷、参与意向下降。因此也必须戒忌离题十万八千里式的、长篇的“引导”，以及大讲语法知识。

（5）会话练习。基本上有自述、问答、谈论三大类供选择。这三类是以参与者和参与形式来区分的。简要说明如下：

①自述。即学生单独说话。该形式不是会话的主体，但却是会话的基础之一，可分三种：

a. 背诵。背诵课文，可以强迫学生掌握所应学会的句型和具体句子，以及话语接应、具体语用。据调查,许多过来人都认为这是最有效的学习方法之一。

b. 复述。复述课文的主要内容。这需要消化课文,重新组织语句,对于活用课文语句具有促进作用。复述可以简略,也可以详细。越详细就越能促进掌握课文的语句。

c. 讲述。讲述是确定题目或中心的单独口语表达,一般应采取有准备的讲述,也可以偶尔临时确定,当堂讲述。

②问答。这是会话课的基本会话形式。一般是师生问答,也可以偶尔采用学生间的问答形式。细分有三种:

d. 复习问答。只是就课文的内容或语句进行问答,以便检查掌握课文的情况。其中又可根据学生程度和学习进度分成单课复习问答和多课综合复习问答。

e. 自由问答。这是近乎闲谈式的问答,话题是漫游式的。这适合在程度略高时应用。其难度是中等的,因为这种问答是不设限的,可高可低。

f. 探寻问答。未设置预定答案,需要学生寻找答案来回答。其难度较大,需要对以前所学部分有较好的消化和掌握,而且要有创造性的发挥。

③谈论。一般超过二人,教师可以是谈论的参与者,以便控制方向,但也可以完全让学生谈论,教师只是作为旁观者和评论者。其下也可分为两种:

g. 定向谈论。规定话题或论题进行谈论,相当于"讨论"。这适合在高年级使用。

h. 随意谈论。不规定话题或论题的谈论,相当于"闲谈"。在闲谈中自己选择中意的题目进行讨论,而且可以随时改变话题。这里的弹性或幅度较大,有的是初级的闲谈,有的则是高级的会话。

以上8小类形式的难度是不等的。会话教学是由浅入深的过程,根据实践,我们觉得初级阶段可采用 a、d 两种作为基本形式,适当加入 e 类;中级阶段可采用 d、e、f 作为基本形式,适当采用 b、c 两类;高级阶段则可使用 b、e、f、g 作为基本形式,并适当配合使用 c、h 两种形式。在所有阶段中,a 类背诵都是不可少的,只是分量和次数有所不同。[9]

(6)会话环境。有三种可供选择的环境:课堂环境、模拟环境和真实环境。

①课堂环境。这是必然的主要教学场所,是很难改变的。但是在人数不太多的情况下,如果能改变座位的安排形式(例如将师生对向的形式改为围坐式),将使学生暂时忘却课堂的拘谨,缩短师生间距离,使得学生较为容易进入随课文出现的假设情景,从而提高教学的实效。

②摹拟环境。教材上常常有表演的项目,这就是设置模拟环境。根据实践和调查,日本学生一般不习惯也不大喜欢这样的方式。因此要慎用、少用。但随着时间的推移,我们相信会有越来越多的学生能够接受这样的方式。[10]

③真实环境。真实环境下的对话是最理想的,但也是很难做到的。一个学期有一次这样的机会就不易了。因此从现实角度出发,我们只能提倡学生自己在课外主动寻找这样的机会。[11]

3 会话课组成模式

为了指导会话教学,有必要建立一定的静态和动态的模型或模式。以上 6 类参与因素都比较具体,又比较琐细,然而还是有一些因素处于缺席之列,因此作为模型或模式的要素还有些不足。为此,结合课堂上未直接出现的因素,并撇开过于直观和具体的事物,我们从更细的角度在其中提取共同成分和关键成分,并将主要的、变动可能较大的成分重新组合概括。这样就可以简化为以下 3 对 6 种要素:

(1)学生话语能力和学生心理。这是从学生角度提出的一对要素。学生是会话课的主体。话语能力是会话的语言基础,学生心理是会话的心理基础。它们是基础,同时也是期待的目的,是会话教学的相对起点和相对终点。能力与心理又是互相制约和互相促进的一对要素。会话教学必须紧紧抓住这两个互动要素,认识困难和不足之处,尽力在提高话语能力的同时也改变不利于会话的心理。以往我们只看到日本学生不利的心理,其实应该提出这样的要求:即在提高话语能力的同时也促进有利于会话的心理发展。另外,社会—文化因素对于学生来说是个学习问题,它影响学生的心理,也影响话语表达,可以把该问题置于此二要素中考虑，并在第二语言学习过程中解决该问题。

（2）教师引导能力和引导话语。这是从主导者教师角度提出的一对要素。前者涉及教师的素质，后者包括教材，也包括引导能力的具体表现。前者是深层，后者是表层。引导能力只是引导话语的影响因素之一，是主体的，不能完全替代后者的作用。影响引导话语的还有许多参与客体。然而，在现实层面上直接对学生起作用的却是后者，因此必须给予足够的重视。

引导能力并不仅仅限于教师控制教学的技巧，它应包括教师的语言修养水平、汉语语言学理论和中国社会—文化知识的掌握和运用程度、驾驭各种班级的能力以及随机应变的能力。一个教师需要在语言知识、语言教学实践、社会—文化修养等多方面不断地充实自己，才能够在临场有称职的引导，有适宜的引导话语。就目前日本社会上从事汉语教学的中国人士的情况来看，显然是不理想的，许多教师离以上要求还有相当差距。不少中国教师以前从未接触过教学和汉语知识，基本上是现学现卖，甚至是在未能认真现学并学通的情况下仓促上阵的，不免令人忧虑。而普通日本人和许多在日中国人中广泛流传的观念则是，只要会说普通话就能教汉语，更能教汉语会话。这是个极大的认识误区。因此如何选用和培训教师是日本学校的一个必须认真注意的问题。

（3）学习参与人数和课程时次。这是从管理或课程安排的角度提出的一对要素，是第一节中未能出现的因素。它们同样是一对教师个人很难甚至无法改变的条件。这两项好比是舞台演出的硬件和软件，教师只能在这样的舞台条件下导演排练。会话课的理想条件是人数在10人以内的小班，每周有2—3次会话课，并有其他听说读写汉语课程的配合。然而在日本，到了三四年级，这些都是不现实的理想，而对第二外语来说更是无法实现的。因此充分认识此二项要素，并在适当时机促使其改变，或者在具体引导过程中尽量趋利避害，化害为利，就是教师的重要任务。比如，可以指导学生组织学汉语社团，进行相互间的会话，可以实行预习和复习，充分调动学生利用课外时间，以提高课堂时间内的参与效率和学习效率。

4 会话课参与因素间的关系

上面所谈的三对会话课的主要参与要素不是等价的。虽然它们之间存在相互影响，但仍然不能否认其中存在着主导者或主控者。在国内曾经有过以谁为中心的争论。其实问题不应该这样提出，并非“以谁为中心”，而是应该由“谁”作为教学的主导者。

既然学生是来学校受教育的，既然教师担负着教育人的责任，那学习的主体无疑必是学生，而主导者毋庸讳言应当是教师，教师也应该当仁不让。由此来观察以上要素，那么属于教师的引导能力无疑是诸要素中的主导者。而主导者深层的力量在于他的引导能力。为了能更明确地揭示深层、指出方向，因此下面的模式图中出现的是“教师引导能力”，而不是“教师”。

根据上面各书的分析，第三节中的3对6种要素，在引导能力的主导下将形成这样的互动模式（下图中“≡→”表示特强影响，“=→”表示强影响，“→”表示一般影响；箭头的方向表示影响的方向）：

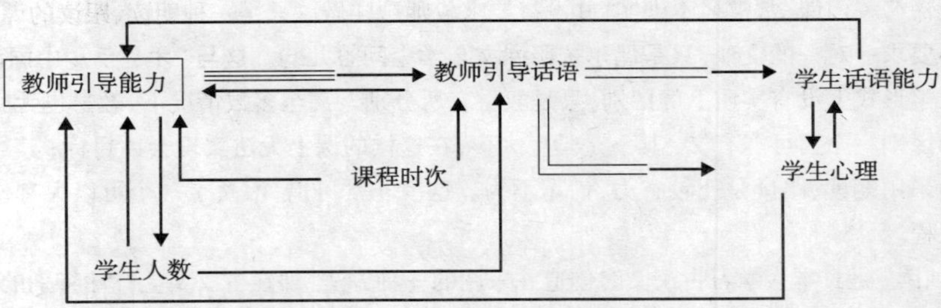

引导能力对引导话语有着特强影响，并通过它对“话语能力”和“学生心理”有着强影响。同此，从整体上看，“引导能力”处于控制中心，是会话教学的关键要素。

此外，其他五个要素也都对“引导能力”发生反影响。这就是说，引导能力同其他要素之间发生着控制和反控制、影响和反影响的关系。这一点必须引起学校和教学人员的充分注意。如果教师的引导能力不强，不能妥善地降低或排除其他要素的反影响，甚至被反影响所控制，则教学将事倍功半，甚至导致失败。

如果以上模式成立，则教师“引导能力”的培养和提高应引起有关方面的格外重视，其次乃是“引导话语”，因为多项控制是通过该要素实现的。而其中最重要的就是教材，教材的建设就必须提到教师的日程上，给予充分的关注。对于“学生人数”和“课程时次”给“引导能力”和“引导话语”所带来的不利影响，学校和教师必须尽力设法减少。然而，作为在国外的中国教师，在教授选修课的情况下，虽然对“学生人数”还有微弱的控制能力，然而对“课程时次”的影响力则几乎为零。当然，如果有适当机会，还是可以向有关方面表示适度的关心和希望。从这一方面看，本文也表达了这样的关心和希望。

附　注

[1] “会话”原意为聚谈、对话。唐·孟郊有《与二三友秋宵会话清上人院》诗，记数人交谈之事。用于教学，应是采用以目标语交谈的形式，来学会目标语。实际上日本使用这个词命名一门课，常常名不副实，并没有要求教师这样做。只是一种朗读、跟读的课型，并不要求一对一的交谈，只是偶尔按照课文与学生问答几句。这与“オーラル中国语”在教学形式上没有实质上的区别，只是教材有所分别。甚至多数情况下，教材也无实质上的区别。原因可能有二：其一是学生太多，在这样的课上无法实现会话目标；其二是教师采用朗读、跟读是比较省力，何乐不为。这就非常可惜，浪费了一个可以大有作为的课程。

[2] “训读”是日本人学习古汉文时创造并采用的一种方法，即在古汉文上标注特别的标记，表示汉文的某词语相当于日语的什么语法地位。日本人只要根据标记所表示的语法地位，就能理解全句。在这样的训读法下，日本人无法不造成“目读主义”。这样的传统也就形成了两个后果：一是形成日本重语法、重阅读的外语教学传统；二是形成日本人喜欢抠外语语法、不习惯口说言谈的习惯。

[3] 1992—1998年，笔者曾在日本国立大阪外国语大学（今并入国立大阪大学）任教5年半，期间还在国立神户大学兼职任教。此后转往东京地区，在明海大学任教10年。本文实际上是对在大阪、神户任教的一个总结。此次修改时加入了在明海大学的经验。

[4] 一般认为日本人性格内向，但也有不同意归为性格问题的。有人认为，日本人不习惯在

人多场合说话、表现,是由于从小按照一种标准的品行模式培养的结果,尤其是对于女性,因此这是一种文化,而非性格或心理特点。其实,这两种观点并不矛盾。内向的特点当然是培养出来的,而当培养达成结果,又会对心理的形成起到重要作用,因此内向是个客观事实,对话语能力具有负面作用。

[5] 笔者以为,一个成功的外语教学必须具有文化习惯和个人性格改造的作用,尤其是对于日本学生。日本学生如果要学好外语口语或外语会话,具备合格的话语能力,一定要让学生改变过于内向不爱说话的性格,以及不爱在众人场合说外语的习惯。此点可参看本书首篇。

[6] 笔者在大阪外大有这样的经验,有些学生喜欢跟我交谈,无拘无束,常吐露一些不愿意跟家长说的个人私密,把我当作朋友。有个学生因为精神疾患,至今在家休养,但会时常来信,直至我 2008 年回国。这些都使我非常感动。

[7] 二战前日本的汉语教师,就有这样的例子,甚至有的满口方音。笔者赴日教学时,依然遇见这样的事例。在国内学理工科的,可以聘为大学汉语教师。有的甚至最低标准的普通话都不会,一口浓重的方音,居然也能聘为大学汉语教师。当然,这种情况在 21 世纪初已经完全改变。此时即使是汉语学科的博士也很难找到一份大学的固定职位。

[8] 这是日本在 20 世纪 90 年代的情况。1992 年我赴日前,大阪外大的杉村博文教授,有鉴于此,便委托我寻找些中级教材,带到日本来使用。但当时我寻找了许多地方,也只找到北京语言学院出的一种《中级口语》。可见,当时即使在中国,中级口语教材也是个薄弱环节。而日本高级教材,到了 21 世纪初也仍局限于采用原著加注释的办法,基本上只能凭教师的功夫去教,或者只能凭学生的本事去学。在中国和日本教师合作的情况下,日本中级教材确实出了多种,但成熟的依然罕见。这里的关键可能就是定位困难所致,加上编写水平和市场因素的制约,造成了中级教学和教材尴尬的处境。

[9] 背诵曾被讨伐为过时的学习方式,但经过严肃的反思,背诵这种传统形式现在得到重新认识与肯定,发现它有着相当的合理性和必然性。习得一种语言,无论是母语还是二语,必须从外部逐渐植入语言或话语的模式,而背诵是必需的。背诵有朗读式的背诵,也有默读式的背诵,还有交谈中的默记。背诵的核心是"记忆"。古来已经证明,背诵是一种无法删除或跳过的过程。笔者在大阪外大要求学生背诵课文,1998 年到明海大学任教,也竭力主张背诵。实践证明有很好的效果,学生的话语能力都得到了应有的提高。

[10] 笔者在明海大学二年级教学时采用了这样的形式,每一课都让学生模拟情景会话,得到学生热烈的响应,同学们的积极换来了话话能力预料中的提高。

[11] 日本大学在高年级有一种讨论课型("ゼミ",即 seminar,课堂讨论),每个学生分配到固定的教师那里学习比较专门的内容,常常可以外出做些实际调查。如果组织得好,也可以成为一种真实环境下的教学。另外,所有年级都可以组织学生进行一些家常活

动，既介绍中国文化，又学习口语。例如学习包饺子，在这样的场合，就比较容易进入真实环境的会话。笔者在大阪外大和明海大学每年都坚持这样的活动，提高了学生对汉语和中国文化的兴趣。

参考文献

史有为 1997 《汉语是一种很难的语言——访伊地智善继先生》，《世界汉语教学》第4期。

史有为 2000 《中国语教材研究序论——中国语教育学研究之一》，《应用语言学研究》（明海大学应用语言学研究所纪要）第2期，日本。

史有为 周刚 2004 《日本に於ける第二外国語としての中国語教育の研究教育——大綱と教材を中心として》，《明海大学外国语学部论集》第16集，日本。

日本汉语教材研究序论*

1. “中国语”和日本汉语教材概说
2. 教材的分类
3. 影响教材编写的因素

1 “中国语”和日本汉语教材概说

1.1 关于第二语言和日本汉语教学

1.1.1 习得类型与教学类型。语言的习得类型不同，语言教学的对策，包括指导的思想、原则、教材、教法，就不能完全相同，其发展的路径也就不可能完全相同。因此，分清习得类型，弄清其内涵，是十分必要的。语言的习得类型至少应该根据下列条件考虑：该语言习得时间的早晚；该语言的未来使用度；该语言的习得环境。

在语言教学方面，对教学的目标语言有母语、外民族语、外国语、第一语言、第二语言、第二外国语等称呼。这些名称针对的对象是不同的，各有所用。比如第一语言与第二语言是从掌握程度和使用频度角度而定的。母语则是最先从父母处习得的语言，相对的应该是“非母语”。借用前者区分的名称，这个

---

* 本文原题《中国语教材研究序论》，发表于日本《应用语言学研究》（明海大学应用语言学研究所纪要）2000 年第 2 期。此次结集前做了必要的修改。

"习得目标的非母语"习惯上也可以称为"第二语言",后者成为一种替代性术语。

根据以上三种条件,母语、周围的外民族语、外国语,它们分别是不同的习得类型。前者(母语)属于母语习得类型;后二者基本上属于二语习得类型。但其中有的比较接近,如外国语和外民族语。如果细分起来,其中的国内外民族语和外国语从教学角度看依然不能等同,仍可区分为多种不同的层级和类别。

1.1.2 有语言就有语言教学。存在不同的语言就会发展出针对外民族的第二语言教学。对本国 / 本民族来说,一般就是外国 / 外民族语教学。对外国人来说,一般就是对外语言教学;对本国的其他民族来说,一般就简称某某民族语教学,例如汉语教学、维吾尔语教学。至于主体民族的本民族语的教学,常常不加修饰语,如语文教学,有的甚至称为"国语 / 国文"教学。

1.1.3 "中国语"正名。"中国语"是日本现代对以北京语音为标准音之汉语的称呼。在过去,大致相当于普通话的现代汉语曾经在不同时期或在不同日本人的笔下被称为唐话 / 唐语、华语、支那语、清语、(北京)官话、燕语、北京语、汉语、中华民国语、中国国语、中语、中华国语、满支官话、"满洲(国)语"、中国语,等等。其中"满洲(国)语"一名明显地反映了日本帝国主义分割中国、企图霸占中国东北的事实与野心。而"支那"一名本非贬义,但不幸日本从清末开始逐渐在该词中糅进了侮辱义。[1]虽然有些日本学者在使用该名称时并不带有歧视义,但毕竟由于历史上的某些因素使得该名称只能留存于过去,而无法在今天使用。这些名称虽然具有认识历史的价值,但都在妥善性、科学性、客观理性方面存在不同程度的欠缺。比较起来,现在使用"中国语"不但是个明智之举,而且在语言学上也还能予以适当解释。"中国语"一名反映了日本人的使用习惯。日本是个不承认有其他民族存在的国家。因此,习惯上也喜欢以国名称呼他国的标准语。这在国际交往中是可以的,但如果是多民族国家,这样的称呼用于对内就是不适宜的,因为这会不尊重其他民族。

1.1.4 汉语教学释名。就汉语而言,在中国大陆,作为二语的汉语教学现在称为"对外汉语教学"和对内的"少数民族汉语教学"。前者不应涵盖后者。

但实际上二者有混同的趋势，即把后者作为前者的一个特例对待。另外，适用于国内汉语母语者则有“语文教学”。在台湾地区则把对外的部分称为“华语文教学”，对内的一概称为“国语/国文教学”。新加坡则将对内和对外的都统称为“华语文教学”。而在日本，“汉语”一名一般指称古汉语以及留在日语中的汉语成分或源自汉语的词；“中国语”一名在日本则基本上指现代汉语。“中国语教育”则基本上是指在日本的现代汉语教学，即专指对日本（人）的汉语教学，因此基本上是一种特定场合、特定对象的对外汉语教学。

1.2 关于日本的汉语教材

1.2.1 有教学就可能需要教材。没有教学则很难出现教材。当教和学二者并没有有机地、自觉地结合或联系在一起并成为一个整体时，就没有现代意义上的教学，也就无所谓教材。因为这时候，任何文字材料都是可以用来学习语言的，但却不是用来教授语言的专用品。即使没有文字材料，这种教和学也依然可以存在。只要具备自觉意识，就有可能存在一种特殊的教材。

1.2.2 教材的位置。教材是教学的专用品，类似脚本，是课堂教学行为的依据。教学则是对教材的演绎、解读和消化。一部好的教材必须具有引导、释疑与巩固的作用，具有适宜、晓畅和多样的特点。进一步要求的话，还可以并应该具有正义性或积极性、趣味性或生动性。

1.2.3 语言教材的两个系列。对以汉语为母语者的汉语教学和对非汉语母语者的汉语教学所用的教材一般是很不相同的。当然，有时也呈现交集状态。前者一般指汉族和回族，但是也可以包括部分其他民族，如：满族、土家族，以及一些以汉语为母语或第一语言的少数民族成员，例如杂居区内的蒙古族、藏族、壮族、苗族等等。在基础阶段显然二者是不同的，但进入高级阶段，许多内容就可能有重合。而到了专业阶段，则大体上区别就不大了。

1.2.4 日本汉语教材的名称。“中国语”教材是日本针对对日汉语教材的称呼，在中国则只能称为汉语教材或对外汉语教材（大陆）或华语/华语文教材（台湾地区）。能不能称呼现代汉语教材呢？现在不能。因为会被误解为大学的《现代汉语》课的教材。

2 教材的分类

2.1 内容角度的分类

教材是为教学服务的,教学的分类便决定教材的分类。就内容的不同角度来看,日本的汉语教材可以有如下几种:

2.1.1 基础语言教学教材。基础阶段的教材应该包括以下专门内容:

(1)发音和音标。语音是语言的起点与生长点,在这一点上,语音甚至是语言的灵魂之一。现代语言教学已经把发音作为开始的必要阶段,但是这并非自古就是如此。在以前可以不单独存在这个阶段,但却可以存在这一内容,只是溶化在其他阶段中。音标则更是如此。现代早期的日本汉语教学还不存在音标,但却有语音教学。有无音标对语音教材及语音教学的影响是正反两方面的,即既有促进又有干扰。在日本历史上曾经存在过完全以音标(如注音字母和罗马字)作为基础汉语教学的主要学习工具的教学方式,也存在过对此的非议与争论。但是随着语言教学的自然发展,这种教学方式及其争论却悄悄地消失得无影无踪。

(2)文字和基本词汇。文字一般不是独立存在的教学阶段,尤其对于日本人。其教学内容通常与词汇教学合二为一,甚至词汇教学本身也不是单独存在的,它可以在语句 / 句型教学时作为语句具体化的一个主要方面。但是正由于中日汉字属于同一个系统,同形词大量存在,人们往往忽略其相异之点,在教材上因而也得不到应有的重视。

(3)基本语句及其框架。语句及其抽象的框架是语言的肉体与骨骼。语言的灵魂通过它们而得到显现。没有具体的语句,语言就等于没有。因此该内容是教学的主体之一,或主要部分之一。语言的深层机制(认知的机制和深层的结构)是语言的灵魂,但也必须通过具体的语句来体现,来植入,来掌握。

(4)基础会话。仅仅有语句还不是活生生的语言。活的语言是成串的,是一个语流。会话是一种语流,是最基本的语流,也是最基本的话语。把单独的一个个语句连成一篇话语，需要增加许多新的内容，比如：接应和连贯、背景和角色、运用目的、运用技巧。

(5) 基础造句。这是在上述基础上的应用。日语用“作文”一词表示“造句”，这使得在日中两国的教师有时会发生不必要的误会。造句可以是造单独的一句，也可以是连续的若干句，还可以是一组或若干组对答，即会话。这是消化并检验上述内容的必要阶段。

(6) 基础翻译。造句是根据所提出的条件（如指定的语词、句型、场景）来创造句子。而翻译是根据所提出的不同句子进行对等造句。句子中大部分用词都是预期的，不能回避的。这和单纯造句有很大不同。因此这也是一种基本的语言教学。

2.1.2 专项语言教学教材。这里的专项是指听、说、读、写、译。根据不同的专项可以设置以下课程，并需要相应的不同教材：

(1) 听力课。根据 HSK 成绩调查，日本学生在听力方面的问题最严重，因此听力课是非常必要的，也是一项教学重点。听力课的教材应该包括各种语速、各种功能类别的内容，甚至还应当有带适当方音的材料。当然，还需要有测试听力反应的练习。

(2) 阅读课。由于心理和文字特点，日本学生在阅读上有优势。阅读教材包括速读、粗读、精读（细读）三类，每一种阅读都必须有适当的测试理解的练习。由于日本学生不喜欢发言，因此有必要适当配合有声语言的提问。

(3) 口语—会话课。会话课是最常见和常用的一种课型。中国一般叫作“口语课”。其实这是两个不完全相同的课，可以说是大同小异。前者侧重在对话，即语言的使用；后者侧重在语言风格类型，即口语体语言以及语音的学习。当然“说”又是共同具有的要点。会话课的教材在初级阶段应该有完整的但又逐渐加深的对话，以后也可以是故事小说，还可以是议论文，甚至有时可以不要课文，而就当前的某事某物展开会话教学。比较难的是中级教材，因为不上不下，不高不低，又难于在上下两头定位，很难编写。高级阶段的会话教材反而比较容易编写或寻找。

(4) 造句—写作课。日语称为“作文”。其中写作是最难又是十分必要的课程之一。写作有不同的文体和行文规定，有特殊的语汇和特殊的语句，但是作为第二语言来说，一般以叙述文和应用文为主。而在初级阶段还是练习独立句子的写作较好，以后逐渐拉长。写作课的教材很广泛，只要符合规范、平易、短小、健康等要求，都可以作为教材。写作课的教材有两种：一是用来模仿的；一是用来启发的。前者一般适合用于中、低年级，后者适合用于高年级。

（5）翻译课。翻译课是特殊的，是在一般语言教学之外的。中国的对外汉语教学单位一般是不设这种课型的。但是在日本，这样的课程却可以设置，也有一定的必要性。在中国的外国学生分别来自不同的语言背景，很难有针对不同语言的万能教材和万能教师。而在日本，情况单纯许多。翻译有口译和笔译两种，有“日—汉”和“汉—日”两个不同方向的翻译。针对这种情况，需要配置不同的教材，其中有日语的和汉语的，有各种体裁和语体的文字材料。日本现在最需要的就是口译，尤其是同声传译。日本有些民间教学单位设置这样的课程，反而在正规大学里很难见到，也很难实行。原因在于大学专业汉语的高年级学生还远远达不到接受这种课程训练的水平。

（6）文化课。这是为深入了解中国文化而设立的，然而也是为了进一步掌握汉语。语言中无处不是文化的内容，而文化也需要用语言来表达。初级阶段时的课程其实已经包含有许多中国文化，但是集中地设立文化课，在某些学校的高年级阶段还是有一定的必要性，但又不是绝对必要。因为许多课程都含有文化的内容，因为语言训练课程也可以与文化课程合二为一。文化课的内容可以是衣食住行、姓名称呼、婚姻嫁娶、日常礼节等等。现在除了冠以“文化”名目的教材外，也有按语言和文化“双向”配置的教材。

（7）专门功能课。这类课程是专门性的实用语言课，但又是综合性的课程。它们是相对于以上诸语言能力课和文化课的。例如：商业贸易汉语、应用文写作、外交礼仪汉语。它们必须调动听、说、读、写甚至译这多个方面的语言能力，它们还需要建立在文化认识的基础上。这些课程在某些学校也有开设的需要和可能，甚至在某些企业中也会开设该类课程。

2.1.3 专业语言课教材。这方面的课程都具有理论性、专业性，一般是为了培养汉语教师而开设的。在日本的外国语大学和中国大学中的对外汉语教学专业有必要设立。在中国,这方面的教材可以不需要单独为此编写,一般使用中国普通大学的教材就可以,例如中国的《现代汉语》和各种单项教材。而在日本就需要因地制宜,要适当下调其分量和难度。至今为止的情况是,日本大学基本上都还达不到全面开设此类课程的程度,顶多开设综合性的现代汉语语法课和文学课、文化课,所以还谈不上编写教材的迫切性。

2.2 水平角度的分类

2.2.1 入门教材。"入门"是日本特有的学习阶段,中国则一般将此归入初级阶段。日本喜欢设立这个阶段是针对完全不会汉语的人的,主要是适应社会人士学习一点中国语的需要。日本现在出版的这类教材,一般相当于日本的大学一年级第一个学期第二外语课程的学习内容,或者大致相当于中国语专业一年级前四分之一时期。主要学习发音和简单的应酬用语,以及一些基本的句法知识。其起始点是清楚的,而终结点并不很明确。

2.2.2 初级教材。中国把大学一年级都归入初级阶段,在日本,如果设立入门阶段的话,初级大约就是大学非专业外语第一学年后一学期,或者中国语(汉语)专业一年级第一学期后半段到一年级结束算初级。当然也有不设置入门阶段的,那初级就是整个一年级的阶段。日本的初级教材一般都重复入门阶段的语音和其他内容。因此,日本的教材令人困惑。这一阶段主要就是学习并巩固发音,学习更多日常会话,同时配合简单的语法知识。但是专业和非专业的教材很不一样,需要分别对待。初级课程的终点是不明确的,因此其教材也具有同样的特点。

2.2.3 中级教材。中级教材应当针对大学中国语(汉语)专业二年级的学生。或者相当于非专业第二外语的程度。但是由于初级的终点不明确,又有专业和非专业的区别,因此所谓的中级,上下幅度相差很大。但是这种情况又给了编写人以更大的空间,可以编写出更有特点的教材。

2.2.4 高级教材。这是针对大学中国语(汉语)专业三、四两个年级学生的,在日本叫"上级"。其实也可以分前期、后期两个级别。高级阶段的课文都可以直接使用给中国人看的成篇文章。其中前期(相当于三年级的水平)的课文仍然需要做些加工,以适合学生从中级过渡。而后期(相当于四年级的水平)的课文则不需要加工。让学生真正接触到汉语的原汁原味。其中课文中会出现很多熟语俗话、言外之意,以及不同的社会、文化背景及其对理解产生的影响。

2.3 使用角度的分类

2.3.1 讲授用书。就是课堂上使用的教材 / 课本。这种用书需要具有相当的系统性。所谓系统性是指:程度由浅入深;基于统计选择的词汇和句型;语言知识较全面;交际功能多方面;练习实践多样化、多层面。

2.3.2 教学参考用书。基本上分为两种:教师使用的参考用书;学生使用的参考用书。当然也不排除教学双方共同使用的。现在推向市场的教材多附带这类参考用书。

2.3.3 自学用书。自学使用的也是一种教材。由于是在没有教师的情况下学习用的,因此它在编写方面有很多不同于讲授用书的地方。例如类似《英语九百句》的一些中国语用书。

2.3.4 一时性用书。这是为了某种实用目的而一时性使用的教材。例如:速成旅游汉语;旅游汉语手册:购物 100 句;速成日常用语;等等。这类书大部分既有自学教材的性质,又有工具书的性质。所载录的内容十分实用,但是一般缺乏系统性,带有临时抱佛脚、现买现卖的性质。这种用书一般均有较多的商业背景。现在日本的电子词典也多带有这种基础 / 日常用外国语项目,增加功能,以便吸引顾客。

3 影响教材编写的因素

3.0 影响教材编写有诸多因素

有的是编写人本身的,有的是社会的,有的是学校或学生的。其中有的因素需要去专门学习，有的需要亲自实践，以获得发言权，有的因素则几乎无法控制。这些因素直接或间接影响教材的质量或特点，也影响学习者和市场对教材的态度。

3.1 影响因素之一：理论和知识素养

这基本上是"懂不懂"的问题。理论是指分析汉语和一般语言的语言学理论，以及现代汉语语言学的理论。知识是指有关汉语、日语和中国、日本的知识，比如：中国的基本历史、社会变迁、城乡异同、人民心态、民风民俗、古今汉语差异。中外文化交流、汉语的分布和使用等等。除了有关汉语和中国的理论知识以外，最好还要尽可能多地懂得一些学员的日语和日本方面的知识。这是个杂学，没有边界。只要有关这方面的都应该看，都应该知道。要"懂"就要去"学"。因此，"学不学"就是获得本项因素的要害。

3.2 影响因素之二：实践和技能素养

这基本上是"会不会""做不做"的问题。理论和知识是可以在教室里学到的，但实践却不可能请别人来讲授，只有自己亲身去做。技能虽然也有书本可以讲解、传授，但自己不去实践，这技能还是书本上的。因此，获得技能的要害还是要亲身去做，是"做不做"的问题。只有实践了，技能才是自己的。要"会"就要去"做"。这是和上面的理论和知识素养根本不同的方面。当然，"看"也是一个重要途径，观摩他人讲课，阅读他人的上课经验是一个很好的补充。有时自己不可能"做"，那"看"就成为达到"半会"的唯一手段。

3.3 影响因素之三：教学目的及教学观念、教学方法

所谓教学观念一般也称为教学思想。我们之所以称为观念，是为了强调这是一种内部有系统的、有机联系的、具有明确核心的思想，而不是散落无序的一堆思想。

有什么样的教学目的和教学观念就会使用什么样的教材；掌握或试图使用什么样的教学方法，也就必然要求编写什么样的教材。这之间有着双向互

动关系。但是作为编写者当然首先是由观念影响方法，进而影响教材的编写。这基本上是个“思”的问题。

3.3.1 关于教学目的。比如有：培养研究者、培养阅读能力、培养翻译、培养全面人才、培养一时性应用能力，等等。

3.3.2 关于教学观念。比如有：因材施教、有教无类、循序渐进、习得理论、中介理论、听说领先、整体推进、词汇为纲、语法为纲、功能为纲、听说为纲、读写为纲、联合教学，等等。

3.3.3 关于教学方法。大致可分统摄性、功能性和辅助性这三级。

（1）一级教学方法（统摄性教学方法）。这是指能够充分反映指导思想，起提纲挈领作用的最高一级的教学方法，相当于教学基本原则。这一类方法现在往往和功能性的教学方法不加区别。实际上必须有所区分。因为一般认为的基本教学方法，多半还是很具体的，是专门针对某一方面、某一侧面的，往往不全面，不能充分反映起指导作用的教学观念的核心。这多半是由于没有明确教学在方法上的核心指导思想所致。在这方面，现在还没有多少讨论和研究。现在能够反映一些指导性观念的方法比如有：功能教学法、启发式教学法。但它们仍然和功能性的方法没有明确区分，因此是不够的，还应该进一步去认识、去研讨。

（2）二级教学方法（功能性教学方法）。这一级的教学法基本上是针对某一专门方面的，其中有的也能多少反映一些教学思想，但往往不全面，反映的不是核心。比如有：背诵教学法、填鸭式教学法、启发式教学法、翻译教学法（间接教学法）、直接教学法、基本句教学法、句型一替换教学法、功能教学法、听说领先教学法、整体教学法、纯净教学法、相对直接教学法（综合法），等等。

（3）三级教学方法（辅助性教学方法）。比如有：情景教学法、形象教学法、娱乐辅助教学法、唱歌辅助教学法、诗歌辅助教学法、音乐伴听教学法、睡眠学习教学法、拼音会话教学法，等等。

除此之外，还有从相互配合的领域去考虑的教学法：独立教学、联合教学。它们是从教学管理角度着眼的，也可以归入第二级。

这些教学法中有些是由时代和研究推进的，是一种教学法演进；有些则是基于个人的信仰、爱好以及自身条件，一部分仅仅是探索，另一部分则是辅助性的。但每个编写人都会有一些基本的主张，因此也就无可避免地会影响教材的编写。（本节可参看本书第14篇《教学法和教学模式的解析与重组》）

3.4 影响因素之四：编写者的心理状态和思想倾向

这里包含两个方面的问题，一是心理问题，一是思想观念。就心理而言，编写者对教材编写往往有两种相反的态度：一种认为很难，一种认为很容易。前者编写时如临大敌，放不开手脚，对自己缺乏信心，因而对教材中的各种构成内容和因素以及编写中的问题往往估计过于严重，因此影响编写的水平。后者也由于过于轻信自己，对困难和自身的不足不能正确认识，在编写中更难免草率从事，在质量上可能出现大的疏忽或错误。而编写者的实际情况很可能是介于这二者之间。因此，正确看待自己，调整好心理，既不妄自菲薄，又不盲目自大，才能认真准备，认真编写，认真修改，也才能在有所不足的条件下也能超水平地发挥。

就思想倾向而言，有的编写者对中国友好，有的则存有偏见。这些思想倾向可能多多少少会在教材（主要是涉及社会和文化的课文部分）中留下痕迹。我们不能要求每个编写者都思想一致，但是从教学所要求的严肃性和科学性来看，编写者还是应该保持客观科学的态度，不宜以自己的观点通过语言教材和教学硬性地注入学习者脑中。学习者有权自己选择某种思想倾向。而客观、公正、科学地介绍语言及其使用民族和国家的文化是这种选择的必要前提。在基础语言教学阶段，主要是强调对语言自身的学习，在中级以上阶段则会更多地接触到社会、文化等内容，因此更需要强调保持这种态度。

3.5 影响因素之五：编写者之间的合作关系

教材常常是集体编写的。一个人编写可以随心所欲，充分发挥自己的特长并实践自己的编写设想和语言习惯。但是两个人以及更多的人合作编写，却需要照顾不同人的特长和见解以及语言习惯，此外还有不同性格之间的互动，情况比较复杂。因此，合作编写总是折中的产物。如果有主编，如果主编的声望高，那么权威因素就可以在一定程度上起主导作用。如果是平等合作，要成功就要有所放弃，有所折中，有所让步；要坚持个性就只能面临失败，面临散伙。

3.6 影响因素之六：教学的具体条件和具体安排

这主要是指上课时数、开设年级、所设置的相关课程、学生年龄、学生类别、学生水平，等等。它们的影响表现在教材内容的多或寡、专或泛、难或易等方面。俗话说："看菜吃饭，量体裁衣。""上什么山，唱什么歌。"教学上的条件和安排实际是"菜""体"和"山"。每一种教材在编写时一定有一个假想的教学对象、教学条件和教学安排。能够有真实或实在的条件和安排固然好，但也存在限制十分具体的困难；而无真实或实在的条件和安排，有时反而还更能够放开手脚，编不编我的事，用不用是你的事，反正"姜太公钓鱼，愿者上钩"。

3.7 影响因素之七：经费、市场和社会因素

编教材是要花钱的，编出的教材是要出售的，教材又是给受到社会风气影响的学生使用的，因此，我们面对的不仅仅是学生和教员，而且还有一个财务支持者，一个市场和一个世俗的社会。他们并不那么学究气。财务支持者希望的是少花钱多办事，市场讲究的是成本和利润，要求投入少而产出多。缺乏基础研究和基础资料的积累及整理是编不成理想的书的，然而这却是花费很大的。社会的文化又是非常民族性和潮流性的。它们无疑会影响教材的编写。这里有好的一面，但更大的一个方面可能是不理想。如果是在本校使用，有稳定的生源，那么这方面的影响就会降低，虽然可以更多地考虑纯教学因素，但是要完全避免社会潮流的影响恐怕是很难的。

3.8 影响因素之间的关系

这七个因素不是并列的，而是有主有次的。七个因素中前五个是主观因素，后两个是客观因素，可见编写人本身是起主要作用的。我们可以再列表简要分析如下：

表　一

主观因素	编写基础	（理论 / 知识）为智力	（实践 / 技能）为能力
	编写灵魂	（观念 / 方法）为灵魂	
	编写人事	（心理 / 思想）为个人之事	（合作关系）为集体之事
客观因素	编写环境	（条件 / 安排）为小环境	（市场 / 社会）为大环境

在编写环境的限制下，由编写灵魂主导，调动编写人事，进而调动每个人的编写基础，去完成教材的编写。而在编写灵魂之中，教学观念则更是核心的核心，需要特别重视。在这一相互影响的网络中，缺少哪一项都是不可能的，也是不能达到理想的编写目标的。

附　注

[1] "支那"来自梵语 Cina，最初由中国翻译佛经时引进，又异译为"脂那""至那"。该词在梵语与翻译为"震旦"的 Cinisthāna 来自同一词根，并同指中国。唐·慧琳《一切经音义》释曰："支那，此翻为思维。以其国人多所思虑，多所思制作，故以为名。"又宋·法云《翻译名义集》释曰："脂那，一云支那，此云文物国。"均为褒嘉之义。日本故意注入贬义是在 1895 年甲午战争中国战败之后，军国主义者将此名与弱国、战败相联系，羞辱中国和中国人。

参考文献

刘珣主编　1997　《对外汉语教学概论》，北京语言文化大学出版社，北京。
六角恒广　1984　《近代日本の中国語教育》，不二出版，东京。
六角恒广　1985　《中国语关系书书目》，不二出版，东京。
六角恒广　1991　《中国语教本类集成》，不二出版，东京。
六角恒广　1992　《日本中国语教育史研究》（王顺洪译自 1988 年日本东方书店出版之《中国語教育史の研究》），北京语言学院出版社，北京。
六角恒广　1994　《中国语书志》，不二出版，东京。
吕必松　1990　《对外汉语教学发展概要》，北京语言学院出版社，北京。
吕必松　1993　《对外汉语教学研究》，北京语言学院出版社，北京。
吕光旦主编　1998　《对外汉语论丛》，上海外语教育出版社，上海。
施光亨主编　1994　《对外汉语教学是一门新型的学科》，北京语言学院出版社，北京。

史有为　1989 《语音学习机制和语音教学原则》,《语言教学与研究》第2期。
史有为　1989 《"习得"的含义和用法》,《世界汉语教学》第2期。
史有为　1997 《会话教学的要素及其相关实践》,《语言教学与研究》第3期。
束定芳 庄智象　1996 《现代外语教学——理论、实践与方法》,上海外语教育出版社,上海。
赵贤州 陆有仪主编　1996 《对外汉语教学通论》,上海外语教育出版社,上海。

语音学习机制和语音教学原则*

1. 一些有关的事实
2. 关于语音学习机制的假说
3. 语音教学三原则
4. 语音教—学法

研究语音的最终目的不外乎三个：一是为语音教学服务，为生理正常的人和有生理障碍的人学习语音服务；二是为人工语音工程服务，为机器自动分辨、离析、合成语音服务；三是为发展哲学层次的认识论、方法论服务。有效的正确的教学方案的制订必须依靠正确的教学原则；而正确的教学原则的确定又取决于对语音学习机制的了解。本文正是基于这样的认识来试探语音学习机制和语音教学原则这两个互相联系的问题。为此，我们将根据一些事实提出假说。在此假说的基础上本文将提出第二语言语音教学中的三条原则：功能性原则；针对性原则；适度目标原则。本文所指第二语言[1]是广义的，包括另外一种民族语、方言以及标准语（普通话）。

1 一些有关的事实

1.1 关键期事实

（1）动物心理学的研究表明，小动物出生后不久，有一“关键期”。在此期

* 本文曾发表于《语言教学与研究》1989 年第 2 期。此次结集做了必要的校正。

间，如果条件合适，就能获得某种能力，并印刻和巩固在脑中。如果错过这一关键期，就不能学会某种能力。

事例之一：猫出生后即不让它睁开眼，九天以后再让它睁开眼时，该猫就不能区别形状和颜色而成为“盲猫”。而在出生两三天后再让它睁开眼，则成为不完全的盲眼。如果出生后立即让它睁开眼睛，而到九天后再设法不让它睁眼，则不会成盲猫。所以这九天是猫获得视觉能力的关键期。

事例之二：雏鸡在出生后四天之内可以养成追逐母鸡的能力，如果四天之内不给予追逐母鸡的机会，则不能有该能力。这四天是获得该能力的关键期。同样，雏鸡出生后八天左右则是辨别母鸡能力的关键期。[2]

(2) 人类也有类似的“关键期”。

事例之一：中国曾发现类似“狼孩”的“猪孩”。1984 年 12 月，在辽宁省台安县锅柽子村发现了一名与猪的习性相同的女孩，名叫王显凤，当时 9 岁。她的智力相当于两岁儿童，连一句完整的话都不会说，整天同猪玩儿，吃猪奶、猪食，像猪一样地叫，一样地四肢爬。由于其母曾患流行性乙型脑炎，不能抚养教育孩子，也不能从事简单家务劳动，而父亲又每天出工，居家又偏僻，四周无邻居，和这女孩接触最多的只是家中所养的猪，因此逐渐成为猪孩。有关方面发现该女孩后即对她进行再教育。两年后该女孩已无猪的习性，学会一些话，但智力仍不到正常人水平。[3]

事例之二：1976 年，在美国洛杉矶发现了一个名叫简妮(Genie)的 13 岁半的女孩。在发现之前，简妮生活在一个完全与语言隔绝的世界里，只有非语音的声音可听到。发现之后她才开始学话。经过四年多的训练，到了 18 岁，简妮才慢慢学会说一些短句，有一些最低限度的语言能力，但基本上没有句法。[4]

这些例子告诉我们，人同样也有获得某种能力的关键期(或称为“临界期”)。而人的语言关键期则较动物有更大的弹性。

(3) 俗话说，十聋九哑。绝大部分的哑巴并不是由于发音器官有缺陷，而是由于听力丧失(失听 80 分贝以上的全聋和失听在 30—79 分贝的失听者)。幼年听力丧失者在自然状态下必然成哑巴。只有在语言已经掌握牢固的少年以后，丧失听力的人才有可能继续使用有声语言，而且这样的聋人，年龄越小，语言的失真趋势就越大。这与语言掌握牢固程度成反比。所谓语言掌握牢固程度就是指语言在大脑中所引起的生理—生化变化的可逆程度(呈反比)。借助一定的仪器,比如空气振动器、测音量仪器、声波显示器,可以进行聋人的语言康复训练以及纠正失真的训练。但教学结果表明, 2 岁到 7 岁阶段是训练成功的关键期,超过这一年龄再去学发声,则不论教师和本人如何努力,其收效依然甚微。由此也可证实 1.2 节中对人的语言能力关键期的推测。[5]

1.2 语音习得的相关因素

(1)学习另一种语言的语音系统时,各个年龄段与学习成绩大致呈反比关系。年龄越小,收效越大,学得越像;年龄越大,则学习困难越大,收效越小。“少小离家老大回,乡音无改鬓毛衰。”这便是真实的写照。

而另一种相关情况也值得注意:年龄越小,虽然学得越快、学得越像,但当环境发生一定的变化时,放弃或忘却其中一种语言的可能性也越大。这说明语言掌握的牢固程度在一定年龄段中是与年龄成正比的。

(2)从小生活的语言环境越复杂,学习另一种语言的成功率,也包括学另一种语音系统的成功率则越大。一般说,大城市的学生比农村学生学习外语、学习普通话来得快,发音容易纠正。这是教学实践证明了的事实。而即使不处在大城市内,如果从小获得适当的训练,其成功率也随之增高。新疆察布查尔锡伯自治县的锡伯族居民从小就受到一种特殊的语音训练。他们教幼儿读百十来个不同的音,这些音大部分不是锡伯语所有的,而是维吾尔语、哈萨克语、蒙古语、汉语等语言的音。这就是为什么锡伯族人大多数都能操几种语言,成为口译人员的比例特别高的重要原因之一。

(3)对成年人的观察表明,心理因素在语言学习中占有重要位置。比如,由于女性通常有较男性为强的趋同或求同的心理,因此女性学会另一种语言或另一种语音系统一般比男性要快些、好些,这就像女性较喜欢赶时髦一样。成年人具有心理上较强的自控能力和较强的目标意识。一个基础较差的成年人,如果有很强的目标意识,能意识到学会另一种语言或语音系统对于他未来的工作和生活将发生积极作用或根本性影响时,则他学会、学像的程度和速度将会大提高。这是不乏实例的。即使是非专业的人,由于兴趣和爱好,在没有专业训练和帮助的情况下,他也能比其他人掌握得好些、快些。这同样也不乏实例。

1.3 语音习得的大脑基础

(1)对脑神经的研究表明,脑的神经细胞(神经元),可以分成“细胞体”和“突起”这两部分。细胞之间有非常狭窄的间隙。细胞相邻接部位叫“突触”。通过学习,在突触部位会长出新的“芽”,从而能“记住”所学的内容。而长期不用,不重复所学的内容,“芽”就会萎缩,也就发生遗忘。反复学习可以使神经末梢肥大,突触变大,与相邻细胞的突触接触面增大。不断学习,则“芽”也增多,不断分化,可以与更多的相邻细胞接触。反之,中断学习,随着时间的加长,突触会逐渐萎缩、变细,“芽”会逐渐退化,变小变少,“记忆”也随之逐步下降。请看实例:

用两组大鼠做实验,第一组处于内容丰富的环境,每天换一套玩具,共换25套;第二组在贫乏环境中生活,单独关养在黑暗小笼中。经过一定时间后,对其鼠脑进行解剖,发现两组的生理—生化指标有明显不同。第一组比起第二组来有如下特点:

①大脑皮层厚且重,乙酰胆碱酯酶含量大,胶质细胞增多,细胞核和细胞体都增大,RNA 和 DNA 的比例增大。

②枕叶皮层较重,皮层重量对皮层下部位重量的比重明显增大。

③树突分枝明显增多,轴突的横切面比一般的大鼠增大 50%。

从成年到老年,人用脑的频度、强度逐渐降低,同样在生理—生化上发生变化,脑神经细胞明显减少,与年轻时相比,70 岁时的脑重仅为 95%,80 岁时的脑重为 90%,90 岁时的脑重则为 80%。老年人脑室扩大,脑实质缩小,大脑皮层萎缩,神经细胞内部微细结构发生变化,物质减少,坏死和沉淀现象发生,神经纤维密度减少,性能降低,传导不灵,精确度降低。而在人的发育上升阶段,由于用脑频率和强度深度的增加,脑的生理—生化指标也将发生如第一组大鼠那样的上升变化。据测量统计,婴孩大脑的重量只有成人的 24% 左右,随着语言的学习,对周围世界的认识能力的发展,大脑重量逐渐增加。从婴孩到发育成人,这其间脑重量将增长416.66%。[6]

(2)人对声音的反应在左右两半大脑中是不同的。通过“两分听力实验”(dichotic listening tasks)可以证实,右脑较善于处理“非语言”信息(包括声音),左脑较善于处理“语言”信息(包括语音)。像电报电码和音乐旋律则因人而异:一般人用右脑处理,而电报员和音乐家则同时也用左脑处理,因为对于这些专业人员来说,这些声音是特种语言。大脑两半球都有听觉中心。处理语音的则是左脑颞叶上端(包括41、42、22三个区)。而控制发音,从语言方面来说,也是左脑。有名的布罗卡区(Broca's Area)在大脑的第三左额回,它和45区合称语言中心。布罗卡区受损时,言语有障碍。理解并不困难,但发音走样、说话困难,而当右脑的同样区域受损时则不发生言语障碍。此外,人的发音器官在大脑中则由专门的运动皮质控制。据神经生理学研究确定,发音器官在运动皮质中占相当大的比例,特别是唇的区域。它们指挥着百余根肌肉,控制发音器官。这些事实告诉我们,接受语言和发出语音是有联系而又不同的两个系统。[7]

同时,左脑和右脑之间还可能发生部分能力转换。科学家在对上述1.2节中的简妮进行了两分听力试验时,发现简妮只是在用右脑来处理所有的听觉信息,包括语言和非语言的声音。由此证明简妮在过了关键期之后,左脑处理语言信息的有关区域出现功能上的萎缩退化,而且很难再恢复。仅仅部分能力可向右脑转换,因此造成语言能力低下。这也证明关于关键期的假说是正确的,而听觉系统对于语言也不是消极的。

2 关于语音学习机制的假说

2.1 假说:语音接应网络系统

根据本文第1节所述的部分事实,可以认为在语言学习上存在着先天基础和后天应用二者互相依存、促进的系统。先天和后天相辅相成,互为因果,构成一个复杂的语音学习系统。这一系统也可称之为语音接应网络系统。这便是关于语音学习机制的假说。需要说明的是，我们与乔姆斯基（Chomsky）的语言获得装置（Language Acquisition Device）[8]有原则的不同。乔姆斯基强调的是先天获得；而我们强调的是先天和后天相依相长。乔姆斯基强调的是一种装置，是物质的；而我们强调的是一种系统，一种机制，有物质的生理部分也有非物质的认知部分和能力部分。乔姆斯基说的是整个语言，我们则只用于说明语音。而语音问题还未见有人单独为此提出假说。我们认为，将这一假说扩大一步，也就能适用于整个语言。此外，乔姆斯基是指的母语的获得（也有人将 acquisition 译作“习得”，按原意应译作“获得”较好）；而我们却以此来解释母语语音的学习和第二语言语音的学习。

2.2 假说的生理基础

语音学习机制的生理部分包括四个分系统：①指令—响应系统；②动力—传输系统；③发声—共鸣系统；④反馈—接受系统。

①指令—响应系统是积极控制的中心系统，它包括左脑的布罗克区和第45区（合称言语中枢），控制发音的神经的肌肉，以及右脑的有关区域。

②动力—传输系统是给发声必要动力的系统，包括胸腔、横膈膜、肺、气管等。

③发声—共鸣系统是振动空气产生声波的系统，包括喉头、口腔、鼻腔、咽腔及其内部实体（唇、齿、舌、小舌等）。②③两个系统可以有部分交叉，如口腔、鼻腔既是发声或共鸣所必需，又是气流进入肺部的传输通道。

④反馈—接受系统是一种被动系统，但又是必不可少的，它包括左脑的听觉中心（41、42、43 区）、耳、听觉神经及颅骨实体（可以传输声波振动，使大脑有振感）。通过反馈—接受系统可以听辨语音并矫正发音。如果这一系统有障碍，则将因年龄不同而发生致哑到发音失真的程度不等的后果。利用仪器如空气振动器、声波显示器做替代性的反馈，可以在一定程度上解决以上的发音困难。

反馈—接受系统接到外来语音后，经过处理，将信息传递到指令—响应系统，再做出适当响应，发出语音。四个分系统形成一个循环圈，其中①②③属于主动系统，④属于被动系统。

2.3 假说的认知基础

语音的接应是一种认知和认知的证实和应用。认知及其证实、应用的能力取决于先天和后天两个方面，在语音接应系统中由先天和后天二者形成了语音声学层次和语音功能层次，前者相当于音素层次，后者相当于音位层次。语音的最大特点不在于声学而在于功能。正是由于具有联系意义、区分意义、作为意义的载体，它才称为语音。而这正是语音的功能，从认知角度看，接收语音是一种解码，发出语音是一种编码，因为语音的背后是意义。这种能力由于各人的先天、后天条件不同而不同，而在实现两个层次之间的转化上各人的能力也同样并不相等。不过总的来说它的难易和顺序是这样的：主动系统首先掌握的也是较易掌握的是语音的功能层次部分，然后才是声学层次部分。声学层次部分对主动系统的模仿到位较为困难。被动系统则首先注意分辨声学层次，然后再学会按功能层次分辨。后者由于要与意义相联系，做出互补对立的分合，因此对于被动系统来说较难些。整体而言，被动系统掌握这两个层次较主动系统快而且容易。一般都注意到在第一语言学习中，幼儿是最先熟悉听辨的，而后才是学会发出正确语音的。心理学已证明，一个月的婴儿就能分辨辅音的清浊，四个月时就能分辨男人和女人的声音，六个月时就会开始注意语调和节奏这些非音段因素。而且发现幼儿首先区别的是元音，然后才逐步把塞音、擦音和鼻音、流音区别开来。当赋予意义时，两个月时才能分辨表示不同感情的声音，听到责骂声则停止叫喊，听到友好的声音会微笑或发出表示舒服的呜呜声。而学着发声则要晚好几个月，大约五六个月时才牙牙学语，但不表示任何意义，也不是任何特定语言的音素或音节，经过六到八个月的自我发音游戏后，才进入学习与意义相结合的特定语言的语音阶段。开始是不准确的，听上去模糊难定的音，以后逐渐明晰确定，但有一些音相混或发不出，例如“外公”（wàigōng）发成 wàidōng；“舅舅”（jiùjiu）发成 dòudou；上海的幼儿常把“茶”［dzo］发成［ho］，因为舌根音和融合性塞擦音通常难于舌尖音和单纯的塞音、擦音，因此成功地发出也较晚。这一阶段可能延续到十几岁。有这样的例子，北京魏公村有一男孩在小学毕业时还不会发[l]，“走了”说成zǒuye，“不来”说成 bùyái，“姥姥”说成 yǎoyao，一直到初中阶段才学会发[l]。当然这是个体差异性所致。这些都可证明在主动系统中声学层次是最晚、也是最难掌握的。[9]

成人学习第二语言或外语的情况也与此相仿。许多人听懂另一种方言，学会听辨并与本地方言对应，但却不会发那种方言的音。学习外语时，可以按照不同音位发一些音，但却发不准，尽管不断努力，最后还是留下母语语音的痕迹。所谓的蓝青官话、广东官话就是指的这种情况，而印度英语则是母语痕迹固化形成为集体行为并上升为语言层次后的情况。

2.4 语音接应网络系统与关键期

语音接应网络系统的运转或者说掌握语音的能力存在着具有弹性的关键期（或称“临界期”）。不同先天—后天条件的人存在不同的关键期，语言中不同部分也存在长短不同的关键期。根据一些实例，这个关键期的上限大致可以定为 9—13 岁之间。

每个人的个体有差异性，因此上限是弹性的。一般来说聋人由于从来听不见任何声音，同此上限较低（9 岁左右），而有听觉的人在听不到语音、但其他声音可以听到的情况下，其上限要高许多。

上文 1.1 中的实例可以作为证明。对于聋人复聪后的康复训练表明，发声远较辨音为难。学习第二语言也有相似的情况。许多神经生理学家经过研究后得出了比较一致的意见，认为超过了青春期（15 岁左右），第二语言的语音就不容易完全掌握。[10]而语言的其他部分的期限则还可以延长。这就说明，后天的应用对先天基础的发展起着重要的作用。在主动系统得不到被动系统提供的语音信息的情况下，其生理—心理装置将“生锈”“僵化”，也即萎缩退化，以致虽然训练也很难启动运转。成人在学习第二语言时，其语音接应网络系统虽已开通运转，但由于被动系统在接受该第二语言语音的早晚、频度和系统程度的不同，以及个体的生理的或心理的差异性，因而整个系统的“生锈”“僵化”程度或萎缩退化程度也不同。这一变化结果又因年龄、心理的不同而有着不同的可逆度或可复苏度。而后天的应用（包括训练）可以增强可逆度或可复苏度。后天的应用与先天的基础互相依存、促进，结合成一个超生理的大“装置”、大系统。系统中的各种因素起着辩证的相互作用。

3 语音教学三原则

母语语音的学习是在不知不觉的婴幼儿时期完成的，一般不需要专门的教师。第二语言语音的学习则一般需要进行专门的教学，因此本文着重讨论第二语言的语音教学原则。

3.1 功能性原则

语音不是游离于话语之外的。它只是话语的外层。它之所以称为语音是由于它与意义相结合，用来区别意义，表达意义。这就是语音的功能。因此语音的训练并不仅仅是音标的训练、音素的训练。单纯音素的训练往往使人感到单调乏味，收不到很好的效果。而坚持与话语片段结合进行，也即与意义和使用结合进行，充分体现语音的功能，则更易收到显效。开始的一个短时期内可以是纯语音（音素、音节）的训练，但应迅速进入结合词的语音训练。词又按“元音→辅音＋元音→元音＋辅音→辅音＋元音＋辅音”的次序逐步给出。此后可以结合简单短语或句子来训练。再后结合句子来训练，最后结合句群或语篇来训练。这样做可以提前进入语言交际，使学员感到语音的功能及其重要性。这一原则是建立在本文第2节假说基础上的。在语音接应网络系统中，存在着声学层次和功能层次。只有功能层次才是理解语音、发出语音的关键和核心。把握住这一层次，这一功能，就能进而更好地处理声学层次接收到的信号，也才能更好地将功能信号转换成需要发出的声学信号。功能是实质的，声学是形式的，和第二语言语音完全一致的声学信号在某种程度上是锦上添花。因此提早进入结合具体词语的语音训练，就可以迅速让学员在感性上认知对立音位的差异，为在声学上更快地掌握不同的音素打好基础。比如汉语普通话中的，j/q/x，zh/ch/sh，z/c/s 以及 en–eng，in–ing，l–n–r，对于不同方言区的人和不同国家、民族的人有着不同的难度，如果多结合音近词做对比练习，会有更佳的效果。

听辨是发音的首要条件。不能听辨不同语音也必然不能发出不同语音。软化已僵化的部分，打破发音定势，首先要从听辨开始。许多吴语区的人不能在听觉上辨别 en–eng，in–ing 的不同，因此也就不大可能自然地发出这些相对立的音。对于他们来说，这些音既然在声学上区分不开，也就在功能层次上失去对立意义，从而也就不能给主动的发音部分提供正确的信息和基础，并形成新的发音定势。笔者在自己学习普通话的过程中，在教兄弟民族的实践中，深有此感。因此，在教学中可以先让学员重点学习听辨，同时也进行适当的发音练习，在有一定的基础之后，再转入以发音为重点的阶段，这样做将提高学习效果。

3.2 针对性原则

几乎每本教育学的书都列有针对性原则。一般都会具体为针对不同的语言的特点，针对不同对象的特点，等等。这些都是老生常谈。本文只是试图将这一原则自觉地建立在上述第 2 节的假说基础上，以便更自觉、更好地运用这一原则。根据本文 2.4 节，后天的应用对先天基础的开发、发育、运转是有很大影响的。由于许多成年人未能早期接触另一种语言系统，便在生理—心理上的相应控制部分造成一种语言定势，也即发生萎缩僵化。这种情况便造成了成年人在学习时的程度不等的困难。一般说，越晚接触另一种语言系统的，其定势或萎缩僵化的程度也越高，打破定势的困难也越大，或者说生理上可逆或可复苏的程度也就越小。一般的情况是，语音训练的困难与年龄成正比，而与学习者成长时期的语言环境的复杂程度成反比。但是，成年人心理比较成熟，自控力较强，明确的目的可以造成健康的心理状态，并可促进生理—心理机制的可逆变化或可复苏变化，降低定势造成的障碍。所以在教学时必须充分考虑成年人的这些特点，针对学员的不同生理、心理、背景、目的，选择合适的教学方法和教学重点。而且应充分调动发展成人的有利因素，比如明确的目的、坚韧的毅力和信念、语音的心理性理解，以促进生理上的可逆或可复苏变化。如果我们能在后者取得进展，比单纯在语言训练上全力以赴可能会有更好的效果，会有更大的后劲。

在语音训练本身，应针对学员所操母语和第二语言的不同，充分利用母语中语音的特点，与第二语言语音做相似和相异的比较。要知道，忘却或甩开母语语音是不现实的。成人的特点就是时时忘不掉母语，甩不掉母语的影响，针对这一情况，应因势利导，将不利化作有利。

比如英语、日语和维吾尔语中都没有汉语普通话中的舌面音 j[tɕ]/q[tɕ^{h}]/x[ɕ]和舌尖后音 zh[tʂ]/ch[tʂ^{h}]/sh[ʂ]，而只有舌叶音[dʒ]/[tʃʻ]/[ʃ]和舌尖前音[z]/[s]，以及连音变化产生的[ts]。为此可以利用后者引导发准前者的汉语语音。可以设计成这样两种发音练习：

一种是对比引导：英[ts]/[z]和汉 z[ts]/c[ts^{h}]。通过对比，让学习者逐渐完全放弃时有时无的轻送气，慢慢学会汉语完全不送气的 z[ts]，又让学习者逐渐加强送气，学会汉语强送气的 c[ts^{h}]。

又比如，将英语的[ai]或日语的あい[ai]和汉语普通话的 ɑi 进行比较，以加深在声学层次上差异的认识。

一种是利用已有或已会的音引导去延伸出未学会的：发出汉语 shi[ʂʅ]，使该音节延长，启发学生去认识后半部分[ʅ]的延长和加重即为汉语的半元音声母 r。

在选择教学用语音单位和教学重点、教学方法时，都必须自觉地依据针对性原则行事。这是取得成效的又一保证。

3.3 适度目标原则

适度目标原则是与针对性原则有联系的一个原则，甚至可以包含于后者。但由于其重要，因此单独分列一项。

在集中教学阶段，都应有一定的教学目标。据我们了解，多数学校对此缺乏辩证的理解，大都是把目标定在最高线，要求学生在短期内把语音掌握得跟本族人一样。这实际上是办不到的。我们可以把指导这种教学的目标原则叫作“集中一致”目标原则，即要求在集中学习的短期内达到与第二语言语音完全一致。因为语音并不仅仅包括音素和音节，许多韵律成分（声调、句调、轻重音等等）十分复杂，所以很难掌握。成年人除了少数天才之外，由于语音学习机制的限制，恐怕到死也不可能跟以该语言做母语的人说的完全一样。

在分散自学的成人身上往往还可以看到另一种情况，学习第二语言的发音往往学到对方能听懂就一般不再前进了。这实际上是利用了语言的羡余性和语境的作用。虽然音发得很差，但已可以区别音位；即使连音位也区别不开，那还可以利用上下文，环境来确定该音所代表的词语。如吴语区的人说普通话时多数 zh-z 不分，en-eng 不分。而即使在集中教学的单位，也还是有不少人给自己选择了“足够应付”的目标。我们可以将这样的指导原则称作“语音羡余”目标原则。

在教学单位里，过高的目标会使人丧失信心，过低的目标又使人不能满足。根据假设，本文提出一种新的目标原则——“适度目标原则”。针对不同对象提出不同的适度语音要求，针对不同阶段也提出不同高度的适度要求。一定的对象在一定的阶段绝大部分都可以达到目标，以便鼓励学员，激发其积极性，加强其信心。这一原则还要求在学习后阶段，即离开教学单位后的阶段，依然把这段时间作为另一个学习阶段，继续在实践中逐步校准其发音，使之越来越趋近于作为标准的第二语言语音。因此，这一原则要求将学习和学习后作为连续的两个语音学习阶段，在这两个阶段中不断趋近于标准语音。由于着眼于作为整体的前后两个阶段，因而主要的学习可称为“连续趋近”习得。这一原则是与成年人在语音学习机制的特点相联系的。成年人的特点是，绝大多数人的生理上可逆或可复苏程度是有限制的，而且总受到母语语音的干扰。成年人的学习，就大多数情况而言只能是趋近，而不可能全同。年龄不同，趋近的速度和程度也不同，一般二者成反比。其次，成年人在心理上自觉程度高，自控力强，这又可改善语音趋近的速度和程度。

根据这一原则，在集中学习阶段要达到如下适度目标：能听辨第二语言的语音（声学的和音位的）；能有区别地发出该语音系统内的不同音位；能在理性上掌握不同音位若干变体的发音特点。

根据这一原则,在集中学习阶段还要尽力启发学员的自觉性、积极性,培养其信心和不断趋近的恒心和决心,发掘其内在潜力并训练他们的独立校准和努力趋近的习惯和能力。

许多成功者的事例证实,发音漂亮(当然还不是完全一样)的成功者,大都是在学习后阶段,即工作期间自觉刻苦练习、使用、追求的结果。他们不断把已有的成绩当成新的起点,不满足现状。而相反的事例恰恰大都是缺少这样的自觉性。笔者在学习普通话的过程中,深深体会到这一点。在笔者教过的维吾尔族、朝鲜族等学生中也有这样的实例。

4 语音教—学法

根据以上教学三原则,我们可以选择适当的教学方法。教学方法大致分两类,一是语音训练法,一是训练组织法。语音训练可以有两种:

(1)语音单位的训练。根据不同对象,结合声学和功能确定教学上的语音单位。比如可以分这样几种单位:①声、韵、调;②音节(结合意义);③带轻重韵律的节拍群(结合意义);④带语调的音句(结合意义和交际)。

具体的可选方法有:模仿;描写对比;类推延伸(见3.2);过度纠正(发zh/ch/sh可以故意让舌尖过度上翘,以便打破生理—心理上的发音定势);组合发音(利用语音学原理,使某些塞擦音能发出,如[ts],可利用拉丁字母通用拼合或日文罗马写法的at-sa,将之组合起来发出a-tsa,使[ts]较顺利发出)。

(2)交际训练。最好与本地人或发音较正确者进行交际,就像要提高球技必须与高手多交手一样。

在组织训练方面,也可以分读时和读后两段:

(1)读时的训练组织:循环训练;强化训练;词句提前训练;测试奖励;学员相互测校。

（2）读后的训练组织：追踪复查；定期测试奖励。

我们的目的当然并不限于语音。语音学习机制的假说扩大延伸一步，将肯定会产生针对整个语言学习的“语言学习机制”的概念，并将替换乔姆斯基的“语言获得机制”的假说。我们同样相信，功能性原则、针对性原则、适度目标原则也将在延伸之后适用于整个语言教学，因为它们有相似甚至相同的机制作为基础。[11]

附　注

[1] 第二语言有广义、狭义两种理解。广义的理解是除母语之外所学习的另一种语言，包括国内其他民族语、外国语、另一种方言以及需要学习的标准语（如汉语普通话）。狭义的理解是第二语言和第一语言（一般是母语）通常是被同时使用的。第二语言在该掌握者所处区域里有使用它的环境。在同一区域里有些人将甲语当作第一语言，而将乙语当作第二语言，另一些人则相反。而外国语则在该区域里没有使用环境，不会被该区域的人当作第一语言。可参见桂诗春（1985：15、211）。

[2] 本节的实例可参见邵道生（1981）。

[3] 见《文摘周刊》1987年2月5日第3版，摘自《新家庭》。

[4] 参见桂诗春（1985：38）。另有一例是19世纪末法国农民在森林中发现一个十一二岁的男孩，该男孩在四五岁时被遗弃，发现时没有人的记忆力、判断力和模仿能力，整体上与白痴儿或笼养动物相似。后来经过训练，仅仅学会在某种程度理解语言，会说很少的话。参见邵道生（1981）。

[5] 参见吴厚德《十聋可以九不哑》（《光明日报》，1985年8月9日第4版）；又参见武汉医学院编《耳鼻咽喉科学》718—735页。

[6] 参见邵道生《怎样使你更聪明》、张德（1993:49—52）。在脑重量方面，《怎样使你更聪明》中说刚生下的婴孩脑重400克，成人后男性脑重1350—1400克，女性脑重1200—1250克。而一般书上说成人脑重平均1400克。

[7] 参见《语言与语言学词典》、桂诗春（1985：32—39），又据联合国教科文组织编《信使》1987年第1期中所载《大脑研究中的突破》（David Gustav Ottoson作），使用血流量测量方法和放射性同位素表示踪表明：在听他人讲话时，左半球的某些部位被激活。在听音乐时，右半球的某些部位被激活。而要说出乐曲名字时，则活动部位又转移到左半球。

日本角田忠信教授则发现日本人左右两脑对语音的不同作用。可参见1982年第4期《信使》。又参见A.P.卢利亚(1987:47—49、129—158)。

[8] 关于乔姆斯基的假说有很多争论,有些人同意,有些人不同意。也可参看桂诗春(1985:9—17、68—80)。

[9] 参见桂诗春(1985:44—49);皮亚杰和英海尔德(1980:64—65)。

[10] 参见桂诗春(1985:16、223—224)。

[11] 关于语言习得,笔者有更新的认识,近来提出"语向自整理能力",大体上可以涵盖语音学习机制的假说"语音接应网络系统"。可参见本书第二篇《习得与语向自整理能力》。

参考文献

桂诗春　1985　《心理语言学》,上海外语教育出版社,上海。

邵道生　1981　《怎样使你更聪明》,科学普及出版社,北京。

张德主编　1993　《心理学》,东北师范大学出版社,长春。

A.P.卢利亚　1987　《神经语言学》,赵吉生、卫志强译,北京大学出版社,北京。

J.皮亚杰 B.英海尔德　1980　《儿童心理学》,吴福元译,商务印书馆,北京。

语音的感知、习得与教学*

1. 语音教育学和教学语音学
2. 影响日本学习者发音行为的若干因素
3. 语音的感知分析和语音教学
4. 中日语音感知差异大势
5. 与日语比较的汉语音段感知
6. 与日语比较的汉语超音段感知
7. 对日汉语语音教学的基本处理法
8. 针对日本人语音学习难点的具体教法

第二语言语音教学，可能有两种教学程序：一种是不单独设置语音教学阶段，而将语音教学融入其他教学项目中；另一种则是单独设置该阶段，而将其他教学项目作为其配合内容或辅助内容。不过，无论是否设置单独的语音教学阶段，都不影响对语音教学和习得的研究。这方面的研究已经很多，本文拟从一个新的感知角度尝试做一探索，以便提供一个新的分析窗口。

---

* 本文曾以“针对日本人的汉语语音教学”之名分上、下篇分别发表于日本《应用言语学研究》（明海大学大学院应用言语学研究科纪要）2001 年第 3 期和 2002 年第 4 期。此次结集合二为一，并做了较大的压缩和修改。其中第 3 至 6 节以《语音感知与汉日语音比较》之题发表于《汉语学习》2012 年第 2 期。

1 语音教育学和教学语音学

1.0 两类不同概念

语音教育学和教学语音学是不同的两个概念，但它们之间存在一定的交集。对语音教学的研究可以形成语音教育学和教学语音学两类学科。前者侧重于语音如何教学的研究，后者侧重于适合教学的语音学研究。它们都是一种交叉学科。语音教育学需要使用教学语音学的成果，即教学语音学的一部分适用于教学的语音成果可以成为语音教学的内容。但语音教育学还必须有语音教材研究、语音教学法研究、相关因素研究等等内容，并以此作为自己的特点，而这是教学语音学不能也不必包括的。本文则是混合了二者的论述。

1.1 语音教育学的内涵

“语音教学”是通常对以语音作为教学内容及其教学程序的一种具体而通俗的指称。就语音教学的内容和实现做出的研究就是语音教育学，它服从于语言教育学的统一原则，即“为了实现并服务于语言习得而研究语言的教学”，其重点在教学或教育。一般所指的语音教学都是第二语言的语音教学。本文所述也是如此，而且是针对日本学习者的。语音教育学可以是各种语言通用的，也可以专用于某一“人群—目标语”的教学。例如通用于不同母语学习者的汉语语音教育学，针对日本学生的汉语语音教育学，等等。

从一般或通用的角度看，语音教育学至少应该包括下列内容：

(1)语音教育学的基本原则和方法；

(2)教学语音学成果的利用以及母语和目标语语音的异同及其对习得的影响；

(3)从母语到目标语的各种语音教学路径；

(4)目标语的语音教学阶段以及阶段性语音教学项目和教学要求；

(5)目标语语音习得的各种顺序和配合以及教—学方法；

(6)语音习得成果的巩固；

(7)习得目的与目标语语音教学要求之间的相关性；

(8)学生类型与语音习得的相关性；

(9)语音教学对教师、教材、教具、教学组织以及环境的要求；

(10)语音教学的检测以及语音习得水平检测。

1.2 教学语音学的内涵

教学语音学是以涉及教学的语音问题作为对象的系统性本体研究。具体语言语音学中的语音本体的系统知识往往并不适合第二语言教学(包括对方言母语者的标准语语音教学),因此需要针对教学做出新的安排和解释、调整,并以此作为研究对象,这就形成教学语音学。教学语音学是教学语言学的一部分,它们都应当服从统一的原则,这就是“为了教学并服从于教学而研究语言和语音”的原则,但在具体方面却可以根据对象的局域性而有所不同。

汉语教学语音学是汉语作为第二语言教学的必然结果之一。汉语教学语音学服从教学语音学的普遍原则,但由于汉语的特殊性,又必须有独特的处理。针对不同民族的汉语教学需要有不完全相同的教学语音学,例如由于日本语的语音特点和日本人的文化、心理特点而建立的针对日本人的汉语教学语音学。汉语教学语音学现在正在形成中。作为一种系统,它至今还没有完全形成,或者说还并不完整和完善。许多研究只是就事论事,没有从建立教学语音学的高度来认识和处理。因此,虽然中国国内有许多具体探讨语音教学的论文,但真正能从教学语音学的系统高度出发的研究却并不多。

第二语言教学语音学至少应该由下列部分组成:

(1)教学语音学的学科原则和方法;

(2)语音的教学单位和感知单位以及教学角度和感知角度的语音分析及分类;

(3)有关的语音学和音系学/音韵学成果及其利用,语音学成果与语音感知之间的关系;

(4)在语音教学各个阶段中学习者所习得语音(包括中介性语音)的不同表现;

(5)目标语和母语感知角度的语音对比;

(6)目标语和母语的语音教学表达工具及其对比;

(7)教学角度的语音安排和语音说明的研究;

(8)教学语音学成果在教学中的实际应用。

2 影响日本学习者发音行为的若干因素

2.0 有关因素种种

影响非母语者习得目标语语音的因素很多,除了母语本身语音特点这一重要因素之外,主要的还有年龄、心理、性别、家庭教育、居住地区、周围环境、文化层次、学习目的、意愿和意志力、个人兴趣和爱好,等等。本文只重点讨论与日本学习者有关的部分因素,即:心理因素、性别因素、意志因素、年龄因素以及地域和文化因素。至于母语语音的因素,本文也将做重点的细致分析。以下的分析虽然针对语音学习,其实也适合一般意义上的语言学习。

2.1 心理和性别因素对发音行为的影响

日本人普遍具有发音行为松弛的特点,即对发音行为的控制不够积极(或紧张)、不善于积极(或紧张)的特点。女性比男性更不愿意做相对于日语来说显得夸张的发音,或更习惯于消极性的发音。这也许是日本民族比较内向、比较不愿意做与习惯或公众不一致的行为的一种表现。在心理学上前者是内向心理,后者则是一种趋同心理、守旧心理。日本学生难以学好外语语音的原因多数是由于这三种心理作怪造成的。在这方面女性则更为突出,更容易由于这种心理而导致女性特有的害羞,于是第四种心理——传统的日本"耻"文化心理在此时就发挥了相反的作用,这就容易出现发育严重不到位的情况。近年来许多报告指出,女性的大脑机能更有利于外语学习。笔者在教学中也观察到相似的情况。但如果女性继续保持这样的心理状况,无疑将把女性学习语言的优势抵消殆尽。当然,整个语言的学习和语音部分的学习习得程度是并不完全相同的。笔者在对日本学生的教学中并没有发现女性汉语学习者比男性汉语学习者具有更明显容易习得汉语发音的事实。例如笔者在大阪外国语大学的五年教学中,汉语学习优秀的男学生和女学生的比例看来是女性略多于男性,但考虑到整个学生群体中男性仅占全体的四分之一,那么这样的比例反而说明女性心理障碍严重影响语音学习。

2.2 意志因素对语音习得的影响

学习语言在幼年时期是一种本能的需要和下意识的行为,也是环境所造成的自然行为,其中虽有意志和意识因素,但不很明显。但随着年龄的增大,意志因素越来越占重要地位,本能因素则越来越减弱。所谓的意志因素,可以包括:兴趣、爱好、理想、决心、在困难面前的毅力和勇气、排除干扰的意志力。现代社会是一个充满诱惑的环境,而日本又是这样的一个社会:即使没有好的学习成绩也很容易挣到足够普通生活的钱。这些不利条件如果再加上日语音素少、音节结构简单等因素,那对习得第二语言确实会起到很大的负面影响。如果学生虽然具有一般的理想和兴趣,然而缺乏知难而进的勇气,缺乏排除干扰、克服困难的毅力和意志,那么他的理想是不深刻、不稳定的,是很容易瓦解的。因此在语言教学中,在一般教学之外,还需要强固学生的意志因素,否则在现代日本社会中很难获得好的教学效果。

2.3 年龄因素对发音行为的影响

2.3.1 年龄因素的本质。年龄因素的本质是人类本能和基因决定的表达。后天训练和努力可以改善某些状况,但不能根本上加以改变。我们可以观察到如下普遍的情况:

一是年龄越小,习得语音和语言的成功率越大,而付出的精力也越小,即效率最高。即使是习得母语也是如此。有许多类似的报道:在非人类环境下长大的狼孩,如果开始学习人类语言晚于 7 岁,则效率很低,所习得的程度只能相当于 3 岁左右的正常人的程度。至于超过这个时期则成功率几近于零。

二是母语学习和第二语言学习二者开始的时间距离越短,其第二语言习得的成功率也越大,所付出的精力也越小,即效率越高,反之则效率越低。这不但说明语言习得与人的本能有关,而且表明在人的习得机制中似乎还存在着某种年龄控制机制。

三是 2 岁或 3 岁左右的孩子,不但可以轻而易举地学会母语,而且也可轻而易举地学会第二语言;不但可以轻易地学会一种第二语言,而且可以轻易地学会几种第二语言;不但很容易学会和记住多种语言,而且也很容易放弃和忘却当前不再使用的已经基本学会的语言。相反,如果人在 12 岁以后开始学习并使用另一种语言,则原来的那种语言也并不会轻易忘却。即使原来学会的语言长期未能使用,那也只是暂时休眠,在需要时或语境适合时,又会激活或复活。这种情况也表明人脑内存在着一种与生物钟类似的现象或机制。这也说明,人在习得和记忆方面显然存在着与年龄因素相关的关系。这种相关关系只能用本能和基因控制来解释。(参见史有为,1989)

2.3.2 年龄因素影响的两个方面。语言的整体习得效率和语音习得效率在年龄上有不完全相同的区段,虽然它们在总的趋势上是一致的。

年龄对语音习得的影响可以从两个方面去观察:一是不同年龄与习得困难程度之间的关系;二是不同年龄与发音调整效率之间的关系。根据前者可以划分出不同的个人在开始学习到学会发音时的各个阶段;根据后者则可以划分出同一个人学习发音过程中的各个阶段。一般来说,在习得母语时多观察后者;而在习得第二语言时多观察前者。

2.3.3 母语习得的年龄分期。据笔者观察,在发音调整方面,人在学习母语发音时大致有三个生理—心理年龄习得期:

(1)母语发音摸索期(婴幼儿时期):0 岁到 2 岁左右的婴幼儿,其发音器官和大脑及其功能还在发育过程中,对母语语音的感受和模仿都在摸索中,许多发音都呈现模糊不清,摇摆不定。

(2)母语发音校正期(幼年期):一般说,三四岁的孩子已经会说很多话了,但是发音到位却不容易,以汉语为例,很多孩子要在 4 岁以后,6 岁以前,才能完全到位。有些音(例如边音 l[l]的发音),个别孩子甚至要到 10 岁左右才能学会。笔者就遇到过这样的情况。这个阶段进行发音调整或再模仿,以求发音的各方面都能到位。

(3)母语发音定型期(少年—老年时期):一般来说,小学中期开始,人们的发音就开始定型,不再需要在语音正确与否、到位与否方面进行校正,但仍会存在随着年龄增大而所做的社会阶层性的调整和变异。一般人从此时一直到老年都维持少年时期学会的口音。所谓"少小离家老大回,乡音无改鬓毛衰",就是这一时期的写照。有些人在这个时期外出,长期不用母语,完全改用外族语言或外方言。这时母语的操作能力可能会有相当程度的弱化,一时无法恢复母语,但只要有适当的环境和意愿,他在很短时间内可以完全激活母语的记忆,恢复早就定型在自己大脑中的母语能力(包括语音能力)。因此,我们不能说这样的人是丧失了母语,而只能说是弱化了母语能力,其母语及其操作能力依然埋藏在深层的大脑某处中,处于休眠状态。

2.3.4 第二语言习得的年龄分期。据笔者观察,如果着眼于习得的困难程度,学习第二语言(包括方言、外族语和外国语)的语音一般也有几个生理—心理年龄期:

(1)第二语言语音理想习得期(幼年—少年时期,大约进入初中前,相当于3岁左右—12岁左右,也有人认为上限是8岁)。这个时期是最容易接受并学会新语音的时期,此时对超音段部分或韵律部分非常敏感,几乎不用花很大的力气就可轻而易举地学会第二语言的全部语音。尤其是幼年时期,由于发音器官尚处于发育和调试阶段,音段部分的发音相对来说更困难些,这时发音的优势就转移到超音段部分。幼儿最先学会的正是超音段部分的基本模式,如基本声调和句调。在这一时期,不管天赋如何,第二语言的语音都可以学得一模一样。一般说,年龄小于母语发音行为定型期时,学习第二语言时的发音错误比较容易纠正,比较容易做出积极发音或夸张发音的行为。而年龄到了难以接受新事物的时期,则发音行为的改变极其困难。

(2)第二语言语音次理想习得期(青年时期,大约高中到大学时,相当于13岁左右—25岁左右)。这个时期容许习得新的音,但需要花费较以前大些的力气,而且一般很难学得一模一样、毫无二致,总会在某些方面留下母语的痕迹,尤其在超音段部分或韵律部分。这个时期学习者的成绩,大概要取决其天赋以及学习努力程度和环境条件。大概只有一部分人,甚至是少部分人能够习得完全道地的目标语语音。所以至今为止,笔者接触到的此一时期开始学习汉语的日本人,几乎没有一个能够操完全道地的汉语语音,他们总会多多少少露出破绽,主要是在超音段部分。

(3)第二语言语音非理想习得期(青年后期以后—老年时期,大约相当于30岁左右及以后)。许多人在这个时期心理上已经对相似语音不再敏感,尤其对超音段部分或韵律部分很不敏感。他们很难学会比较地道的第二语言语音。为了习得新的语音,需要花费更大的精力,而且往往事半功倍。大约只有极少数的语言天赋较高者才能习得地道的目标语语音,尤其是超音段部分。笔者接触到的这一阶段的日本学习者,可以说都处于以上的非理想状况中。

这里的年龄期不是绝对区分的,人的整个生命期中所表现的语音习得程度是渐变的、连续的,只是为了认识的方便,才加以适当区分。比如对学习第二语言来说,26岁以后还可以分出若干阶段,30岁左右还是有可能学得个差不多,但到了五六十岁显然更为困难,老到一定程度甚至不可能再学会新的语音。

另外,每个个人都有不同的特殊性,有的人是学习外语的天才,他们经常学习新的语言。即使到了五十多岁,甚至六十以后,他们也照样可以大体学会。这与这些人的专业训练、从小对新语音的学习兴趣和学习习惯以及一些先天条件有关。而相反,也有的人维持母语发音特点的顽固程度可以令人大吃一惊,即使只是学习与自己的方言关系密切的标准语音,也可能从大学入学到毕业后几十年一直乡音无改。这当然与学习的意愿和努力程度有关,但生理因素和心理因素的影响也十分重要。而由于文化不同,语言行为不同,每个人都可能有自己独特的心理年龄。

由于这是就习得困难程度做出的分期,所以每个人处于这些年龄段时仍然可以再区分出摸索期、校正期和定型期。每个人的摸索期和校正期都有所不同。一般说,年龄越小,越接近母语习得的分期,年龄越大校正期也往往越长,也越无效率。此外,由于有理论的专业指导,摸索期一般会比母语习得短些。

2.4 地域和文化对发音行为的影响

一般来说,城市比农村地区的人容易学会新的发音,大城市比小城市也更容易学会新的发音。这是跟某些方言语音的特点有关的,也跟接触环境中存在外来发音的数量和频度有关。文化程度的高低一般也存在这样的相关性。这里所说的文化主要是指对外地域语言文化的接受程度。文化程度高的人一般都学习过外语,或到过外地,听到过不同方言,而文化低的人常常居留在本地,甚至一辈子没有离开过家乡,没有接触过新的发音行为。因此,所谓文化程度与学习发音的关系,实际上也就是与接触外来发音的数量和频度相关。

笔者在日本15年的教学中并没有发现明显的地区差别,更明显的反而是个体差别。究其原因,一是因为日本除冲绳之外,其本身的方言差别很小,主要的差别是在超音段部分;二是由于教育的普及和提高,有声媒体的广泛利用,日本的标准音推广得比较好,在东京这样五方杂处的大城市听到的却并不是差别很大的五方杂音;三是日本虽然已普及英语教学,但许多教师的英语发音并不理想,日本语的痕迹很明显,学生听到的还是日本味儿的发音,对他们学习另外一种语音的积极作用比较有限。因此,即使是农村来的学生,在习得汉语发音时也和东京、大阪来的学生差不多,后者并没有明显占优势。这和中国的情况很不一样。

近几年在日本也出现了一些变化。笔者通过对1994—1997年四年中一年级学生在学习中国语之前的发音调查,发现有更多比例的学生在高中毕业时已经能够掌握某些日本语没有的音,例如f[f]、l[l]。这可能与中学阶段英语教育的进步有关。

3 语音的感知分析和语音教学

3.1 提出感知分析的缘由

(1)《现代汉语词典》(第5版)"感知"条释义为"①名客观事物通过感觉器官在人脑中的直接反映。②动感觉:已能~腹中胎儿的蠕动。"其中①正是本文所依据的探索角度。根据上述解释,"感知"是心理学的概念,是"知觉"

或“感觉”的另一种表达方式。心理学还把感知看成是“感觉”与“知觉”的合一简称。不过,本文没有到达这样的高度,也无法这样明确定义。但可以肯定,它们是认知的一种表现,也是认知的一种表达。我们将此用于言语,即表现于外的语言,尤其是语音方面。一般把语音方面的“知觉”用于语音和语义/词语相联系的方面,即如何感觉到某个音具有了某种意义,并确定为某个词语。本文则用于日本学习者在有日语语音背景时对汉语语音的心理感觉。教学心理学中有认知的问题,而且早就是个重要课题。感知无疑也属于认知的一个方面。本文企图从感知方面系统地开辟一个新的教学领域,以利于实用的语音教学。

(2)语音学和音系学、音位学都属于理论语音学,实验语音学属于机器感知的语音学,它们并不适合教学。如果从教学角度着眼,需要一种超越它们并部分吸纳二者的分析。其理由是:

首先,教学是从人的直觉、印象、感知出发的行为,需要从人的特点出发去设计语音理论的框架,让一般人都能操作或操纵。教学上需要的不是高深的理论,而缜密的分析也不是学生都需要的,而一般只是教育者甚至只是研究者所必须掌握的技术。这已经为许多未经教师指点而能在生活中学好目标语的事实所证明。

其次,教学的目标是让大多数生理和心理方面均在可习得年龄范围内的学习者都能习得足以沟通交际的必要的目标语语音和其他语言项目。要求所有的学习者都能学到非常道地的目标语的发音,那是一种不切实际的想法。这也已经为无数有关测试和成绩统计的事实所证明。而且,语音学习是较长时间的过程,教学只能为学习者确立一个基础,完全达到目标语的标准语音,是学习者自身长时期努力的结果,并非教学时间内的任务。

由此,我们觉悟到需要从语音教学理论的起点考虑,需要改变以往学院式的传统做法,于是在本文中就自然地产生了一种新的尝试,提出了一种新的可能模式:即本文提出的“语音感知分析”。这一分析并不排斥语音学中的音素、音位分析,只是二者适用的领域不完全相同。

3.2 语音的感知基础

（1）根据。物理—生理—心理是感知的根据。在物理—生理—心理的综合作用下，常人对包括语言在内的事物通常有两种反应：敏感与熟悉。敏感与熟悉都是一种被动的感知反应。它们往往相互矛盾。从主动角度看，感知的反面就是专注。一般来说，专注与熟悉的程度往往成反比，而与敏感的程度成正比。前者即所谓“习焉不察”；后者则是“触景生情”。在超音段感知上也是如此。

（2）年龄。年龄越大，其语音感知的心理模型越稳定并且越固执、越有成见，对生理和物理的差异也就越不敏感。这种情况在超音段感知上也就越为突出。在少年期过后对超音段的感知会随年龄的增加而感知程度越来越浅，越来越不敏感，或者在两种语言之间的对比感知越来越不强烈或明显。因此，学习也就越为困难，练习的强度也将越大，所需时间更长。我们常常会见到本民族人在学习标准语或另外一种方言时，年龄越小，其词调和语调越接近被模仿的目标语音，而年龄越大越难以达到模仿标准，其词调和语调更易露马脚。而相同的情形也发生在第二语言学习者的身上。这其中必有生理和心理机制上的原因。

（3）标准。感知由生理、物理和心理三种因素参与作用。测试感知同样也存在这三方面的标准。生理和物理标准是客观的。心理标准则是主观的。第二语言学习者在感知二语时都是以母语为基准的，是对生理和物理的主观认知。心理因素是感知的特质所在，但学习者个体的心理差异往往很大。其心理感知很难使用仪器量度，只能用抽象方法或自省对比的描写，以及使用调查法归纳，得出一种概率意义上的相对数值。

3.3 感知的本质

感知，是人的一种本能，也是人的一项心理和生理交互作用下的能力。用于语言教学上的感知分析实际上是人对语言的天然对比能力及其在教学上的运用。在语音教学上亦如此。通过许多实际学习事例和调查所得，才可以由感性察觉到达目前感知分析的理性阶段。感知分析是贴近普通人的，是符合普通人的感觉的，而且又符合一般语音学的音理和知识，因此也就有可能获得最大教学效果。不同的人往往因其天赋和后天训练的不同而具有不同的感知。同样的声音，有的人敏感，能够区别，有的人却不敏感，无法区别。另外，不同的语音对人际交流的影响程度不同，而学习者的目标也不同，有的要求做口语翻译或汉语语音学家，有的只需要满足一般口头交流，所以也不需要人人在所有的语音点上都一一过关。根据这两个负面的考虑，我们决定把感知的标准确定在一般人的水平上，他们既不是辨音天才或语音学专家，也不是痴呆者或低能儿。我们仅仅从教学角度考虑，把目标缩小到一般学习者交流时必须区别的层面上，不是为了做播音员，也不是做语音老师或语音学家。这样，我们就必须对科学上通用的是 / 否两极的判断和分类做出修正。

3.4 根据感知区分的语音类别

根据一般人对两种语言的语音直接感受的不同程度，可以把第二语言的语音分为三类，除相同感知和不同感知两类外，再增加中间状态的感知一类。教学经验又告诉我们，中间状态的这一类其实际感知度又有两种大略的不同，并因此而影响实际教学，所以在这一类中还需要再分成两类。这样就可以把目标语语音在与母语语音做感知对照的情况下分为以下四类：

（1）相同（无差异）；

（2）几无感知的相似（差异极小，以致差异感知几近于无）；

（3）有感知的相似（差异较小，但仍有感知）；

（4）不同（差异较大）。

从通行的理论语音学看，语音之间只有相同和不同两种，这是一种绝对的二分法。但从教学语音学看却有必要把相似语音再析为有感知的和几无感知的两种。所谓“几无感知的相似”，是指这几种情况：有些人可以感知到二者不同，也有人感知不到区别，还有人可能有时感觉差异很明显，有时又感觉不到差异。这和其他三类是不同的。由于相似语音在教学上有其特殊地位。也由于发音最为困难的可能不是明显不同的语音，而是有感知的相似语音。因此有必要设立这一对比项目。

3.5 感知单音和提取音

为了便于教学,我们尝试放弃以传统的语音学或音位学、音系学作为分解比较单位的平台,而改以感知角度的"感知单音"为基本的比较单位。在"感知单音"中可以提取出不同程度的更小的"提取音",例如汉语的声母、韵母、声调。人对自然语言的感知都是具体的。不同民族或操不同母语的人对语音和语音单位的感觉或感知也是不完全相同的。"感知单音"的概念就是在这个基础上提出的。它是某个语言社群的人们对某语言语音具体感知的语音单位。这种对自然单音的具体感知重复许多次,然后再进入另一步的抽象,即提取更小的"提取音"的阶段。现在的语音学已经把单位越分越小,即提取的程度越来越高,从音素、音位到语音的区别性特征。这样提取出的越来越小的"提取音"对于一般的教学往往没有很多用处,还时常徒增麻烦

提取是一种较高级的抽象活动,需要特别的训练,而人们直感的却是自然区分的单位。在中日两种语言中,这种共同的自然感知的语音单位就是音节。对汉语而言,基本上就是一个一个的"字",而对日语而言大体上相当于大部分的假名。音节中最基本的音节对教学尤为重要。这里所谓的最基本的音节,就是指那些可以用来构成另外一些音节的"音节"。从这方面看,以人们最自然的感知为出发点,正是力图符合平常习得语音并回归人性的一种努力。例如,英语的 good, stop 在语音学中都是一个音节,但在中国人或日本人听来,前者却是两个感知单音,后者则是三个感知单音。如果他们使用各自的文字去转写,中国人就会写成类似"古得"和"司多普"这样的字,日本人也会写成"グド"和"ストップ"。这就是感知的作用。教学上必须充分考虑这种因素,才能化解某些教学困难。当然汉语和日语都是音节结构比较单一的语言,没有复辅音(st-),也没有开尾音(-d)。这些音对于汉语都不是音节内的感知单位,而只能被感知为音节一字。对于日语,也不能作为音节内的感知单位,只能对应为以假名为代表的语音单位,以及由此提取出的"提取音"(相当于汉语的声

母、韵母)。在中国学生的普通话学习中,汉语音节总表常常被认为是没有什么用,而日本学生却相反,他们觉得这个总表对他们很有用。这个不同反应说明,日本人是非常看重整体型的实用单音的。这可能与他们的感知特点有关,也与他们习得语音的特点有关。

"提取音"与传统的音素、音位和音节是不同的。提出前者,并不否认后者。前者是出于教学的目的,后者则是出于语音学研究的目的。教学和语音学毕竟是不同的两个领域,不能简单地用抽象的科学切分来代替甚具感性的教学活动,这是一。其次,提取本来也会在言语行为中逐渐自然发生,教学的程度越深,抽象的提取行为就越多越自然,也越成功。提取的结果将形成一种模式,即音位系统中的音素聚合模式(音位)和语音匹配模式(音位组合、音节)及再提取模式(区别性特征)。人是具有这种本能的,因此可以采用诱导形式,诱导学习者利用自身能力,让他们比较自然地发生这种提取行为。这是一种"能动式"的教学原则,启发学习者本身的天然能力并调动其能动性的教学原则。

4 中日语音感知差异大势

(1)语速不同:日语语速快,因而导致发音器官活动度低,影响发音的音色,例如清塞辅音特有的轻送气,元音有央化倾向。而汉语语速相对较慢,音色区分明晰。两个音节连读时,日语由于语速快,就很容易发生语音同化,而汉语就很难。

(2)音长基准不同:日语分长、短元音和音节,而且短音节多,因而以mora[1](相当于短元音、短音节)或短音节为基准。与日语比较,汉语基本音节大致相当于日语的长音节,还有少量短于日语短音节的"极短音节",即轻声音节,因而必然以长音节为基准。日语的长音节比汉语的基准音节为长。汉语的轻声短音节又比日语的短音节为短。儿化音节在感知上又略长于一般音节。而根据实验语音学的测定,儿化音节的音长并没有加长。

(3)音节结构不同:在感知上只觉得日语音节远较汉语简单。实际上也是如此：日语基本音节结构为［C］V［Cn］，比较简单。汉语基本音节结构为［C］［M］V［Cn/ng］，格局比较丰富。这样的不同与中日语速不同存在平行性和相关性。

（4）音高因素的功能与分布不同：人们感知上只觉得日语没有抑扬顿挫，而汉语的音节高低升降特别丰富。事实上也是如此。日语的音高只用于重音，是一种基本不具辨义作用的特殊音高重音。汉语的音高主要用于辨义作用的声调。二者完全不同，属于两类范畴。

（5）句调趋势不同：人们感觉日语的句子是平的，汉语是下降的；日语最后的音节是清楚的，汉语最后的音节往往有点模糊。事实上，日语的动词在句末，导致日语句末音重，句调音高下降少，句末语气词也无轻声类型。汉语的动词在句中，导致句末音轻，句调音高下降多，句末语气词全为轻声类型。

5 与日语比较的汉语音段感知

5.1 音段感知对比分析

5.1.1 感知单音对比表。以下将58种汉语单音与日语相应语音做对比。选取的原则是：选取“系内音”，不选取“系外（边缘）音”；[2]选取在感知上有较明显的区别或根本不能对应（用“——”或“—/”表示）的系内音。这些音是教学的重点和难点。以下附国际音标表示，以便与语音学的音素描写做一总的对照。之后我们再就其特别的难点提取或提出另节分析：

表 一

汉 日	1) ɑ[A] あ[ɐ/A]	2) i/yi[i/ji] い[i]	3)(ê[E]) え[E])	4) –in/yin[jin] いん[in/iN]
汉 日	5) mɑ[mA] ま[mɐ]	6) mi[mi] み[mi]	7) nɑ[nA] な[nɐ]	8) sɑ[sA] さ[sɐ]
汉 日	9) mo[mo] も[mɔ]	10) ni[ni] に[ɲi]	11) xi[ɕi] し[ʃi]	12) hɑ[xA] は[hɐ]

续表

汉	13) bɑ[pA]	14) dɑ[tA]	15) gɑ[kA]	
日	ば[bɐ]	だ[dɐ]	が[gɐ]	
汉	16) zɑ[tsA]	17) zi[tsɿ]	18) ji[ʨi]	19) qi[ʨʰi]
日	ざ[dzɐ/zɐ]	ず/づ[dzɥ/zɥ]	じ/ぢ[dʒi/ʒi]	ち[tʃi]
汉	20) pɑ[pʰA]	21) tɑ[tʰA]	22) kɑ[kʰA]	23) cɑ[tsʰA]
日	ぱ[pɐ]	た[tɐ]	か[kɐ]	つぁ[tsɐ]
汉	24) ɑn[an]	25) ɑng[ɑŋ]	26) -un/wen[uən/wən]	27) -ing[iəŋ/jiəŋ]
日	あん[ɐN]	あん[ɐN]	うん[ʉN]	いん[iN]
汉	28) -u/wu[u/wu]	29) -ü/yu[ʲy/ʲɥy]	30) e[ɤ/ˠʌ]	31) er[ɚ/əɹ/əʴ]
日	う[ʉ]	ゆ[jʉ]	—/う[ʉ]	—/あ[ɐ]
汉	32) zu[tsu]	33) fu[fʊ]		
日	ず/づ[dzɥ/zɥ]	ふ[ɸʉ]		
汉	34) ɑi[aɪ]	35) ei[ei]	36) -uɑi/wɑi[waɪ]	37) -ui/wei[weɪ]
日	あい[ɐ'i]	えい[Eː]	うえ[ʉE]	うえ[ʉE]
汉	38) ɑo[ɑʊ]	39) ou[əʊ]	40) -iɑo/yɑo[jɑʊ]	41) -iu/you[jəʊ]
日	あお[ɐ'ɔ]/あう[ɐ'ʉ]	—/おう[ɔː]	——	ゆ[jɯ/jʉ]
汉	42) -iɑn/yɑn[jæn/jɛn]	43) -uɑn/wɑn[wan]	44) -üɑn/yuɑn[ʲɥɐn]	
日	无/やん[jɐN]	わん[ɰɐN/ʉɐN]	——	
汉	45) en[ən]	46) -ün/yun[ʲɥyn]	47) -iɑng/yɑng[jɑŋ]	48) -uɑng/wɑng[wɑŋ]
日	えん[En]	—/いん[iN]	やん[jɐN]	わん[ɰɐN/ʉɐN]
汉	49) eng[əŋ]	50) -ong/weng[ʊŋ/wəŋ]	51) -iong/yong[ʲɥʊŋ]	
日	おん[ɔN]	おん[ɔN]	よん[jɔN]	
汉	52) zhɑ[tʂA]	53) chɑ[tʂʰA]	54) shɑ[ʂA]	
日	—/ちゃ[dʒɐ]/ざ[dzɐ]	—/ちゃ[tʃɐ]/つぁ[tsɐ]	—/しゃ[tʃɐ]/さ[sɐ]	
汉	55) lɑ[lA]	56) ri[ɻʅ]	57) le(轻音)[lə]	58) de(轻音)[tə]
日	ら[ɾɐ]	り[ɾi]	—/ら[ɾɐ]	—/だ[dɐ]

5.1.2 难点之一：元音韵母或零声母音节

中国传统使用音韵学术语，现在也使用语音学术语，而日本只使用语音学用语。为了与日语对比，只能以语音学为主，并将二者术语适当做些协调。于是，可以做出下面的分析：

（1）只有单元音，没有前响二合复元音。因此学习汉语复元音会有一点困难，即会发成两个等长度、等响度的单元音组合，发不成强弱连续过渡的复元音。

（2）日语没有撮口元音 ü［y］。日本学生发 ü 有相当难度，可能会发成半元音［j］+元音［u］的组合。

（3）日语的许多元音呈央化性质，具体说是低元音 a 和后元音 u 开口度相对于正则元音都靠“央”，日本一般用国际音标分别标作［ᴀ］［ɯ］，笔者根据多次实际听辨认为是 a 在短音节时实际为［ɐ］，u 应该是中度圆唇央元音的［ʉ］。相反，汉语绝大部分非轻声元音都是非央元音。

（4）日语发音动作中缺乏卷舌动作，没有卷舌元音，也没有卷舌的儿化音。汉语中的这些音对日本学生有一定的难度。其中“儿”音的发音特点是舌头中间部分向下凹陷，使整个舌头的边缘相对上翘，成为一种浅碟形状。这是发音的关键所在，也与美国英语的卷舌音不同。

（5）中日元音异体的分布不同。日语元音异体主要在 u，汉语元音异体主要在 a。

（6）零声母音节：日语在零声母音节，i、u 时前面不带半元音；汉语 i、u、ü 必带半元音。日语在 a,e 时前面没有隐藏的辅音；汉语则常有喉塞音。

（7）介音：日语只有［j］［w］两种半元音（介音），共有［ja］［jo］［ju］［wa］四种组合。汉语有［j］［w］［ɥ］三种介音（韵头），共有［y］：ya、ye、yo；［w］：wa、wo；［ɥ］：ɥa(n)、ɥe 等七种组合。

5.1.3 难点之二：鼻韵尾

（8）日语只有一个鼻尾音 -n，是属于［ɴ］的那一种，实际上也是一种央化，与日语元音倾向相平行。汉语的 -ng，在日语中均已演变成元音（-i,-u）。汉语有两个鼻韵尾 -n、-ng。日本学生常常把汉语 -ng 发成日语的［ɴ］。在低元音情况下，这样的走样还没有太大问题，因为由于 a 的变异，-n 和 -ng 音节的区别还是可以显示出来。但在前高元音(i,e)情况下,它们的混淆就是无法解救的。而日本学生对这二者的分辨实在困难。

5.1.4 难点之三:辅音

(9) 日语只有清浊对立,没有送气不送气对立。如:b[p]- p[pʰ],d[t]-t[tʰ],g[k]-k[kʰ]。

(10) 日语缺汉语的齿唇音[f],日语ふ罗马字转写为f,实际上并非[f],而是双唇音[ɸ](日语只出现于fu[ɸʉ]的组合,即假名ふ)。早几年,很难纠正。这些年,由于英语教育的关系,日本学生在f的发音上有了显著的变化,对大部分学生来说已不再是个难点了。

(11) 日语没有翘舌的zh, ch, sh,很多日本人也没有舌面前的j, q, x,它们都很容易发成舌叶音[ʒ],[tʃ],[ʃ]。但是一部分日本人发日语时,不是舌叶音,而是跟汉语的舌面前音基本一致。因此,必须特别纠正在发zh, ch, sh时的音,务必力求准确。

(12) 日语没有边音l[l],也没有翘舌半元音r[ɻ]及其组合ri[ɻʅ],只有闪音[ɾ]及其组合[ɾi]。因此,发汉语的l和r会发成闪音。近年来由于学英语的关系,已逐渐能够发出边音,但翘舌半元音r[ɻ]及其组合ri[ɻʅ]仍非常困难,可能会发成闪音[ɾ]或舌叶音[ʒ]及其组合[ɾi]或[ʒi]。

5.1.5 难点之四:辅音+元音组合

(13) 日语没有舌尖元音-i[ɿ]/[ʅ],发汉语的zi, ci, si时很容易发成日语的zu[dzɥ]/[zɥ]/[zʉ], tsu[tsɥ]/[tsʉ], su[sɥ]/[sʉ];发zhi, chi, shi时很容易发成日语的ji[ʒi], chi[tʃi], shi[ʃi],特别容易影响交际和辨义,必须注意纠正。

(14) 日语没有汉语的iou[jəʊ],日本学生一般都会发成ゆ[jʉ],与发汉语ü[y]时不标准音相混。因此必须注意纠正。

(15) 日语没有uen[wən],日本学生一般都会发成うん[ʉɴ],与发汉语en[ən]时不标准的音相混。因此必须注意纠正。

(16) 日语鼻辅音n与i结合时发生音变,成为舌叶鼻音に[ɲi]。但这种组合一般不被人发觉,也没有产生辨义或交际问题,所以一般可以先不管。

5.2 儿化、儿化韵和儿化音节的感知分析

儿化是语音学、词汇学的两用术语,儿化的特点是在构词法是缀加了一个后缀,即“儿”尾。在发音上则是使元音卷舌化表示。其机制与特点有三:

(1)从音理上看,其卷舌特征 -r[ɹ]贯穿于除韵头以外整个韵母部分。这种贯穿是音质的,而不是韵律的,因此,儿化不是韵律特征。

(2)从生理上看,儿化对于韵母的影响基本上是生理机制所致。由于凹型卷舌需要空间和适当位置,因此处于前高舌位的元音(如 i[i]、e[e]和 -i[ɿ]/[ʅ])就会央元音化或增加央元音,韵尾 i 和 n 就必然要脱落,韵尾 ng 脱落后元音鼻音化。因此,只要理解这个生理机制,儿化韵和儿化音节的掌握并不特别困难,并非教学难点。请看:

表 二

	无韵尾儿化	-i/-n 脱落	-ng 脱落・元音鼻化
a. 原韵腹后加 er	yir/yur	inr/yunr	ingr
b. 韵腹央化后卷舌化	yer/yuer	eir/air/anr/ianr	
c. 韵母直接卷舌化	ar/uor/ur	yuanr/uenr	angr/engr/ongr
d. 韵母改为 er	-ir(zh/z 等后)		

(3)从韵律上看,儿化以后使儿化韵母或儿化音节增加了半个心理上的莫拉。这半个莫拉仅存在于心理,是因为构词语素的增加而导致心理上的音感变化,在语音实验上可能无法测出来。

6 与日语比较的汉语超音段感知

6.1 音高感知对比分析

6.1.1 音高的量度分级。我们使用中日语言中最高和最低两个端点之间的

距离作为音高域来进行对比，而不采用“绝对”音高的概念。这样感知的范围就比较明显，也容易控制。在音高域中使用宽式的量度分级，而不采取一般的五级量度。高、中、低三级或高、低二级正是一般人在初接触某外族语时的感知状态。以此粗线条量度二者，则汉语和日语之间的感知对比可以有如下的主要区别：

一是汉语音节内音高的三级都具有别义功能，它们与语音学1—5度的分级可以做如下比较，高：相当于4—5度；中：相当于3度上下；低：相当于1—2度。对于普通话而言三级已完全足够应付别义。而日语用于表示重音的音高则可以作高、低二分，它们很少具有别义功能。[3]

二是中日两种语言在字/词层次的高音阶比较接近，可以忽略其差异。汉语的中音阶相当于日语的低音阶；汉语的低音阶则在日语中基本没有对应物。也就是说，日语低音阶的音高要高于汉语的低音阶，大致相当于汉语的中音阶的音高。

三是汉语的音高是字/音节内部的要素。而日语的音高是在2“莫拉”以上词语范围内对比的要素，是一种音高型重音系统内的高低描述。二者有很大不同，只能勉强对比。

四是汉语的音节内音高的变化是渐变的，即过渡音高的音程较长较明显；而日语在1莫拉内的音高变化是接近顿变的（参见下表）。[4]

现将两种语言的音高大略对比如下（日语暂取双音节词）：

表　三

	调类（调值）	一声（55）	二声（35）	三声（214）	四声（51）
汉语	（单字调）	高－高	中－高	低－高	高－低
	（变调）			低－低（211） 中－高（35）	
	例字	蒿、摊	豪、谈	好、坦	浩、炭
日语	音高类型：	（短A型）	后高型	（短B型）	头高型
	（1–2莫拉音长）	高（1莫拉）	低＋高（2莫拉）	低（1莫拉）	高＋低（2莫拉）
	例词	shi（市）	ame（糖） kaki（柿）	ji（字）	ame（雨） kaki（牡蛎）

6.1.2 中日音高对比。汉语音节音高，属于字调，是用来区别意义的。汉语在物理和生理方面的特点是：同一个音节内的音高变化实际上受到生理上扰动，现在的许多描述不过是其主要区别特征。其实还可以做如下更细致地描写：一声的特征描述是 5–5，记为 55 调，实际上是 $^{4}5–5^{4}$，其头尾由于受到生理的扰动而都有一个极短的过渡音；二声的特征描述是 3–5，记为 35，实际上在末尾也有一个生理紧张下降的无声音程 4，即 $3–5^{4}$；三声的特征描述是 2–1–4，记为 214，实际上是 $^{2}1–1^{44}$，开头的 2 只是一个调头，是个因生理原因而产生的过渡性成分，只不过比上述两个声调的过渡性成分明显些，而后的 1 的音程稍长，然后滑向 4，因此在变体中这两个部分就被分别强调了出来，一个成为半三声（半上声）211，一个变成 35，后者被归入二声的模式；第四声的特征描述为 5–1，记为 51，实际上由于生理和音节连读上的原因常常不能到达这个 5 和 1 两端，或者是 4–1，5–2，甚至更近的音阶距离。

日语音高的主要特点是：在一个词语片段内，不同莫拉或莫拉群之间都具有对比音高的变化。在每个词语片段（多莫拉音段）内，必然有一个莫拉或莫拉群是高的，其他部分是低的，因此被认为是一种高低重音。只有在一个单莫拉的词内，日语才有单独的高音阶，或低音阶。日语 1 莫拉词很少，大都是来自汉语的汉字词。单莫拉词就其本身而言应该没有什么重音的问题，只有与其他语素 / 词对比后才有非重音的音高。1 莫拉语素 / 词的高低只和辅音的清浊有关，清辅音一般总是高些，浊辅音一般总是低些，古代汉语也是以清浊分阴阳，也就是这个道理。有的实际上与所处位置有关，但这些单莫拉成分一般都被作为更大片段内的一个组成成分，其所谓的单独音高被纳入整个片段的高低重音框架。这是就其一般而言，当然也会有例外。（参见附注[3]、[4]）

总之，中日语言的音高有体系归属的不同，有音高变动类型不同，还有各自音高的相对高低不同等三个方面。

6.2 音长感知对比分析

6.2.1 莫拉的性质和长度。在某一具体语言的系统中，音长只具有相对的长度和相对的价值，不能像仪器那样测量绝对的长度。因此，音长除了在物理性质以外,也必然要从音系方面去认识,因此它又是一种音系学概念。一般使用"莫拉"(mora)来作为音系范畴内的音长量度单位。"莫拉"是一种音系单位,是韵律长度的最小单位,它不具有绝对的长度,而只有相对长度,即可以在某语言的音节内区分若干莫拉,也可以在不同语言之间对比得出各自音节内相对的莫拉数量,从而比较出不同语言的音节的相对长度。此外,即使在同一种语言内,同样的一个莫拉,其物理长度也不是绝对相同的。常常有这样的情况,在某语言中,母语者认为是两个莫拉的,但仪器测量的绝对长度却可能只有一个半莫拉量度单位。例如,日语的长元音的物理长度不一定就是两个短元音相加的长度,可能略短于也可能稍长于两个短音,但却是两个莫拉。[5]而汉语的儿化音节虽然只是一个音节,但从心理感知上看却是两个单位,即一个音节加上一个儿化成分,相当于3个莫拉,长于一般2个莫拉的音节。这进一步说明莫拉还具有主观感知性,即属于心理范畴,而不只是具有一定的生理特征和物理特征。

6.2.2 不同民族对长度的感知。不同语言的母语者的音感是不同的,其中对音长的感知也是如此。中国人对汉语的音长感知不同于日本人对日语的感知。汉语母语者对音长并不特别敏感,在学习英语的长短元音(如,含短元音的 ox[ɔks/ ɑks]和含长元音的 law[lɔː],在 indeed[indiːd]中前一短[i]和后一长[iː])时,往往只侧重长短元音音质的不同,而忽略其音长的不同。相反,日语母语者却对音长特征特别敏感,而对音节的感知较弱。与此相平行的是汉语母语者,绝大多数人对"莫拉"的感知非常弱,几乎等于零,而对音节和音高的感知则十分强烈,不管是长度中等的一、二、四声音节,还是长度略长的三声音节,都当作同样的"足音节"[6]单位。中国人把主要特征是短音的轻音音节称作"轻声"[7],这也从另一方面证明汉语母语者对长短的不敏感。相对而言,日语母语者则对"莫拉"十分敏感。音的长短在日语中不仅仅是音长问题,而且关系到节奏或韵律。因此,音长又具有明显的社群感知特性,不同民族或语言社群的人有不同的感知。如果这样,那么汉语基本上每个字/音节都相当于2个莫拉(轻声音节是短音节,则相当于1个莫拉),而日语的每个短音节所表示的音都只有1个莫拉。中日语言这样的差别也是很容易理解的:因为汉语是声调语言，又是注重韵母介音[8]的语言，没有充分的时间或音长，就无法足够清楚地表达这样的声韵调特征。而日语缺乏音节声调，缺少介音（少量的介音已融入前面的辅音，使辅音腭化或圆唇化），语速又快，因此没有汉语这样的音长需要，所以日语的基本音节[9]只有1个莫拉。

6.2.3 感知证实。我们还可以从另一方面来证实两种语言在感知上的不同：请看下面部分汉字在日语中的读音。例如：

a. 来自入声韵（2莫拉）："一" ichi，"发" hatsu，"历" reki，"六" roku

b. 来自入声韵（2莫拉）："袖" shū，"十" jū，"法" hō，"协" kyō

c. 来自阴声韵（2莫拉）："周" shū，"袖" shū，"逃" tō，"教" kyō

d. 来自阴声韵（2莫拉）："迷" mei，"追" tsui，"退" tai，"西" sai/sei

e. 来自阳声韵（2莫拉）："上" jō，"通" tsū，"京" kyō /kei，"经" kei

f. 来自阳声韵（2莫拉）："断" dan，"新" shin，"林" rin，"兰" ran

上面六列代表了六种汉语字音在日语中的对应音的读音，具有较强的规律性。其中a列是来自中古收-t、-k两种入声的汉字音读音；b列是来自中古收-p入声的汉字音读音；c列是对应 ɑo、ou类阴声韵汉字的音读音；d列是对应 ɑi、ei类阴声韵汉字的音读音；e列是对应-ng阳声韵（鼻音尾）汉字的音读音；f列是来自中古-n、-m阳声韵（鼻音尾）汉字的音读音。前五列都是2个莫拉。最后一列是来自中古汉语的-n和-m的韵母，日本语学界对此有不同意见，一般认为是2个莫拉。从汉语的-ng变为单独一个莫拉-u/-i看来，这一列的拨音-n在日语中实际上是可以单独作为1个莫拉的。它处于一种中间性的状态，摇摆不定。只要看看日本"歌吟"时把拨音-n拉长发音的情况，就知道这"拨音"[10]的特殊性。还有一些汉字是对应为短音节的。但是这些字如果以中国读音去发，并让一般日本人记录的话，则可能全部会记录成长音。例如"诗、他、皮、库、拉"等字在日本语的音读中都是短音，只有1个莫拉，但如果让中国人读这些汉字，而又告诉日本人是哪些字，只让他们忠实地凭听觉记音，则一定会把这些字记录成长音：シー、ター、ピー、クー、ラー。从这两个方面看，可知日本人对汉语音节（不是汉字）确实具有2个莫拉的感知。[11]以下我们把汉语和日语的音节长度做这样大致的对比示意：

表　四

<table>
<tr><td rowspan="2">汉语</td><td>说明</td><td>超长音节[12]
（2.5–3 莫拉）
完全三声
（214）</td><td>基本音长（四声音节）
（2 莫拉）
一声；二声；四声；半三声
（211）</td><td>轻声音节
（1–0.5 莫拉）
轻声</td></tr>
<tr><td>例</td><td>好 / 马</td><td>天；田；电；典（～型）</td><td>子（帽～）</td></tr>
<tr><td rowspan="2">日语</td><td>说明</td><td>——</td><td>长音 / 长音节
（2 莫拉）</td><td>基本音长
（短音 / 短音节）
（1 莫拉）</td></tr>
<tr><td>例</td><td></td><td>とう（tō 東）/ きょう（kyō 京）</td><td>と（to 斗）/ た（ta 田）</td></tr>
</table>

6.3 音强感知对比分析

6.3.1 相对的重音标准。一般都是以对象语言中最常用的，即出现最多、最不特意的强度作为标准。通常我们讨论音强都是在重音[13]的意义上。实际上重音系统在不同语言中往往并不相同。日语、英语和汉语的重音系统就很不相同。日语重音主要表现出音高的特点，即主要是音的高低特征；英语重音则表现为音强与音高并重的特点，即不但音强增大而且音高也升高。而汉语则与它们都不相同，它的重音是以基本音强和基本音高、基本音长作为基准重音模式，而非重音音节都以此基准递减，也就是说一切非重音都低于这个基本的音高、音强、音长的水平。汉语是“凹下型”重音系统，而英语是“凸起型”重音系统。比较起来，日语比较接近汉语，日语的重音是一种基准音高起型的重音，以比较常见的音高音阶作为基准，非重音则是低于这个基准音高的音，其音强因素比较弱，可以忽略。[14]

6.3.2 不同的重音基准。在汉语中，词的音强是以音节的四声读音作为基准，非重音则在音高、音长、音强方面都低于这个基准，尤其是音长和音强更为突出，而音高则不大明显，可以忽略。我们把基准重音[15]和轻声确定为两个端点，前者可以定为 0，后者则可定为 –1。在二者之间还有一种被认为是中等强度和长度的词内重音，本文称为中强音（一般也称为中重音），如果需要，可以定为 –0.5。这三种音在以下讨论中可以分别称为“基（准）重音”（简称“基”）、

“中强音”（简称“中”）、“轻音”（简称“轻”）。另外，在正常言语中，在普通的基准上还有语句层面上的强调重音，可以定为1。由此，汉语的重音系统可以示意如下：

在一般的情况下，只需要注重基准重音（基重音）和轻声（轻音）这二级的描写，而一般外族学习者感知能力也往往仅止于这二级。

在基重音、中强音、轻音这三级里，轻音具有特别的意义。轻音实际上有两种：一种是该语素以字／词形式出现时或在任何多语素语词中出现时都读轻声的，这时的轻声已经成为该语素的标准形式，需要在词典中单独标明，这就是一般的后缀“子、头、巴”和助词“了、的”之类，这是一种语素音强，它已经脱离了词重音的范畴，成为需要在单字层次上描写的固定语素形式，可以称之为“语素轻音”，这时的语素也可称为“轻音语素”。另外一种轻音是随语词和语体而定，有时读轻声，有时不读轻声，这是一种真正的词内轻音，或者说是一种真正的重音系统内的弱非重音（相对而言，中强音则是强非重音）。因此，真正的词重音系统是以后一种轻音为参与单位的。

日语由于其重音系统是音高性质，因此缺乏汉语那样的基准重音。

以上所述汉语重音系统是音强性质，日语是音高性质，这样的表述都只是就主要特征而言，其实汉语的重音也有音高因素在内，其轻音甚至还有音质问题，日语的重音也有音强因素参与，但这些都不是主要特征。这样，我们就可以将汉语和日语的重音系统做如下的对比：

表　五

汉语重音系统 （音强特征）	基准重音 强	中强音／中重音 次强／中弱	轻音／轻声 弱
日语重音系统 （音高特征）	重音 高	非重音 低	——— ———

6.3.3 汉语重音类型。我们以双音节词为基础，则普通话（不是北京话）的非强调型重音系统有以下三种基本类型：

a. 中—基：理解、无论、表妹、词典

b. 基—中：偏爱、木耳、口水、重量

c. 基—轻：太阳、葡萄、桌子、看看

其中第一种的“中—基”型是更为基本的类型。另外，还有两种次要类型，但数量极少，似乎只有以下两个例词：

d. 轻—轻：着呢

e. 轻—中：的话[16]

以北京话为基础的普通话，其轻重音是基于这样一种动力模式展开的：即选择基准重音和轻音作为两个端点，而忽略其余的成分。其发音到位的成分主要是基准重音所在的成分，其余的成分发音常常不大到位。由此可见，中强音其实在很多场合都带有过渡性。如果选择第一字为基重音，则剩余的第二字便是基重音过渡到另一词语或停顿前的过渡音强；如果选择第二字为基准重音，则第一字就类似于过渡到基准重音的过渡音强；如果第一字和第二字分别为基准重音和轻音，则类似的过渡音强就无法存在。

至于三个音节的重音主要有这两种(其他类型暂略)：

a. 基—中—基：清凉油、合作社、图书馆、绿油油

这一类中的第二字类似于以第1、3二字为端点的过渡音高。其音强并不稳定，往往因语速的快慢而有变化，语速快时甚至接近轻音。

b. 中—基—轻：火炉子、澡堂子、叫花子、笔杆子

这一类中的第一字则类似于以第2字为端点的过渡音强。

可见，汉语的重音模型实际上是生理、物理和心理三种因素共同制约而形成的。

6.4 节律(节拍和快慢)感知对比分析

6.4.1 不同的节律标准。汉语以足音节为节拍，节拍是汉语的节律单位。日语则以莫拉为节律单位。[17]两种语言的节律都是建立在生理的气长和语言的音节长度基础上的。不管哪种语言，其使用者的气长应该都是基本相同的，每个气长区内的平均莫拉数量大概也相差不会太大，不同的是音节的长度。以音节长度来分析的话，那么日语显然短音节多，在同一个气长区间内的音节数比较多；汉语由于音节比较长，在同一个气长区间内的音节数肯定比较少。

在这种情况下，汉语必然是节奏较慢，而日语一定是节奏较快。汉语的音节长度比较稳定，音节间分隔明显；而日语中音节长度不稳定，音节间的分隔不显著。因此很自然，汉语必然会以音节作为节律 / 节拍的基本单位，而日语却要用莫拉作为节律 / 节拍的基本单位。

6.4.2 两种节律模块。汉语的基本节律模块有两种：一种为 1 音节模块；另一种为 2 音节模块。由此生发出各种不同的节拍群 / 音步。以此构成的基本节拍群 / 音步有三种：1 音节节拍群 / 音步；2 音节节拍群 / 音步；3 音节节拍群 / 音步。更大的节拍群实际上是以上节拍群的组合，如：4 音节节拍群是 2/2 节奏；5 音节节拍群是 2/3，或 3/2，或 2/2/1，或 2/1/2 的节奏。由于语速的不同，2、3 音节也会分化为 1/1 节奏和 2/1 或 1/2 节奏。表现节奏最明显的主要有两种语言片段，一是成语，一是诗句。汉语的四字成语在语法构成上一般都是 2–2 型，即使构成是 1–3 型的或 2–1–1 型的，也是要求作 2/2 节奏处理。例如：

2–2 型成语：正大 –/ 光明　驾轻 –/ 就熟　守株 –/ 待兔　广开 –/ 言路

1–3 型成语：青 – 出 / 于蓝　畅 – 所 / 欲言　一 – 衣 / 带水　煞 – 有 / 介事

2–1–1 型成语：不情 –/ 之 – 请　初生 –/ 之 – 犊　不胫 –/ 而 – 走　兼听 –/ 则 – 明

诗句是一种民族语言的节奏最集中最突出的表现场所，以诗句为例可以很好地说明不同语言间的区别。汉语的诗句是以也是以 1、2、3 音节的节拍群作为大于音节的基本节奏单位，其中 2/2 这种成双型的组合尤具强势。这三种节拍群可以分化成或合组成不同的形式：有的是 2/2/2；有的是 2/3（3 或 2/1，或 1/2）；有的是 2/2/3（3 或 2/1）；还可以是 3（或 2/1）/2、2/3（或 2/1）/2，等等。另一个特点是一般需要成双的诗句组成，最少是 4 句；如果诗句是单数，则句子数至少需要 5 句才能形成满足汉语节奏成双的韵律要求。再一个是必须有配合诗句数的 2 个或 2 个以上适当的韵脚。由此可见，汉语的诗句是以节奏成双作为基本特点的。例如汉语四言诗（标斜杠“/”者表示节奏分界处，双斜杠则节奏分界大于前者，标“#”符号表示句与句之间的更大分界；标底线“__”者为韵脚）：

《诗经 · 邶风 · 燕燕》首章：

#燕燕//于飞#，#差池//其羽#；

#之子//于归#，#远送//于野#；

#瞻望//弗及#，#泣涕//如雨#。

《诗经·魏风·硕鼠》首章：

#硕鼠//硕鼠#，#无食//我黍#；

#三岁//贯女#，#莫我//肯顾#。

#逝将//去女#，#适彼//乐土#；

#乐土//乐土#，#爰得//我所#。

以上都是2–2节奏。又如汉语五言诗和七言诗：

孟浩然《春晓》：

#春眠//不觉/晓#，#处处//闻啼/鸟(或：闻/啼鸟)#；

#夜来//风雨/声#，#花落//知多/少(或：知/多少)#。

李白《朝发白帝城》：

#朝辞/白帝//彩云/间#，#千里/江陵//一日/还#；

#两岸/猿声//啼不住#，#轻舟/已过//万重/山#。

以上五言诗是2/3(3或2/1)节奏，七言诗是2/2/3(3或2/1)节奏。即使是下面的较短的长短句(词)，其节奏也不同于日本。如白居易所作27字的《忆江南》(五句)：

#江南/好#，#风景//旧曾谙#。

#日出/江花//红胜火#，#春来/江水//绿如蓝#。

#能不//忆/江南#。

又如温庭筠所作23字的《南歌子》(五句)：

#懒拂//鸳鸯/枕#，#休缝//翡翠/裙#。

#罗帐//罢/炉熏#。

#近来//心/更切#，#为/思君#。

再如最短的毛泽东所作《十六字令》(四句)：

#山#，

#快马/加鞭//未下/鞍#；

惊 / 回首 #，

离天 // 三尺 / 三 # !

以上都属于最短的长短句一类，它们至少要由四个诗句构成。可见汉语一般不能允许三个诗句组成的完整诗，必须超出三句。

与此不同的是日本传统的诗句。以日本俳句为例，俳句全诗仅仅一句，无韵脚，分成三段：5（莫拉）/7（莫拉）/5（莫拉），每一段成为一个大于音分的节奏。一首俳句只有三个较大节奏，总共 17 个莫拉，[18]并以此作为节拍的总的心理长度。例如下面的俳句（第二首画底线处为莫拉的确定须讨论，请参见附注 18）：

芭蕉（松尾芭蕉）：

不性（ふしよう）さや / かき起（おこ）されし / 春（はる）の雨（あめ）#。

[# fushyousaya / kakiokosareshi / harunoame #.]

たかし（TAKASHI）：

来（き）て止（とま）る / 雪片（せっぺん）のあり / 紅椿（べにつばき）#。

[# kitetomaru / seppennoari / benitsubaki #.]

夏目漱石：

腸（はらわた）に / 春適（はるしたた）るや / 粥（かゆ）の味（あじ）#。

[# harawatani / harushitataruya / kayunoaji #.]

以上日本俳句的 17 个莫拉对应到汉语只相当于 8.5 个音节 / 字，无论如何是建立不起合乎汉语韵律节奏的诗句的。[19]

日本传统还有一种和歌，其中的“短歌”是以 5/7/5/7/7 或 7/5/7/5/7 共 31 音（莫拉 / 音拍）作为总的节拍长度的。例如：

あらたま《春雨》：

春雨（はるさめ）の / 音（おと）のしながら / 幽（かす）かにて / さ夜（よ）ふけと夜（よ）は / ふけにたるらし #。

庭 燎《新年》：

#元日(ぐわんじつ)の/夕(ゆふ)さりくれば/床(とこ)の間(ま)の/をぐらくなりし/ものかげ寂(さび)し#。

以上两首日本短歌也与俳句有相似的节奏类型,都是7/5/7/5/7的节奏,即每个节拍都是单数莫拉,并以5、7两种莫拉数交替出现。

像以上这样的莫拉为单数的节奏同样也不能在汉语内建成独立的格律诗。比较起来,汉语的长短句远比这种节奏活泼,但这种活泼正好是建立在莫拉成双和以四个诗句和两个韵脚为起点的基础上的。

这些都说明汉语和日语的节奏在心理层面和实用层面上有很大不同。

7 对日汉语语音教学的基本处理法

7.1 语音教学的基本要求

(1)分阶段提高听音分辨力。

需要多听,多分辨,以提高感知能力。因为一切语言学习的基础是模仿,并且是以消极掌握(即口语的听和书面的读)为先导的。但听音与发音又是相互促进的,发音能力的提高对听音分辨能力有很大的促进作用。因此,需要更多地在多方面练习中达到听音分辨的要求。

(2)分阶段提高发音相似度。

感知是有阶段性的。随着对事物的逐步熟悉,感知的深度、广度和细化程度都会有所提高,从而对第二语言的教学要求也将提高。因此根据教学经验可以分出如下三个教学要求的阶段:

A. 要求发音大致相似阶段;

B. 要求发音基本相似阶段;

C. 要求发音基本相同阶段。

三个阶段也可以分别称为初学阶段、提高阶段和深造阶段:

初学阶段只能要求发音大致相似。在这个阶段中还可以再分出若干小阶段。例如：可以有结合字词的声韵调和基本音节训练阶段；结合语句和注音的语句训练阶段；结合语句和逐渐无注音的语句训练阶段。

大约在第一学期后期和第二学期就可以进入提高阶段，要求学习者达到发音基本相似。而对于一般的学习者达到基本相似也就可以。这是个适宜的程度。

至于发音完全相同的要求属于高级的深造阶段，一方面是实际上只有少数人能够达到，另外也只能局限于某些职业需要，例如高级的汉语教师和口译者、学习演艺者（学习相声和京剧等等），因此，不宜轻率提出。

（3）按能力和需求提出不同要求。

学习者来自各个方面，每个人的天赋能力以及理想和目标也不同，因此应该根据不同的学习者的不同能力和需求提出不同的要求。"因材施教"和"量力性"这两项原则必须掌握。既不提出不切实际的过分要求，也不随便放弃经过再加一些努力即可达到的要求。对于中国语专业高年级学生，如果发音在前几年中没有学好，这时就不必在发音上过多停留和要求。因为到这个时候为止，已经证明该学生或者是不愿意尽力学习，或者是缺乏天赋或才能。反正此时的主要矛盾已转移到使用方面，应该要求他们多听多说多看多写，以迎接未来的职业。即使发音不好只要语法对、词汇多，语句通，发音差一点也还能弥补一点缺憾。

（4）适时地要求加力和减力。

所谓"加力"就是努力到位，所谓"减力"就是放松到位。学习任何外国语都会遇到发音不到位的情况。汉语和日本语发音的一个很大不同是汉语发音慢，强调声调，介音要清楚，各种主要元音和日语发音的口腔大小，舌位高低前后都不同。因此在学习的初始阶段需要努力使这些方面到位，需要比较用力从日语习惯的位置上移动并固定到陌生的汉语位置上。这是十分困难的。尤其是日本的男性和女性在发音时有性别的差异，男性一般比较放得开，不大害羞，而女性一般较害羞，声音很小，口型也很小，张不大，因此对于后者，需要做更多的启发、动员、激励工作。在初始阶段，就需要加力。

学习任何外国语一般也有这样的情况：在发音基本到位，就是每个单词发音都很正确的时候，一开口还是让本国人很快听出来是外国人说汉语。这当然可能有语法和用词的问题，但从语音上说，他们存在的问题是太“生硬”，需要“柔软”一些。这就是发音过分到位的情形。例如中国人说英语常常存在“国际音标英语”的情况。这就是说，在实际说话时，发音不能像读书那样，每个字既要清楚到位，又不能过分到位，每个句子的句调高低都要正确，但又不能生硬过分。这就需要适当减力，让该清楚的清楚，而不该太清楚的就不必太用力。这里涉及的有连读时重音的调整，由于重音的影响导致的语音变化，以及在字和字之间过渡和整个句子的轻重安排。

因此，先加力后减力，先收紧后放开，先硬后软，是学习汉语语音的另一个关键，也是学习任何外国语的关键之一。

于是我们又必须分出两个阶段：

A. 加力阶段，即分别学习阶段：用力练习，大声练习，反复练习，建立新的习惯。

B. 减力阶段，即整体应用阶段：软化练习，连续练习，实战练习，调整新的习惯。

7.2 语音的具体教学阶段与教学项目

（1）教学和教材的一般处理。根据对汉语语音的感知程度以及学生愿望，分成若干阶段进行不同要求的教学并因此有不同的教学项目。以下分成的三个阶段：

A. 音节教学阶段；

B. 语句教学阶段；

C. 自然话语教学阶段。

这些阶段的分别也应该在教材上得到一定的反映，以方便使用者。具体来说还需要在教材中处理好：

一是编写教材的指导方针，即选择合理的教学原则和教学方法；

二是集中和分散的合理配合；

三是单项（声韵调次序抑或韵调声次序）和综合的配合；

四是课文和标音的具体配合；

五是词语和常用语与语音练习的配合。

（2）音节教学阶段及其相关项目。这是基础或最基本的教学项目。由于汉语是一种以音节为纲的语言和语音系统，因此适合以传统的声、韵、调作为基础教学项目，而不适合用以元音、辅音为纲的西方方式来切割项目。但在教学时宜于按下列交叉配合的方式分割：

A. 单韵母 a、i 与四声的配合教学；

B. 一部分难度小的韵母与声母以及四声的配合教学；

C. 另一部分难度大的韵母与声母以及四声的配合教学；

D. 词语与主要变调类型的配合教学。

（3）语句教学阶段及其相关项目。以上项目的教学虽然可以结合一些简单语词练习，但并不能教会学生如何说话，因此在这个教学阶段应该使用最常用的语句来结合语音的教学，这将比音节教学更具有实用性。此时所涉及的教学项目大致有：

A. 具有典型意义的常用语；

B. 儿化和儿化韵；

C. 一般的词语重音（包括轻声）；

D. 一般的语句节奏。

其中 A 项是后面三项的依附载体，两个方面需要互相依靠和促进。

（4）自然话语教学阶段及其相关项目。这是以学习真实状态的口语为目标的教学项目。上面那些语音项目即使学得不错，但真正开口仍然脱离不了日语腔，一听便知你是外国人。因此真正要学到家，就必须进行这一阶段的训练。具体的项目是：

A. 真实状态的音节发音；

B. 音节过渡；

C. 实用语调；

D. 实用重音；

E. 实用节奏。

(5)语音教学程序的处理。这也是一种方法,是从另一角度去看如何处理教学项目。在各个项目进行完之后还需要再分别做若干次调整和纠正。

A. 以分解为主的程序——从简单到复杂。

韵母+声调→

→声母+介音→

→声母(+介音)+韵母+声调→

→儿化音节→

→多音节+重音(含轻声)→

→语句→

→简单句群/篇章

B. 以整体为主的程序——从整体到局部。

简单句群→

→句子→

→短语→

→多音词→

→单音节/词→

→声韵调

7.3 语音基本教学方法和技巧

(1)跟读法。这是语言教和学的最基本的方法,从学习的角度说,也可以称为模仿法。模仿是人类语言代代相传的根本方法。这是一种从感性到理性方法,从被动感知到主动感知、并从被动生成到主动生成的方法。

(2)推导法。以日本语音和已掌握的英语语音作为起点。例如:以日语的ち[tʃi][20]推导到汉语的j(i)[tɕi]、q(i)[tɕʰi],因为日语的ち处于汉语的j和q的中间,利用语音学上辅音音程长就得到送气的印象,反之则是不送气的原理,指导学生发音,便可得到大致的汉语音。此外,可以用英语stop中的t推导到汉语的不送气音d,以英语top中的t推导到汉语的送气音t。

(3)对比法。以日本语音和已掌握的英语语音作为对立物。例如以日语的 ha 、yu、ra 和汉语的 ha 、you、la 作对比；以日语的 ai、英语的 i[ai]和汉语的 ai(哀、癌、矮、爱)做对比，以感知并了解它们的不同。

(4)夸张法。这是采用强调或加力，以超过标准音的发音行为去打破发音的心理—生理定势。所谓“矫枉过正”也许就是这一经验的总结。这可以有三种夸张：一是发音部位夸张，一是发音方法夸张，再有是发音强度夸张。

发音部位夸张。如：日本人发 a 时口型都比较小，这时可以让大家尽量把口开大，大声发出 a 音，以建立新的发音姿态；发 zh, ch, sh 等翘舌音时，可以让日本同学把舌尖尽量地向上翘，让舌背尽量贴住齿龈发出这些音。

发音方法夸张。如：发边音 l[l]时可以强调边音爆发前气流从舌两边流出的状态，让这种状态持续较长的时间，以便与日语的 r 相区别，并重新确立新的音感和习惯。

发音强度夸张。如：大声练习发音；超多次重复练习发音；连续练习发音。所谓“疯狂英语”正是一种发音强度方面的夸张法。

(5)松弛法。与夸张相对的是松弛，或者说是“减力”。经过最初的发音学习，学生的语音虽然可以基本到位，但却常常过于死板夸张，不够柔和自然，如同小学生背书或读书，缺少实际语言中存在的音渡和轻重节奏，离实际使用的语音有一定距离，因此需要在加力之后实行减力。减力的过程需要在话语练习中进行，与语调等更为复杂的语音因素配合起来学习。

(6)具象法。所谓具象法就是以人的自身发音实时行为以及相关实物来表示发音要点。例如在发“儿”[21]音时，使用浅碟来做比方，在发出儿化韵母中的鼻化音时，捏住自己的鼻子来体验鼻化的味道。又如在发送气音和不送气音时使用薄纸片放在嘴前，测试发音时有无强气流出来。再如使用发音器官模型来表现语音的实际发音部位或状态，等等。

(7)图示法。以各种有用的图形来表示发音要点。例如：元音舌位图；发音器官示意图；电脑上的一些图谱和图像显示。

(8)组合法。把一些发音单位组合成某种比较固定的类型或模型，让学生反复练习，通过掌握代表这些组合类型的典型词语，使学生在心理上和生理上建立起新的发音模型。这种方法一般在声调和语调教学时使用，尤其是用于多字词语的发音和韵律。例如：练习四声常用的“1-2-3-4”模型，采用的具体词语如：“中华伟大、山河锦绣、诸如此类”。

(9)分析法。这是以理论分析为主导的方法。广义地说，第7项的图示法也是一种理性分析的方法。这种以理性分析为特点的方法在发音教学中应当是辅助性的。懂得理论常常不能掌握好真正的发音，但却可以帮助我们掌握好发音。在一切语言学习中理论的指导应该始终定位于辅助地位，不宜作为主要手段。但作为一名教师却需要非常熟悉有关的理论。

(10)配合法。所谓配合法就是将语音的练习配合上其他语言项目的练习一起进行。单独练习语音虽然有集中的好处，但很容易使人觉得枯燥乏味，反而影响效果，因此，在其他语言项目(如常用词语和句子)的教学过程中配合上语音练习，可以使语音练习不那么枯燥，效果会更好，而且容易学会自然放松的发音。

8 针对日本人语音学习难点的具体教法

在上一节中我们举出十种教学方法，但真正在单音练习时，我们主要使用的方法大多是推导、夸张、对比三种。

8.1 有关声母学习难点的教法

(1)送气音与不送气音：b:p d:t g:k j:q zh:ch z:c

A. 推导法：如果学生能够较好掌握英语发音，则可利用英语 p, t, k 的送气(如 top 中的 t)和不送气(如 stop 中的 t)两种发音的情况，实行推导教学。

B. 夸张法：可利用日语 p, t, k 在音节首具有一些弱送气因素，让学生放慢发音节奏，加强送气的力度，进行夸张教学。

(2)舌根擦音和唇齿擦音：h:f

A. 对比法：可利用日语和汉语在 h, f 这两个读音上的不同部位进行对比教学，以增加不同的感知，并进而掌握汉语发音。

B. 推导法：可利用汉语和日语 g，k 的发音部位相同的特点去推导出汉语的 h。

C. 夸张法：可利用 f 的发音部位，让学生尽量把下唇收向口内，使上门牙紧咬下唇发音，以实行夸张教学。

（3）翘舌音：zh ch sh

推导 / 夸张法：可以利用 z，c，s 这些汉语音或日语的 s，让学生在此基础上把舌尖尽量向上翘，以达到 zh，ch，sh 的位置。这是一种推导性的夸张教学。

（4）微擦音和边音：r:l

A. 推导法：可以利用汉语 sh 的发音，在先已掌握 shi 的基础上，让 shi 的元音延长，其延长部分即相当于 ri。

B. 夸张法：可利用英语的 l 来掌握汉语的 l，并让学生延长其持阻摩擦阶段，感觉并掌握其特特征。

C. 推导法：日本学生即使能够发 l，也往往在 li 的组合上发生问题，会发成日语的 ri，因此，可以让他们再回到 la，luo，le 的组合进行练习，从这些发音再推导到 li。

D. 夸张 / 推导法：如果日本学生连英语的 l 也发不好，则可以在日语 r 的基础上，让学生保持其发音部位，强迫延长其持续时间，不让破裂，这样也可以获得 l 的音质。这是一种夸张性的推导教学。

8.2 有关韵母学习难点的教法

（1）单韵母：u yu（ü） e -i

A. 图示法：利用元音舌位图引导学生发好 u，yu（ü），e。

B. 推导法：利用日语的 u，让学生参照元音舌位图把舌头的位置尽量向后、嘴唇尽量变圆，以达到汉语 u 的位置。在这一过程中还需要利用一些夸张法。

利用 i，让学生在其基础上使嘴唇变圆，即圆唇化，推导出 yu（ü）。

让学生在 o 的基础上使嘴唇不圆，即展唇化，推导出非轻声的 e。至于轻声中的 e［ə］是一个“消极元音”[22]，可以在练习轻声的“的”“了”时把后面的消极元音 e［ə］自然带出，不必特意去练习。这种自然带出的办法可以说也是一种推导。

让学生在日语す［sʉ/sɯ］的基础上，把嘴唇改变成不圆的状态，以获得汉语“辅位元音”[23]的 -i［ɿ］。在这一过程中也需要利用一些夸张法。

当然也可以利用自然带出的方法，让学生发 z，c，s 时口型和舌位都不动，只略微放松，并设法延长发音，使后面的音浊音化，即可获得这种 -i。而另一种跟随在 zh，ch，sh，r 后面 -i［ʅ］同样可以采取这种自然带出的方法。

（2）复韵母：ɑi　ei　ɑo　ou

A. 推导法：利用日语的 ai 组合在 a 的部分引导其口型变小，舌位向前，并使整个组合的语音重心落在 a 上。而故意忽略 i 的部分，即后一部分只是一种滑动的方向，不必太重视最终到位。

B. 推导法：利用日语的长元音えい［eː］，使前一部分え（e）的口型变小，并且重心落在え上，后一部分い不再成为え的延续音，而开始滑向 i，如同 ɑi 的滑动发音。

C. 推导法：利用日语的あう（au）组合，使あ的口型变大、舌位向后，并使发音重心落在あ上，以后自然地滑向う（u），但不必太重视 u 的最终到位。

D. 推导法：英语的 ou 比较接近汉语，可以利用来发出汉语的 ou。如果不能利用英语，则可以利用日语的おう（ou）组合，使お的部分口型变得不太圆，舌位提高些，发音重心落在お上，后面的部分不要发成长音，而是滑向う（u），但不必太重视 u 的最终到位。

（3）主要元音过渡化的复韵母：iou/iu　uei/ui　uen/un

A. 夸张法：这三个复韵母中的韵腹（o、e、e）都有过渡化的倾向，尤其在一声、二声时，日本学生常常不发这中间的韵腹。因此可以选择第三声进行练习，全第三声的音程比较长，声调拐弯处对元音或韵腹比较强调，因此可以利用这个特点来夸张中间的韵腹，有了语感并巩固后再练习其他声调。

B. 对比法：对比日语的ゆ、うい、うん和汉语的 iou，uei，uen，以感知其区别，并促使学生注意发出汉语这三个音中的弱化韵腹（o、e、e）。

（4）前鼻韵母和后鼻韵母：ɑn：ɑng　en：eng　in：ing

A. 推导 / 夸张法：可以利用日语的あん、えん、いん进行适当推导，日本

语的这三个音中只有いん比较接近汉语的 in。如,可以把日语的あん［AN］作为一种中间状态的音,然后让舌位向前,口型略缩小,即可获得汉语的 an[an]。如果把 a 的舌位后移,口型放大,并使日语的［N］也后移,则可获得后移的 ang。

同样,可以利用轻声"的""了"中的 e 和日语あん来推导出汉语的 en。在进一步推导 eng 时注意 e 的口型略大于 en 中的 e。就是说 en 和 eng 的区别不但有韵尾前后的不同,而且还有 e 的开口大小的些微差别。注意发 en 的时候不要和日语えん联系,发 eng 的时候也不要和日语的うん（un)联系。也就是说,不从日语的这两个音去推导。

B. 夸张 / 推导法：日语的いん和汉语的 in 比较相似,但汉语的 ing 日语没有。可以利用已经掌握的 eng,让学生直接拼合 i 和 eng,以获得 ing。这样的组合虽然比较夸张,但在建立新的发音习惯和语感上却是比较有效的,因为 ing 的发音中确实存在过渡性的 e。待经过一定的练习后,会在话语练习的再模仿中得到调整。

C. 对比法：在基本掌握 an 和 ang, en 和 eng, in 和 ing 之后,必须反复进行前后鼻韵母的对比,以加深感知的程度。

（5）u–,yu– 介音鼻韵母：ong　iong　yuan

A. 夸张法：发 ong 时注意让 o 发成 u,这样更接近于 ong 的本来语音。

B. 夸张法：发 iong 和 yuan 时注意让韵母的开头先出现 i 的口型,然后迅速改变展唇口型,变成圆唇的 yu。在发 yuan 时还需要注意 a 的音质不要相同于二合韵母 an,可以接近于日语的あ(a),在日语あ的基础上口型略小即可。

（6）儿化韵

推导法：首先要掌握好儿音"er"的发音特点,其次可以用儿化或卷舌动作的自然限制代替儿化韵的烦琐学习。儿化韵大多是自然发生、自然音变的。无论是加音（加一个 er）或减音（–i/–n 韵尾脱落）,还是变音（–ng 韵尾的半脱落,变成前一元音的鼻化成分,或使前一元音鼻化),都是受制于卷舌动作的生理条件,因此无须特别的学习。实践证明,儿化韵也的确不是日本学生的难点。关键是要让学生掌握"儿"的发声特点：不是舌尖卷起,而是舌的中间下陷,舌边相对普遍卷起,舌边的高度并没有很明显升高,反而是舌的中央下陷了。这样的发音特点必然要求舌面与上腭形成的共鸣腔具有相当高度,否则就无法发生这样的卷舌动作。

其次可以让学生掌握几个具体要求:

一是前高元音不能自然带上儿化特征。即:在 i/yu 时(yi, in, ing, yu, yun)时需要增加一个 er;在 e 时(e 为前高舌位:ye, yue;e 为中高舌位:en, eng),需要把这个前高或中高的 e 改变为中央元音 e 之后再卷舌,即成为 er 的发音。

二是前后韵尾由于有不同的特征而在卷舌时分别有不同待遇。即:前位韵尾(ei/ai/in/un/yun/en/an)是违反上述空间要求的,完全妨碍儿化,因此只能淘汰失去;后位韵尾(ou/ ao/ing/eng/ ang)并不完全妨碍卷舌动作的展开,因此它们可以得到一定的保留,即韵腹变成鼻化元音。(参见 6.2/6.3)

8.3 有关超音段学习难点的教法

(1)声调

A. 夸张法:所有的四声都可以强调其调型进行练习,例如一声,尽量朝水平方向延长,以突出其高平的特征;二声则尽量从低向上升高,以强调其升高的特征;三声可以尽量压低再升高,或向下再拐向上,突出其低的特征和拐弯的特征;四声则尽量从高向下降,以突出其高降的特征。这样的练习可以促使学生在心理上较快地建立一种特征感知模型,并在操作上建立一种新的音高习惯。

B. 组合法:可以设计一些适合于记忆和练习的声调组合模型,成组地练习一些字和语。例如:

"1–2–3–4" 组合的 "风狂雨骤、英雄好汉、光明磊落、花红柳绿";

"1–1"、"1–1–1" 和 "1–1–1–1" 组合的 "应该、黑压压、春天花开";

"2–2"、"2–2–2" 和 "2–2–2–2" 组合的 "寒流、回族人、人民勤劳";

"3–3"、"3–3–3" 和 "3–3–3–3" 组合的 "水果、小组长、理想美好";

"4–4"、"4–4–4" 和 "4–4–4–4" 组合的 "看病、上半夜、胜利在望"。

这样可以使学生较快地在心理上建立四声模型和变调模型,同时又可以学到一些词语，一举两得。

（2）轻重音

A. 夸张法：在轻声的练习方面可以采取强调夸张的方法。可以选择一些典型的轻声词，如"桌子、尾巴、石头、妈妈、姥姥、写写、我的、吃了"进行夸张性练习，以便在心理上建立新的轻重音模型。

B. 组合法：除掉轻声之后，可以选择一些重音比较明显的典型例词进行重音练习，例如"中—基"型的"中国、水果、睡觉"，"基—中"型的"夏天、到处、会议"这些就是可以作为"模型"的词语。在练习时不宜夸张强调，而是要求在听说读时都能分辨。掌握这些词语的重音形式就可以帮助学生较快地在心理上建立合适的重音模型。

轻重音不必过于强调，因为轻重音对意义的影响远低于声调，而且一些地方的普通话（如台湾）常常缺少这类轻重音或者其轻重音不明显。

（3）语调（节奏和句调）[24]

跟读法：在语调方面，由于其复杂性，不宜使用其他方法，只需要采取传统的跟读模仿之法。选择典型而不太长的单位，进行大量的跟读模仿练习，不必多讲道理，只强调其中的升调以及特殊的升降调和不同疑问句的关系即可。这样做的目的是为了在说话时语调更能柔和自然。

附 注

[1] "莫拉"是英语 mora 的汉语音译，也可译为"拍 / 音拍"或"音分"。日本语译为モーラ。莫拉是音系学中的基本音韵单位，是含有"节拍"概念的术语；它与语音学中的语音单位"音节"正好相对待。它不是音节，但可以相当于音节，也可以小于音节。《语音学和音系学词典》（R.L. 特拉斯克，2000）这样解释"莫拉"（mora）："介于音段和音节之间的音系单位。轻音节通常由单莫拉组成，重音节由双莫拉组成。对一些语言而言，像日语和古希腊语，莫拉似乎是一级重要的节奏单位，但对其他语言而言，可能没什么作用。"为什么日语就存在莫拉这样的单位，而汉语就可以不要？这种区别说明莫拉实际上具有心理单位的特征，所谓的节拍或节奏也含有心理因素在内。而各个民族的心理因素常

常是不完全相同的。由于这样的原因，对莫拉的掌握常常因人而异，例如 N.Trubetzkoy 在其《音韵论原理》中曾经把世界的语言按照莫拉组织和音节组织一分为二，说德、英、荷兰、俄、捷克、保加利亚、乌克兰、意大利、西班牙、葡萄牙、罗马尼亚、匈牙利、近代希腊等语言是以音节组织的语言，而芬兰、立陶宛、斯洛伐克、波兰、丹麦、日本、汉、缅甸、非洲的祖鲁等语言是以莫拉组织的语言。（参见金田一春彦，1967/1981）略知道一些汉语的人一望便知，这个分类是大有问题的，别的不谈，至少是把汉语放错了地方。汉语是很强烈的音节语言，与日本语大不相同。由于莫拉属于韵律范围，也可以是一种音长的单位，因此不适合作为音段教学的单位。但可以在音长方面进行相对性的对比。

[2] “系内音”是指音系内的语音，具有明显的系统性。它们在发音部位、发音方法上都具有系列表现，可以形成矩阵，而且可以与意义结合后组成合成词。像汉语的声母表和韵母表内的音，日语五十音图内的音就都是系内音。“系外音”指的是不能收入音系内的边缘音、孤立音。汉语的许多拟声词、叹词多为“系外音”，准确地说是“系外边缘音”。例如汉语使唤马的“得儿……驾”（带颤音和喉塞音收尾），表示赞叹或怜惜、惨不忍睹心情的“啧啧”（字典在成语处标 ze，而作为叹词实际发内吸音）。关于“系外音”的问题，赵元任（1968）和史有为（1993）均有专节论述。

[3] 日语在词语方面的音高系统和重音系统可说是合二为一，或是音高型的重音。日本语音学界对日语重音有几种看法，有主张高中低三分的，有主张高低二分的。从实际的音高测量看的确可以高中低三分，但从音位角度看却只能二分。现在一般多主张高低二分，认为在音位上只有这两个重音音位（如金田一春彦，1967）。

[4] 日语的音高类型有其特殊之处。以 2 莫拉词语为例，如果局限于这 2 莫拉词语内，则一般分成头高型、后高型（“后高型”的名称是笔者设立的）两种，前者是“高＋低”组合，后者是“低＋高”组合，类似于汉语的四声和二声的走向，只是一高低的幅度小于汉语，二带有顿变味道，三高低两个部分基本是横的走向，这与汉语斜的走向不同。其中后高型又根据后接助词音调的高低而再分成平板型、尾高型两小类，但这已不超出词语本身而具有形态意义的区别。如果是 3 莫拉的词则还增加一个“中高型”，这种类型在汉语中没有相当的形式。而 1 莫拉的词，虽然也可以分成平板型和头高型，但这是根据后接助词的音调高低区分的。后接一拍的格助词是高的，前面的词即为“平板型”，后接格助词是低的则前面的词为“头高型”。因此 1 莫拉的所谓重音实际上是该词与后接助词组合的重音类型。如果以 1 莫拉词本身的音调看，则只有一种极短的平调（本文在表内称为“短 1/ 短 2 型”），如果根据纯粹的音高看，则因辅音的清浊不同依然有高低两种不区别意义的音高，但不能作为韵律音位。本文因为要与汉语对比而故意分出短 1 和短 2 型。

[5] 日语元音中的短音（1 莫拉）和长音（2 莫拉）之比大约在 1∶1.6—1∶2 之间，即发音的长度为短音的 1.6 倍时听觉上就可认作一个长音，如果发音的长度为短音的 2.5 倍时就感

知为 3 个莫拉，即一个长音再加一个短音（见李怀墉 1996：124）。由此可知，莫拉的划分虽然有物理基础，但又不必是短音的整倍数，显示其与心理感知有关。

[6] 某语言内往往有多种长度的音节，其中应用分布最广、出现频度最高的某长度的音节可以作为该语言的标准音节，也可以称之为“足音节”。“足音节”也是一种韵律单位。在一些语言中它是诗歌中的韵律标准，以此作为基础构成节拍和节拍群。例如汉语具有四声的音节是足音节。在汉语诗歌中，轻声音节不能作为一个足音节构成节拍，只能作为足音节的缀加音，而以足音节作为节拍的主要依凭。而在旧体诗中，轻声音节则由于不是足音节，因此完全没有地位，也不能存在。超过标准长度的音节（如“超长音节”，见附注 [12]）应该看成是一种特殊的足音节，它可以构成节拍，并且常常有别的标记作用。诗歌中有许多在朗读时需要延长的音节，实际上往往就是节拍群的界限，这就是一种特殊的标记作用。

[7] 轻声实际上具有四种特征：音长、音强、音质和音高。根据声学和心理实验，轻声首先以音长特征为主，即发音短暂。其次从整体角度看音强也很重要，再次是受到音强和音长影响而出现的音质变化，最后则是音高的特征。轻声没有独立的音高，它受到轻声前一音节的音高的影响，因此，这也就是轻声的一种音高特征。

[8] 在汉语中，有时介音与声母合二为一，即所谓腭化辅音或圆唇化辅音等，有时却有单独的音程，但极短。虽然如此，仍然需要占据一定的时间。尤其在戏曲唱词中，韵头（介音）需要表现得很清楚才合格，才算“字正腔圆”。

[9] 这里的“基本音节”是指在传统日语中出现最多的那种音节，日语在传统上一般称为“音”。它们基本上都是短音节。但收拨音 -n 的音节有不同意见。参见附注 [10]。

[10] 对于拨音（-n），日本学者有不同看法，很多学者认为可单独自成一个莫拉，如斋藤纯男和许多日语语音学书籍都这样认为；也有人认为拨音只能是附属于前面的辅音元音，不能单独作为一个莫拉，如斋藤修一（明海大学日本语学科教授）就如此处理，认为拨音应该与前面的辅音元音组合成的音节合起来计算莫拉，不单独自成莫拉。这些不同观点实际上也反映在日本式诗歌中（参见附注 [18]）。

[11] 笔者自己就有此经历：笔者的姓氏“史”字作为日本汉字的音读音是シ，定成短音；但当我说汉语的“史”时，让日本人据实记音时，常常就写シー，记成长音，由此可见他们的实际感知如何。

[12] “超长音节”主要是指以下三种情况下的音节：

a. 全上声（第三声）调的音节，即把214的调值全部读出的音节。这在一般言语中很少出现，只在成句并强调的情况下，以及在疑问句末尾时才会发生。也就是说214调实际上长于211调和35调的两个异体。例如：

问：谁？答：我。（我：214/213）

你是老李？（李：214/215）

b. 某去声（第四声）字处于与句末调形差别很大的疑问句的末尾，并有所强调时，例如：谁去？（去：423/523）

c.儿化音节，这是一种心理驱使的超长音节，是两个过程重叠以后的纵向超长造成的，在物理长度上可能并没有到达3个音分。例如：

玩儿 | 盖儿 | 词儿

[13] "重音"是译自英语 accent 的术语。英语此外还有 stress 等词表示类似的概念。"重音"在字面上属于轻重强弱范围，与音的高低迥然不同。而 accent 实际上可以包含强弱和高低两种类型，这显示该词（accent）翻译为"重音"是并不妥当的。accent 一般的意思是指口音，腔调，语调。

[14] 日语的重音，一般因为其属于高低重音，与"重音"字面上所蕴含的强弱性质（音强）不同，所以中国的日语学界也有人把アクセント（accent）翻译为"音调"，而回避"重音"二字。参见附注 [13]。

[15] 本文把一般所称的"重音"改译为"基准重音"，这是因为汉语的这个重音并不是特别加重的 stress（重读），而是一般的强弱，就是基准音的意思。另外，本文还把一般所谓的"中重音"改为"中强音"，则是因为"中"和"重"字音过于接近，在简称的时候很容易发生混淆；此外也因为"重音"一词可以理解为 accent 和 stress 两种意思，前者是音调强弱高低的意思，后者是指某个词发音最强的部分，在英语中一般一个词只有一个"重音"（stress），略弱于重音的称为"次重音"，概念容易误解。参见附注 [13]。

[16] 有两个"的话"，一个是连词，读"轻—中"，一个是两个词的跨结构排列（不是词组，只是助词＋名词的排列），读"轻—重""话"还是话语的意思。

[17] "拍 / 音拍"是日语学界用来称呼最小的节奏的单位，相当于莫拉，传统也以"音"来表示。可能是为了回避モーラ（mora）这个外国概念，也可能是对 mora 的一种翻译，当然同时也是为了回避"音节"这个分歧很多的概念。

[18] 日语学界对莫拉的计算还有一些分歧。其中短元音、拗音（有介音的短元音）和促音（相当于入声的塞音韵尾）作为一个莫拉（mora）一般都没有不同的意见，但对拨音的处理则有些分歧。传统认为日语的拨音 -n 是单独一个音节（传统也称为"音"），但是也有学者（如服部四郎）认为拨音 -n 不单独成音节。而还有一些学者（如金田一春彦）则回避"音节"这一名称，另外使用"音拍"这个相当于莫拉的术语，并把拨音称为"特殊音拍"。这个称呼正好说明拨音是一种处于两可之间的特殊音。因此，把拨音算成单独的一个莫拉或不作为单独莫拉，不但在日本传统诗歌中可以找到例证，而在理论上也是情有可原的。正文中たかし（TAKASHI）所作俳句就是把拨音 -n 自成一莫拉 / 拍的例子，下面芭蕉所作的俳句则是不让拨音 -n 自成音节的例子（正文和下例中画底线部分即为分歧处）：

#明（あけ）ぼのや / しら魚（うお）しろき / こと一寸（いっ<u>すん</u>）#。

[# akebonoya / shirauoshiroki / kotois<u>sun</u> #.]

[19] 现在有些中国文人因为中日友好之故，以模仿俳句创立所谓的"汉俳"来表示友好之情，这在政治上、民间交往上是很好的举动，但在文学上却别有可议。日本的俳句只是一句诗分三个节拍群而已，但所谓的"汉俳"已经不是一个诗句，而是一首诗。全诗分

5、7、5 字三句，相当于 34 个莫拉。如果改变成格律诗，类似"词"，并每段 / 句都押韵，还可以诵读。如果仿照日本的俳句，就无所谓格律与押韵，成为自由诗似的东西，那就是一种怪胎，不值得提倡。即使是汉语的长短句（词），也需要具备三个条件：一是押韵，二是有每句具有以音节为基础的彼此呼应的节奏，三是如果句数是单数，必须有超过三句的诗句，以保证韵律呼应。由此可以看出，日语的"莫拉—音步（节拍群）—句"的俳句节奏韵律体系，和汉语的"音节—音步（节拍群）—诗句—章"的诗歌节奏韵律体系是完全不同的，是很难移植的。由此也可知道，日语的节奏和汉语的很不相同。一些有识者有鉴于此，则不在形式上模仿俳句，而是根据汉语传统诗律去翻译日本俳句，这样的译文则得到大家的好评，例如下面的两首俳句汉译就是很符合"信达雅"的佳译：

芭蕉："旅中正卧病，梦绕荒野行。"

诗僧良宽："秋叶春花野杜鹃，安留他物在人间。"

[20] 日语塞音中也有不送气和送气的带有规律的情况，只是这送气比较微弱，而且送气和不送气不对立，不是两个音位，另外还存在个人的不同发音习惯，有些人喜欢基本不送气，有人则相反。但大部分日本人在发第二音节的塞音时，会受到前一音节的影响，尤其是浊辅音带来的低音高的影响，而把ぱ（pa）、た（ta）、か（ka）发得相当于汉语的 b、d、g，再例如たたみ（tatami，榻榻米）中的第二音节的辅音 t，一般人都发的是类似汉语拼音的不送气音"d"。

[21] 一般都把"儿"音归入单韵母和单元音。其实这是从音系学或音位角度的说法。"单韵母"就是属于音系学或音位学的术语，而"单元音"却容易误会成语音学概念。如果从语音学角度看，"儿"确实具有复元音的某些表现，尤其是第三、第四声。起始部分开口小些，然后再放大些。不过在学习初期可以略而不计。

[22] "消极元音"一名是笔者在 1990 年《新视角：辅位元音和消极元音》中提出的。消极元音这一类中只有一个成员。其他的央元音都是围绕这个中央元音展开的，其消极程度各不相同。一般说，越是接近中央元音，其消极的程度越高，反之则越积极。当然这是就其概率而言，并不是说消极元音就不能出现于正常音高和音强的场合。这个概念可能帮助我们解释许多语音变化的现象。

[23] "辅位元音"一名是笔者在 1990 年《新视角：辅位元音和消极元音》中提出的。正确地说，这种音应该称为"近辅位元音"。这里是取其简便，而略去接近的"近"。较为传统的说法则是"声随韵母"。辅位元音有一个明显的系列，几乎每个辅音部位都有相对应的辅位元音。就汉语普通话而言，比如：zh、ch、sh、r、z、c、s 后面的 -i；b、p、m 后面的 u；f 后面的 u[ʋ]；j、q、x 后面的 i 都是。辅位元音还有圆唇与否的问题，-i 和 i 是不圆唇的；u 是圆唇的，和 i 相对的 yu[y] 则也是圆唇的。建立这样一个概念，可以帮助我们更好地解释语音现象。

[24] 日语由于句子中一般带有明显的以疑问、陈述等助词类的句类标志，因此语调就成为类似羡余因素那样的成分，其作用和重要性相对下降，没有汉语那么重要而不可少。

另外,语调远比以音节为基础的语音现象复杂许多,不易简单解释,因此本文才主张以实际话语的模仿作为主要教学法。

参考文献

董少文 1958 《语音常识》,文化教育出版社,上海。

国立国语研究所 1990 《日本語の母音、子音、音節——調音運動の実験音声学的研究》,秀英出版,东京。

户田昌幸 黄国彦 1995 《日语语音学入门》,鸿儒堂,台北。

金田一春彦 1967/1981 《日本語音韻の研究》(1981 年第七版),东京堂出版,东京。

李怀墉 1996 《日语语音答问》,商务印书馆,北京。

林焘 王理嘉 1985 《北京语音实验录》,北京大学出版社,北京。

林焘 王理嘉 1992 《语音学教程》,北京大学出版社,北京。

平山辉男 1957 アクセントの問題,《続発声と発音》,宝文馆出版,东京。

杉藤美代子 《日本語の音》,和泉书院,大阪。

史有为 1989 《语音学习机制和语音教学原则》,《语言教学与研究》第 2 期。

史有为 1990 《新视角:辅位元音和消极元音》,《中央民族学院学报》第 2 期。

史有为 1993 《北京语音的柔性处理》,《大阪外国语大学论集》第 10 号;收入作者《汉语如是观》(1997 年,北京语言文化大学出版社)。

田谷俊夫等 1990 《新教育学大事典》第 3 卷,第一法规出版,东京。

佟乐泉 张一清 1993 《儿童语言学习若干问题研究》,《世界汉语教学》第 2 期。

吴宗济 1986 《汉语普通话单音节语图册》,中国社会科学出版社,北京。

徐世荣 1980 《普通话语音知识》,文字改革出版社,北京。

薛逢生 1986 《北京音系解析》,北京语言学院出版社,北京。

伊田新(监修) 1988 《新·教育心理学事典》,金子书房,东京。

斋藤纯男 1997 《日本语音声学入門》,三省堂,东京。

赵元任 1979 《汉语口语语法》,吕叔湘译,商务印书馆,北京。

中国大百科全书总编辑委员会 1991 《中国大百科全书·心理学卷》,中国大百科全书出版社,北京。

R.L. 特拉斯克编 2000 《语音学和音系学词典》,鲍怀翘等译,语文出版社,北京。

语篇和语篇法则引论 *

——兼及语篇教学

1. 对外汉语教材中的语篇
2. 语篇的连贯法则概说
3. 接应类因素再分析
4. 关于语篇教学
5. 结语

现在国内流行的语篇理论和架构大抵都源自西方，多是介绍或将西语用例换上汉语，就算了结。其中虽也有学者从汉语角度深入研究语篇的连贯、接应，但整个框架依然是西方的。我们承认各个语言有其共性，但在没有弄清楚自己的家底就投入西方架构，就非常有可能把真正共性的东西掩盖下去。没有个性研究，就没有共性的提取。没有初步共性或他种语言个性的启发、借鉴，也就不能有深刻的汉语个性研究。因此，以此为前提，借鉴国外理论，来一次彻底地根据纯汉语语篇材料的分析以及以此为基础建立相应的体系，就十分必要。

语篇分析或话语语言学是一门年轻的学科。国外从上世纪 50 年代开始

---

* 本文发表于日本《应用言语学研究》（明海大学大学院应用言语学研究科纪要）2004 年第 3 期。2004 年笔者曾以本文的“连贯部分”在上海华东师范大学做学术报告，并应约改写，以《汉语语篇连贯性问题概析》发表于《修辞学习》2004 年第 5 期。本文的主体部分经过删节、改写，以《试说汉语语篇的连贯与接应》发表于《中国语言学》第七辑（2013）。此次结集前又做了必要的修改。

酝酿，60年代采用符号学观点对话语进行分析，70年代开始会话分析和言语行为分析，相继提出礼貌原则和合作原则，并出现心理语言学的记忆模式、图式、框架等概念，80年代以后出现“话轮”概念，到当代的信息性功能和互动性功能，以及话语结构、信息结构和连贯、衔接的分析，理论已经大大发展。本文的分析是有选择的，是从二语教学的角度选择分析项目的。其重点仍在语篇的连贯性和接应/衔接。

在对外汉语教学中，人们最容易把握的是词汇项目和句法项目，而最难以把握却又是使用最多的语篇。现在的教学研究中，缺乏的也正是语篇。通常的课文就是语篇。会话说的是语篇，作文（不是造句）写的是语篇，毕业以后碰到的或使用的也多是语篇。为什么学生的说话和作文中几个合格句子连在一起却不通？连贯和接应/衔接又怎么教，怎么学，怎么安排？从当前话语理论看来，这个视角不但不是热门，还有点陈旧。但这却是本文写作的初衷之一。因此，本文以对外汉语教材（参见附注[8]）或用于教材的文学作品作为主要分析对象，希望能收应用和理论两得之功。

1 对外汉语教材中的语篇

1.1 所谓语篇

“语篇”是实际言语表现的完整单位，即必须在具体语境中出现，表达一个相对完整的实际交际。如果离开语境，离开交际，缺乏相对完整性，那就无法称为语篇。一次谈话，一篇文章，一段日记，都是一个完整语篇。而一个标语或口号（例如“环境保护人人有责！”），一个四五字的告示（例如“禁止吸烟”），甚至一个字的惊叹独白（例如“蛇！”），也可以是一个语篇，只不过是以一个句子完成的语篇。语篇有书面和口头两种。书面的是文章，口头的是谈话或会话。书面的语篇在英语中一般被称为text，也翻译为篇章；口头的语篇在英语中则一般被称为discourse，也翻译为话语。其实，它们的分别是相对的，很难截然划分的，而且在本质上也并无不同，都是相对完整的依赖语境的言语交际的产品。因此，我们同意这样的观点，将 text 和 discourse 合一，称为语篇[1]。

介于句子和完整语篇之间的单位在中国现在也称为句群，也有人称作句段、语段。句群仅仅是语篇的局部。语篇有时候只有两个句子，甚至只有一句话，这种数量上的相等却并非内容或实质上的等同，因为语篇所包括的内容要更多些，比如开头和结尾。因此，语篇可以包含句群和句子，而句群和句子却不能涵盖或替代语篇。正好像一个词可以成为句子，两个词的短语也可以成为句子，但这样的句子却绝不等同于语素形式上相同的词或短语。因此，本文不使用句群之类的名称。

1.2 第二语言教材与语篇

第二语言教材有“英语 900 句”这样的类型，也有传统的以语篇作为第二语言教材核心的类型。“英语 900 句”所给出的句子基本上都是孤立的或断续的，无法形成相对完整的交际，因此也就不能称之为语篇。900 句这种类型是很吸引人的，但教学的效果和经验却说明，这并不是很成功的例子。纯粹以语篇为教材的类型是保守的，却至少是较有成效的。人们在一段曲折探索后，最终发现以传统教材为基础的改进类型，才是比较好的教材。如今，一般的外语教材，包括功能主义导向的所谓新概念外语教材，其课文核心都是语篇。如果是着重于交际（听、说）的教材，一般以会话为主。着重于阅读和写作的教材以文章为主。综合性的教材则是以会话开始逐步引进文章。总之，有效的教材必须是以语篇为基础的教材。

1.3 对外汉语教学和语篇

对外汉语教材和一般外语教材相同，其核心也是语篇。汉语在句子层面上是一种缺乏形态的语言，而在语篇层面上又是如何呢？在语篇层面上，汉语依然与缺乏形态这一特点保持一定的平行。在最小组合型语篇（即复句）里，它缺少逻辑性关联形式，常常被人认为使用意合法；它有流水句，连因果、条件这样的逻辑联系标志都找不到；它常常与事件的时间性同步，被认为是认知语言学的一个典型事例。由于汉字和缺乏形态这两个特点，日本学生比较容易学会阅读汉语资料，但准确理解和翻译这些资料就要困难得多，至于要学会正确写作则十分困难。究其原因，这与汉语语篇的特点不无关系。因此，探讨并弄清汉语语篇的构成规则，尤其是形成文气连贯的规则就显得十分重要。

1.4 教学汉语水平与语篇分级

人们常常有这样的感觉和苦恼：外语专业一年级时外语水平有突飞猛进的提高，而到了二年级时就觉得外语水平停滞不前。这就需要从根本上探讨一下教学中的几个关键问题，其中作为教材的语篇则是关键中的关键。

从教学上说，语篇是语言习得最自然、最根本的依据。但语篇有基础和提高的区别，不能同时从各种语篇习得语言，也不能同时习得各种语篇。这是由于不同语篇类型涉及不同的语体和文体[2]，牵涉到用途的远近和文化的深浅，而且也与语篇的长短有关。因此必然有个等级程序。根据这一分析，我们确定了如下三个标准：

(1)语体—文体类型。

A. 语体标准。通常分为：口语体、书面语体、文言语体（即根据古汉语改造的一种书面语）、中间性语体。

B. 文体标准。通常分为：记叙文体、说明文体、论说文体、条规文体、小说文体、剧本文体、抒情散文体、韵律文体。

C. 综合标准。把语体和文体综合在一起观察，则可以大致分为：

以口语体为纲：会话体、记叙体、剧本（对话部分）、韵律体（边缘性口语文体：快板、顺口溜、儿歌）。

以书面语体为纲：记叙文体、说明文体、论说文体、条规文体、抒情散文体、韵律文体。

以口语—书面语为综合视角：小说、剧本（全剧本：说明部分为书面语；对话部分为口语）。

以文言体为纲：（几乎可以包括所有的文体，与汉语学习相关的主要是旧体诗词、历史文献)。

(2)用途远近和文化深浅。任何语篇都有使用的领域,有的用于日常,有的用于公事或研究论证之类。用于日常的,所有的人都需要使用,贴近生活;而公事或研究论证之类的则使用较少,较专业,使用者也远少于日常的,离生活疏远些。日常的有日常文化,公事或研究论证之类的则又有另一种文化。前者的文化个性强,后者的文化个性弱。

(3)语篇长度。语篇的长度一般可以用句子的多寡来计算。但对于汉语而言,则应该以命题小句(命题小句的说明参见2.3)的多寡来计算。有的命题小句很长,有的则很短,但它们同样都作为一个长度单位。

根据以上分析,我们以"语篇体裁 × 语篇内容远近深浅 × 语篇长度"的搭配,设定成语篇水平等级。依照现今教材和有经验教师的看法,我们以为如下的安排对教材可能是合适的:

第一阶段(相当于中国语专业一年级):以口语会话语篇为重点,并逐渐加入记叙性书面语。

公式:口语体 × 内容略近稍浅 × 中、短长度

大致包括以下语篇:短会话;中长度会话;短记叙文。

第二阶段(相当于中国语专业二年级):以口语为重点,并逐步加重书面语比例。

公式:书面语体 × 内容略远稍浅 × 中、短长度

大致包括以下语篇:短说明文;短论说文;中记叙文(小小说等)。

第三阶段(相当于中国语专业三年级):初期以一般书面语—口语为双重点,并逐渐向书面语倾斜。

公式:书面语条规文体 × 内容略远略深 × 中、短长度

大致包括以下语篇:短新闻;短条规文;中论说文体(评论等);中条规文;中艺术性文体(小说节选、话剧剧本、寓言等)。

第四阶段(相当于四年级):以书面语为重点,兼顾特殊书面语体。

公式:非单一性、非常规性文体 × 内容较远较深 × 长短中长度

大致包括以下语篇:中长度新闻;小说;抒情散文;诗歌。

2 语篇的连贯法则概说

2.0 语篇法则

语篇法则是语篇的构成、连贯、理解等的规则。有多种称呼，有人称语篇分析、话语分析、篇章分析；有人称之为话语语法，甚至称为篇章语言学、话语语言学。本文为了避免所指偏颇和同形异指，因此采用“法则”一词指称。本文重点讨论的是连贯问题上的法则，暂称为连贯法则。

2.1 语篇的连贯性问题

中国的外语学界现在通行的语篇理论在连贯性上几乎都主张分成两个互相关联的方面：

一是形式上或表层的接应或连接，英语称为 cohesion，有衔接、接应、黏合、黏着、黏着性、内黏性、连贯、词语联结等多种意思，一般翻译为衔接或接应，并被认为是客观性的。一种说明是：“指将句子或话语较大单位的不同部分联系起来的话段或篇章的表层结构特征，例如代名词、冠词和某些副词的相互参照功能（如 *The* man went to town. *However*, *he* did not stay long… “*那*个人去镇上了，*但是他*没在那儿久留…”）。”（戴维·克里斯特尔，2000）其中的 the, however, he 即分别起“相互参照功能”的冠词、副词和代名词。

一是内容上或底层的逻辑性和连贯性，英语称为 coherence，有黏合、黏着、连贯性、意思连贯、相关性等意思，一般翻译为连贯，并被认为是主观性的。一种说明是：“指话语组织的一条主要的假设原则，用来解释一席口头或书面语言（篇章，话语）底层的功能联系或一致性。它牵涉到研究这样一些因素：语言使用者对世界的知识，作出的推理，持有的假设，以及利用言语行为进行信息传递的方式。”（同上）

本文从应用和教学考虑，认为表层的形式才具有语言的特殊性，是语言教学和习得的困难所在，因此表层是我们最需要了解的。至于底层，我们暂不想去探讨其有无，以及底层到底是什么样的东西，但会研究所涉及的连贯。

语篇涉及的方面又很多，诸如可以分为语篇理解和语篇表达两大部分，如果就具体语篇法则而言，又可以分为：开始和结束、会话合作、连贯性、话语的指向，等等。现行语篇分析理论主要是在连贯性方面的分析。而在第二语言教学和习得方面主要的问题也还是在于连贯性，学生的言语产品所存在的也大都是连贯问题。因此在教学方面首先应该把语篇的连贯性作为了解和研究的重点。[3]

下面的讨论中，我们将把表层和部分深层（底层）内容放在一个容易理解的统一体中，以语篇的连贯性作为重点，重新加以设定和分析，并从通俗的角度提出我们的认识。

2.2 通行的接应 / 衔接分析框架

在通常所说的语篇分析 / 篇章语言学中，一般把语篇连贯问题称为接应 / 衔接（cohesion），其中又分为几个部分。西方的代表性观点（Halliday 和 Hansan）是：

（1）指称（reference）（按：以代词涉及或指称某个语境或背景中的人、物、社会、时间处所、语篇等）；

（2）替代（substitution）（按：以另一种代词外的词语替代名词或其他词语）；

（3）省略（ellipsis）（按：以后语省略的方式衔接前言，被认为是零形式替代。以后韩礼德就把二者合并为一，统称替代）；

（4）连接（conjunction）（按：相当于复句性连接）；

（5）词汇衔接（lexical cohesion）（按：除以上方式之外的利用词汇来衔接的方式，认为是最高级和最大量的方式，重要的有重述和搭配）。

这种学说的基础是关于过程和及物性的理论。前者即物质、心理、关系、行为、言语、存在六种过程在语言中的反映；后者的及物性即语言涉及实体（参与者）、时间、空间和方式（环境因子）等的性质。

中国国内也基本上遵循这样的理论，只是在个别地方略有调整。[4]问题是：首先，这些理论大都是从西方语言出发并为西方语言研究者所采用，而对汉语却很少涉及。如果有那也只是把这些理论套到汉语的身上，只是按照西方语篇理论的框架对号入座和举例而已。这就有可能存在某些不完全适合的问题。汉语是一种大不同于印欧语系的语言。虽然,各种语言的语篇有一部分都可能是建基于逻辑和认知的基础之上,应该有大致相通之共性,但是它们还毕竟有各自的个性,有在历史的使用和传统文化的影响下形成的特点。其次,现在的西方语篇分析历史还很短,还是不够成熟的,必须要有不同的体系、不同的声音和诠释,要互相参校和辩驳,以使之完善。因此现在重要的是需要根据汉语的事实来求得理论,而把西方理论[5]仅仅作为一种参照和借鉴,而不是作为根据,更不是理论的全部。因此本文决定完全以汉语为出发点和基础,以语言教学为目的,重新审视和建构语篇理论。

2.3 汉语语篇的参与因素

2.3.0 参与因素及其分类

本文拟从第二语言教学出发,以汉语语篇作为研究对象,其中更以第二语言教学汉语教材为主要分析对象,来观察、分析、归纳语篇的法则。语篇法则包含的方面很多,而其中对第二语言教学来说,最具意义的是连贯问题。因此本文也就着重在这一方面做初步分析,以期对汉语教学有所裨益。

对一种对象的研究可以有几种研究方法,可以是本体的,可以是功能的,可以是社会的,还可以是心理或认知的。在本体中可以着眼于分子,也可以着眼于过程,还可以着眼于使用,可以从积极的正面作用的角度研究,也可以从消极的负面作用的角度研究。本文把这些综合在一起,采用一种宏观—微观结合的参与因素关系分析法。以此观之,语篇的参与构成因素可以有:

A. 语段类因素(6):A1. 命题(小)句;A2. 视角小句;A3. 称呼小句;A4. 叹词性小句;A5. 插入语;A6. 关联语。

B. 意义类因素(2):B1. 相关性因素;B2. 条理性因素。

C. 接应类因素(2):C1. 逻辑性接应(接应关系和手段);C2. 贯通性接应(接应方面和手段)。

D. 背景类因素(5):

语境:D1. 上下文;D2. 情景。

背景：D3. 语言社群的时代和文化背景；D4. 发话人或受话人的知识和文化背景。

功用：D5. 发话人的言语目的或使用目的。

以上共计 15 类概念或范畴，可以基本概括语篇中的语言学因素，我们拟在以下一般性通盘分析的基础上重点讨论 C 类的接应类因素中的贯通性接应。（详见 3.3 节）[6]

2.3.1 语篇的语段类因素分析

A1. 命题（小）句

由于汉语句子的特殊性——句子的标准和标识不清，导致句子的界限不清，因此也导致复句归属的两可性：**复句既可以属于句子范畴，也可以属于超句子 / 语篇范畴**。复句关系则也是如此，既是句子内部的关系，也是最小超句子 / 语篇内部的关系。据此，本文将复句也纳入超句子 / 语篇范畴来处理，把小句作为构成语篇的最小的基本语段单位，即**以小句作为构成语篇的最小语段单位，同时也就是语篇连贯的基干单位**。这正是汉语不同于西方语言的特点。

句子 / 小句有两种：一种是抽象掉背景和语境（包括情景和上下文）的句子 / 小句，只孤立研究其形式关系和功能；一种是处于使用中或语篇中的句子 / 小句，需要结合语篇和语境来研究。

一般的句子 / 小句都是命题（小）句，包括（以及带有感叹语气的）陈述句、疑问句、命令句。感叹句只有一部分具备命题，而称呼句完全是非命题（小）句。将命题句与非命题句分开，目的是为了更好地分析和解释语篇的连贯性。

命题（小）句的类型有 4 种。例如：

a. 陈述（小）句：我上大学了。/ 西山的红叶很好看。/ 他是个大学生。

b. 疑问（小）句：你去哪儿？/ 西山的红叶是不是真的很好看？/ 他是大学生吗？

c. 命令（小）句：你快去看看他！/ 不许他再干扰我们！/ 禁止吸烟！

d. 感叹（小）句：

西山的红叶真好看啊！/ 这工程太伟大了！（以上为命题句）

天哪！ /妈呀！（以上为非命题句，不在此类分析范围中）

A2. 视角小句

所有现实中出现的句子都有一个在意义和形式上均高于句子，目的在于表述言述者认识视角的述谓结构，可称为（高位）视角小句。它可以概括为相当于“言述者 + 认识 / 言述（到）”这样的意义。具体的形式如：

我觉得 我感到 我以为 我认为

我想 我说 我看 （我）听说 依我看

主语部分一般都是第一人称单数，也可以是多数，还可以是第二人称、第三人称。例如：

我们认为 你以为 你说 他想 他觉得 据说 大家都知道 依你看 按照他的看法 有人问

这种结构一般在表达主要意思的句子之前，也可以在句后。一般都把它作为句子的一部分来分析。实际上，它并不仅仅属于句子，可能更多的是超句子甚至语篇。它们对后面（一般情况下是“后面”）的句子或语篇具有视角上的控制作用或提示作用，也可能会起着话语的某些起承转合作用，既可启下，又能承上或转接。而整个语篇也可以有这样的高位主谓语，这在整个语篇中是一种开篇成分。而作为句子或段落的高位主谓语，这又可以起到某种接应作用。在句法分析时不参与句子结构的分析更为合适。例如（例子中的变体文字或附加符号的文字，即所分析的焦点或例证。下同）：

[1] <u>我看</u>，这事情就这样吧，别再讨论了。<u>我说</u>，你还是去吧。 依你看，他应该什么时候出发？<u>他们认为</u>，我们不应该插手这件案子。

[2] <u>有人问</u>：你给小说选集作序，怎么不提“小说”二字？<u>我答道</u>：我说的“文学作品”，指的正是小说，我认为在新文学的各个部门中成绩最大的就是小说。（巴金《为〈新文学大系作序〉》）

A3. 称呼小句

[3] 甲：你常常去小河边吗？

乙：我常常去，小河里有许多鱼，我常常去钓鱼。<u>李南</u>，你的家乡怎么样呢？

称呼小句虽然一般起着招呼的作用，但也具有话语始发的作用，提醒对方注意，某人的话语接下去就将开始。正因为如此，称呼小句，也就常有着预示新话题或话轮开始的作用，意味着和以前不同的话题，这样就具有了关联作用。比如下面的例子：

[4]（甲：你的家乡怎么样？…… 乙：村子中间有一条小河，……）

甲：你常常去小河边吗？

乙：我常常去，小河里有许多鱼，我常常去钓鱼。李南，你的家乡怎么样呢？

甲：我的家乡在城里，……（明海大学一年级《中国语》教材第15课。以下简称"明海 ×× 课"）

如果没有"李南"这个呼语，那么乙的话语就是不太连贯的。

[5]把行李整理了一半，那日本妇人上楼来对伊人说："伊先生！现在是祈祷的时候了！请先生下来到祈祷室里来罢。"（郁达夫《南迁》）

[6]小朋友，我要走到很远的地方去。我十分的喜欢有这次远行，因为或者可以从旅行中多得些材料，以后的通讯里，能告诉你们些略为新奇的事情。（冰心《寄小读者·通讯一》）

A4. 叹词性小句

叹词性小句包括完全用叹词构成的小句（如"哎呀！"）和功能同于叹词的小句（如"天哪！""妈呀！"）。叹词性小句同称呼小句相似，可以理解为在句子之中，也可以理解为在句子之外。对它们的标点常常因人而异，有人用句号或叹号，也有的人用逗号，这也说明其特殊性。其实，它们中的一部分除了担负传达感叹信息外，还可以承担某种接应作用。

[7]（甲：故宫离你们学校很近吗？ 乙：不，故宫离我们学校很远。……）

甲：你们几点钟到故宫的？

乙：我们大约九点半到的故宫。

甲：哦，真的很远。下车以后你们做什么？（《明海》16课）

[8]"谁？哟，你！可吓死我了！"高妈捂着心口，定了定神，坐在床上。"祥子，怎么回事呀？"（老舍《骆驼祥子》十二）

[9]“上哪儿啦？你！”她一边去盛白菜，一边问。

“洗澡去了。”他把长袍脱下来。

“啊！以后出去，言语一声！别这么大大咧咧甩手一走！”（老舍《骆驼祥子》十五）

A5. 插入语

插入语一般是一种断续性成分，大部分有中断语气的副作用，因此它一般很少有接应作用，相反大多都有破坏语气连贯的作用。这是本文特意提出的主要原因，也是另一角度观察的结果。插入语有多种多样，有的是注解性插入语，有的是旁生枝节的插入语，有的是表示个性或情态的骂人插入语，有的是口头禅插入语，等等。

[10] 我朋友——一位在德国的留学生，最近出现了一些困难。/ 这位物理老师——对了，最近我还常常想起和他相处的情景——已经九十高龄了，可还是每天孜孜不倦地从事研究。（以上，插入另一命题，对连贯有较大的损伤）

[11] 你他妈的算什么东西！/ 关于这个问题……嗯……啊……可能会过一段时间再提出来讨论，现在么，这个这个……我也不便多说。（以上，插入感叹或语气类成分，对连贯稍有影响）

[12]“等她放好了花，频频回顾的出去之后，望着那‘母爱’的后影，我潸然泪下——这是第二次。”（冰心《寄小读者·通讯九》）（以上，插入延续性补充成分）

A6. 关联语

关联语是大家都比较熟悉的传统连贯手段，包括（小）句间连词和关联性短语。它与以上五种分离型语段不同，是一种非完全分离的类型。由于命题小句的分离，又由于许多连词以及所有关联性短语都具有超句子连接功能，因此把这一类语段分离出来就非常必需。这类成分如：因为、所以、虽然、但是、总而言之、综上所述、如前所论……

2.3.2 意义类因素分析

语篇本身就是一种语用的结果，是语言在具体背景或具体情境和一定目的下的使用产物。对语篇的理解实际上就是对语用意义的理解。当然还可以有更高的语用,即把整个语篇使用于不同的场合,从而导致不同的解读。但是就一般处理和教学来说,语篇中的语义已经包括了语用导致的意义问题。

语篇语义因素涉及的是彼此发生相关性和条理性关系的内容,研究的是这些内容之间的关系,是语言而非文化或文学上的研究课题。语篇语义指的是形式接应所服务的对象,所赖以建立的基础。因此,就有语义相关性和语义条理性的问题,就必然会有上面(2.3.0)中B类"相关性因素"和"条理性因素"的存在。

B1. 相关性因素

相关性,又称关联性,是一个比较宽松的概念,可以是特别紧密的相关,即"强相关性"。例如同一个事物内部的关系,又例如诸葛亮和诸葛孔明之间的关系。也可以有特别宽松的相关,即"弱相关性"。例如骆驼和鱼、人和星星之间的关系。有的关系可以直接通过命题句子本身就可以发生联系,无须接应或关联成分,有的则需要特别的接应成分,否则相关性就很难体现,接下去的条理性也会落空。

[13]我的故乡不止一个,凡我住过的地方都是故乡。故乡对于我并没有什么特别的情形,只因钓于斯游于斯的关系,朝夕会面,遂成相识,正如乡村里的邻舍一样,虽然不是亲属,别后有时也要想念到他。我在浙东住过十几年,南京东京都住过六年,这都是我的故乡;现在住在北京,于是北京就成了我的家乡了。(周作人《故乡的野菜》首段)(以上"故乡、住过、邻舍、钓、游"各个词语及其所涉及的言语之间都有较密切的相关性,是该语篇赖以成立的基础)

B2. 条理性因素

条理性是体现相关性并保证相关性和语篇成立的重要因素,但它又是建立在相关性基础之上的。条理性包括各种内容合乎逻辑的前后关系,比如:始末、顺序、转折、因果、条件,等等。

(以p表示该段落各文句之间所贯穿的同一义类相关性,以a、b、c、d表示文句各自更

紧密的下位相关性。**黑体字**加底线部分表示重点或突显部分。空白括号表示此处有省略或蕴含，即意义承接。以下各例同此）

[14] 打开世界pa地图，你可以看到：中华人民共和国pb在亚洲pa东部，太平洋pa的西岸。她pb是一个有几千年历史的文明古国pb，（ ）面积pb跟欧洲pa差不多。在这么大的一个国家pb里，（ ）到处pb都有美丽的山水pc，迷人的景色pc。它（她）pb深深地吸引着世界各国的旅游者pd。（《实用汉语课本》第三册第一课课文（二）“中国概况”，商务印书馆，1986。以下简称“《实用》三第×课”）（上面的文章，以pa（世界）做出发点，导出pb（中国），其次以pa（世界）和pb（中国）的地理关系给中国定位，再次介绍pb（中国）的pc（历史和景色），最后又从pc（历史和景色）导出pd（旅游和旅游者）。一层层逐渐展开，有条有理，具有内在的条理性。其中的p则是表示其相关性。这里的相关性也是连环套似的，由世界和中国的相关，到中国和山水景色的相关，再到山水景色和旅游的相关。如果没有围绕“中国”的相关性，那条理性也就成了无根之木，根本无法建立或实现）

我们还可以从综合相关性和条理性二者去分析。请看：

[15] 北京大学是中国最著名的高等学府之一，又是国内历史最久的自办大学。北大/她/这所大学成立于1898年，当时称“京师大学堂”，1912年才改称现名。1952年，由北京城内的沙滩“红楼”迁至西郊海淀前燕京大学的校址，因此北大校园也称“燕园”。那里曾是同圆明园息息相关的著名园林区，至今仍是湖光塔影，秀色可餐。课余漫步未名湖畔，或倚石小坐，顿觉心旷神怡，疲惫尽去。（明海大学《中国语》（中级教材·试用本）《北大简介》一文。以下简称“明海中级《___》”）（围绕“北大·燕园”的相关性和条理性）

[16] 中国现在充满活力，到处都是发展的机会，尤其在中国的沿海地带。广东是开放最早、发展最快的地方。它利用临近香港的优势，使其经济在极短时期内实现起飞。上海是整个长江流域经济的龙头，虽然浦东特区建立较晚，但上海以其特有的人才优势和技术优势，迅速崛起，大有后来居上之势。当然，中国也问题不少，到处都存在转型初期难

以避免的困难和混乱。现在，中国已经注意到这些问题，开始把眼睛转向后进的中西部地区，也开始设法让老工业区东北地区重新焕发青春，开始意识到农业和农村对经济持续发展的重要性了。已经在公元2000年跃上了一个大台阶，而到了2010年，预计又将跃上一个更大的台阶。（史《中国语·中国概况》）（围绕"中国当代发展"的相关性和条理性）

由上可知，意义类因素是语篇及其连贯赖以建立和存在的基础。

2.3.3 语篇的接应类因素分析

C1. 逻辑性接应（接应关系和接应手段）

一切小句/句子之间都具有逻辑联系，甚或有的述谓之间也可能存在这种联系。但是语言不同于逻辑，逻辑只是映射在语言之中，而不是逻辑本身。语言可以对逻辑关系做出种种强弱明暗显晦的选择处理。映射在语言中的我们称为"**逻辑性联系**"，大致可以分为两种："**显逻辑联系**"和"**晦逻辑联系**"。由显逻辑联系到晦逻辑联系，它们之间是一种连续统，这之间的划分也是相对的，只是为了说明的方便。（详见3.1和3.2节）

C2. 贯通性接应（接应方面和接应手段）

这是除了逻辑性联系及其接应手段之外的另一种接应方面及其手段。它们并不表示所连接句段之间的关系是何种逻辑联系，而仅仅表示两个语段之间赖以贯通的非逻辑关系及其接应手段，比如流水样的句子之间的贯通，它们之间的接应只是为了前后的连贯衔接，起到文字或语气贯通的作用。如果说逻辑联系及其接应手段如同使用胶水或浆糊（关联词语）黏合或勾连在一起的话，那么贯通联系就只是利用句子本身的必要成分接合或融接在一起。接合的二者是何种成分何种关系并不明确也并不重要。贯通接合的手段，可以是词语，也可以是句式，甚至还可以使用背景。所谓的"意合法"基本上指的是这种情况（另外也可指缺乏关联词语的晦逻辑联系的句子）。这个项目应该是汉语语篇研究的重点。

［17］甲：*日本一个汉字*有好几个读音，要记住它们十分*困难*。

乙：*再加上中国汉字*的读音，*那* 的确*不容易*。（明海29课）

（以上，使用"它们"来指代"读音"，又加上"困难"和"不容易"，"日本汉字"和

"中国汉字",这些都是贯通接应的手段。此外,"再加上"表示补充,"那"表示结果,它们是晦逻辑接应手段)

[18]甲:汉字很难,( )真不容易学好。

乙:是吗?简化字不是比较简单吗?

甲:简化字笔画是少了,可是很多( )字跟日本的汉字不大一样,( )很容易混。(明海 29 课)

(上例中的( )是承接"汉字"这个词及其意义的,一般称为省略,本文称语义承接。上例中的"很难"和"不容易"是接应的,"是吗?"是利用确认问句,对前句进行接应。而"不是……吗?"又是利用再确认问句来和"是吗"以及甲的"汉字……学好"进行接应)

由此看来,贯通性接应远比逻辑性接应来得复杂。因此这可能是一种更有意义的接应。但是这两种接应也不是截然分别的,它们之间还是有一些交叉或模糊地带,有互相融入的情况。它们之间是相对待却又相促成的。因此,不必也不应该把它们当作绝对的类别,而应该视为一种分析方便的相对分化,也就是以柔性的观点去看待它们,看待整个语篇。(详见 3.3 节)

2.3.4 语篇的背景类因素分析

语言一旦成为言语行为和言语成果(话语或语篇)后,言语所对应的就是客观的"所指"以及客观的环境。而言语一旦成为现实,也就将成为以后发出的言语的一个客观环境。背景所影响的大部分是理解或表达的内容。但也会有影响连贯的问题,大概主要存在于口语或对话中。话语如果不能理解,话语就是无效或负效果的。因此语篇和客观因素之间就有了目的是为了理解的情景指向。

D1. 上下文

这是一种狭义语境,也是和语篇成立最有关系的背景因素。上下文包括先发句子因素,先发词语因素,也可以从相邻上下文和非相邻上下文去认识。例如:

[19]A 段:a 布朗夫妇一直希望能有机会去中国旅游,b 也想看看正在北京学习的帕兰卡和古波。c 他们原来打算明年到中国度假,d 可是今年八月北京有一个学术会议,e 请布朗先生参加,f 他们就决定改变计

划，g 把出发的时间提前了。

B 段：h 八月十号，布朗夫妇一起来到了中国。i 学术会议开完以后，他们要在中国旅游三个星期。

C 段：j 为准备这次旅行，布朗太太看了不少旅游介绍。k 她觉得中国的名胜古迹真是太多了，l 三个星期的时间是远远不够的。m 这次应该先去哪些地方呢？ n 为这个问题她跟布朗先生争论了很长时间，o 一直决定不下来。p 她说应该先去上海、苏州、杭州，q 欣赏美丽的江南景色，r 然后坐飞机到南方最大的城市广州，s 最后游览一下桂林山水。t 布朗先生是研究中国古代文化的，u 他希望先去新疆看看，v 再到古城西安，w 然后从西安坐火车去成都、重庆，x 再坐船游览有名的长江三峡。y 两个人谁也说服不了谁。z ①但是，最后他们俩还是作出了决定—— z ②跟往常一样，让女儿帕兰卡给他们当裁判。（实用三《去中国旅游》）

（上例为连续的三段，其中大写字母为段落的记号；小写字母是小句的记号。上下文可以依照所划分的语篇单位来观察。最小的单位是小句，以小句观察，第一段中的 a、b、c、d、e、f、g 七个小句，每个相邻小句都是相邻上下文关系，他们各自隔开的小句则是非相邻上下文关系。如果以句号为标志划分的句子做单位，则 a、b 句，c、d、e、f、g 句，h 句，i 句之间也是如此。以段落为单位，那么以上的 A 段和 B 段是相邻的，而 A 段和 C 段则是非相邻的。无论哪种单位设定，它们中的几乎每个词语都可能与上下文中另一个词语发生某种关系）

D2. 情景

情景是一个十分复杂的因素组合。它是由言语参与角色（发话人、受话人、其他言语涉及对象）、事件、处所、场景、时间、气候等因素组合起来的。有的情景已经在语篇中表现出来，有的是在说话现场显现，有的则需要通过其他说明介绍（如话剧剧本的场景、角色说明）。上面 D1 的例子就是一例，其中显现的角色是“布朗夫妇、帕兰卡、古波”，地点为“本国 / 祖国、中国”，时间是“今年八月十日前以及之后”，事件是“旅游计划的确定”。最后一项其实是话题，也是语篇本身。

情景对言语的理解最为重要。例如夫妻二人对话,妻子说:“*去哪儿? 坐下! 要不就别回来!*”如果不知道发话人与受话人的身份,不了解之前发生的事,那么就不能正确理解这段话的意思,也无法认可这段话的连贯性。

再例如,北京有些胡同的入口处钉了一块牌子:“*口内不通*”,而且常常写成“*呐不通*”,结合情景中的处所,就可以理解,这是“胡同口内不通”的意思,是说“本胡同是个死胡同,没有另外的出口”,而且整个语篇的语用义就是“各位想穿行的人请勿入内尝试穿行”。[7]

D3. 语言社群的时代和文化背景

一般的语篇分析只讨论语境,根据自然语言处理的经验,实际上言语涉及的还有言述者(发话人和受话人)的知识背景,我们还发现时代和传统文化背景也是语言处理的一个参与项。

[20]*旧历的年底毕竟最像年底,村镇上不必说*,就在天空中也显出将到的新年的气象来。灰白色的沉重的晚云中间时时发出闪光,接着一声钝响,是送灶的爆竹;近处燃放的可就更强烈了,震耳的大音还没有息,空气里已经散满了幽微的火药香。*我是正在这一夜回到我的故乡鲁镇的*。(鲁迅《故乡》)

(汉族过年,不但在“村镇”的街市上有热闹的人流和门上的春联等新年的景色,而且在空气中也充满鞭炮的声响和气味。没有这层背景,第一小句和下面的两个小句就不连贯了)

D4. 发话人或受话人的知识和文化背景

知识背景一般只是内容表达和理解的因素,很少具有使语句连贯的作用。但是也可能会有某些时候因为知识背景的关系使人觉得某些非常情况下的语句仍然具有连贯性。

[21]也有的时候是家里的哪位爷从南边或是从外边回来了,带回来一点稀罕物什,各房里去送,*怕彼此有猜疑,你多了,我少了,你厚了,我薄了,送了东西反而落不是*,倒不如把各房各院的奶奶们一*齐请过来,大家心明眼亮,人有人份,瓜子不饱是人心吧,谁也不会有挑剔*。(林希《“小的儿”》第5节第1段)

（其中的“厚、薄”和“瓜子不饱是人心”应该是汉族的一种比喻，如果不具有这方面的知识，那么就不可能理解相关语段的连贯性。）

D5. 发话人的言语目的或使用目的

这个因素也主要是关涉内容的表达和理解的，一般不影响语篇的通顺连贯问题。前面的例子：“口内不通”，字面的意思是“胡同里面是不通的，死的。”但实际的语用义可能是“各位想穿行的人请勿入内尝试穿行”，但真正的目的却是“希望不要进来影响本胡同住户的（宁静）生活，避免不安全等麻烦事发生”。

3 接应类因素再分析

3.1 显逻辑接应及其接应手段

“显逻辑接应”表示明确无误并区分细致的前后逻辑联系，由专用的关联词语担负接应。复句以及超句子中使用专门表示逻辑关系手段的所谓的选择、递进、进逼、转折、让步、假设、因果、推断、目的，等等，都是这种逻辑接应的反映。所用的接应手段一般称为关联词语，大部分是连词。比如：或者，而且，因为……所以……，虽然……但是……，等等。这一类关系，一般的语法书已经在复句部分讨论了很多，语篇中的情况也和复句基本一致，因此并非本文的重点。

［22］甲：欧美人学汉字要从零开始，可你们不需要，还是比较容易吧。

乙：但是，日本人现在学的汉字只有一千九百多个，可中国的常用字有三千五百个。（明海29课）

（“可”是复句内接应手段，表示轻转折；“但是”是超句子接应手段，表示一般转折关系）

3.2 晦逻辑联系及其接应手段

“晦逻辑接应”是指这类语句前后的逻辑联系是隐晦不明的，或者只是一种大略的微弱的逻辑联系，至于具体、确定而且区分细致的逻辑联系却没有，或是很难指出，常常只能表示个大致或笼统的关系，需要根据语境和语用来确定。一般复句中的并列、承接、解补、连贯以及缺乏专用关联词语时的偏正关系，它们的逻辑联系的性质比较弱，而且缺少逻辑性强并明确的专用连接/关联词语，或者很难使用连词等关联词语。例如“累了，在这儿休息一下吧。”不能添加连词说成“因为累了，所以在这儿休息一下吧。”这里既有因果的联系，也有承接的意思，介于两种逻辑关系之间，可以说是一种边缘性的逻辑联系。一般在没有关联词语时就称这种关联手段为“意合法”。其实“意合法”是个很笼统的说法，除了涉及晦逻辑联系外，还涉及贯通联系及其接应手段（参看3.3节C2）。请看：

[23]他来了，我走了。（可以理解为：并列；相承；因果；条件—结果）

[24]这山很高，路也非常陡，不小心摔一跤，会没命的。

（这里的四个小句，也可作为两个单句处理。前后两大段可以理解为：前后相承；条件—结果；原因—结果等）

[25]下雨了，我回去了。你们自己收拾一下。大家可以自由安排。明天我带个人来让大家认识认识。（可以理解为：连贯；承接。前四个小句还可作为条件—结果关系理解）

[26]这部电影放完了，大家都没有站起来，大厅里只听见呼吸的声音。

（此句也可作为三个单句处理。可以理解成多种关系，如：并列；转折；连贯；时间相承；条件—结果；等等）

晦逻辑联系在传统语言形式中有着广泛的存在，如口号、标语、成语、熟语以及诗句。请看：

[27]锻炼身体，保卫祖国/发展体育运动，增强人民体质（以上既可理解为并列，也可理解为条件或目的等偏正关系）

[28]苏城外寒山寺，夜半钟声到客船。（形式上无关，实际上有关，但关系却又很复杂）

此外，还有些熟语，如歇后语，含有相当复杂的多层次逻辑关系。例如：

[29]二两棉花——没法弹（谈）

（第一层是因果，第二层“没法弹”和“没法谈”之间是解释补充关系）

骑驴看唱本——走着瞧（第一层是解释补充，第二层一般短语“走着瞧”和熟语“走着瞧”之间又是解释补充关系）

和尚打伞——无发无天（第一层是因果或解释补充，是晦逻辑联系，第二层“无发（头发）无天（天空）”和“无法（王法）无天（皇帝，即政府）”之间是解释补充关系）

有些语篇段落也可添出专门的关联词语，但增加关联词语以后，逻辑关系就会因为过于明确而不够口语化，而且逻辑关系的种类也会大大超出以前的可能理解。例如（以下的“真”“假”分别指事实为真值和事实为假值；此外的“并列”“选择”等则是逻辑关系）：

[30]真—真并列：他来了，我走了，各不相关。

真—真承接：他来了，我也走了。

真—假承接：他来了，我也要走了。

选择关系：或者他来了，或者我走了。

因果关系：因为他来了，所以我走了。

假设关系：如果他来了，那我就走了。

必要条件：只要他来了，那我就走了。

反意条件：除非他来了，否则我就走了。

我们还可以前句（小句）作为中心，接上各种可能的后句（小句），做一次不带关联词语的“实验”。那么就会出现各种可能的晦逻辑联系，这些缺少关联词语的句子之间大都很难用现在明确的逻辑关系来定性（见下面各组 A 例）。这些句子如果增加一些晦逻辑关联词语（见下面各组 B 例），那情况会有些改善，但逻辑关系依然不很清晰和具体。下例中的 A、B 两类句子都大致徘徊在承接关系、条件关系和因果关系之间，或摇摆于承接关系和转折关系之间，逻辑关系不大确定，含糊不清。这些就是汉语特有的晦逻辑关系很好的证明。有趣的是，有的句子还不能接受这类晦逻辑关联词语。只有加上显逻辑专用关联词语（见下面各组 C 例），才能使逻辑关系确定。请看下例：

[31]A. 他来了，我回去了。（关系不确定）

B1. 他来了，我要回去了。（关系不确定）

B2. 他来了,我*就*回去了。(关系不确定)

C1. 他来了,但是我*要*回去了。(转折关系)

C2. 他来了,所以我*就*回去了。(因果关系)

C3. 他来了,所以我*才*回去了。(因果关系)

[32] A. 天留,我不留(关系不确定)

B. 天留,我*就*不留(关系不确定)

C1. 天留,但是我不留(转折关系)

C2. 因为天留,所以我*就*不留(因果关系)

C3. 只要天留,我*就*不留(充足条件)

C4. 如果天留,我*就*不留(假设关系)

与前面A、B两组例句对比,C例有了明确的显逻辑关联词语,但有些话的意思变了,有些话反而别扭了。可见这不仅仅是个关联词语多少的问题,而是汉语特点的问题。关联词语只是一种表层的表现,其底层应该也是有某种区别的。只有这样才能解释全部语言事实。B组虽然逻辑关系比A组明晰了些,但依然晦暗。这一情况显示,"就"和"才"也只是晦逻辑接应中的词语,并非专门性的表达逻辑关系的词语。这也说明晦逻辑接应和显逻辑接应的确是很不相同的两类接应。这正是汉语的一个特点。

3.3 贯通性接应再分析(接应方面和接应手段)

3.3.0 概说

贯通性接应和逻辑性接应其实是一种相对的分类。它们之间是相对待却又相促成的。逻辑性接应需要依靠贯通性接应,贯通性接应也常常依靠逻辑性接应而使之更为贯通。就贯通性接应而言,大致包括内容的延续、扩展、转换、交换、结束,等等。几乎每一组通顺或不通顺的句子都会涉及这个方面。而几乎每篇精彩的文章或话语也都透露着这方面的成功。

贯通接应主要有以下四个接应方面:

(1)命题内涵接应;(2)情态—语气接应;(3)背景接应;(4)风格接应。

贯通性接应主要有如下4类10种接应手段,其中一部分手段和上述4类接应直接对应：

（1）形式手段：①指代手段；②结构呼应手段；③情态—语气呼应手段；④韵律呼应手段。

（2）意义手段：⑤语义呼应手段；⑥语义承接手段。

（3）背景手段：⑦情景手段；⑧文化背景手段。

（4）风格手段：⑨语体呼应手段；⑩文体呼应手段。

这些接应方面和接应手段并非都是对立的，有许多是可以共存于一个超句语段的。接应方面和接应手段至少有两类，即背景和风格，是一致的，几乎可以合而为一处理。而最复杂的部分在接应方面是命题内涵类，在手段方面则是形式类。下面分别论述之。（参见本文 2.3.3 之 C2）

3.3.1 命题内涵接应

命题内涵接应在形式上有部分接应和全句接应两种，前者可以是同一句法成分或非同一句法成分的接应。从功能上还可以分为话题 / 主语接应、述题 / 谓语接应、焦点接应、全句接应等，其中较为人注意而又较容易把握的可能是话题 / 主语接应和焦点接应。它们可以是同一句法成分的接应，也可以是非同一句法成分的接应。

这一类接应一般使用以下手段：①指代手段；②结构呼应手段；⑤语义呼应手段；⑥语义承接手段。分别说明如下：

①指代手段。这是使用指代词替代原有形式的一种手段。指代手段只应用于语句 / 句法成分这一类贯通性联系上。

②结构呼应手段。这种手段使用句式或结构之间的配合，是一种抽象形式的接应，书面语中常常与韵律手段结合。

⑤语义呼应手段。这是利用词或短语在语义之间相关性的一种手段。其中有：同形呼应；同义 / 近义呼应；上下位呼应；等等。

⑥语义承接手段。这类手段基本上是利用上文中已经出现的词语，并在下文中承接而不再出现，即通常所说的“省略”。省略在现今一般的语篇分析中被认为是一种零形式指代。其实从教学角度看，“省略”一词可能更容易为人理解和使用。然而从更周严的角度看，“语义承接”似乎更能说明功能之所

在。因为，这种手段可以使“话题贯通”，造成两个部分的连接，只有语义承接才能较好地解释这一现象；因为，省略和指代都需要充分的确定性，如果“恢复”的成分有多个选择，那就很难有理由称之为省略或指代，而语义承接可以有更大的回旋空间，可以解释更多的现象。至于句法中的省略问题，吕叔湘先生在句法学中已经有过论述，这里的情况应该与此类同。也许这就是一般所谓“意合”中的一种。

3.3.1.a 话题 / 主语接应

这里的话题是广义的，只要是在谓语动词或形容词之前的名词性成分以至话题 / 主语前用介词引导的词语（一般认为状语）都可视为广义的话题。这类接应包括话题 / 主语的延续和转换。句子之间和复句内的相同话题 / 主语接应稍微有些不同。句子间的话题 / 主语多不省略；复句内各小句间的话题 / 主语以省略为常见。（为了便于理解，下面例子后的分析说明同时也标注其他的接应类型）

[33] 甲：A 田中今天来了吗？

乙：B1 他还没有来，B2 大概快来了。（A—B 两句主语接应：用指代手段）

[34] 甲：田中，A1 你的家乡在哪儿？

乙：B1 我的家乡在*千叶县*。（A1 主—B1 主接应：用语义呼应）

甲：A2 *千叶县*在哪儿？（B1 宾—A2 主接应：用语义呼应）

乙：B2 *( )*在东京都的东边。（A2 主—B2 主接应：用语义呼应）

甲：A3 你的家乡怎么样？( )风景很美吗？（A1 主—A3 主接应：用语义呼应）

乙：B3 我的家乡是*一个不大的村子*，（A3 主—B3 主接应：用语义呼应）*那儿*风景很美。（B3 前宾—B3 后主接应：用语义呼应）

甲：A4 *村子*周围怎么样？（B3 宾 / 主—A4 主接应：用语义呼应）

乙：B4 *村子*中间有一条小河，*( )*周围都是山，山上有一座古老的寺庙。（A4 主—B4 主接应：用语义呼应）（明海 15 课）

[35] A1 钓鱼是一种特殊的运动，A2 ( )也是一种很好的休息。B1 钓完鱼，B2 晚上睡觉特别香，B3 第二天精神也格外好。C1 钓鱼对健康这

么好 C2 你不去试一试吗？（A1—A2 话题 / 主语接应：使用语义承接。A 主—B1 全句接应：使用语义呼应。A 主 /B1 全句—C 主接应：用语义呼应）

［36］A 许多日本人都*喜欢钓鱼*。B1 我*也喜欢钓鱼*，B2 <u>这</u>是受<u>父亲</u>的影响。C1 <u>我父亲</u>特别喜欢钓鱼，C2 <u>（他）自己</u>还会做生鱼片。（《中国语》39 课）（A—B1 述题 / 谓语接应：使用语义呼应（重复）。B1 全句—B2 话题 / 主语接应：使用指代。B2 定语—C1 话题 / 主语接应：用语义呼应。C1—C2 话题 / 主语接应：使用指代）

［37］A（小李）他在县城<u>机械厂</u>干活儿。B1 <u>工厂</u>离*家*不远，B2 每天*回家*，B3 *<u>回家</u>*就跟他爸<u>下两盘儿</u>，B4 可总是<u>输多赢少</u>。（明海中级《下棋定亲》）（A 介宾—B1 主接应：用语义呼应。B1 介宾—B2 谓语接应：用语义呼应。B2 谓语—B3 条件话题接应：用语义呼应。B3—B4 谓语接应：用语义呼应）

［38］甲：A 你明天想办法<u>把学校的车开出来</u>。

乙：B <u>这</u>不大好办吧。C1 <u>那</u>辆车不好使，C2 我也拿不到<u>它</u>的钥匙。（A 谓—B 主联系：使用指代。A 宾—C1 主：使用指代。C1 主—C2 宾定：使用指代）

［39］A 沿着*荷塘*，是一条曲折的<u>小煤屑路</u>。B1 <u>这</u>是一条*幽僻的路*；B2 *（ ）* <u>白天</u>也少人走，B3 <u>夜晚</u>更加寂寞。C1 <u>荷塘</u>四面，*长着许多树*，C2 *蓊蓊郁郁的*。D <u>路</u>的一旁，是些杨柳，和一些不知道名字的树。E *没有月光的晚上*，<u>这路上</u>阴森森的有些怕人。F1 *今晚*却很好，F2 虽然<u>月光</u>也还是淡淡的。（朱自清《荷塘月色》）（全篇话题 / 段落话题—A 处所 / 主：语义呼应。A 宾—B1 主：用指代呼应。B1 宾—B2 话题接应：用语义承接。B2—B3 话题 / 主语接应：用语义呼应（白天—夜晚）和语义承接（路）。A 介词宾语—C1 主接应：C1—C2 述题 / 谓语接应：用语义呼应。A 宾—D 主语的定语接应：用语义呼应。D 主—E 话题接应：使用语义呼应；D 主定—E 主 / 处所接应：用语义呼应。E 话题—F1 主、F1 主—F2 主接应：用语义呼应。全篇话题 / 段落话题和句子话题存在接应）

3.3.1.b 述题 / 谓语接应

述题一般就是谓语，不过是从不同方面所作的表述。其范围较大，大都包括焦点部分。我们把焦点除开，另作一个类型来分析说明。

[40]甲：A1 已经*七月了*。A2 天气*很热了*。

乙：B1 *真是*。B2 天气*这么热*，B3 我*不想学习*了。

甲：A3 你放心。A4 我们快要放暑假了。

乙：B4 我们什么时候*放假*？

甲：A5 七月二十号*放假*。

乙：B5 *放假*了，B6 你*回家乡*吗？（《中国语》20 课）

（除 A2—B1 和 B5—B6 都是全句接应外，以上其他各相邻小句均为述题 / 谓语接应：用语义呼应）

[41]坂本：A 在日本，A1 人们不光重视货物的内容，A2 也*重视外表*，A3 有时*甚至更重视外表*。（A1—A2—A3 均为述题 / 谓语接应：用语义呼应和结构呼应）

木村：B1 我看也未必，B2 很多商店还*提倡简易包装*呢。（A—B1、B1—B2 全句接应：用语义呼应）

陈：C1 话是这么说，C2 可我们的*包装还是应该改进*。（B1—C1 全句接应：用语义呼应。C1 全句—C2 谓语接应：用语义呼应）

（佐藤晴彦、王占华《通译入门》第 6 课，白帝社，2002。以下简称“《通译入门》第 × 课”）

[42]A 许多日本人都*喜欢钓鱼*。B1 我*也喜欢钓鱼*，B2 这是受父亲的影响。C1 我父亲特别喜欢钓鱼，C2(他）自己还会做生鱼片。(《中国语》39 课）

（A—B1、A/B1—C1 述题 / 谓语接应：用语义呼应（重复）。其他参例[36]的说明）

3.3.1.c 焦点接应

实际上焦点和主语、谓语并非在同一系统内，因此主语和谓语都可以成为焦点，而且大多数的焦点都是谓语。焦点又有层次和范围宽窄的不同，比如谓语是最高层次的焦点，如果其中有定语的话，定语可能是低层次的焦点，是最窄的焦点。因此本节所举的某些例子也可能做上面两类解释。另外，这类接应还可以再分为：焦点问答接应；焦点延续接应；焦点的转移或延伸；等等。

[43]甲：A 这是谁的书？

乙：B 好像是老张的。（A 定—B 定，焦点接应：用语义呼应和结构呼应）

[44]甲：这东西你是哪儿买的？

乙：北海公园买的。（A状—B状，焦点接应：使用语义呼应和结构呼应）

[45]甲：A1 这是你买的书吧？

乙：B1 不是，B2 是老李买的。（A1 定—B1 谓/B2 定，焦点接应：用语义呼应和结构呼应）

甲：A2 我没听他说要买这本书。（B2 宾—A2 宾，焦点接应：用语义呼应和指代）

乙：B3 是的，B4 是他临时决定的。（焦点 A2 小谓—B4 小谓，焦点接应：用语义呼应）

[46]甲：A 谁是你老师？

乙：B 那位戴深度近视眼镜的就是。（A主—B主，焦点接应：用语义呼应和结构呼应）

[47]甲：A1 我喜欢京剧。

乙：B1 是吗？ B2 我也喜欢。B3 可是我听不大懂。（A1 谓—B1 全句，焦点接应：用语义呼应。A1 谓—B2 谓，焦点接应：用语义呼应和结构呼应。B2—B3 谓语接应：用语义呼应）

甲：A2 我也听不懂，A3 没关系，A4 可以欣赏京剧的舞蹈和音乐。（B3 谓—A2 谓，焦点接应：用语义呼应和结构呼应。A2 谓语—A3 全句，焦点接应：用语义呼应。A3 谓—A4 谓，焦点接应：用语义呼应）

乙：B4 对，B5 我特别喜欢那里的音乐，B6 还有武打。（A4 谓—B4 全句，B4 全句—B5 谓，焦点接应：用语义呼应。B4 谓—B5 谓语，焦点接应：用语义呼应）

3.3.1.d 全句接应

以上都是部分接应，包括主语、谓语和修饰语之间的接应。这是最多的一种接应。以下是包含有全（小）句接应的例子。这里说的全句是指命题内涵的"全句"，即全命题部分。除去以上三种外，还有一种是整个句子/小句之间的接应，而并非句子局部之间的接应。这种情况比较起来要少一些，尤其在论说文中。

[48]弟：A1 明天接父亲出院，A2 姐，A3 你看怎么样？（A1—A3 全句接应：用语义呼应。A2 为称呼小句，也起关联承接作用）

姐：B1 可以啊。B2 我正好有空，B3 可以和你一起去。（A3—B1、A1—B1/B3、B2—B3 全句接应：用语义呼应）

[49]甲：A 你常去图书馆吗？

乙：B1 是的，B2 那里安安静静的，B3 有学习的气氛。（A—B1、B1— B2/B3、B2—B3 全句接应：用语义呼应）

甲：C1 对，C2 我也有这样的感觉。（B2/B3—C1/C2 全句接应：用语义呼应）

乙：D1 在图书馆里可以慢慢儿地看书，D2 仔仔细细地做练习。（C2—D1/D2 全句接应：用语义呼应）（《中国语》27 课）

[50]甲：A1 这篇课文是讲故宫的，A2 你让学生自己先读一读，A3 怎么样？（A1—A2、A2—A3 全句接应：用语义呼应）

乙：B1 我想先把学生带到故宫，B2 参观以后再回来学这篇课文。（A3—B1 + B2、B1—B2 全句呼应：用语义呼应，其中“故宫、学生、读、课文”作为重点词语呼应）

甲：C1 那也好。C2 就这么办吧。（B1 + B2—C1 + C2、C1—C2 全句接应：用语义呼应）

以上各例中，句子之间有的有语气的呼应，但这并非命题内涵本身的联系，而只是句子和句子的联系。这方面我们将在下面 3.3.2 节情态—语气接应中讨论。

3.3.2 情态—语气接应

这里的情态是一种广义的概念，包括平时所说的大多为主观性的能愿、语气、肯定否定态度等。这一项可以分成两个部分，一部分是最基本的情态，一部分是语气的接应，最常见的就是问答接应，这可能是语篇法则中的高级层次，在基础汉语阶段不宜过多涉及，甚至不必涉及。

这种联系一般使用：②结构呼应手段；③情态—语气接应手段；⑤语义呼应手段；⑥语义承接手段。其中②⑤⑥的说明已见 3.3.1 节，第③项只使用于本类联系，说明如下：

③情态—语气接应手段。这里的情态—语气手段包括一般所认为的能愿情态，一种围绕命题的主体性成分（可以、应该、必须、可能，等等），以及直陈、疑问、命令之类的语气，也包括能愿之类表示主观意向的情态。它们表现在词语、结构和语调等方面。主要有：最常见的是问答形式；情态方面的主要是包括也许、打算、可能、应该、必须等的拟想或能愿。

[51]木村：昨天晚上睡得好吗？今天的早饭怎么样？

刘：睡得还好，早饭也不错，就是纳豆，有好几位吃不惯。

木村：是吗？别说外国人，就是日本人，也有吃不惯的。对了，今天上午想和各位商量一下日程。（《通译入门》第4课）

（连续问答接应；答—回问—自答接应）

[52]王老师：你打算去哪儿（留学）？

田中：我也拿不准主意，您看去哪儿好？（王占华等《中国留学会话百科》，13页，骏河台出版社，2002，东京）

（问—答/回问接应）

[53]陈：在中国的大学里，有"六十分万岁"的说法，一些学生成绩刚及格，拿到学分就满足了。日本没有这样的学生吧。

木村：谁说没有？多着呢。高中生拼命学了好几年，考上以后都想松口气儿。（《通译入门》第7课）

（问—答/回问接应）

[54]走吧，别站着。（命令—命令接应）

[55]这儿太危险，赶紧离开吧。（直陈—命令接应：谓语内容接应）

[56]甲：暑假你准备去哪儿？

乙：我打算先去苏州、杭州，再去广州。（《实用》三第一课）

（该对话是谓语接应，同时也是拟想性的情态接应）

[57]你可以不表态，也可以不同意，但你不能不佩服他的想象力和宣传的手段。（各小句间为能愿情态接应）

3.3.3 背景接应

可以分为：时间接应；场所接应；视角接应，等等。

这种联系一般使用：⑥语义承接手段；⑦情景手段；⑧文化背景手段。其中⑥语义承接的讨论已见 3.3.1，其他两项只使用于本类联系，分别讨论如下：

⑦情景手段。通常西方语篇分析中所说的"情景称代/指向"就是本文的"情景手段"，这本是语篇赖以存在的基础，当然也是影响语篇发展的因素。当指向不明时，语篇就无法正常发展和进行下去，就需要调整。而且情景手段常常具有该语言某种特点，不符合这种特点，语篇就显得别扭，不自然。就此而言，也可以是广义文通字顺中的一个因素。我们认为，从连贯性角度看，称之为"情景手段"比较合适。情景指的是时间、地点、环境、言语涉及的人和物，也包括指向涉及的事件。从理解角度看，情景无疑是很重要的；但从语篇连贯性角度看，则是较难利用的手段，常见的多是在对话中，理解时添加上情景意义，就可以使得语篇话语不突兀，对话时就能感觉有连贯性。

情景影响到连贯的较少。一般在只听到单方面的话语时（比如电话），有可能产生不连贯的问题。有关的例子如：

[58] 木村：A1 请大家先在这里休息一下，A2 人都齐了吧……（《通译入门》第 1 课）（A2 话题突然转换，旅行刚到该处的情景使然。添加这样的情景理解，仍可认为具有连贯性）

[59] 接电话时：(A) 怎么样，这个事？我不喜欢 (B) 这样。嗯……(C) 学生也好，我看 (D) 可以吧。(E) 不行，太晚了。怎么 (F) 还不通知。（这是接电话时一方的回应，对话另一方的话语不明，因此缺少了很多情景，影响旁人理解，也影响旁人感觉到的语篇连贯。我们可以添加某些理解（用括号表示）：A 为事件，B 为事件的处理状态，C 为人物指向，D 为扩大到学生后的事件处理，E 为另一事件或后续行为，F 为该事件或行为的处理）

⑧文化背景手段。这是更高更广的一种背景手段。文化背景含义广泛，主要指的是文化传统的手段，包括语言文化，言谈交际习惯，以及影响言语行为的礼仪习俗，甚至作为背景的历史。文化背景对语篇的理解显然是有很大影响，但目前对语篇的连贯性的研究和了解则几乎还是个空白。这只能有待于今后的努力。

[60] A：你准备哪天走？

B：最晚这星期走。明天我要去办一下儿旅行的手续。

A：祝你旅行愉快！

B：谢谢。(《实用》三第一课)

(最后的一轮对话是在文化环境下的话语。另一种民族也可能没有这样的习惯，或采用另一种表达)

[61] 山本：这是我们的一点儿心意，送给大家做个纪念，请各位一定收下。

陈：这可真不敢当，受到那么多关照，还送我们礼品……。盛情难却，那我们就收下了。(《通译入门》第14课)

("不敢当"和"盛情难却"都是汉语特有的表达，以及汉族的习惯。它们在这里起到了接应作用。如果没有这两句话，整个话语在汉族看来就是不连贯的)

3.3.4 风格接应

即语体文体的贯通联系。这是更为高级的一种贯通联系，可以在高级阶段通过阅读和模仿学习。不同风格并非绝对的区隔，高层次的说话/写作也可以融汇或交替不同的语体文体风格从而形成个人独特的风格。

这种联系一般使用：②结构呼应手段；④韵律呼应手段；⑨语体呼应手段；⑩文体呼应手段。其中结构呼应和韵律呼应都是一般所谓的修辞格。当然还可以使用更多的修辞格，但对于基础汉语来说，这里的两种手段也已大致足够。其中②的说明已见3.3.1)，此外三项都只使用于风格联系，可分别说明如下：

④ 韵律呼应手段。这是一种利用语句长短、节奏、平仄等配合的高层次接应手段，一般在书面文章中使用，在基础口语阶段一般不必学习。其中又可分为三种：长短接应；节拍接应；声调接应。其级别和难度按次顺序逐级上升。律诗则是韵律接应的最高典范。韵律由于牵涉到句子或结构，因此，它同时也是结构配合类手段。例如：

[62] 当头炮，连环车，跳马飞象，移将拱卒，你一着，我一着，一方是步步进逼，一方是不动声色。只听见轻轻地一声"将"，第二盘，玲玲赢了。一比一，平分秋色。(明海中级《下棋定亲》)

(排偶句接应。前4小句相顺，后四小句相对待)

[63]*知识分子的良心，从来就是奠定报业大厦的基石；知识分子风骨，从来就是支撑报业大厦的脊梁。*历史上的京报如此，新京报也理当如此。（《新京报》发刊词 2003/11/11）（以上采用的是结构呼应和韵律呼应中的排偶手段。前两个小句是一组韵律呼应，后两个小句是另一组韵律呼应）

⑨ 语体呼应手段。一般分成口语和书面两种语体。如果细分还分为幼儿、儿童—少年、成年人等的语体，以及从社会阶层角度分出的不同语体。按照古今角度则有现代语体和文言语体。还有按照语言的是否常态分出的常态语体和非常态语体，艺术的语篇（尤其是诗歌）在语体上就常常是非常态的。语体之间的划分是相对的，它们之间常常是渗透融合的，这和知识及年龄有一定的对应关系。

⑩ 文体呼应手段。一般分为记叙文、会话文、说明文、应用文体、论说文、条规文、抒情散文、韵文（又可分诗歌、快板、顺口溜等等）等文体。语体和文体之间有某种对应，但又非绝对。有些文体兼具多种语体，比如记叙文的小说；有些文体如诗歌，也因诗歌体裁的不同而有不同语体。

以上两项可以举例如下：

[64]甲：昨天我花了不少钱。

乙：是吗？买什么啦？

甲：买钓鱼竿了。

乙：怎么？你干吗买钓鱼竿？喜欢钓鱼？

甲：是的，我家里全都喜欢钓鱼。

乙：钓鱼竿你在哪儿买的？这里的商店好像没有。

甲：我是在日本桥买的，那里比较便宜。

（使用了口语体、会话文体）

[65]三爷院里派人来转告三爷三奶奶的邀请，说是请大少奶奶，少姨太太和七少奶奶过去说话。这又是大宅院的规矩，一家院里有了什么事，便要把相关的奶奶请过来说话，这种说话，有的时间不过就是一种礼节性拜访，喝杯茶，吃点什么新鲜东西，也有的时候是家里的哪位爷从南边或是从外边回来了，带回来一点稀罕物什，各房里去送，怕彼此有

猜疑,你多了,我少了,你厚了,我薄了,送了东西反而落不是,倒不如把各房各院的奶奶们一齐请过来,大家心明眼亮,人有人份,瓜子不饱是人心吧,谁也不会有挑剔。(林希《"小的儿"》第5节第1段)

(使用了口语体、记叙文体、韵律手段、结构呼应等手段)

[66]大学是功用主义和人文主义并重、专业与通识兼顾的高等学府,不是职业培训班,不能有急功近利的导向。同时是物理学家和文学家的20世纪英国文人查·伯·斯诺说,专业研究并不是科学探索的全部内容,在真正意义上,科学探索是对真、善、美三位一体的追求。仅有科学理性是不够的,还需要有人文理性。没有人文精神又何来民族精神?这两者是不可分的。学外语的我国大学生如果缺少人文精神和民族精神,那将是十分可怕和危险的事。(张中载,2003)

(使用了书面语体、论说文体、结构呼应等手段)

[67]我们这个家,很朴素,我们三个人,很单纯。我们与世无争,与人无争,只求相聚在一起,相守在一起,各自做力所能及的事。碰到困难,钟书总和我一同承当,困难就不复困难;还有阿瑗相伴相助,无论什么苦涩艰辛的事,都能变得甜润。我们稍有一点快乐,也会变得非常快乐。所以我们仨是不寻常的遇合。

现在我们三个失散了。往者不可留,逝者不可追;剩下的这个我,再也找不到他们了。我只能把我们一同生活的岁月,重温一遍,和他们再聚聚。(杨绛《我们仨》)

(使用了书面语体、抒情散文体、韵律手段、结构呼应等手段)

3.4 接应因素和意义因素之间的关系

逻辑性接应和贯通性接应都是语篇所不可缺少的,但二者又是不同的。它们都建立在相关性和条理性的基础之上。如果缺少其中任何一个因素,语篇或其中的超句子语段以及复句都不大可能成立。下面我们就超句子语段和复句(它们都可以成为语篇)为例来看看:

[68]× 天气真好。我肚子疼。(这两句缺乏相关性,更谈不上条理性,因此即使加上

连词也是不能成立的。如"<u>因为/如果</u>天气真好,<u>所以/那</u>我肚子疼。")

[69] × 我父亲身体很好。我上了大学。("我父亲"和"我"当然有相关性,但两句缺乏条理性,即使加上关联词语,这个语段还是无法成立,如"<u>因为/如果</u>我父亲身体很好。<u>所以/那么</u>我上了大学。")

我们再就相关性的有无和强弱,围绕"我买了一栋房子"为前导句,分四项举例测试观察。

(1)无相关性语篇的成立可能性:

[70] × 我买了一栋房子,他生了一个月的病。

× 虽然我买了一栋房子,可是他生了一个月的病。

× 因为我买了一栋房子,所以他生了一个月的病。

× 或者我买了一栋房子,或者他生了一个月的病。

(该超句子组合经测试两种接应手段和三种关系,全部不能成立)

(2)有相关性语篇的成立可能性:

[71] ○我买了一栋房子,很便宜。(具备条理性)

× 很便宜,我买了一栋房子。(缺少条理性)

(3)有弱相关性的语篇成立可能性:

[72] × 我买了一栋房子,我生了一场大病。(缺少接应手段)

○我买了一栋房子,生了一场大病。(使用语义承接手段)

? 虽然我买了一栋房子,可是我生了一场大病。(使用强逻辑接应手段)

○虽然我买了一栋房子,可是生了一场大病。(使用强逻辑接应手段+语义承接手段)

? 因为我买了一栋房子,所以生了一场大病。(使用强逻辑接应手段,缺少强相关性)

× 只要我买[了]一栋房子,就生[了]一场大病。(使用强逻辑手段,缺少时间接应)

○只要我买一栋房子,我就生一场大病。(使用强逻辑手段,具备时间接应)

(4)有弱相关性语篇成立的可能性:

[73] × 我生了一场大病,我买了一栋房子。(缺少接应手段)

○我生了一场大病，买了一栋房子。（使用语义承接）

？我生了一场大病，可我买了一栋房子。（使用弱逻辑手段，缺少语义承接）

○虽然我生了一场大病，可是买了一栋房子。（使用强逻辑手段，具备语义承接）

？/× 因为我生[了]一场大病，所以买[了]一栋房子。（使用强逻辑手段，缺少强相关性）

× 只要我生了一场大病，我就买了一栋房子。（使用强逻辑手段，缺少时间接应）

○只要我生一场大病，我就买一栋房子。（使用强逻辑手段，具备时间接应）

由上可见，逻辑联系和贯通联系是不同的两种联系或接应，它们都建立在相关性和条理性的基础上。所谓的意合法，必需具有相关性和条理性，还必需具备必要的贯通联系及其接应手段。而且会因不同主体身份、不同语境而有不同的成立可能。这里只能就一般情况而言。

4 关于语篇教学

4.1 语篇和教学级次、教学重点的配合

在教学方面，大体上有三种分类。一般认为的"听说读写"四者，其实是不平等也是不平行的。可以根据语体—工具、认知—使用、习得难易等三方面加以分类。第一种就是口头和书面的分类，第二种是积极和消极的分类，第三种则是习得难易度分类。

口头和书面的区别是：口头类教学，即听和说的方面；书面类教学，即读和写的方面。

消极性语篇教学就是着重于接收和理解的教学，即听和读的方面；积极性语篇教学即着重于发出或表达的教学，即说和写的方面。

从难易度上分，对日本人来说，读比较容易，听其次，说又次之，写最难。这是由于日本人有汉字的帮助，但又受到日本汉字读音和日语音系的不利干

扰；日语语法和汉语相比差异性很大；日本人的言语行为文化以及教学习惯和中国人相比也有很大不同。因此，才会出现以上所述的难易顺序。

词汇是如此，语篇也是如此。不过词汇项目在相当程度上必须依靠语篇，许多词语单独听不懂，读不懂，也说不出。因此词汇的教学很大程度上必须依靠短语和语篇的教学。这在汉语方面更显得突出。在教学方面，我们认为，这两种分类方法都有道理，都与教学有关。只是根据学习者的不同目的，做不同的调整而已。学习者仅仅是为了阅读资料，那么大可选择书面类型的阅读。如果为了口头交际，那不妨选择口头类型。假如仅仅是为了看外语电影，只选择听也可以。而一般学校的一外教学甚至二外教学，无法将学习者做这样的再分类，只能做通用性的培训，当然就需要听说读写全面教学。至于进一步的专门化只能等待以后再进修。根据这样的认识，我们认为，应该把语篇做“双视角”的综合分类，第一层按照口头和书面分类，第二层再按消极和积极分类，然后再按照年级和程度做对应性的安排。根据日本的情况，如果四年都有听说读写的汉语专业课，那么可以这样安排：

1A 一年级上 / 初级（上）：口语性语篇（全部为积极性语篇，强调听、说）

1B 一年级下 / 初级（下）：口语性语篇（以积极性语篇为主，强调听、说）

2A 二年级上 / 中级（上）：口语—书面语性语篇（以积极性语篇为主，强调听、说、读、写）

2B 二年级下 / 中级（中）：口语—书面语性语篇（以积极性语篇为主，强调听、说、读、写）

2C 三年级上 / 中级（下）：口语—书面语性语篇（以积极性语篇为主，强调听、说、读、写）

3A 三年级下 / 准高级（上）：书面语性语篇为主（消极—积极性语篇对半，强调听、说和读）

3B 四年级上 / 准高级（中）：书面语性语篇为主（以消极性语篇为主，强调读、说和写）

3C 四年级下 / 准高级（下）：书面语性语篇为主（以消极性语篇为主，强调读、说和写）

我们把最后的学习水平定在“准”高级，而不是高级，又将中级和准高级教学分别安排在三个学期中，各分为上、中、下。如此安排的根据是：日本缺乏学习汉语的良好语言环境和学习环境，外界干扰过多；再加上大学学习基本上是学历教育，学习目的不明确，缺乏压力和动力；日语对汉语学习的负迁移因素较大；学生语言行为具有内向性；住宿很分散。即使是专业汉语的学生，到四年级毕业时，他们的汉语水平仍然大大低于中国学习日语的同年级大学生。如果我们的专业汉语课仅仅到二年级为止，那么他们所能习得的将非常有限。名义上是中级，实际上可能只是HSK所要求的初级水平。因此，我们主张在一、二年级时必须强调积极性语篇，这里也就包括对积极性词汇学习的强调。

4.2 语篇教学和语篇法则

说到语言教学，笔者一贯主张不要多讲句法。最高明的教师应该是"尽在不言中"。理论性的东西，只能言其大略；规则性的东西，只能言其大者，点到为止。由于主观和客观的距离，理论的东西都仅仅是部分正确，细部的规则大都难以说清。比如，接应有很多类，但在教学时只需要告诉学生，在说话写文章时尽可能地让后面的话和前面的话发生意义上的呼应或接应即可。概括言之，即能收豁然开通之效。而且，把学生的注意力引导到这些方面则会丢失语言教育最重要的东西，真所谓没捡到芝麻，倒丢了西瓜。至于语篇教学，我们也持这样的态度。其原因就是，到目前为止，语篇还不能像句法那样有一套可行的操作系统和规则系统。即使研究获得了这两套系统，那么根据句法部分的实践和教学经验，那必将更为复杂，更不易引进教学。因此，与其理性，还不如感性。

语篇教学中最重要的是"积累语料，模仿典范，培养语感"。积累语料，就是多看多读多背诵多重复。模仿典范，就是多模仿范文写作，包括缩写、写提要、仿照、创造性模仿。培养语感，这是前二者的目的和结果。语感是良好言语交际中最重要的基础，是语言或言语规则的感性表现。人的正常言语交际根据的就是语感。因此，培养语感就是最重要、最实用的课题。语感反应最敏感的大都在消极方面，即在听、读方面，在接收和理解方面应用。但有了消极性的语感，也就有了积极性的正确表达的基础，可以分辨说、写甚至翻译的正误优劣，可以分辨同义表达的不同色彩，可以据此修改言辞或语篇。

因此，在语言教学方面，我们必须大声疾呼：**感性永远是基础，而且感性高于理性。**

4.3 语篇理论和语言教师

教师要对语篇和语篇理论，尤其是语篇法则有基本的了解。知其然，知其所以然，要有适当的语篇法则的理性修养，做到基本的、而不是（也不可能）完全的心中有数。教师还应该有良好的感性修养，即需要有相当量的写作实践和广泛的欣赏经验。其实一篇佳作涉及的不仅是语篇法则，还需要良好的文化素养，对社会、历史的丰富知识。这样才能在实际操作上引导学生，在适当的条件下理性地点拨学生，达到较好的效果。这样也才能在编写教材时保证语言的通顺，不致存在严重的逻辑错误和接应失误。而事实上存在这样问题的教材并不少见。例如日本某1996版教材中有这样一些例子：

[74] 中国和日本是一衣带水的邻邦。（此句为第一段。标题是讲中国，但第一句就说中国和日本，接应不当；而且与下面的第一句也不能衔接）

它（前句说的是“中国和日本”，此处只谈中国，因此“它”有指代错误）的位置是（语法错误，用“是”不当）亚洲的中部和东部，是一个有五千多年历史的文明古国（主语接应有误，缺乏条理性。前小句主语为“位置”，此一小句主语应该是“它”，不能使用语义承接手段。两小句应该呼唤，重新设置主语）。面积（主语指称不明。前句已经使用句号，此句主语不能缺少定语“它的”）有九百六十万平方公里，大约有日本的二十六倍。中国现在正式的名称是中华人民共和国，一九四九年建立的（语体接应有误。此小句缺少相应的谓语动词“是”）。全国人民（指称错误，应为“全国人口”）包括港澳居民和海外华侨一共将近十二亿，大约占世界人口的五分之一。……（明海中级《中国概况》）

[75]“棋”有许多种，但是（并不需要转折）在中国一般常见的是“西洋象棋”，也叫“国际象棋”（此小句句型改变，不能与后续部分形成并列结构，因此不能连接和贯通），“围棋”，（标点错误，逗号使用不当）和“象棋”。其

中最普遍(用词不当)的还是"象棋"。(明海中级《下棋》)

由此看来,教材语篇的正确示范以及教师的修养必须引起我们的高度重视。

5 结语

(1)汉语在语篇方面的特点主要有:汉语语篇的构成基本单位是小句;汉语语篇存在特有的晦逻辑接应,存在流水句所表现的接应和连贯;书面语的韵律接应是汉语语篇接应—连贯的又一突出手段。

(2)语篇的连贯性是一个非常复杂的问题。其中有属于语篇研究的方面,也有现代句法研究的方面。后者例如"她是西单上的车",我们可以这样来完成其语篇:

[76]甲:她是哪儿上的车?——乙:她是西单上的车。(由同型句接应—连贯)

[77]我(在车上)看见她了。她是西单上的车。(由前提"在车上"接应—连贯)

[78]那天,我正在上班的路上,电车晃荡着,突然眼前一亮,我被一个女性所吸引住了。她就是陶陶。她是西单上的车。(由语境"在车上"接应—连贯)

我们可以从句子"她是西单上的车"出现的言内或言外条件来研究并定位该句,即这样的句子必须满足"她上了车 / 在车上"的条件才能出现。我们也可以从连贯性角度去观察前导句,即该句必须与同型问句相接应(例[51]);或者是情态—语气,包括广义的体貌的接应(以上这三组句子都表达已然事貌);或者必须与"她上了车 / 在车上"此一内涵相关的前句接应(例[77][78][79])。因此,我们希望句法学界和语篇研究界从各自的角度,从传统的文章学和现代的语篇法则以及认知心理等方面来开掘这同一片土地。[8]

(3)语篇是语言学研究和教学研究的新课题,也是对外汉语教学的重点之一。语篇研究得到的法则如何通过简单明了的教学让学生掌握,又是个新课题。本文所论仅为初步,抛砖引玉,有待来者。

附　注

[1] 例如胡壮麟(1994)将 discourse 译为"话语",text 译为"篇章",而将"语篇"统称前二者。其实前面的两个称呼也是各有各的理解,许多人倾向于将 discourse 指口语性质的完整言语产品,而把 text 指称书面的。也有人将这二者视为基本等同,只是美国人习惯用前者,欧洲学者则习惯使用后者而已。

[2] 语体—文体因素可以相当于西方的"语类 / 文类"。他们从语言学角度将语篇作为一个整体加以研究,并称为"语类"或"文类"(genre),相当于汉语中传统的"体裁"。而体裁是涉及语体和文体的一个范畴性概括,在汉语中一向是文章学或写作、文学方面的课题。这方面的语言学性质研究在西方早已盛行,而且有多个语类研究理论框架,著名的有七个。这些框架所涉及的有语篇的意义和语义结构、文化、情景 / 语境等。其中一种理论(Haliday & Hasan)认为:由一个刻度的话语范围、话语基调和话语方式的综合成为一个语境构型,并决定一个语类的结构潜势,也就是一个"语类"。(参见张德禄,2002)但是,我们认为在教学中,语体和文体这样的提法更容易为人接受和理解。越是语言学味道重的,其实际的教学效果可能越不理想。

[3] 笔者原拟选择一年级教材做一全面分析,以了解在该阶段实际会存在多少语篇问题,除连贯问题外,是否还有遗漏。很遗憾,这个项目至今没有实现。

[4] 例如:(1)黄国文的《语篇分析概要》(1988)分为:

a. 连句成篇的语法手段(时间关联、地点关联、照应(即前后指代)、替代、省略、时体配合、排比结构等)

b. 衔接的词汇手段(复现、同现)

c. 逻辑联系的句际关系(并列或列举、增补、对应、顺序、分解、分指、重复、转折或对比、解释、等同、因果或结果、推论、总结、替换、转题)

d. 会话和合作原则:话轮替换、会话应对(毗邻应对、选择等级、插入、分岔、提问和回答)

(2)胡壮麟的《语篇的衔接与连贯》(1994)分为:

a. 指称(分:人称、指示、比较、词语等指称方式)

b. 结构衔接(分:替代、省略、同构关系等)

c. 逻辑连接(分:添加、转折、因果、时空;详述、延伸、增强等范畴。按:相当于复句性连接)

d. 词汇衔接(分:重复、泛指词、相似性、分类关系、组合搭配等)

(3)刘辰诞的《教学篇章语言学》(1999)把衔接分为:

a. 指称(分:人称指称、指示指称、比较指称)

b. 省略和省代(分:名词类型、动词类型、小句类型)

c. 连接(分:增补类型、转折类型、原因类型、时间类型。按:相当于复句性连接)

d. 词汇衔接(分:重述、搭配)

[5] 当然西方理论也不是完全千篇一律的,例如 Langacker 的观点就有另外的特点。他在语

篇分析中使用了“象征单位(意义和表达的“配对结合体”,pairing)的双极性(概念极和表达极)”“语言单位的连续体(continuum)”“语篇期望(discourse expectations)”“突显(salience, prominence)”。人们所“解读”的语篇基于“意象”,并由关系构成,每一分句突显一种关系,各分句提供的新信息逐步形成一完整的认知世界,分句序列中主语具有特殊地位是内容的切入点和附着点。人们也常用某些特殊的句法位置引入新的语篇参与者。(参见王寅,2003)

[6] 中国国内有些对汉语语篇的分析(如吴为章、田小琳,2000)可能不同于我们。本文着眼于对外汉语教学,而非一般的语篇语言学分析。我们以为不同的体系对汉语语篇分析将是必要的,是可以互相补充的。

[7] 浙江宁波藏书楼“天一阁”楼梯旁的告示牌:“烟酒切勿登楼”中的“登”字是词汇“语境线索”(contextualization cues),被认为是一种框架手段。激活作为词汇语境线索的词语所提供的框架/图式可以帮助理解单句语篇的实际语义,其中“烟酒”又以隐喻指代携带烟酒之人。因此,这六个字实际的意思就是:禁止在楼上抽烟喝酒。

[8] 本文语料除已在文中注明的外,其余取自对外汉语教材,其中有:《实用汉语课本》(第三册,商务印书馆,1986);《通译入门》(佐藤晴彦、王占华编著,白帝社,2002);《中国语Ⅰ/Ⅱ/Ⅲ/Ⅳ》(共四种,日本明海大学教材,史有为编写。Ⅰ/Ⅱ为1999年版;Ⅲ/Ⅳ又称中级教材,为2003年版);《中国留学会话百科》(王占华等编著,骏河台出版社,2002)。此外,还有少数例子是作者自拟的。

参考文献

曹奉甫　1995　《主题在汉语中的功能研究》,语文出版社,北京。

戴维·克里斯特尔　2000　《现代语言学词典》,沈家煊译,商务印书馆,北京。

范开泰 张小峰　2003　《独白体中“呢”问句和语气词“呢”的篇章分析》,《语言科学》总第3期。

胡壮麟　1994　《语篇的衔接与连贯》,上海外语教育出版社,上海。

黄国文　1988　《语篇分析概要》,湖南外语教育出版社,长沙。

李悦娥 范宏雅　2002　《话语分析》,上海外语教育出版社,上海。

廖秋忠　1992　《廖秋忠文集》,北京语言学院出版社,北京。

刘辰诞　1999　《教学篇章语言学》,上海外语教育出版社,上海。

任绍曾　2003　《词汇语境线索与语篇理解》,《外语教学与研究》第4期。

沈开木　1987　《句段分析》,语文出版社,北京。

史有为　1992　《汉语文化语音学虚实谈》,《世界汉语教学》第4期。

史有为　1994　《续〈汉语文化语音学虚实谈〉》,《世界汉语教学》第2期。

史有为　1995　《再续〈汉语文化语音学虚实谈〉》,《世界汉语教学》第4期。

史有为　1996　《小句和小句本位》,《中国语研究》总38期,日本。

王福祥 白春仁编 1989 《话语语言学论文集》,外语教学与研究出版社,北京。
王维贤 张学成 卢曼云 程怀友 1994 《现代汉语复句新解》,华东师范大学出版社,上海。
王 寅 2003 《认知语言学与语篇分析——Langacker 的语篇分析观》,《外语教学与研究》第 2 期。
吴为章 田小琳 2000 《汉语句群》,商务印书馆,北京。
杨石泉 1984 《话语分析与对外汉语教学》,《语言教学与研究》第 3 期。
张宝林 1998 《语段教学的回顾与展望》,《语言教学与研究》第 2 期。
张德禄 2002 《语类研究理论框架探索》,《外语教学与研究》第 5 期。
张中载 2003 《外语教育中的功用主义和人文主义》,《外语教学与研究》第 6 期。
赵燕皎 1998 《走出语篇教学的盲区》,《对外汉语教学探讨集》,北京大学出版社,北京。
郑锦全 1988 《通信本位汉语篇章语法》,《世界汉语教学》第 1 期。
周 刚 2002 《连词与相关问题》,安徽教育出版社,合肥。
Gillian Brown & George Yule 1983/2000 *Discourse Analysis*(《话语分析》英文版),外语教学与研究出版社 & 剑桥大学出版社。

教学法和教学模式的解析与重组*

——兼及日本汉语教学中的相关课题

1. 第二语言教学法解析

2. 针对日本环境的教学法重组和再选择

3. 教学模式解析和设计

4. 在日汉语教学模式试析

5. 余言

外语教学法虽然林林总总，时有新创，却少见总体性构成的剖析。许多方法公说公有理，有些又近似相像，不少学习者或应用者对此不免雾里看花，殊觉迷茫。十五年来，笔者在日本从事汉语教学，深感当地对汉语教学法重视不足。[1]至于汉语的教学模式在日本更是一个新课题。我们认为，如果这些问题不能得到切合实际的重视与解决，日本的汉语教育就不可能有真正的成功。

---

* 本文内容曾以《中国语的教学法和教学模式试论——中国语教育学研究之八》，刊于日本《应用言语学研究》（明海大学大学院应用言语学研究科纪要）2007 年第 7 期。经修改，以《教学法和教学模式的解析与重组——兼及日本汉语教学中的相关课题》刊于《世界汉语教学》2008 年第 3 期。收入本书前，以后者为基础，再次做了修改和补充。

1 第二语言教学法解析

1.1 教学法的广义和狭义理解

第二语言(以下简称“二语”)教学法是什么?是二语教学具有指导全局功能的一种主张,是二语教学的方法论,是指导形成二语教学模式的核心。

通常理解教学法指直接关乎二语教育的指导性方法或凸显某一方面的总方法,例如直接法、翻译法、功能法之类。这样的理解如果相对于下面的广义理解,也可以称为狭义语言教学法。

与狭义相对的可以称为广义语言教学法。可分为三大层,包括:一、教学基本原则(或称教学原则、核心观念或指导原则,等等);[2]二、(狭义)语言教学法;三、课堂上的具体教学技巧,也即通常所谓的教法以及很少人提及的“教态”。

作为第一层的教学基本原则,概括地说,即所有教学的中心是人,是针对学生、培养学生的;针对性、量力性和能动性应当是所有教学的共同原则。前二者要求的是根据学生的具体情况去量力而行地教学,最后一项要求的是调动学生学习的主动性和积极性。由此出发,以学生为中心,循序渐进等等也就是当然的选择,是这两大原则的具体化和必然引申。以学生为中心,尽力调动学生积极性,培养兴趣和热情,也就是其中应有之意。其下位的语言教学除了一般教学所共同的之外,更重要的是应该突出区别性。具体而言,这区别性的原则可分成两种:母语教学突出的应该是文化性原则,要让学生提高母语的文化素养和运用技巧,要讲授,要感染,要输入,以此达到母语者的语文应用和欣赏水平。而二语教学必须讲究习得效率,必须让非母语也像母语那样逐渐成为自身的一部分,必须在二语的学习和使用中逐渐习得二语所蕴含的异类语言文化因素。因此,二语教学首先要强调的应该是实践性原则和差异性原则,并以此做基本原则或核心观念。因为没有实践,二语就不可能习得成功。根据实践性原则,二语教学必然需要发展出“精讲多练”“大练习量”“交际 / 任务”等教学。二语教学是需要在母语的机体中植入并生长的一种另类语言。两种语言的差异性有大有小，但差异是必然的。共同点只是差异的一种极端表现。这种差异表现在语言组成上，也表现在语言固定或习惯语句背后的文化性上。重视差异就必然要重视如何“趋害就利”，如何“借同习异”，如何利用认知心理逐渐减轻这种差异感觉，又如何巧用语言中的文化因素促进差异融入。在二语教学的这两个原则中，实践性原则无疑更为重要，它是使差异性原则得以落实的一个更为根本的原则，即二语教学的首要原则。

对于教学的基本原则，当然是见仁见智，但有层次地看待许多可选原则应该是科学分析的一个准则。有人将“以教师为主导，以学生为中心的原则”和利用现代化教具等手段列入对外汉语教学指导原则，前者作为一般教学原则这当然不错，但却并非对外汉语教学所特有，后者作为促进教学效率也有一定之理，然而却只是工具进步以后的附带问题。二语教学特有的只能是与二语习得直接相关的具有理论性和全局指导性的原则。

教学法是教学进步的关键。教学法也是教学所必然具有的，只是自觉程度有无多少的区别。教学法甚至可以视为教学的灵魂。自觉去认识它，还是被动、盲目地绕着它乱转悠，将影响教学进步和教师知性的高下。

首先应该重视的还是狭义教学法。因为对于具体教学技巧或教法，它是指导性、总摄性的。具体的教学技巧或教法和教师的教态常常是在它的影响之下的。它们是实现教学法的具体措施或一种体现，并非教学法本身。当然，二语教学的教态有其特殊性，与二语教学法有一定的关系，也是教学成功的一个因素，值得重视。

狭义教学法又是教材的指导者，好的教材必有好的教学法做思想指导。改革教材必先从教学法改革着手，否则就只能是表面的皮毛的修补，而不可能有实质的飞跃。如果没有新的教学法做基础、做指导，那是很难编出实用且有针对性的教材的。

第二语言课堂教学最重要的就是语言的学习效率或习得效率（学习和习得是两个不同概念，同时存在于二语学习成功的过程中。以下简称“学习 / 习得效率”)。学习 / 习得效率是教学成功的体现,是其生命所在。没有学习 / 习得效率,第二语言课堂教学就将消失,市场和学习者也将远离。如果没有学习 / 习得效率,课堂语言教学就将如同骗人骗钱的行当。而学习 / 习得效率正是教学法所关注的核心。[3]教学法研究的正是教学的学习 / 习得效率。现今所有新的教学法也莫不是以效率为目标,来替代原有教学法的。

一个好的教育领导者,一个好的教师,应当懂得点教学法,了解教学法的演进,应当不断更新自己的关于教育学的知识结构。因为仅仅依赖旧有的经验,汉语作为二语的教学将很难有新的进展,也就很难获得真正的成功。这也可以说是目前日本的汉语教学在整体上的一个最大忧患。

1.2 主要教学法的特征分布与分类

1.2.1 教学法大势。半个多世纪以来,国际上的二语教学法可说是层出不穷,主要的有语法—翻译法(即翻译法或间接法)、直接法、听说法(即结构法)、视听—结构法(即视听整体—结构法或视听法)、认知法(即认知—符号法)、功能—意念法(即功能法或交际法、意念法)、情景法、任务法、自然法,还有仅限于苏联或俄罗斯的自觉对比法与自觉实践法。此外,还有沉默法(即默教法)、阅读法、咨询法(即团体语言学习法)、暗示法、全身反应法,等等。这些名称似是而恐非,令人眼花缭乱,也让人不知所从。据我们观察,在日本对教学法的混乱或模糊有几种情况:一是认为它们只不过是简单的方法兴替,你方唱罢我登场而已。多种教学法平等地并列,并不探究其内部理论的内涵和相互之间的关系;二是不清楚这些教学法在类别和层次上的不同;三是简单地把教学法等同于教法,即教学技巧;四是以为教学法只是领导者管的事,不是我普通教员所要管的,多一事不如少一事;等等。其中对教学法缺乏了解是首要的原因,其次是不清楚教学法的层次和类别。这正是导致人们在教学法上混乱的根源。因此,很有必要从它们的表层和深层的构成因素去做些解析,让人窥知其机理及彼此关系,以便更好地选用并掌握。

1.2.2 主要教学法介绍。[4]

(1)翻译法。也称语法—翻译法。俗常与直接法相对,因此也可称之为间接法。这是通过母语或媒介语翻译间接教授第二语言的方法。主张二语的核心是语法，并非自然获得，必须通过母语 / 媒介语系统传授语法知识才能掌握。它重视语言对比和对译，重视书面。其深层背景是信奉语言的普遍性和认知输入。这是比较传统的教学法。这种方法对培养口语能力和真实语感比较不利。

（2）直接法。也称改革法，曾一度称为自然法（非以下第 9 种所述之自然法）。主张直接通过二语讲授、模仿和训练，让学习者尽量沉浸于二语环境中习得。这样的教学法可以更好地获得二语语感，更快地获得二语真实知识。尤其是语感，是翻译法所很难达到的。其深层背景是：认为语言是一种习惯、一种感觉。遗憾的是完全把理性的认知排除在外，在学习初始阶段并不十分有利。直接法是建立在刺激—反应行为主义心理学说的基础上的。常受到推崇的例子是中国与日本合作开办的“大平班”[5]。

中国古代的二语教育颇似直接法，比如从现在发现的明代《老乞大》《朴通事》这两种教材来看，就有这种味道。但由于教师不同，这些教材也可以采用翻译法讲授。更古的二语教育我们没有太多资料，但是从传统启蒙教育背诵《三字经》《百家姓》《千字文》《大学》《中庸》《论语》这些篇章而不主张讲解来看，也还是接近于直接法的。类似翻译法的教学即使有，也是不多的。但是古代这些方法并无理论作为基础，只是一种自然形成的习惯法。

（3）情景法。曾称口语法。认为语言学习是一种习惯的养成，重要的是天赋的无意识学习能力，而不是靠逻辑思维。强调主体在情境中的主动参与构建，通过有意义的情景进行基本结构操练。要求口语优先，也重视词汇和系统语法。不绝对排斥母语的适当作用。

（4）功能法。也叫功能—意念法、交际法或意念法。它建立在刺激—反应行为主义心理学说的基础上，以功能—意念为教学指导大纲，强调为交际而教并学，强调语言的交际功能（即表达）和意念（即交际的内容或所需意义），并容纳场景、社会性别和心理因素、语体、语音、语法和词汇等方面的因素。其教材可以有基于纯功能型、结构—功能型、功能—结构型、题目范围型等多种类型。在具体教法上采用高度变换的方法。这种新方法强调了语言教学的最终目标，为交际而教并学，目标更为明确更为实用，把教学从单纯的使用什么语言工具的争论中解放了出来，转移到语言的最终目标上。这无疑是一次革命。这些观念并非以前没有，并非在翻译法和直接法中没有，而是提到了第一位去认识，从而产生了从教材到教法以至测试等的一连串大变动。但是，如何解决意念系统和语法知识系统之间的冲突，如何使学生更快地掌握可类推的规则，功能法并没有告诉我们完善的答案。[6]

（5）任务法。是功能法的发展，是比较新的一种方法。它把语言学习更实用化，变成急用先学式的东西，使之更好地调动学习者的积极性，从而达到更快更好地学会二语。[7] 如果布置的任务带有明确的动机（motivation），那么任务法可能有更好的效果。其缺点也是明显的，一是很难在所有教学阶段实行，二是不能系统地在开始阶段学到基本的语言构造，有"头痛医头，脚痛医脚"的可能缺陷，这就有可能妨碍习得效率的提高。因此，如何除弊兴利、扬长避短，乃是其重要课题。[8] 任务法是建立在刺激—反应行为主义心理学说的基础上的。

（6）听说法。也称结构法，根据不同的注意点也可称为句型法、口语法。这是直接法的一种革新类型。它以刺激—反映的行为主义心理学说作为其理论背景，认为语言的核心就是结构，就是一个个句型。强调听说读写的构成和程序，以句型代替语法，反复操练句型形成新的习惯。它强调语法和词汇并以此作为教学大纲。教材则基于结构的线性编排，基本采用对话体，加上情景化的结构。在具体教学上强调听说读写的构成和程序，采用先听说后读写或先听视后模仿、操练句型作为基本的教法，以句型代替语法，并基本上排除母语讲解语法。其理论背景是刺激—反映的行为主义心理学说。在中国"听说领先"就是这种方法的一种实现或变化。这种方法至今仍为许多人所采用。但往往只从表面的"听说"二字理解并实践，从而蜕变成一种教法或技巧。听说法也是建立在刺激—反应行为主义心理学说的基础上的。

（7）视听法。全称为视听整体—结构法，也称视听—结构法或听视法。这是对听说法的一种修改或改善。它融合直接法和听说法的长处，强调整体（语言整体、口眼耳脑感知整体和视听说读写教学整体）感知二语。引进真实情景，配合动态画面，以求真实交际感觉，从而企图抑制或排除其短处。它与听说法一样，也强调机械性操练，设置排除文字的口语阶段，使文字滞后出现。因此之故，仍会带有文字能力滞后等一些缺陷。其基础之一为刺激—反应和知觉基于感觉的心理学说。这是在电化教具出现之后的一个发展，有其长处，但并无根本性的更新。由于新一代电化教具的出现，这种方法比较受欢迎。

（8）认知法。也称认知—符号法。是针对听说法而建立的一种学说，主张听说读写四会，但强调学习过程中的认知智力因素、认知过程和主观能动作用，强调语言知识、语法规则的理性作用，强调语法规则理性指导下的模仿和操练。为此需要根据不同水平而不同程度地利用母语或媒介语。其基础是认知心理学。可以发现，这实际上是语法—翻译法的革新，也是对直接法和听说法的某种折中，但又是在新的理论基础上的创新，强调了人的认知心理和主观能动作用。认知语言学当前风行世界，席卷语言学的各个领域，语言教学也不能幸免。但是要建立一套完整的教学法却仍然是有待努力的课题。在中国和日本我们还没看到明确地以此为教学法的第二语言汉语教学。

（9）自然法。主张习得机制在掌握二语的过程中起主要作用，学习仅仅是一个监督者。要求最大限度扩大语言输入并集中力量培养理解能力，然后再进入下一阶段的“i+1”自然顺序（即在自然环境中，母语和第二语言的学习顺序）教学。降低语法要求，给予更宽的习得时间，强调交际内容和交际能力。一般不使用母语。该方法更强调心理机制和自然习得过程。

（10）自觉对比法。是苏联在20世纪40年代的教学法，是对翻译法的一种发展，效果并不理想。主张掌握系统语言知识，自觉同母语对比，并通过反复练习达到熟练。其理论基础是第二信号系统的心理反射学说。

（11）自觉实践法。这是苏联针对自觉对比法外语口语能力低的结果，而博采多种方法的长处形成的方法，效果较好。主张自觉利用母语对比，注意认知的特点，但又吸收直接法的长处，强调交际功能、口语领先。这是一种更为综合的方法，效果比较好。但自觉实践法在国际上并不流行，对汉语教学也没有显著的影响。

至于声像传播技术和IT技术发展以后出现的计算机教学、机助双向交流教学、远程教学、电视广播教学法等等，它们一般只是辅助性的，不能完全代替教师面对面的教学，也不能替代以上教学法，更不能把它们作为一种独立的教学法看待。

1.2.3 教学法特征及其分析。下表中，我们对上节 11 种主要教学法提取一些特征或主要之点，以“+”表示该项目为某教学法所具有，按“+++”“++”“+”的序次表示其所具有的依次递减的程度，而以加灰底的“**+++**”表示为某教学法所特别强调。

表一　主要教学法特征示意表

	语言工具		语言本体		语言功能		心理基础		教学程序		
	母语/媒介语	目标语	语法	句型	交际	任务	刺激—反应	认知	听说领先	重视整体	重视书面
翻译法	**+++**		**+++**		+			++			++
直接法		**+++**		+	++		++		++		
情景法	+	**+++**	++	+	++		++	+	**+++**		+
功能法		++		+	**+++**		++		++		
任务法	+	++			++	**+++**	++	+	++		
听说法		++		**+++**	++		++		**+++**		+
视听法		++	+	++	++		++		**+++**	++	
认知法	++	++	++		+		+	**+++**			+
自然法	+	**+++**	+	+	++		++	+	++	**+++***	
自觉对比法	+++		**+++**		+		+	++	+		**+++**
自觉实践法	++	++	++		**+++**		++	++	**+++**	++	++

* 此处指自然法所提倡的“自然顺序”。这是一种混合的、交替更自由频密的、不很确定的顺序，因此也是一种重视整体的类型。（参见附注[3]—[9]）

1.2.4 相对直接综合法。由以上分析和上表可知，大部分教学法并不是完全互相排斥的。它们大都只是对某些项目强调的程度不同而已。只有少数如翻译法和直接法才是严重对立的，但也并非不可折中调和。而综合性的教学法虽然来源比较杂，似乎不够纯正，不登理论大雅之堂，但效果却较好，例如自觉实践法。

中国在对外汉语教学中根据教学法并不完全排斥的特点也发展出“相对直接法”。这一教学法从上世纪 60 年代开始提出，北京语言大学等一直以来都探索着适合汉语的教学法，对这种教学法一直在发展或调整中。这种教学法基本采用直接教学，也可根据对象情况酌情使用母语 / 媒介语，把语言结构、句型和功能结合在一起。也主张系统学习语法，重视分阶段的词汇，以及重视文化的输入。

翻译法和直接法各有优缺点，尤其是针对某些特定学习者或在初学阶段时，单一的、纯粹的直接法并不能有效使用，而适当使用翻译法却能得到不错的效果。因此冲破理论的界限，综合二者而用之，适当或有控制地利用母语或媒介语的教学，就成为必然的选择。现在一般的二语教学大都属于这种折中或调和类型。当然，在综合二者时会有许多不同比例的选择，因人因地因时因班而考量抉择。实践是检验真理、检验优劣的唯一标准，教学法也应如是观之。

这种中国式教学法经历了多个名称的试用，在上世纪 80 年代也称结构和功能结合法或结构、功能和情景相结合的方法。从 90 年代至今引入文化因素，以结构、功能、文化相结合来表述（参见程裕祯，2005：123，236—237；刘珣，2000：305—311）。现在也有人称为“综合法”。还有一种变异的教学法，同时较多较均等地使用母语 / 媒介语与目标语，有人称之为“双语法”[9]。本文根据这些特点则称之为“相对直接综合法”，以便区别于其他类型的综合法。

1.2.5 教学法分类。二语教学法可以拿某些教学方面作为坐标来分类，比如分别以教学语言、应用、教学过程和教学环节等为坐标加以分类，就会得出不同的教学法。例如以语言为坐标就会有句型教学法、典型句教学法、替代词教学法、功能教学法；以教学过程为坐标则可以有听说领先教学法；以教学环节为坐标则可提出联合教学法。可惜的是，我们尚未见到以教师—学生为坐标的分类。比较起来，从教学法中提取侧重强调之点作为分类标准，可能更有价值。因为这样比较能够反映教学法的特点或特征。据此，我们根据上表，将教学法做侧重点的概略分类，并得到下面五个非排他性的类别：

（1）侧重于语言工具的分类。有翻译法（也称语法—翻译法或间接法），以及也注重母语媒介的自觉对比法；直接法，以及也注重目标语直接使用的情景法和自觉实践法。相对直接法也可归入此类。中国古代的二语教育也颇似直接法，可以列入此类。

（2）侧重于语言功能与使用的分类。有功能法（也叫功能—意念、交际法或意念法），任务法。相对直接法也突出交际或实践，因此也可以成为该类之一员。

（3）侧重于语言构成和教学程序的分类。有听说法（也称结构法），视听整体—结构法（简称视听法）。相对直接法包含有较多结构法的成分，因此也可列入此类。

（4）侧重于心理基础的分类。有认知法（也称认知—符号法），自然法。

（5）如果以教师—学生为坐标，我们认为非常有必要提出一种“能动教学法”。这种教学法是调动学习者能动作用或主动性的方法。遗憾的是，这种教学法还仅仅存在于本文的构思。在上面 1.2.3 一节中我们也看到许多教学法几乎都没有突出这样一种特征。尽管许多教学法也会考虑到学生，但并非其特征。例如直接法，实际上是逼学生去感知、学习二语，但这样的强制手段也可能适得其反。

1.2.6 思维功能与教学法。有趣的是，尽管语言有交际和思维两种功能，但却没有一种教学法重视思维功能或将其置于视野。这可能是交际功能具有可操作性，而思维功能却无此方便，也可能是觉得学会二语后获得该语言的思维功能也是必然的结果。其实思维功能虽然不能列入操作范围，但却可鉴别是否真正习得该语言。其中听说读写和交际的速度就是一个指标。只有不以母语做媒介语言或不存在翻译过程的言语行为才是二语真正习得的标准。因此，如何达到更快地理解目标语并以此表达，就成为选择教学法时的重要考量。根据我们的经验和认识，在这方面，直接法和交际法系列的方法，要比翻译法、认知法系列的方法优越得多。

1.3 影响或组成教学法的主要因素

从以上简单分类简介中我们可以看到，这五大教学法类型之间大都不是互相排斥的，而是分别突出不同的项目，或者以教学中的某个方面作为关键点，加以强调、突出，从而形成貌似排他的教学法。比如，强调功能/交际和意念，并不能替代以何种语言作为教学工具。又如，强调语言工具类型之后也无法解决教学需要达到何种目标。因此，我们不能简单地以一种教学法代替另一种教学法。为此，我们需要解构教学和各大教学法，提取其最重要的影响因素或组成因素，然后再来讨论针对某类对象所应具备的必要因素。

所有的教学和教学法，其背后都有一种理论作为支柱。[10]一个成功的教学和教学法应该考虑到如下诸种因素，并依据需要和可能突出其中的部分，并组成一个体系。这些因素可大略归纳为五大类：

(1)传授工具因素。最重要最便利的工具无疑是语言本身。使用何种语言作为工具将目标语传授给学习者，是教学时首先遇到的问题，也是最重要因素之一。除此之外，图片、影视、实际场景，当然也可以起工具的作用，但却是有限的和不大方便的。

(2)语言功能因素。语言有交际和思维两种功能。交际是语言在发生学和社会学意义上的第一功能，是习得目标语的首要目的。交际是语言学习的动力，也是语言本身的魅力。如果以交际作为目的，则将影响教学中对词汇、语用、修辞、篇章以及交际意念类型的选择。该因素将影响到教材的编写和教学活动的组织。而任务只是交际的一个方面，二者并不排斥。思维是语言的另一种基本功能，是人自身的组成部分，也是鉴别语言完全习得的标准。只有能够用某语言思维才能证明该语言成为了某人自身的一部分。从另一方面看，思维功能则是习得目标语的应有的高级目标，必须在测试水平时注意这一重要指标。

(3)语言本体因素。虽然认知语言学或形式语言学等主张所有的语言的深层或基底都是相同或相通的，但是教学的实践却告诉人们，不同目标语的教学有很大差异。不同的母语或媒介语其干扰作用和对应作用往往不尽相同，在教学中也就会发生不同的相成或相反的影响，从而减轻或增加教学的负担。就汉语而言，汉语的有声调音节、汉语构词和句法组织的基本同构、汉语的话题结构、汉语语篇构造中像流水句等等表现,与印欧语言、日语等有较大差异。如果以后者作为母语或媒介语,那学习汉语时就必须考虑汉语以上的一些特殊因素,教学才能更有效。

(4)语言心理因素。语言过程除了表面具有的刺激—反应的心理反射外,更重要的是深层的更为复杂的心理活动和机制,比如演绎和推理、学习和习得、复制和趋同或模仿,等等。前者可以解释语言何以启动并收发,解释交际的部分原因;后者则可以解释人们如何成功模仿第一或第二语言达成最后的习得,如何可以变幻出无穷多的句子,如何认知外界事物并映射成语言的某些模式,如何经过认知过程和认知规则更快地掌握语言。心理因素可能是语言构成并表达的最重要的原因,无疑也是影响语言习得的非常重要的方面。教学法无法回避语言和言语的心理因素。

(5)学习者本体因素。学习者本体因素包括学习者的语言才能、心理、性格、参与意识和所带有的民族文化心理等因素。"语言习得才能"(Language Aptitude)或简称为"语言才能",也翻译为"语言学能"[11],就是习得语言的先天性才能。它包括语音编码能力、语法敏感性、归纳能力、机械记忆能力。它们是整体智力的一种。每个人的语言天赋都是不同的,因此习得语言成功率和速度也不大相同。一个好的教学法必须考虑到这一因素。我们还知道,学习者的兴趣和积极性是教学成功的一大要素。没有学习者的积极配合,就不可能有成功的教学。我们常常说以学生为中心,就是说,要非常充分地考虑学习者的"能动性"。此外,每个学习者都有各人不同的性格和行为习惯,有自己民族的背景,也就带有该民族社会特有的文化和群体心理。有的学生热情开朗,口语学习效果比较显著;有的学生内向少语,口语学习就难出效果。教授美国人和教授日本人大不相同,前者热情,主动参与;后者冷静,坐观静待。学习者的这些自身因素也必须充分考虑。

1.4 教学法的深层对立要素

在解析了上述影响或组成因素之后,我们需要进一步问,这些教学法又是由哪些深层因素所控制的呢？我们必须了解控制层面，才能使教学者更自觉地、清晰地去选用需要的手段。据我们分析，这些深层要素有五对共十个对立要素：理性和感性；归纳和演绎；通则和习惯；学习和习得；主动和被动。

（1）理性和感性——基于心理的要素。理性的背后就是理性认知心理，感性的背后就是刺激—反应心理，也就是一种感性认知心理。因此这对要素也可以称为“理性认知和刺激—反应”。传统的二语教学大都很重视讲解，有的甚至干脆以讲解语法、用法、语义为主。日本中学阶段的外语教学大都如此。这是注重理性认知的教学。而另一些则是以背诵、记忆范文范句为主，他们不讲多少道理，较单调，像过去教会学校的英语教学就是如此，日本最初在中国开办的“大平班”也基本如此（参见附注[5]）。这就是注重感性的教学。

（2）演绎和归纳——基于推理的要素。这实际上就是“规则和典型”的对立。传统的教学法大都侧重于演绎或规则。手持一册语法书以为就能赢得教学的天下。比如像句型教学，它选取了语法翻译教学法中注重规则的部分，加以强调，并发展出这种方法。究其原理，并未超出语法翻译法，但又较多地放弃了翻译的成分。这是一种侧重规则的方法，它信奉二语习得中演绎过程更为重要的理论。与此相对的则是侧重归纳、侧重典型的教学法，它以背诵、记忆典型句、典型文作为基本方法，注重标本或典型，信奉人本身有的归纳能力，依赖人的自然归纳来掌握语言结构。功能法中即含有这类归纳要素。

其实，人的认知本来就有归纳和演绎两个方面，二者都是语言习得过程中的必有和必要因素。比较起来，以归纳法所习得的二语，其语感更厚重更自然；而以演绎法获得的二语，其语感比较淡薄。但在应用时这二者都会起作用，归纳所得语感可控制言语行为，而演绎获得的规则也会适当地起某些核实作用。但总的看来，归纳更为重要。因此，如何在以归纳为主的框架下协调好二者，发挥各自的作用，就是一个重要课题。

（3）通则和习惯——基于语言基质的要素。所有的教学法出台及其争议，其背后都是“语言是什么”这一根本性课题的延伸。不管这些教学法的创始者或信奉者自觉与否，语言理论修养如何，也不管这些教学法蕴含多少理论语言学因素，“语言是一套人类共同机制的映射”或“语言是一套习惯或特殊文化”

这两个命题一定会或多或少地、选择性地在其中起作用。直接法及其信奉者，更愿意相信不同的语言都是一套独特的习惯，而认知法及其信奉者，在其大脑中更多的可能认为不同语言具有相同的机制和通则，它们之间可以通过理性认知去接轨。

（4）学习和习得——基于大脑学习/习得机制的要素。一般认为，第一语言能力是由于大脑获得装置而获得的，而成人要掌握第二语言能力，只能通过学习机制。前者重于先天，后者重于后天。早期这二者区别很清楚，但随着研究的深入，人们逐渐发现，成人也存在习得能力，而且在二语学习过程中所起的作用相当重要，这就为直接法、自然法等一类的教学法提供了深层的支持。因此，深入研究之后，发现这两个表面对立的要素实际上可以互相补充。[12]与此相对应，学习机制大体上跟上面的理性认知、演绎和通则等要素相对应，习得机制大体上跟感性认知、归纳和习惯等要素相对应。

（5）被动和主动——基于学习者主观作用的要素。从学习者的角度看也有主动和被动的区分。现在一般的教学都是被动的，学习者被教师和教材牵着走，大量的练习令人生厌。如果能培养或激发学习者的学习兴趣，并从有兴趣、有实用价值的任务出发，那么学习者就会发挥其能动作用，整个学习就变得主动和生动。二语学习的主角是学生，如果学生不主动，教师再主动积极也是事倍功半、回天无力的。

其实这些深层要素在不同的教学法中更多的是这也有一点，那也有一点，大多是一种带有不同倾向性的调和折中与综合。绝对的纯是没有的。它们之间可能只是参与综合的比例不同，但比例的不同却往往就有高下之别，而这种调和折中与综合不纯恰恰就是应用学科的特点。

如果从历时角度去看，那么纵观教学法的演变，可以看到一些发展大势。有人将之总结为四个趋势：其一是从极端化走向综合化；其二是从结构化走向交际化；其三是从以教为中心走向以学为中心，最后走向教与学互动；其四是从模拟幼儿学语走向引进习得途径。（参见赵贤州、陆有仪，1998：138—142）我们认为，以上总结基本反映客观情况。这从另一侧面证实了以上十个要素，确实是影响教学法的深层因素。

2 针对日本环境的教学法重组和再选择

2.1 日本汉语教学所面临的不利因素

现在我们再来看看教学法在日本应如何选择。当前,日本的汉语教学正面对着一系列不利因素,其中突出之点有六:

一是没有适当的汉语环境,学校或社会上甚至没有一个“汉语角”。

二是日本学校在二语教学方面一般采取自由主义,缺乏具有指导地位的研究和规划,教学模式特别不利于二语习得。

三是日本学习者大都具有内向、羞于在公众场合表达的特点,尤其不习惯在本国人之间使用外语对话。

四是日本学生从中学开始形成了抠语法而轻口语会话的外语学习习惯。

五是相当多的日本学生缺乏学习动力和积极性。许多学生是家长硬推着他们来读书或读汉语专业的,自己根本缺乏学习意愿。因此,学习大多停留在课堂上,课后很少学习或复习,练习少,有限的练习或家庭作业也往往不做。

六是课外干扰和诱惑太多(例如娱乐游戏、网络漫游、聚会通话等等),这也加重了课后不学习、不复习、不做作业的问题。

这些特点,尤其是三、四、五这几点,几乎成为日本人学会汉语最大的拦路虎。

因此我们认为,在日本的汉语教学如果要成功,必须将教学当作是一种对某些性格、表达习惯、学习习惯和学习动力的改造过程。同时,对于学生,需要更加循循善诱,采取各种亲和的方法,改造学习者的外语学习习惯,锻造新的“学态”。笔者一直认为,学态是一种文化,二语学习实际上也是一种文化变革或改造。如果缺少这种文化和改造,那是谈不上成功习得汉语的。

2.2 针对日本汉语教学的建议——相对直接—功能教学法

为了改进教学,我们将1.3中的五大类影响或组成因素做进一步的细分,可得八种:①语言工具;②图景视像等辅助工具;③交际功能;④思维功能;⑤

语言本体；⑥语言心理；⑦学习者才能；⑧学习者心理—文化。这八种按有无选择余地又可分成两类：有选择余地的是语言工具和图景辅助工具两种；其他六种都是无法选择只能面对的。

针对上述日本的不利之点，我们可以选择其中的一些因素加以再组合，从而成为新的合于日本情况的教学法。就目前实践所得经验知识，这些因素中语言工具是必需选择的，而且必须基本使用目标语作为教学语言。在另外一大类中，在日本最能照顾到或带动全部因素的主导因素，应该是含有任务内容的交际功能，然后再配合一些语言本体因素等，另外又注入发挥学习者能动性的因素，就应该是较为适合日本大部分学生的教学法。这一综合教学法可称之为"相对直接—功能教学法"，简称为"直接—功能法"。下面我们就此再进一步分析说明。

该方法有两个主导，一是尽可能使用目标语做教学工具，但也不排除在必要时使用一些母语（日语）/媒介语（如英语）。只有这样，才能在课堂上尽量逼迫学生接受汉语，逐渐理解汉语，并模仿常见常用的汉语用语，也才能及时排除阻隔，争取更多的时间学习更多的内容。从理论上说，尽可能地使用目标语教学才能使学习有更多的真实语言环境，才能摆脱理性语法，达到感性掌握真实的语法，更快地达到获得思维功能的高度。

另一个主导就是，尽量以功能或交际—意念（包括在一定阶段的某些任务）来安排教学，并辅以形象化、趣味化的项目。其中任务教学成分可逐渐加强，而在高级阶段达到主导的程度。此外，要适当照顾到语言系统构成，比如在初级阶段配合课文，循序渐进地进行主要语法项的系统学习，注意词汇的合理地、渐进地输入等。从理论上说，这样做可以给人以实用的效能，即学即用，比较容易增加日本学生的兴趣，较为可能调动他们的积极性，也较容易获得较好的习得效率。学生如果每次都能产生实用感和成就感，那就可以弥补语言习得能力上的差异，克服学习者在文化—心理上的不利之点。

我们还认为，在日本的汉语教学如果要成功，必须将教学当作是一种行为文化的改造过程，包括对性格、表达习惯、学习习惯和学习动力的改造。在成年阶段，如果没有符合语言学习/习得的行为文化支持，是谈不上完全习得另一种语言的。而遍视各种因素各种教学法，这样的改造似乎也以"相对直接—

功能法”比较能够奏效。

除此以外，为了促进达成以上目的，我们主张应该把教师的“教态”提到更高的地位来认识。教师有必要更加热情、更加亲切、更加主动、更有技巧，让学生在轻松、有趣与和谐的气氛中公开表达。也就是说，语言教师应当具有一种语言教学的行为文化，培训教师并不仅仅是培训语言知识，更重要的还是这种行为文化。而在这个方面，目前的日本汉语教师是很不理想的。有的教学管理者甚至这样问：怎么学历越高，教学效果越差？这是怎么回事？的确，这非常值得重视。

习得经验和结果是教学法的根本性依据，教学实践则是检验教学法合适与否的标准。我们不能教条地或经院地单纯选取一种方法，而需要根据实践及其结果来加以扬弃取舍，综合其长，抑制其短，互相补足，从而形成本单位的最适教学法。本着这种考虑，日本明海大学这几年基本以此思想进行教学改革，结果良好，学生的听说能力有了很大的提高，测试达标的比例大大增加（约提高四分之一），从而增强了信心。

当然，在这种结合中会有很多变异或差异，会因人因地因时而异。我们常说“教无定法”，就是指这种情况。这与漠视教学法并非同一概念，恰恰是对教学法要适人而用、适境而用、适时而用的另类表述，是深得三昧之后的表达。如同“文无定则”一般，只有高境界人才有如此体会。我们要达到这种修养、这种境界，首先就需要对教学法的因素以及各种教学法的高下长短有个真切的理解。

3 教学模式解析和设计

3.1 教学模式的界定[13]

现在对教学模式的界定并不完全一致。[14]我们认为，教学模式是指在支撑广义教学法的理论背景下由课程设计组织、教学程序和操作方法以及人之间关系(含教师间和师生间)所共同形成的一种总括性的教学程序或教学框架。教学模式具有整体性、系统基础上的程序性和简明性,以及可操作性等特点。[15]根据所指具体教学范围和类型的不同,可以有某些不同的侧重,比如速成班的模式就和长期班不可能相同。教学模式如同教学法那样也可以用突出一个方面来命名。这个被突出的方面正是区别于其他模式的特点所在,也是该模式的重点所在。

例如,中国俗称的"联合教学"就是一种模式。这种模式以年级或班级为单位,各任课教师及所任课程相互协调进行,共同使力,不相冲突,最大限度地发挥有限时间和有限课程的效用,突出了教学组织和教师之间的协作关系。中国几十年来一直存在着教研室/教研组或年级组,这恰好为联合教学提供了一个很自然的温床。学习时间的长短不同也会影响教学模式。[16]美国明德学院短期班有"操练模式"[17],突出了操练这个特点,也就是我们常说的精讲多练吧;美国夏威夷大学的"交际任务为基础"的短期汉语教学是另一种教学模式,[18]这就是以任务法为基础的教学设计。我们过去不大提教学模式,而总是说教学法或教学体系,因此有许多属于模式的东西被归入了教学法或教学体系。现在中国流行的"结构—功能—文化"相结合的教学法,其实只是一种教学法掺入教学模式后的一种概括。因为所教授的"文化"不是一种方法,而是语言所承载的内容,即使是如寒暄、招呼这类语言文化,那也是语言学习必然涉及的内容。在语言教学中一定会涉及并摄入文化。因此,有人才会指出这个国内通行概念并非教学法,而只是教学途径。[19]还有些专著也表示出犹豫模糊,只是称其为"教学思想""基本路子",虽然放在教学法中论述,却不敢明确冠之以"教学法"三字。

教学模式是具有可操作性的,是目标明确的,也是可以帮助教学领导者总览全局的。因此,教学模式的设计显得格外重要,在教学法基本确定之后,教学模式便是需要并行设计的项目。

3.2 教学模式的组成因素

(1)教学法。这是教学模式中的核心。整个模式基本上是围绕教学法展开的。而教学法又是服从于教学目标的。

（2）教学目标。这也是教学模式中的重要部分，是整个教学的价值所在，同时也对教学整体具有指挥或主导作用。合理地、留有余地地设置教学目标，是教学成功的一个前提。

（3）课程和课时。当目的地（教学目标）和工具（教学法）决定以后，下一步就需要确定需要调用怎样的力量和程序去到达终点，课程和课时就起到这样的作用。例如，如果要达到听说读写四会，就不能不设置听力课、会话课、阅读课和写作课，就要分配更多的课时给这些功能课程。但是课程和课时又受制于客观的条件，例如资金的限制和其他非语言课程的冲突，常常不能尽如人意。这样又会影响到目标的调整或修改。

（4）课程间关系。不同课程之间具有良好的协同或协作关系是教学成功的关键之一，各门课程之间必须强调协同或协作，强调这方面的管理。联合教学就是一个例子。只有发挥整体性，才能使教学增效加分。反之，就会发生更多的重复教学，从而浪费时间和精力，减分降效。

（5）教学技巧和训练方式。教学技巧和训练方式应该是因对象、因目标、因教学法的不同而有不同的设计，很多情况下是特定的、强调方面不同的。例如，背诵训练和集中强化教学对年轻人更适合，而老年人要学习汉语就要采用多阅读、分散课时的措施。为了保证目标的实现，在教学法的主导下，不同模式可能会强调不同的训练方式。教学技巧和训练方式构成了教学模式的一个可操作性环节。

（6）考核或测试。这是收获阶段对教学目标的测定，是巩固教学成效的一个环节。它既是模式的一个组成部分，也是对教学模式成功与否的一种鉴定。

教学法和教学目标犹如前后两个朝向不同的一组括号，把整个教学过程框住，成为教学模式的基础。其他的因素必须在此范围中选择、调整。只有在发生特别冲突的情况下，才会对教学法或教学目标加以修正，以使模式的整体得以协调。这六个因素相辅相成，互相牵制。因此，设计好教学模式便成为一门艺术、一门科学。

4 在日汉语教学模式试析

4.1 日本的汉语教学模式现状

日本由于大部分汉语教学只是第二外语性质，所以基本上是放羊式。本来就不多的课时，在目的和能力大不相同的学生所组成的课堂上，教师也就只能是应付将就，蜻蜓点水，学校也就谈不上构建什么模式。只有在同时开设多数专业汉语系列课程时，才需要并可能构建一个教学模式。日本有汉语专业的大学不多，大专（外语专门学校）中开设汉语班的也有一些。据笔者所知，对于教学模式这个概念，日本很多汉语教师还是非常生疏。日本也很少有大学专门就教学模式真刀真枪地研究过。倒是某些专门学校（即高等职业学校）为了生存和效益，比较重视整体的教学。比如，大阪有的外语专门学校就借鉴北京语言大学经验，提出了"联合教学"。又如，近几年，由于青少年人口逐年减少，招生出现激烈的竞争，日本越来越多的大学开始注意教学效果和整体性的结构问题，希望以此来吸引考生。一些大学从实践中深切体会到以往实行的那种汉语教学是你敲你的锣，我打我的鼓，使用各自选择的不同教材，互不相干，教学效果不佳。于是开始逐步试用统一的教材，指导采用统一的教法，并设计汉语教学延长到三、四年级（例如笔者所在的明海大学）。经过这几年的实践，教学效果开始显露，但问题依然不小。最主要的问题就是：没有从理论上认识什么是最适合该大学的教学法和教学模式。虽然开始触及教学模式，但还远没有从理论高度来认识并重视教学模式这一核心问题，因此也未能完全统一思想。这些教学改革是有意义的，也是有前途的，但还需走相当长的路。根据我们的了解，日本的大学真正开始从理论高度认识并重视教学模式的似乎还没有，因此，这个问题就更有其迫切意义。

那么，日本大学中汉语专业／中国语学科的汉语教学究竟存在一些什么样的突出问题呢？据笔者了解，大概有如下一些：

（1）缺乏统一的教学设想或设计。

（2）教师之间各自为政，互不干涉。

（3）大量采用非汉语教学专业的外聘签约教师。他们大多缺乏汉语教学的理论和实践培训。

（4）各门课大多没有互相配合的统一教材，也没有统一的教学法。

（5）大多缺乏通盘性、全局性的教学考虑和教学计划，缺乏教学理论指导。

（6）各个年级的汉语教学极不平衡。一年级课程较多，效果明显；二年级课程无突破性设置，进步迟缓；三年级汉语课程大减，甚至不设，导致汉语水平开始大幅下滑；四年级也几乎没有汉语课，汉语开始遗忘。

（7）过分依赖留学，而放松对教学的设计和改革。认为留学可以补足日本环境下学习的遗憾（汉语优秀的学生几乎都有长期留学的经历）。

（8）测试或考试远离应用和教学目的，常常成为一种不必要的负担。[20]

（9）存在多种不容忽视的教学矛盾。诸如：语言学习的外向性和学生内向心理的矛盾；课程、班级数量的限制和学生人数之间的矛盾；日本假期多、干扰多和学习需要大量时间之间的矛盾；学校经营核算和教学需求之间的矛盾；教师大多缺少汉语教学经验、缺少理论修养和学生需求、教学目标之间的矛盾；等等。

4.2 对日本环境下汉语教学模式的建议

我们认为，一个有理想的学校，在经营核算和教学目标二者之间应当有个适当的协调和抉择，应当尽可能保证后一目标的达成。因为，建立好的名声会使学校保持更长远的利益。在此前提下，应该建立适合本国和本校的教学模式。从上面4.1所述日本情况来看，我们首先要把分散的教学力量集中起来、联合起来，设计适合协同"作战"的课程和课堂教学。[21]只有协同才能让原先分散的力量大大增值。其次，要寻找能设法转变学生学习外语的习惯，并能使被动学习转变为主动学习，发挥学生能动性的教学法，这就是第2.2节所述的"相对直接—功能法"。再次，需要有一个能提高效率的贯通性教学方针，这就是"实践第一"的方针。最后，这几个主要方面应该组成一个有机的整体，这就是教学的通盘研究和整合，达致最后形成较为合适的教学模式。这个模式应当以“相对直接—功能法”作为核心，以“协同教学”管理各门课程和任课教师并以此原则编写教材，以“精讲多练”“记忆—实践”等实践教学作为基本教法和习得方法，以“实践—任务”作为考核的内容和方式。这样的教学模式也许可以称之为“协同—实践—任务”模式。我们认为，这可能是日本环境下的较为合适的模式。

5　余言

当教学法和教学模式确定之后，我们就应当考虑如何培训教师，使之适合于该模式的需要；也需要考虑如何在不同年级保持教学的连续性和适当级差，保持课程和教师之间的协同，还需要研究适合该教学法的教材以及针对哪一类学生。从实践中我们获知，没有难度，就没有进步；没有冒险，也就没有革新。为此，我们很值得冒一些风险去做一番试验。在试验开始之后，我们又有必要维持一定时期的稳定，以便冷静观察其得失，排除偶然因素，获得本质性的结果。

此外，我们还需要考虑，不同的大学如何面对不同水平和不同语言学习才能（即语言学能）的学生，究竟是面向中间呢，还是面向低端。在班级内学生水平相差很大的情况下，我们以为，应当面向高、中段的学生，尤其要着力扶持略微高端学生，面向中上水平的学生。因为只有他们才会以汉语作为未来就职的考虑，只有他们才会为学校争得荣誉和名誉，也只有这样的教学考虑才会让学校名列前茅，并争取更多优秀的学生入学。当然，我们也应该以合适的目标要求低段学生，并给予他们另外的关心与辅导，让他们保持对汉语的兴趣。保持兴趣，就是一种成功。

在探索日本汉语教学法和教学模式这条路上会有许多困难，就像中国的对外汉语教学那样，[22]不会一帆风顺，但前途总是光明的。

附 注

[1] 在日本，除了约十年前创设的中国语教育学会外，日本主要的汉语研究学会就是具有 50 多年历史的“日本中国语学会”。该学会所编《中国语学》杂志在 2000—2006 年间未见一篇教育学或教学法方面的论文。另，本人曾于 1996 年采访前大阪外国语大学校长伊地智善继先生，曾问及教学法，可资参考。（参见史有为，1997；已收入本书）

[2] 蒋可心（2001）提出 10 类基本教学原则：1. 培养学生用汉语进行交际的能力；2. 以当代人使用的口语和现当代书面语为基本教材；3. 以教师为主导，以学生为中心；4. 结构、功能、文化相结合；5. 有意义的讲授与有意义的训练相结合；6. 控制使用母语或媒介语；7. 教学目的决定教学内容，教学内容决定教学法；8. 听说读写全面要求，全面训练，分阶段侧重；9. 循序渐进，螺旋式提高，重视重现率；10. 充分利用直观教具和现代化教学手段。这些原则当然有理，但有的却不具有汉语教学所需要的区别性，可能是更高层次的原则。李泉（2001）在转引吕必松的 7 大原则、王丽的 9 大原则和刘珣的 10 大原则之后认为教学原则有上、中、下层次之别，在高层次上应该是以学生为中心、移交及能力的培养为重点、以结构功能文化相结合为总的原则。

[3] 例如付克（1986：290）指出：（中国的对外汉语教学）“1977 年以来，总的指导思想是：在教学中要注意贯彻实践性（指精讲多练）、交际性、综合性（指语音语法词汇的综合教学，听说读写的综合训练）、适当使用学生母语（必要的翻译以及语言比较）等原则。”这就是第一个层次。程棠（2000：181）：“语言教学法体系。如翻译法、直接法、听说法、视听法、认知法、功能法等，这是第一个层次。”这就是第二个层次也就是狭义教学法的层次，是教学法的核心层次。程裕祯（2005：56，122—123）：60 年代“强调课堂教学要‘精讲多练’。”“到了 60 年代，强调听说，重视实践，丰富了对外汉语教学法的内容；进入了 70 年代，注意句型教学，同时加以语法注释，语法由原来的明线改为暗线。”这些就是第三层次。当然每个大层次中还可以分出一些下属的次层。这就不在本文的论述范围中了。

[4] 各主要教学法详细内容可参看程棠（2000）、陈昌来（2005）、程裕祯（2005）、付克（1986）、蒋可心（2001）、金兰（1997）、李培元（1988）、刘珣（2000）、唐曙霞（2003）、王顺洪（1998）、徐子亮和吴仁甫（2005）。

[5] 1979 年 12 月，时任日本首相大平正芳访问中国，与中国政府签订协议，翌年 9 月在北京语言学院开设“全国日本语教师培训班”（即 1985 年 9 月成立的“北京日本语学研究中心”之前身），通称“大平班”，为期 5 年，培养 600 名日语教师。该班全部聘用日本教师，在教学中完全使用日语，直接以日语作为教学语言。在开始的几个月中，学员们晕头转向，在随后的日子里，很快就能跳过翻译这个中介阶段，以日语直接理解、直接回答，语感甚佳。该班所培养的学员现今都是日语高级人才。

[6] 金兰（1997：188—197）介绍说：功能法产生于 70 年代的欧洲，以社会语言学和心理语言学为理论基础，强调语言的最基本功能是社会交际功能，并认为学生是学习中的决定因素。特点是从学生的实际需要出发确定学习目标，实现教学过程的交际化。从大纲入手，先解决叫什么，再确定教材和具体教学过程。美国则从移民需要出发，开发出培

养交际能力为目标的教学法，并以“熟练运用”为目标，定出听说读写的标准，以测试带动教学。欧美二地从不同出发点，而达到大致相同的结果。

[7] 唐曙霞(2003：197—207)介绍：任务教学法的理论基础是苏联心理语言学家Vygotsky于20世纪六七十年代所构建的，核心是“文化知识的获得首先是人们相互作用的结果，然后变为自己的知识。”任务就是指有目标的语言交际活动。Skehan(1998)对任务详细定义为：1.以意义为主；2.为解决某个交际问题；3.与真实的社会活动有关；4.重点是为了完成任务；5.按完成的结果来评判任务。为此建立了新的教学模式：1.任务的前期准备(pre-task)：教师讲解任务和语言知识规定时间内学生准备；2.执行任务(the during-task phase)：师生互动完成任务；3.任务的后期阶段(post-task)：回述、反思，巩固语言收获。该法是交际语言教学法的修正与继承。弥补其缺陷：如忽视语言质量、流利性、准确性和复杂程度；更能激发学生的参与兴趣。文章还介绍了《Writing Task》(剑桥大学出版社，1993)书中对写作任务的分类：1.便条；2.私人信件；3.电文、指令；4.描述；5.报告；6.公函、给公司写信；7.表达个人意见、观点。介绍Horowitz针对英语作为第二语言的学生提出的写作任务：1.读书报告；2.文献注释；3.个人经历报告；4.理论与数据的总和；5.个案研究；6.资料综合分析；7.研究方案。该文总结在写作教学中遇到的主要问题是：个人差异性大，因此任务很难划一。写作按体裁为主，有提供范文的，有提供语言训练项目的，到底何者为佳，值得探讨。写作教学有多种完成任务的方法，例如采取同伴批阅的过程法，此外还有结果法、语境法、体裁法等，如何选择，也很值得探讨。

[8] 金兰(1997：188—197)：在文章中也介绍夏威夷大学的教学法，一是“以表演为基础，以任务为目标”的教学法和课堂教学模式。二是以“熟练运用”为导向的语言能力等级标准和测试系统。前者是对功能法的发展，后者受到该导向的语言运动的影响，以及市场的作用和汉语本身的难度，迫使采用新的方法。该文还介绍其教学主要目标是：1.以任务为基础；2.以学生为基础；3.语言背景的场景设计；4.真实；5.螺旋上升；6.学社相辅相成地获得技巧并运用技巧；7.以交际为焦点。该教学法的特点是：1.超越了固定教材的框框，采用真实的语言材料；2.学习目标与实际生活相一致，实现教学过程的交际化；3.城市化的教学模式便于掌握，也有利于学习和推广；4.以学生为中心，激发学生的学习兴趣，保持学习动机。该教学法的不足之处是：1.打破了系统性，不能循序渐进地掌握语法；2.测试的准确性、客观性有待提高，尤其对汉字表达的汉语；3.对文化因素的重视有待提高；4，具体环节有待周密化、精细化，因为对不同程度的学生其具体过程有很大差异。

[9] 参见王顺洪(1998)。这其实只适用于外语基础较好的教师、母语单一的学生。而对多数在华留学生和教师来说并不适合。优点是便于学生理解，便于师生沟通、节约时间提高效率，便于循序渐进。缺点是容易对母语或媒介语产生依赖，对培养听力不利。为此可做出这样一些限制：限定在入门阶段使用；整个教学过程坚持多用汉语，最大限度压缩母语或媒介语；只在必要时才可适当使用对译法或比较对照法。

[10] 徐子亮、吴仁甫（2005：2—6）认为，对外汉语教学法的理论支柱有三：1. 语言学原理；2. 心理学原理；3. 教育学原理及教育心理学原理。

[11] 戴运财（2006：451—459）在文章中介绍："语言学能"或译为"语言（习得）才能"是第二语言学习中个体差异的最重要因素之一。其中介绍 Carroll（1981）的观点，认为是整体智力中负责语言学习的一个特殊部分，其中最明显的有：语音编码能力；语法敏感性；归纳能力；机械记忆能力。它在一生中相对稳定，很难改变，不能借助训练提高；不同于智力甚至语言智力（verbal intelligence）；不是二语习得的先决条件，但可帮助提高习得速度或降低学习难度。较早的介绍还可参看刘润清（1990）。我们觉得"语言学能"这个翻译不是太理想，由于切分以及与"语言学"一词的相似性，有可能被误读、误解。如果翻译为"语言（习得）才能"可能更好些。此外还可参看刘润清（1990）、徐子亮（2000：367—381）

[12] 可参阅赵贤州、陆有仪（1998：119—124）。

[13] 汲传波（2006）介绍说，教学模式最早是美国 B.Joyce 和 M.Well 在《当代西方教学模式》（1972）一书中拉开的研究序幕。中国教育界是在 20 世纪 80 年代中期开始引进并研究的。近来比较受到重视，自 20 世纪末以后陆续有评介或论文面世。至于专著，例如陈昌来（2005）尚未列入视野，只在"总体设计"下隐约可见一些端倪，而李泉（2006）则曾有专章论述。

[14] 陈莉（1997：141）认为：教学模式"是教学法的具体体现，教学法是理论性的，而教学模式是描写性的，是把教学活动与教学过程用一系列概念、术语明确描述下来的一种相对固定的形式，它能使人们很快了解其教学方法和教学特点，可供其他教师参照模仿，使教师明确应该如何进行教学。"汲传波（2006）转述李雁冰论文（1994）中的界定："教学模式是在一定理论思想指导下，为实现特定教学目标而设计的比较稳定的教学程序及其实施方法的策略体系。"李世之（2001：11—19）认为，"教学模式是教学基础理论和教学实践的中介，它既是教学理论的具体化，又是教学经验的梳理和概括。""教学模式，就其实质而言，是为教育对象创造或提供的学习环境的方法体系。"他认为教学模式"在界定面上有大小宽严之分。"以上可见，对这一概念的理解尚未取得一致。

[15] 陈莉（1997：141—144）认为：一套完整的教学模式具有三个本质特点：理论化、系统化和程序化。汲传波（2006：64—69）认为：教学模式的特点是：整体性、理论性、简明性、可操作性、创新性、明晰的目的性。美国明德大学的模式可称之为"操练模式"。其理论指导是强调在教师控制之下以学生为主的教学方法。适合短期强化班。由于强调统一和集体备课，忽视了教师的创造性。学生缺乏表达自由。他们二人对此的认识并不相同，但有相当程度的重合。

[16] 马箭飞（2000：87—93）指出：短期的有：侧重某技能；以情景—话题为中心；以意念—功能为中心；以常用句型和词汇为主；语言学习与文化游览相结合。该文引述蒲拉布（Prabhu,1987）的话指出："随着人们对语言本质认识的不断深入，随着心理语言学的不断发展，部分应用语言学家开始将第二语言教学的重点从教学结果转移到学习和教学

过程上来，强调让学习者用目的语去完成一系列任务的教学，并在课堂学习中进行真正涉及交际的活动，提高学习效率。蒲拉布认为任务式教学法中的任务主要有三类：一是信息差活动，用目的语向别人传递信息；二是推理差活动，通过一致的目的与信息进行推理、概括等以获得新的信息；三是意见差活动，辨别和表达某种针对某一特定情境的个人爱好、感觉、态度等。在主张任务教学法的学者们看来，人们的交际过程应当是：设定目标—完成任务—产生结果（如信件、说明、留言、报告、图表等等），语言教学也应当围绕这些环节来进行。”

[17] 张喜荣、田德新（2004：108—110）介绍了美国明德学院的暑期语言学院每年9周共5年的教学情况。其中尤令人感兴趣的是，该学院使用了“语言誓约”来保证在学期间全部使用汉语。他们在教学中形成了以下独特理念：1. 学以致用；2. 情景教学；3. 授人以渔；4. 真实语料；5. 实际运用；6. 以学生为中心；7. 定期严格测试。经过5年的教学，中文水平可以达到中级或中级以上。因其效果显著，虽收费昂贵，但仍生源充足。美国“普林斯顿在北京”也完全仿照了这一模式。汲传波（2006：64—69）对此也有所介绍，并指出其忽视教师个性和创造性的不足。

[18] 金兰（1997：188—197）介绍夏威夷大学的短期教学模式为：1. 准备活动，对题目和画面等的想象；2. 总体活动，提出主题和语篇结构、标题、结论等；3. 具体信息，完成专项信息及其组合分类等；4. 语言工作，使用语言表达；5. 衔接活动，与其他材料或任务的衔接。

[19] 陶炼（2000：39）指出结构—功能—文化相结合教学法在进入90年代中期逐渐在中国形成，并被推为主导的教学法体系。但这是教学途径，并非教学法本身，“虽然新的教学途径往往催生新的教学方法”。

[20] 语言测试涉及语言能力量表（Language Profisiency Scales）的新概念，即语言能力标准。韩宝成（2006：443—450）介绍语言能力量表对口头交际能力、阅读能力、正式与非正式写作能力、运用恰当策略在各种不同场景下完成交际的能力、产出性技能与接受性技能等项目进行量化并分级。这种量表对高级阶段的语言测试甚具参考价值。2007年HSK更换版本，改进版将更注重综合语言能力和交际能力，各个等级将都增加口语和写作两项主观性考试。考试在许多情况下是一种指挥棒，对于汉语教学来说会如何，我们将给予密切关注。

[21] 俞洪亮（2003）介绍说，在国外，课堂教学有两种类型：以意义为中心的课堂教学（meaning-focused instruction, MFI）和以形式为中心的课堂教学（form-focused instruction, FFI）。后者从20世纪六七十年代开始。在意义协商过程中，对形式的关注有益于中介语的发展。例如：analytical teaching,grammar instruction, formal instruction, code-focused instruction, corrective feedback, error correction 等等，都是指以形式为中心的课堂教学。FFI有两个发展阶段。70至80年代是探索期：根据对学习者关注的焦点，将课堂教学活动分为：分析策略，强调语法作用；体验策略，注重有实在内容的话题和创造实际语言运用的条件。各自侧重，可以互补。他们有一种“输入假说”，认为：语法只能从可

理解的语言输入中无意识习得，语法教学或纠正错误对学习者的“习得”体系(中介语)没有任何影响。语法形式的确受课堂教学的影响，特别是学习者对习得的目标结构已经“在语言发展上准备就绪”的时候，受课堂集训队影响更加明显，而且效果也通常是持久性的。根据调查发现，FFI 可以加快 SLA(二语习得)的进程，但不能改变基本的自然习得顺序。Pienemamn 在 1985 年提出“可教性假说”，认为：“中介语只有接近所教目标结构在自然环境下习得的那个阶段时，课堂教学才能促进语言习得。”因此，课堂语言形式不能超越学习者的心理接受程度或跨越语言的发展阶段。90 年代是 FFI 的发展期：注意到不同的 FFI 类型；注意到教师的因素。这是一种“注意假说”，认为：要达到习得目的，学习者必须(只是必要而非唯一)有意识地“注意”输入中的形式(以及意义)。FFI 还认为，学习者不能同时兼顾形式和意义，总是牺牲其一而突出另一个。因此，可以有不同侧重的策略。另一个是“互动假说”，认为：课堂教学不能具体地指向语言形式，必须支持习得的自然过程，因为，课堂注重语言形式只是表面的；注重形式的课堂教学只有在注重意义的交际中才会最有效地促进意义习得。当学习者在交际过程中出现理解障碍时，他们就有机会进行“意义协商”。这就能突显地造成理解困难的语言形式，帮助他们注意到语言输入和自己中介语水平之间的距离，促使他们提高语言的准确性。FFI 的研究结论是：影响 FFI 和 SLA 之间关系的变量很多，如语言发展途径、目标语结构的特征、课堂教学的情景、教学材料，等等。但 FFI 不能改变 SLA 的自然过程。FFI，特别是显性教学方法，能有效地促进第二语言的学习。现在研究焦点是：如何把握注意形式在 FFI 中的时机；FFI 应该注重哪些语言形式；课堂环境中哪些因素影响学习者对形式的注意；课程设置与 FFI 之间的相互关系。

[22] 关于中国的对外汉语教学，有如下总结值得参考。付克(1986：290，225，321)总结道：(中国的对外汉语教学)“1977 年以来，总的指导思想是：在教学中要注意贯彻实践性(指精讲多练)、交际性、综合性(指语音、语法、词汇的综合教学，听说读写的综合训练)、适当使用学生母语(必要的翻译以及语言比较)等原则。”(中国较早的)“外国语学校的教学方法基本是：狠抓外语基本功的训练，特别是听说能力的培养，入学开始就特别重视，到了高年级要求四会并举。”在后一阶段大学的对外汉语教学认识到：“根据第二语言习得的理论学生的语言摄入量(input)不大，则其语言输出量(output)也是不会大的。光靠精读课学到的有限的语言材料是难以在听说读写活动中达到灵活自由运用语言的目的的。要加大语言的摄入量，要多看多听，接触大量的语言材料。学生的外语语感增强了，在口头、笔头表达时才有话可谈、有材料可写，学生灵活运用语言的能力也才能较快地提高。因而，在基础语言课里，除必要的精读训练外，要加强泛读、泛听，加大语言材料的摄入量，加强灵活运用语言能力的训练。”

程裕祯(2005：56，122—123，237—238)也指出：(20 世纪)60 年代中国就“明确了汉语教学是一门实践汉语课，提出教学的‘实践性原则’，强调课堂教学要‘精讲多练’。”“由原来较多地采用‘翻译法’，改为使用‘相对直接法’。”“(20 世纪)50 年代，我国的对外汉语教学基本上以语法为中心；到了60年代，强调听说，重视实践，丰富了对外汉语教学法的内容；进入了70年代，注意句型教学，同时加以语法注释，语法由原来的明线改为暗线；80年代以后，以结构为纲，兼顾实际交际功能的结构—情景—功能相结合的模式得以应用。”“‘功能法’或称‘功能—意念法’或‘交际法’等新的教学法……在70年代引进中国，与中国的探索‘不谋而合’。”“1987—1999年中国结构、功能、文化相结合的基本路子确立。”“培养语言交际能力是对外汉语教学的根本目标，技能训练是教学的核心内容。”“以学生为中心，‘教’为‘学’服务。”“强调语言环境的作用，建立校内校外、课上课下、学习与习得相结合的教学体系。”

参考文献

陈昌来　2005　《对外汉语教学概论》，复旦大学出版社，上海。

陈　莉　1997　《试论教学模式的建立及其意义》，《北大海外教育》（郭振华、赵燕皎主编）第一辑，北京大学出版社，北京。

程　棠　2000　《对外汉语教学目的原则方法》，华语教学出版社，北京。

程裕祯主编　2005　《新中国对外汉语教学发展史》，北京大学出版社，北京。

戴梦霞　1998　《情景教学法在对外汉语教学中的运用》，《对外汉语论丛》（吕光旦主编），上海外语教育出版社，上海。

戴运财　2006　《语言学能对二语习得的影响》，《外语教学与研究》第6期。

付　克　1986　《中国外语教育史》，上海外语教育出版社，上海。

韩宝成　2006　《国外语言能力量表书评》，《外语教学与研究》第6期。

汲传波　2006　《论对外汉语教学模式的构建——由美国明德大学汉语教学谈起》，《汉语学习》第8期。

蒋可心　2001　《对外汉语教学法研究》，黑龙江教育出版社，哈尔滨。

金　兰　1997　《夏威夷大学汉语教学法评介》，《北大海外教育》（郭振华、赵燕皎主编）第一辑，北京大学出版社，北京。

李培元　1988　《五十年代对外汉语教学的主要特点》，《第二届国际汉语教学讨论会论文选》，北京语言学院出版社，北京。

李　泉　2001　《试论对外汉语教学的教学原则》，《中国对外汉语教学学会北京分会第二届学术年会论文集》（中国对外汉语教学学会北京分会编），北京语言文化大学出版社，北京。

李　泉主编　2006　《对外汉语课程、大纲与教学模式研究》，商务印书馆，北京。

李世之　2001　对外汉语教学新模式刍议，《语言文化教学与研究》（2001年卷），人民教育出版社，北京。

李雁冰　1994　《简论教学模式》，《山东教学科研》第3期。

刘润清　1990　《决定语言学习的几个因素》，《外语教学与研究》第2期。

刘 珣 2000 《对外汉语教育学引论》,北京语言大学出版社,北京。

马箭飞 2000 《以“交际任务”为基础的汉语短期教学模式》,《世界汉语教学》第4期。

史有为 1997 《伊地智善继先生谈日本的汉语教学》,《世界汉语教学》第4期。(已收入本书)

史有为 2005 《关于语篇—词汇主导教学——从对日汉语教学中词汇的地位谈起》,《对外汉语研究》第1期。(已收入本书)

唐曙霞 2003 《以“任务”为原则的写作教学》,《对外汉语教学与研究》(胡有清、钱厚生主编)第1辑,南京大学出版社,南京。

陶 炼 2000 《“结构—功能—文化”相结合教学法试说》,《语言教学与研究》第4期。

王顺洪 1998 《浅谈“双语法”教学》,《北大海外教育》(郭振华、赵燕皎主编)第二辑,北京大学出版社,北京。

徐子亮 2000 《汉语作为外语教学的认知理论研究》,华语教学出版社,北京。

徐子亮 吴仁甫 2005 《实用对外汉语教学法》,北京大学出版社,北京。

俞洪亮 2003 《国外以形式为中心的课堂教学研究:历史与现状》,《国外外语教学》第4期,华东师范大学出版社,上海。

张喜荣 田德新 2004 《美国明德学院的中文教学》,《世界汉语教学》第1期。

赵贤州 陆有仪 1998 《对外汉语教学通论》,上海外语教育出版社,上海。

S. 皮特·科德 1983 《应用语言学导论》,上海外国语学院外国语言文学研究所译,上海外语教育出版社,上海。

日本所用汉字的汉语“转型”初探*

1. 日本用字的类型和属性
2. 日本用字的汉语“转型”
3. 转型规划对象的认定
4. 转型规划的研讨

日本的汉字在晚近时期渐渐和中国有了距离。而随着旅游开放、学术交流的繁荣,随着日本人一波又一波地出现于汉语教学课堂、出现于中国的各种领域,日本的人名,日本的地名,也就越来越多地进入了中国的各领域,逼着人们设法去认读、去改写成中国现行汉字。原本以为不成问题的汉字也居然有了些问题。怎么读,怎么写,在对外汉语教学、文化交流、旅游服务和外来词研究等方面似乎都是个不大不小的课题。随着汉字视野的拓宽,在汉字学方面又提出了新的问题,原先的理论和应用也因此而有必要再做一次彻底的检讨。这倒正好成了一种动力,促进我们对汉字做更深入的认识。于是,就有了下面的一番追究。

1 日本用字的类型和属性

1.1 日本用字的构成

“日本用字”即“日本所用汉字”之省称。虽然日本有人认为日本所用汉

---

* 本文曾以《关于日本所用汉字的汉语“转型”》之名提交“第四届全国社会语言学学术研讨会”,并收入该会论文集《语言规划的理论与实践》(语文出版社,2006年9月);又以今名发表于《世界汉语教学》2007年第4期。此次结集前做了必要的修改。

字是独立于中国汉字的另一种文字，但无可辩驳的事实可从许多方面证明，日本所用汉字不但基本上来自汉语和中国汉字，而且从属于中国的传统汉字系统。[1]其中可大略分别为四部分（以下举例时用罗马字母转写日语读音，双斜线之前为音读音，之后为训读音）：

其一，中国传统正体汉字，可称为“传统正体”或“传承正体”，占绝大部分。例如：中 chuu/naka、看 kan/miru、風 fuu//kaza。

其二，中国早已存在的中国传统汉字的异体（包括各种变体、俗体和简体），可称为“中国传统异体”。日本使用了相当数量的传统异体并使之事实上合法化、标准化或正规化。例如：国 koku//kuni、為 i//suru、麦 baku//mugi。

其三，日本根据中国传统汉字或中国异体自行发展出的异体（包括变体和简体），可称为“日本异体”，但仍然属于中国汉字的字种。例如：価 ka//atai、実 jitsu//makoto、売 bai//uru。

其四，日本根据本国情况按照汉字六书原则自行创制的汉字（即日本所称的“和字／倭字”“邦字”“国字”，本文称“日制汉字”）。例如：峠 //touge、畑 //hata、込 //kome、匁 //monme、枠 //waku。[2]

前三类均属中国汉字字种系统，约占 97% 以上。至于日制汉字，学术界还没有完全统一的认识。同一个汉字，一种意见可能认为是日制汉字，而另一种意见认为是中国汉字。例如：“鱈”，日本《汉字源》说是和字，而中国的《汉语大字典》和《现代汉语词典》虽收录却回避认定，似乎把它当成中国的。又如：“蟎”，日本远藤好英《国字一览》（1987）认定这是“国字”，而《汉字源》（2002）却没有标注“国字”，即认为它不是日制汉字。

据统计，日制汉字在各种具有基本语言表记功能的日本所用“汉字集”中都是极少的一类，仅具附属和补充功能，本身不能独自承担记录和表示日语的功能，因此也不能成为一个功能完整的文字系统。据考察，比较可靠的日制汉字仅为 400 字左右[3]，其中绝大部分本来也使用不多，通行不广，如今更早已废弃不用。日本 1981 年发布了 1,945 个常用汉字和 168 个人名用汉字，1990 年又补充了 116 个人名用汉字，二者合计共 2,229 字[4]。其中真正的日制汉字仅 8 字[5]（常用汉字内占 5 字，人名用字内占 3 字，仅占 2,229 字的 0.0036%）。

据本人逐一查阅统计，日本《汉字源》共收有342个日制汉字。这是个比较可信的数字，但与该词典内所收12,596字相比，仅为2.72%。如果扩大所收汉字的字数，则日制汉字的比例将愈加下降，可能不超过2.6%[6]。可见，日制汉字是微乎其微的，无法影响汉字集合的本质属性。因此，日本所使用的汉字在整体上仍然应该基本隶属于中国传统汉字系统，或者说是中国传统汉字系统下的一个特殊部分，就类似于书写广东话所使用的方言汉字那样。当然，日本毕竟是外国，在使用汉字过程中有着根据自己情况独立发展的倾向，这和广东话汉字并不完全一样。广东话是汉语方言的一种，是在一定程度上服从汉语共同语的，也受到汉族整体对汉字的使用规范的约束，而日本用字并不如此。日本用字基本上仅对古代汉语和传统汉字的规范负责，受到传统形音义和六书的约束，其次便是接受日本和日本语的环境的制约，而在现代则带有某种程度的和中国汉字平行发展的倾向。

从另一方面看，尽管日制汉字数以百计，但今天仅存留“峠、畑、込、匁、枠”5字作为正式用字（即用来作基本教育和构造新词的用字）。据《汉字源》，被淘汰的日制汉字，高达337—1,435字，淘汰率为98.54%。无论从哪个角度看，这都说明日制汉字和传统汉字相比，毕竟望尘莫及，也说明日本学界对日制汉字的局限性有着清醒的认识。同时还说明，虽然社会在飞速发展，虽然汉字进入非汉语区的日本已历经一千五百年以上，传统汉字的应对能力和适用能力依然非常强大。

然而，以日语的实际文字表现来观察，日制汉字要大大超出上面这5个字。因为所谓的常用汉字只能规范今后，并不能约束早已存在并依然使用着的人名地名，传承的日本姓氏和地名仍都使用着很多日制汉字和某些异体，并不受此常用字表的影响。这就是日本文字规范的特点：不限制传统。从这一点看，也更说明日本用字的特殊形式有认真对待的必要。也就是说，从实用集合的小范围到全汉字集合的大范围都需要我们在书写形式和读音形式方面认真研究，并做出实用性规划和规范。

1.2 日本用字的读音分类

从汉字和读音来源的关系看，基本分两类：

(1)音读:汉字的中国读音在日本变异后的字音。因不同时期传来而有汉音、唐音和吴音等多种。其读音不超过两个韵节(mora,莫拉;一个 mora 大致相当于一个假名,一个通常的汉语音节大致相当于两个 mora)。

(2)训读:按照中国汉字字义对应为日语语言单位(语素、词语)的读音。其训读音从一个到三四个韵节(mora)不等。严格说起来应当分成下面三个类别:

A. 通常意义上的"训读"。即单字的训读。凡中国传统汉字单字字义对应到日语中的相应语言单位的语音即为一般意义上的"训读"。就是每个汉字以对应的日语语素 / 词语的发音为训读音。大多数汉字都有好几个训读音。

B. "熟字训"。一般所说的熟字训指的是日语对多个汉字组成的汉字词语所作的整体训释,同时也就把训释用的日语词语的发音附加在这个汉字词语上,该日语音即成为熟字训的读音。这实际上是把单个汉字的训读扩大到几个字组成的词语(包括几个汉字组成的词或熟语)上。熟字训本义是语义解释,但实际上也可指称这种读音。这种读音所反应的词于内部构造不同于汉字所表示的。例如"百合"读ゆり(yuri)。"百"的音读是ひゃく(hyaku)/ はく(haku),训读是もも(momo)。"合"的音读是ごう(gou)/ かつ(katsu)/ がつ(gatsu)/ こう(kou);训读是あう(a–u)。"百合"二字的日语读音与前面的汉字单个读音全然无关,而是"百合"此物在日本的整体名称。yuri 这个日语名称是单纯词,不能分解,而汉字词"百合"则是合成词。这就是熟字训,其基本原理还是训读法。

C. "和训":"和训"也作"倭训",在日本一般称为"国训",也曾称作"邦训"。指的是将汉字字形借来表示与中国汉字基本无关的一些日语语素或语词,本意也是解释语义,但这些日语语素或词语的发音,也当然就是和训所带的日本词语发音。比如:"詰",在汉语中是追究诘问之意,在这个意义上日语的音读是きつ kitsu,训读是なじる najiru(写作"詰る")。而且,日语还借用这个字形去表达"装入、包装、塞紧"等意义,读音是つめ tsume/ ずめ zume(写作"詰")等。这最后一种读音就是所谓的和训读音,一般也称为训读,是训读中的一个特殊类型,是广义的训读。这类训读甚至可以推广到多字单位,成为广义的和训。

和训汉字大致相当于六书中的“假借”一法。传统的假借是因其音而借其形,以借形为主,不改本音,所指他义。所谓的和训则是不因其音、不随其音,仅借其形,而所指他义,所读他音。但以字形为主的文字学观点看,仍可属于假借。因此这是比中国假借更进一步的假借,是假借的第二种类型,或者可以称为“纯形假借”;而传统的假借则可称为“藉音假借”。假借是用字之法,不能称为造字。在以字形为主的文字学看来,纯形假借仍然是假借,也是用字之法。在日本也有人把这一类假借用字算成是日本的“和字”(即日制汉字),这显然是不妥当的。

至于日制汉字的读音,其实已经包括在上面(1)、(2)两类中了。有的日制汉字本身就是使用汉语之声来构制的,因此也就有音读字音;有的日制汉字是根据日语读音来构制的,就使用训读字音。这样看来,日本用字的读音基本上还是音读和训读两类。

2 日本用字的汉语“转型”

2.1 所谓汉语“转型”

一般所说的转型大多是指类型上的转变或改变。类型有大有小。相对于印地语、阿拉伯语、欧洲诸语言的拼音文字,汉字在总体上是另一大类。汉字和日本用字之间是大同而小异,而且从字形方面看差异的程度和数量都不是很大;倒是读音上的问题较大,类型差别突出。但二者都可以说是不同的类型,字形上是传统汉字内的次类型差异;读音上则是中日语音系统甚至词汇系统上的类型差异。为了大众称说和书写方便,有必要将日本用字的字形和读音改变为适合中国/汉语的字形与读音。从汉字学角度看,我们把“从日本字形转变为中国/汉语字形”称之为广义上的“转写”;并把“从日本字音对应或确定为中国/汉语字音”称为“转读”。这二者可以合为一个大课题,并借用“转型”一词来指称该课题及其相关概念。由于汉字学在现代意义上的研究不足(除计算机文字处理研究外),缺乏新概念和相关的术语,因此我们认为设立以上三个新术语是很必要的。

2.2 日本汉字汉语“转型”的必要性

为什么要转型呢?这是因为转写和转读这两种转型是历史上早就存在的,由中转日,也由日转中。因此是可能的,也是在一定程度和场合上必需的。其具体理由是:

其一是历史和现实人员交流的需要。远的有唐代的“阿倍仲麻吕”(在日本多作“阿倍仲麿”),近的有“畑中”这样一些人名。

其二是对外汉语教学的需要。现在有越来越多的日本留学生来中国学习,也有大批中国教师在日本从事汉语教学。每个日本学生的姓名在教学上一般都需要有一个中国汉字形式和汉语读音,他们自己也要求获得这样一个中国汉字形式和中国读音。

其三是国际汉字统合的需要。汉字文化圈已经是一个现实,世界上唯有汉字才是与拼音制文字完全不同并且可以与之分庭抗礼的文字奇迹,汉字至今依旧生气勃勃而不衰不倒。汉字必将继续造福世界各国近15亿人民,因此也应将日制汉字和日本所用其他汉字置于我们的视野,并给予所有汉字在某使用范围内某种程度的一体化待遇。[7]而日本使用的汉字的汉语转型则是其中的一个方面。

其四是实际存在的现实:几乎所有的日本人名到了中国都被简化字系统所转写。在《毛泽东选集》中早已出现了日制汉字“畑”和“辻”。《现代汉语词典》该二字均收录,并明确说明是日本所用,而且读音也已汉语化,分别读tián和shí;《汉语大字典》则只收“畑”,读音同上。《日语汉字读音速查词典》(1993)[8]收录了“畑”和“辻”;《日语汉字辞典》(1999)[9]则收录“畑”,标音也同上。此外,后两部词典还把其他日制汉字如“鲅、鳒”等也做了类似处理,给予权宜的汉语注音。日本《讲谈社中日辞典》(1998)也已经将日制汉字“畑、畠”等收入,并标音为 tián。这些现实正说明本课题之紧迫性、必要性与可能性。

其五是中日汉字学术交流的需要。汉字在日本的应用仍将长期稳定,中国必须对此进行研究并加以指称,以便于国内外交流,而且这方面的交流必将有进一步发展。

现今对“畑”“辻”二字的反应是被迫和被动的,是由于对名人个人使用的无奈,而不是主动的自觉应对。只有全面的转型规划才能变被动为主动。

鉴于以上理由,同时根据汉语汉字的情况,日本用字在中国,无论从理论上还是实用上都应该得到足够的重视。而且,日本用字应当置于汉字或国际汉字这个大视野中,也应当收入未来的汉字大字典中,成为其中的一个不可缺少的部分,并有必要对来自日语以及可能来自日语的汉字进行适合汉语的字形和读音的转型规范试探,以适应可能出现的需要。与此相类,我们对曾是越南和朝鲜使用的汉字也应做如此相应对待。

3 转型规划对象的认定

3.1 字形、字种与日本用字

由于日本用字的出现,对汉字的传统认识有许多新的冲击,使我们必须对汉字形体学的一些概念加以重新认识。涉及日本用字的基本上有字形与字种两个概念。本文的认识是:

“字形”就是由笔画(由其中心线决定)的形状、数量与结构布局所组成的具体汉字个体图像。英语中也就是一种 token。广义来说,凡是所有略有不同的文字符号都是不同的字形。狭义来说,凡是笔画和结构的基本特征相同的应为同一个字形。字形不涉及音义。例如“见”和“見”虽然意思和读音都一样,但字形不同;甲写的“见”和乙写的“见”,形体略有不同,广义的就算是字形不同，狭义的说还是同一个字形，因为甲和乙写的“见”只是风格有所不同。

“字种”一词是日本所创，指相同或不同字形的汉字属于同一个集合而成的抽象汉字类型。此处的“种”，英语可对应为 type。通常认为同一文字时期的书面使用现实中出现的若干汉字如果字形相同应属于同一个字种。但实际并不如此简单。结合日本用字的情况，字种大致可分四种：

（1）**字源字种**。同一字源且形音义基本相同即为同一“字源字种”。同一字源的汉字，其形体可能完全相同，也可能因使用时空的变化而有或大或小的变异，但这些变异并不妨碍其同一性。它们同一来源是该字种最大的根据。至于音义，在历史演变中也可能有较大变化，但必须其核心联系仍在，可以证明为同一来源者。例如甲骨文、金文、篆书、隶书的“日”“山”“水”等字虽然字形以及古今读音差别很大，但字源相同，读音历史联系清晰，仍为同一字种。又如中国现在的“围”“图”和日本的“囲”“図”，虽然形体不同，但来源相同，音义相通（日语限于音读），二者均为传统汉字的变异，它们与传统的“圍”“圖”同属一个字源字种。再如：中国的“肉”和日本姓氏中使用的“宍”（音读 niku，即“肉”之音读字音），虽然外形迥异，但音义相关，形体发展有承接联系，应属同一字种，后者为“肉”之中国古时俗体。

（2）**功能字种**。同一分布的汉字即为同一“功能字种”。不同字形的汉字可以替换使用或互补使用而基本不发生音义变异，其字形虽然可以有很大差别，仍属同一功能字种。例如：粗和麤、麄、麁之间的关系，衛和卫之间的关系。当字形在字源上完全或基本不同时必须考虑分布基本相同这一功能条件。

（3）**字形同源字种**。字形同源，但音义大异，并无联系，只是借来应用，因此也可称为“假借字种”。这是一种广义的字种概念。细分之则有“藉音假借字种”“藉义假借字种”“纯形假借字种”三类。

A. **藉音假借字种**。这是传统所称的假借。因其音而借其形，不随其义。如汉语中：“云”本指称云彩，后借以指称云曰之义，义另指，但音形均未变。

B. **藉义假借字种**。这就是指日本训读类的汉字。根据其义，借其形，对应为日语的音。如：“光”，日语借来训读日语中的对应词ひかり（hikari），形义均承续，然读音已大变。

C. 纯形假借字种。这是指日本的“和训”一类。和训完全和汉字传统的音义无关，只是借汉字之形，另读他音，另表他义。如：“詰”，日本的音读音きつ［kitsu］仍是承接汉语义，使用于“詰問、詰責”中，训读音つめ［tsume］，表示包装、守候等意义，完全与责问之义无关。

（4）同形异源字种。形体相同或相对应，但字源不同，即为同一“同形异源字种”。这是最广义的字种概念，有些日本用字在来源上可能与传统汉字不同，但在字形上完全相同。例如：“俥”，日本无音读音，训读音为くるま［kuruma］，表示人力车，是会意字；但中国也有“俥”，用于中国象棋中，民间作为另一方的“车”使用，犹如一方称“帅”，另一方称“将”。单纯从平面图形看也可以作为同一字种，然而这是最广义的字种概念。又如：日本现代的“堀”和中国古代的“堀”（即“窟”的古异体）如果纯粹从形体上看可能就属于这样的同形异源字种。归并这样的字种需要谨慎，前提就是不能存在冲突，比如中国的“芸”和日本的“芸”（即艺术之艺），虽同形而音义完全无关，从功能方面看是为不同字种，属于同形异源而又绝对不能归并者。

同时具备（1）、（2）两项条件的为“完全字种”。一般来说，“字源字种”绝大部分都是“完全字种”。例如：甲骨文的“月”和篆书的“月”以及楷书的“月”，就是这一情况；又如：門和门，聰和聪、聡（日本使用）之间的关系。

本文对日制汉字的认定是基于“字源”与“功能”兼及的原则。但字源异同往往很难确定，需要大量的考证，因此本文采取最广义的字种标准，即上述（3）、（4）两种类型的标准来确定，这两种标准当然也就涵盖了第（1）、（2）两种类型。但是由于情况的复杂性，依然不能一概而论，仍然需要谨慎小心并留有余地，以便应付例外。这就是约定俗成而略带柔性的处理。

3.2 日本所用汉字与中国现行汉字的异同

大略有以下八个方面：

字种不同；字形不同；字体不同；笔顺不同；读音不同；意义不同；用法不同；使用频度不同。参看下表：

<table>
<tr><th rowspan="2">类别</th><th colspan="2">例一</th><th colspan="2">例二</th><th colspan="2">例三</th></tr>
<tr><th>中国</th><th>日本</th><th>中国</th><th>日本</th><th>中国</th><th>日本</th></tr>
<tr><td rowspan="2">字种不同</td><td rowspan="2">丼：井的异体/象形</td><td rowspan="2">丼：厚饭碗中盛着的饭菜/会意[10]</td><td rowspan="2">芸：本字，非“蕓”的简化字</td><td rowspan="2">芸：“藝”的简化字</td><td>仨/垃/圾/旮/旯</td><td>（无同形字）</td></tr>
<tr><td>（无同形字）</td><td>匁/鮖/込/辻/畑</td></tr>
<tr><td>字形不同</td><td>价</td><td>価</td><td>县</td><td>県</td><td>纲</td><td>綱</td></tr>
<tr><td>字体不同</td><td>如：姚体</td><td>如：相扑体</td><td></td><td></td><td></td><td></td></tr>
<tr><td>笔顺不同</td><td>田：中间的十字先横后竖</td><td>田：中间的十字先竖后横</td><td>王：中间的十字先横后竖</td><td>王：中间的十字先竖后横</td><td>曲：框内先中间的横再两竖，最后封底</td><td>曲：框内先两竖再中间的横，最后封底</td></tr>
<tr><td>读音不同</td><td>价：jià</td><td>価：ka/anai</td><td>县：xiàn</td><td>県：ken/agaka</td><td>纲：gāng</td><td>綱：kou/tsuna</td></tr>
<tr><td>意义不同</td><td>豕：猪</td><td>豕：野猪</td><td>县：三级行政区划</td><td>県：一级行政区划</td><td>他：男性第三人称</td><td>他：表示其他</td></tr>
<tr><td>用法不同</td><td>割：切割</td><td>割：切割；折扣</td><td>屋：屋子；房屋</td><td>屋：用于商店名（八百屋、高岛屋）</td><td>豕：用于文言</td><td>豕：用于今语</td></tr>
<tr><td>使用频度不同</td><td>蓝：常用</td><td>藍：少用</td><td>昙：罕用</td><td>曇：常用</td><td>岚：少用</td><td>嵐：常用</td></tr>
</table>

此外，还有少量汉字归并借代的异同问题，如中国的“鬥”和升斗之“斗”归并为“斗”，而日本将“欠”和“缺”归并为“欠”。这就是功能字种方面的差异。

以上诸项中，字形和读音的转型是最需要确定的，也是本文转型规划的主要讨论对象。

4　转型规划的研讨

4.0 转型规划的范围

转型规划包括:字形转写规划;字音转读规划。字义的认定和使用均属于日本语的规范领域,不属于转型范围,不在本文讨论之列。

4.1 字形转写规划

根据以上分析,可以归结为如下字形转写原则:

(1)日本用字与中国现行规范汉字相同者照旧,无需改动。

(2)日本用字不同于中国现行规范汉字且系中国传统汉字的变异者,寻找中国同字种现行规范字形加以转换。例如:

歩,转写为:步　　县,转写为:县

亀,转写为:龟　　嶋(姓氏用字),转写为:岛

𠮷(姓氏用字),转写为:吉　　圡(姓氏用字),转写为:土

(3)在必要情况下(如中国虽有该字形,但久已不用,而日本却一直在使用)尊重日本的使用现实,保留或备注保留其原使用字形。例如:

宍,一般音读为 niku,即中国“肉”字之俗体,使用在姓氏中。由于日本对姓名用字特别尊重,“肉”形可能涉及忌讳,而“宍”字形又离开原正体字较远很难联想到“肉”,而且该字形在中国久已废弃不用,因此可以考虑保留。(按:“宍”作姓氏时在另一些地方训读为 shishi,系“完”的变形,则仍按照第二项原则转写为“完”)

堀,中国的“窟”曾有一异体与此同形,是否同源待考。但中国的该字形久已废用,而日本却是常用姓氏用字,因此仍保留该字形。

(4)日制汉字全部保留基本字形,仅在可能范围内将偏旁做适应中国现行规范汉字的调整,例如:

辻、畑、糀,如果使用这样字形的日本人来中国,可以原样保留,只改其音。

枥,日本字形右旁首笔是撇,到中国以后右旁可以定为首笔是横的“厉”

（音 lì ）。

（5）恢复被日本不当归并和被不当简化的字形，以避免可能出现的冲突。例如：

両：一般转写为“两”，但在用于“車両”（即“车辆”）的情况下，“両”转为“辆”。

欠：在音读为 ken 时，不需改变；在音读为 ketsu 时，系“缺”的对应，应转写为“缺”。

芸：一律改为“艺”。

4.2 字音转读规划

中国和日本之间历来就有汉字转读的习惯，我们承接惯例并加以梳理调整，形成如下认识。

首先需要鉴别是否属于中国的某字种；其次再根据适当原则加以转读定音。转读的大致原则是：由于日本汉字存在不同的读音，又在字源上存在与传统汉字有同有异的复杂关系，因此，原来理想的完全理据原则可能不大适用，我们只能采取相对的即带有柔性的理据原则。具体来说，凡日本用字与中国历史上曾存在过的某个通用形体（以《汉语大字典》为准）一致，一般就以该字典上的读音为日本用字的转读音，而不再追究其来源。因为转读是一种应用文字学层面上的项目，而不是理论文字学或考据文字学上的概念。在这里，最重要的原则应该是方便转读者。因此尽可能一致的做法对一般使用者是比较简单方便的。比如日本姓氏地名用字“堀”，读为 hori，指壕沟，列为“和训”。有人读声旁为屈 qū ，有人循其义读为掘 jué ，有人则读窟 kū 。从字义来看，该字指壕沟，由挖掘而成，读“掘”更为贴切。但传统汉字“窟”确实有一异体是“堀”。三种读音虽都有所本，但考虑到字义源流和字形接近“掘”，循义而读 jué 似更有理由。再者，转读只是一种临时的措施，主要是为了称呼日本的人名、地名，甚至在日本称呼那些汉字词，并不在汉语普通词语中使用。因此完全可以取易舍难，做出这样的抉择。具体而言，有下列诸种情况：

（1）如果属于中国某字种或某字形，则一般按照该中国字种或字形的读音定音。绝大部分按此原则均可顺利解决。只有下面几种情况有可能发生问题，需要特别对待。

A. 日本已经归并的汉字，必须先按照不同的音读恢复成原来的汉字字形，然后再按照该字形转读。例如：日本的“欠”由“欠”和“缺”归并而来，当音读是 ken，字形不变，转读成 qiàn；音读是 ketsu，则恢复为“缺”，转读成 quē 。这样的字一共有4个半，其他3个半是：“罐”归并于“缶”；“輛”归并于“両”；“豫”以及部分的“预”归并于“予”。

B. 如果日本简化字形和传统字种有冲突，则需要返回汉字原形。如“芸”在日本是“藝”的简化，但在传统汉字中与“芸芸众生”中的“芸”相同，二者分属不同字种，必须区分。遇日本“芸”则必须恢复到中国所对应的“艺”去读。

如果不属中国传统字种，则另外根据下面第 2 条定音。

(2) 日制汉字的转读定音可采取以下原则：一字一音；形声化解；相似挂靠；约定俗成。后三条互有关联，难以截然分开。

A. 一字一音。维持汉字是一个字读一个音节和每个字一般一个读音的传统和规范原则。日本语一般都会把汉字读成几个音节，汉字收 -t、-k 的入声字本来是一个音节，但到了日语中也变成两个音节。转读定音时就要设法限定在一个音节这个框架内。例如：“凪”，训读音なぎ［nagi］，根据风停的字义，并加以形声化可读成 zhǐ 。又如：“麿”，训读音まろ［maro］，因为是人名用字，只能采取分开两字分读为 málǔ 的办法，使之维持一字一音[11]。另外日本用字一般会有多个读音，又是音读，又是训读，即使同一个音读，还有吴音、汉音、唐音的区别，训读则更是很难控制。而汉语中极少数汉字虽然也有两个或三个读音，但常常只是声调的区别或由于声调不同造成的音素分化。因此从总体上看，中国汉字的传统是一字一个读音。我们在转读时也必须维持这个传统。

B. 形声化解。日制汉字大多数是用会意法制成，会意字在汉语中是很难定音的。一则相对应的同义形式可能很多；二则有些事物可能中国没有，找不到对应的语词形式；三则有些字需要考察日语的意思，极不方便。凡此种种均不利于操作。因此以造字法来转读定音显然是不现实的。这样一来倒不如早已流行的“秀才认字读半边”了。这就是读音形声化，最简单也为大部分人早已接受和使用。即无论日制汉字是依据何种原则创制，在转读时一律首先套用形声原则。如果是形声字则最好不过，按声旁读就可以；如果不是，但却可以形声化并选出假"声旁"，按照假声旁的汉语读音去转读定音整字。例如：形声字"鯰"，音读音ねん［nen］（训读音なまず［namazu］），定音为 nián。又如：会意字"鱈"，只有训读音たら［tara］，也可以形声化，转读成 xuě。再如：颇为难办的常用字"峠"，训读音たうげ［taiga］，是个会意字。表示山道的顶点（接下去就是下山），该字右旁是上下合字，在中国古代曾存在，另一异体是"拤"，它们都是"弄"的异体，因手的上下动作而得形。虽然中日二者意思完全不同，构成的理据也完全不同。但是从应用角度看，仍不妨以中国的字形为依据挂靠为形声类型，转读成"弄" nòng。依"岭"或"顶"之义而读为 dǐng，但考虑到同类型的字在日语中还有"裃"（kamishimo）和"垰"（训读 tao/tawa）等字，它们都与"岭、顶"相差甚远，这样的转读并不妥当。因此，把这些字都挂靠到形声上，倒反而简单了。

C. **相似挂靠**。这有两种意思：一是指六书的挂靠，一是指具体偏旁的相似挂靠。前者，也就是原则 B 所说的形声化。日制汉字中的非形声字可以挂靠到形声框架做形声处理，读音也就按其中通常声旁位置（传统有左形右声，上形下声之说）上的那个偏旁作为声旁转读。例如："糀"，训读こうじ［kouji］，发酵的酵母（花），本来是会意字，挂靠在形声字模式上定音 huā 。"俥"，训读くるま［kuruma］，表示人力车，也是会意字，也可挂靠在形声字模式上定音 chē 。"躾"，训读しつけ［shitsuke］，本义是身体训练、育美，挂靠形声后可定音 měi。这样一来，绝大部分的日制汉字都可以以此解决转读定音问题。至于后者，是指某些日制汉字的具体偏旁很特殊，没有相对应的中国汉字，只能挂靠到近似的汉字上才能实现假"形声化"。例如：日本的"栃"（只有训读，音 tochi），右旁原本是"万"的变异，不是简化字"厉"，第一笔是撇，不是横，但只能挂靠到这个"厉"上，读 lì 。再如："俣"，日本该字原是由"俁"变来，今读また［mata］，用于地名，与中国传统的"俣"来源不同，但也只能挂靠到传统汉字上，读作 yǔ。

以上这些做法实际上就是实用性地将错就错。这在理论文字学上是不能成立的,但在应用文字学上却顺理成章。

D. 约定俗成。根据在日中国人长久以来的习惯确定,有的只能将错就错,例如“栃木县”的“栃”,大家都读成 lì ,这里的右旁从来源上看,本来是“万”,意思是“橡树”,与“厉”毫不相干。其实,除了日本汉字中有音读的外,其他无音读音的定音,都是为了方便而定,包括前面的形声化都是约定俗成造成的,可以说都是将错就错。

4.3 读音转型方式分类举例

许多字的汉读定音其实可能涉及或使用所有这两大类原则。具体来说可以有下面 6 类定音方式:

(1) 根据正体音读推定汉语读音。这部分都是跟中国汉字同字种的字。例如(下列中的方括号[ ]均不表示国际音标):

拠:音读音けこ[keko]。即“据”的日本异体,读 jù 。

瀬:音读音らい[rai]。即“濑”的日本异体,读 lài。

辺:音读音へん[hen]。即“边”的日本异体,读 biān。

榎:音读音か[ka]。即“檟”的异体,读 jiǎ 。

拝:音读音はい[hai]。即“拜”的异体,读 bài。

竜:音读音りゅう[ryū]。即“龙”的日本异体,读 lóng 。

宍:音读音にく[niku]。即“肉”的异体,读 ròu。

駈:音读音く[ku]。即“驱”的异体,读 qū 。

(2) 根据音读音和声旁推定汉语读音。这部分基本上都是日制汉字。例如:

働:音读音どう[don];训读音はたらき/はたらく[hataraki/hataraku]。意思是劳动,可以读 dòng 。

鯰:音读音ねん[nen];训读音なまず[namazu]。即中国汉字的“鲇”,已经收入《现代汉语词典》,已定音为 nián。

塀:音读音へい[hei]。字义为围墙,可以读 píng 。

膵:音读音すい[sui]。字义为胰脏,可以读 cuì 。

杢:音读音もく[moku]。字义是木工工匠,可以读 mù 。

狆：音读音ちゅう［chū］。中国曾有此字形，字义是属于傣族系统的一民族名（训读音ちん［chin］。日本字义是一种宠物小狗，）可以读 zhōng 。

（3）挂靠形声推定汉语读音。非形声字但按照形声的模式去定音，即把形声模式延伸到其他造字模式上，使用声旁原则去定音。左右结构一般都是右旁表音，上下结构一般是下面是声旁，但这些都需要视具体部件的类型。例如：

俥：训读音くるま［kuruma］。字义是人力车，可以读 chē 。

椛：训读音もみじ［momiji］。字义是一种红叶树，可以读 huā 。

糀：训读音こうじ［kōji］。字义是米面等的酵母（花），可以读 huā 。

凪：训读音なぎ［nagi］。字义是海风停止，可以读 zhǐ 。

扖：训读音はめる［hameru］// しぼる［shiboru］。字义是安上、嵌入，可以读 rù 。

噺：训读音はなし［hanashi］。字义是珍奇的故事，可以读 xīn。

躾：训读音しつけ［shitsuke］。字义是对孩子在礼貌方面的训练教育，可以读 měi。

峠：训读音たうげ［taiga］。表示山道上行的顶端（上山的终点也是下山的起点），有时可译为"岭"（如电影《野麦岭》）。该字右旁与古代"弄"的异体同形，因此可以挂靠形声，按假声旁转读为 nòng 。类似的还有"裃"：训读音かみしも［kamishimo］，本指分上下两部分的某时代日式礼服，这样的礼服现在仍在使用，也可按此类推，转读为 nòng 。

（4）追溯构字源头确定汉语读音。例如：

匁：训读音もんめ［monme］。表示很小的重量 / 钱币单位，可能是日本将"文"（文）与平假名"メ"合成，与二字之首音节相对应。日本词典一般取此说法[12]。对应到汉语可读为 wén。

匂：训读音におう［niō］// におい［nioi］　にほひ［nihohi］，来源于"匀"的变异，曾有音读音イン［in］，可以读 yún。

丼：和训音どんぶり［donburi］，表示陶制厚碗中盛着的饭菜，即现在所说的盖浇饭。传统汉字中也有该字形，是"井"的古代异体。但日本此字并非由"井"而来，仅仅是偶然同形。现在也可简称为どん［don］，据此，可以转读为

dōng 。

(5)相似字形挂靠确定汉语读音。本类罕见。例如：

枥：训读音とち［tochi］。字义是橡树，偏旁挂靠“厉”，可以读 lì 。

枠：训读音わく［waku］。原指缫丝的木制器具，用多根木棒构成，后引申指框架，会意字。可以挂靠“卒”的草书，读成 zú 。

(6)合字拆分确定汉语读音。本类罕见。例如：

麿：训读音まろ［maro］。人名用字，本来是分开的两个字，因此可以分开书写成“麻吕”，因此可读成 málǚ 。如果只能面对合体的“麿”，则可挂靠形声，读成“lǚ”。

附 注

[1] 尽管日本有人企图将日本用字脱离开传统汉字，而自立门户，但严肃的学术界仍然把这些日制汉字归并在中国汉字系统中，并将日制汉字看作一个数量很有限的变体。例如以《大汉和辞典》（诸桥辙次主编）和《汉字源》（藤堂明保等编，2002）为代表的辞书都将日制汉字列入中国的或传统的汉字系统中。

[2] 还有一种特别的日制汉字，就是“鲇”，字形和中国汉字完全相同，根据音读字音也应该读 nián，可以说相同，字义也似乎相似。但中国的“鲇”相当于日本的 namazu，即“鲶”。而日本这个“鲇”训读为 ayu，是 ayu 科的淡水鱼。由于有香味，因此也叫香鱼。其寿命仅为一年，因此又称“年鱼”。日本神功皇后征韩国时曾以钓此鱼来占卜胜败，因而又称为“占鱼”。“占”“鱼”二字合一则成“鲇”，会意字。日本《国语大辞典》和《汉字源》在这个来源下标注“国字”。但日本《国字の字典》忽略了，没有收入这个字。

[3] 远藤好英《国字一览》（1987）中仅收 168 字。而据笔者逐个检查，在日本被公认为最高水平之列的《改订新版·汉字源》（藤堂明保等编，2002）中收录有 342 个“国字”。其中许多字连日语版微软电脑大字库都没有，有些字甚至该字典都注出不明音义，可见其收字之广；而一般认为是“国字”的，该字典却指明并非“国字”，可见已经过严格和严肃的考证。因此，325 字上下，应为日制汉字之大概范围。本文以 400 字作上限，已经充分考虑到未来可能会有的补充。另外，《角川大字源》（1992）所附《国字一览》收录 1,440 字（该总表下列有三表：A 表“部首配列”有 1,315 字；B 表“总画配列”有 125 字，均为不便按部首排列之形体，大部分为合体合音字和草书字；C 表“假名合字”有 11 字，如果不计 C 表，则共计 1,440 字），其中有些是属于和训（国训）的汉字，在字形上并非新

造；有些“国字”还只是草体而并无楷体；另有表内20字在字典正文中并不标为“国字”，例如“癌、症、膣、粉、钊、吋、哩、棰、鲆”。而且收入字典正文的“国字”只有137字，绝大部分所谓“国字”在正文中缺失不录，例如：“伕”“俤”，可见字典编者似乎留有余地。另外，该表所收字并无具体解释，使用于何种范围也无说明，究竟是记号还是文字殊难确定，例如，其中有一字为一正写“虎”字，一倒写“虎”字，下面再加一“見”字，此种写法完全违反汉字书写规则，很像是一商店之类的记号，另有一形是在无钩的“冂”下加个“手”，无钩的冂不见于传统汉字 / 偏旁，但却是日本商店或作坊常用的标记。由此可以推测，其中有相当数量是非文字的记号。因此本文不取该表所收字符的数目。另外，《角川新字源》（1994）附有《国字・国训一览》收录300字，更把国训（和训）之字与“国字”混为一表。例如表中有“瓦、米、立”等字，“米”本是音译词“米突”的省称，“立”为“竔”的省写，分别音译法语的 gramme, mètre, litre，相当于汉语的“克”、“米（公尺）”、“公升 / 立升”。但即使如此，收入字典正文的也还只有115字。据上所述，本文认为还是以《汉字源》作为统计对象较为稳妥。

[4]《汉字源》指出日本常用汉字和人名用字有2,230字，多出1字。

[5] 据丁锋（2004）研究，日本常用汉字1,945字中有430字为特殊字形，其中390多字已见于中国历代文献，有50字为日本独有的字形，而真正的日本“国字”仅有5字，即：峠、込、畑、匁、枠。另外，何华珍（2003）已指出：《中华字海》已对日本1,945常用字日式汉字进行探源，指出其中国来源，其中另有71简体字未明其源，实际上在中国文献中已见，是历代已见或稍加改造的字形。

[6]《国字の字典》（1990）曾收录1,551字。其中把中国所造的“癌”“硛”“賬”和“膣”等字都算作“国字”，显然有误。两年以后，根据该字典以及其他材料所编定之《角川大字源》附录《国字一览》，字数就缩掉100多字（参见附注[2]）。可见后者对前者仍保持一定距离。即使《国字一览》仍然粗率地以1,440字为准，那与《汉语大字典》的5.6万字相比，也只占2.57%。而与所估计总数约10万字的全汉字相比，则仅占1.44%。

[7] 近年来，中日韩三国合作制订了信息处理用的大字符集，共有20,902字，但仍不能包含所有的中国汉字和日制汉字。而且这样的字符集并不涉及字形转写和字音转读。因此本文所论述的工作现在仍未被提出，更未被落实。

[8]《日语汉字读音速查词典》（1994）收录日本主要“国字”180个。注音原则为：

（1）与中文汉字相同者，按中文汉字注音。

（2）日本简化字按对应同义中文汉字注音。如：竜，对应到中国即“龙”，注音 lóng。

（3）日本“国字”，按去掉偏旁部首后的部分注音。如：杣，标注 shān。

（4）日本“国字”中少数难以注音的字和部分偏旁部首字，归为无音字。如：峠。

（5）单个汉字有多种中文读音时，只取其中一种读音。

[9]《日语汉字辞典》（吉林大学出版社，1999）也收录日制汉字，但没有特别列表。标音原则概括为：

(1)权宜性(针对下面 3、4 两类)。

(2)在汉语中有读音的直接使用相应汉语拼音标音。如:日,rì;発,fā;畑,tián。

(3)在汉语中无读音的“和字”,去掉部首,按剩余部分的汉语读音标音。如:込,rù;躾,měi。

(4)在 3 类“和字”中剩余部分仍无读音者,取其上位结构的读音标音。如:桛,标 shàng。

该词典与注解 4 中所提词典在标音和标引原则上有一些不同。这是可以理解的,因为都是权宜的,并非规范。

[10] “丼”字近来也有日本人解读为井中落下重物发出 don 的声音,因而成了另一种会意。

[11] “麿”在日文中原表示自称代词,相当于われ(ware,我,我方),一般用于人名。日本辞典中均将此归入“麻”部,据此可以形声化,将“麻”当作形旁,“吕”视作声旁。现在台湾地区也有人把“麿”形声化读成“吕”。

[12] 如果不受日本词典的影响,那么这个“匁”字也可能与“文”的手写俗体“攵”和中国民间草写的“两”有关,此二字的重合也可造成该字。

主要参考文献

成春有　2002 《日语汉字音读研究》,中国科学技术大学出版社,合肥。

丁　锋　2004 《日本常用汉字特殊字形来源小考》,《现代中国语研究》第 6 期,朋友出版社,京都。

飞田良文监修 菅原义三编　1990 《国字の字典》(1999 年第 7 版),东京堂,东京。

高岛俊男　2001 《漢字の日本人》,文艺春秋出版,东京。

何华珍　2003 《日本简体字探源》,《语言研究》第 4 期。

李鹤桐等编　1994 《日语汉字读音速查词典》,外语教学与研究出版社,北京。

曲广田 王瑟主编　1999 《日语汉字辞典》,吉林大学出版社,长春。

史有为　1988 《汉字的重新发现》,《汉字问题学术讨论会论文集》,语文出版社,北京;并收入作者《汉语如是观》(1997 年,北京语言文化大学出版社)。

史有为　1998 《“癌”疑》,《词库建设通讯》总第 17 期,香港。

藤堂明保 松本昭 竹田晃 加纳喜光编　2002 《改订新版·汉字源》,学研社,东京。

尾崎雄二郎 都留春秋 西冈弘 山田胜美 山田俊雄　1992 《角川大字源》附录《国字一览》,角川书店,东京。

小川环树 西田太一 郎赤冢忠　1994 《角川新字源》(改订初版)附录《国字·国训一览》,角川书店,东京。

远藤好英　1987 《国字一览》,《汉字与日本语》,明治书院,东京。

工具的工具：词典的易懂与易得*

——关于对外汉语学习单语词典

1. 工具的工具
2. 词典的易懂性/度
3. 词典的易得性/度
4. 余言

给学习第二语言的人编写的单语词典完全不同于给母语者编写的单语词典。前者的要求更高，难度更大，因为所能依靠的语言工具更少，更受限制。中国有许多为中国人编写的汉语单语词典，但是至今为止可以说较少有真正为外国的汉语学习者编写的对外汉语学习单语词典。[1]目下虽然有多部 HSK 考试词典，但这类词典本来是为了汉语考试，并非完全针对汉语学习而编写；其次是收词量太少；再次是编写中存在的问题仍然不少。我们相信，经过一番努力，终将会出现一部完全意义上的对外汉语学习单语词典。本文则希望能做些补漏性的探讨，以期对未来的对外汉语学习单语词典有所裨益，而且其目的更在于对传统的辞书模式及辞书理论有些许突破。

---

* 本文发表于《语言教学与研究》2004 年第 6 期，署名雷华、史有为。此次结集前做了必要的校正。

1 工具的工具

1.1 正文内容以外

就目前的词典编纂出版情况看，汉语词典编纂者一般只集中在内容的针对性、准确性和多功能性方面下工夫，而忽视或很可能忽视另外一些非内容的功能。编写者容易关注针对外国汉语学习者的下列情况——不了解汉语的词和短语/语素之间的区别、不了解汉语的词语搭配习惯和表示句法范畴的习惯、不了解汉语的某些特殊的短语结构或句型、不了解汉语中的隐含文化，从而在词典中给出适当的释义。编写者会针对汉语的一些特点，如缺少形态，重视搭配和语境，重视谓语和宾语，存在离合词，等等，给出适当的处置。编写者也会力求释义和举例的正确或准确，会尽量增加功能项目，比如，在词条中除注音、释义、举例之外，还可能标注首字笔画、首字笔顺、首字部首、首字构成方式、词汇水平等级、对应英语词、词性、构词方式、近义词、反义词、搭配词、正误和注意，等等。这些大概任何人都不会反对，因为这可以增加信息，也可以增加市场吸引力，而且不与传统的观念相冲突。这些无疑都是正确的、无可厚非的。然而，遗憾的是，至今尚未见到有人对非正文内容项目做出认真的研究。现在，我们想从一个新的角度，即工具的工具，来探讨一下对外汉语学习词典甚至一般辞书所应注意的问题。

1.2 工具的自孕和衍生

纵观现今存在的工具，可以发现一种是基本工具，另一种是由前一种工具自孕或衍生出的工具。公共交通是一种工具，而为了要乘坐最佳公共交通工具，就发展出交通路线图或公共交通线路表。交通路线图表就是一种基本工具衍生出的工具。《说文解字》是中国最早的一部文字工具书，它的初期形态就具有两种工具的工具，即书前的部首表/目录和书内按部首排列条目本身。前者是显性的外附性衍生工具，后者是隐性的内蕴性自孕工具，它们都是服务于字典正文内容的，而且主要目的并非是给出新信息。由于二者往往又有很大的一致性，并且后者蕴藏于字典正文之中，以致人们并不觉得后一种排列也是一种工具。以《说文解字》为例，后人又以此衍生出第三种工具，即段玉裁的《说文解字注》，一种新信息更多而且独立性更大的工具，因而可以成为独立的新工具书。当然，衍生性工具书也要适当，过度的衍生可能导致效率下降，使用率不足，从而给出版业造成灾难。以此观之，历史上辞书的发展就有两种路径：其一是辞书种类的开拓与发展，包括以给出新信息为主要目的的、可以独立成为新辞书的衍生工具；其二是辞书内工具的改善与发展，包括外附性衍生工具和内蕴性自孕工具，他们都是工具的工具，其附属性很强。我们把后者——工具的工具这一概念作为一个探讨的新角度，那么就会发现词典这一课题还有着许多可待开发的空间。如果我们能从这一高度去认识并自觉地去编纂词典，那么词典的水平必将有更大的提高。

1.3 工具的外附工具

现代知识的一个特点是密度和广度的空前提高或加大，以致有知识爆炸之说，应运而生的就是搜索工具。搜索和搜索工具地位空前提高和发展是信息时代的一个突出特点。这个概念对应到词典本身，就是词条的形式检索以及词条的内容检索。形式检索，如词条首字 / 正序或末字 / 逆序的检索、拼音检索、部首或笔画笔形笔顺检索，等等；内容检索，如词目的各种分类检索、内容联想检索，等等。这两个方面都是显性的，所以很容易为人们所关注，但就对外汉语学习词典而言，这方面却又未能受到应有的重视。

1.4 工具的内蕴工具

现代的社会运转、生产和产品的一个特点是人性化，也就是以人为本，处处照顾人的生理和心理特点或认知特点。这一特点对应到辞书，就要求词条的释义更容易为读者所掌握所读懂，更易于找到目标点。其中最重要的就是：词条的排序，词条的内序及其显示，释义工具（释义词）以及符号。人们也很容易关注词条的排序和词条的内序，但如何显示词条内序以及应当有什么样的释义工具（释义词），却还需要加以认真探讨，需要做出新的努力。

1.5 易懂和易得

把这两种工具的工具综合在一起，从结果方面观察，就可以得到两个通俗的概念：易懂（性 / 度）和易得（性 / 度）。前者是如何让外国读者容易理解，后者则是如何迅速找到或查得特定的字词以及义项。汉字多而复杂，读音不完全在表面准确显示，部首太多而且很难确定，笔画越少的独体字部首越难确定，笔顺的规定复杂而且有习惯性和多选择性，等等，这些对于中国人来说已经够受的了，而对外国人则尤为困难。外国学习者习惯于纯音序排列，而不了解如何在多个同音字中找到所需的首字，更不了解如何通过部首和笔顺之类找到这些汉字。至于四角号码，对外国人来说，这种纯形式编码方法要优于部首之类，但仍存在许多号码不易确定的问题。这些都理应在编写者认真考虑之列。至于在一个词的诸多义项中找到要查的释义，就更是所有为外国人编写的单语词典的难点。一个词条的内容往往很多，读者所要得到的内容却只是其中很小的一部分，查到一个词并不等于查到了所需要的内容。因此，我们需要根据人的认知特点甚至外国学习者的特点对正文义项和释义的显示做出更妥善的安排。

任何好的辞书不仅应该准确和丰富，还必须具备相应的易懂度和易得度，任何辞书编纂者都必须考虑提高辞书的易懂度和易得度，这乃是辞书使用价值得以实现的保证，因此，提高易懂度和易得度就是我们的一项紧迫任务。从这里入手，我们也会收获可贵而困难的创新。

2 词典的易懂性 / 度

2.1 释义工具（1）——释义词汇

我们一般都会说，词典的释义必须做到简明易懂，但如何保证“简明易懂”这四个字，却没有认真探讨过。从理论上说，释义词汇和被释词汇二者，前者是后者的工具，是一种受限词汇，二者应当根据词典适用者的语言水平或在词典规定的词语范围内做出一定比例的控制。就是说，释义词汇在范围方面应当大大小于被释词汇，在等级上也应当低于被释词汇，即释义词汇应当更趋近基础性等级。以《朗文当代高级英语辞典》(Longman Dictionary of Contemporary English，初译为“朗曼当代英语辞典”，1978 年初版)为例，该词典收 55,000 个词目，而所列出的词则有 100,000 个。该词典在编辑之前就已经准备好了一份简单而有限的用来释义的“释义专用词汇”，该词表约 2000 词(列于词典之末)，以保证做到使用比被释词易懂的词去解释词目，[2]而这恰恰是词典的基本要求。以 55,000 词计算，每个释义词平均用于解释 27.5 个被释词，以 100,000 词计算，则每个释义词平均用于解释 50 个被释词。这二者的关系以及释义词的性质其实是一种常识，但历来在中国词典学界没有得到足够重视，也未见有人为此认真统计并规定。而统计和规定却正是当代词典编纂的要点和特点之一。没有这样的统计和规定就无法很好地实现词典编纂的科学性和时代性。

我们假设某 HSK 词典是一部对外汉语学习的单语词典(这当然只是假设并借用来论证而已)，其被释词为 HSK 词汇所规定的 8,822 个，按理说，释义词汇必须大大小于这个数目范围，更不能超过。根据现有的研究，估计应在约 2000 汉字和约 3000 词的范围内。但实际上某些 HSK 词典却不然，释义用词甚至超出了被释词目的范围。例如下面的词条：

【视察】

释义：“上级人员到下级机构检查工作；**察看**：～工作｜～地形｜～**灾情**｜市**人民代表**将到本市各单位～｜～的结果令人十分满意｜他经常到基层～，亲自作些调查研究。”

【视觉】

释义：“物体的**影像**刺激**视网膜**所产生的感觉：～模糊｜～清晰｜～良好｜由于**白内障**，他的～已经十分**微弱**了｜戴上眼镜后他的～清晰多了｜下雨时开车，～效果不好。”

上二例中，黑体加下画线的释义词“察看、影像、视网膜”和举例用词“灾情、人民代表、白内障、微弱”都不是被收录的词目。人们不能从词典中寻找到对它们的解释，因此这样的释词内容和解释方法所导致的效果就要大打折扣。

释义词汇用在两个方面，一是释义部分，一是举例部分。后者的用词范围应当略大于前者，但除了被释词在例子中使用外，其余也必须大大小于被释词汇。为此，我们必须根据各种基本词汇材料，例如汉语常用词表、对外汉语教学词汇、较好的词频或使用度统计表以及某几部有好评的现代汉语词典的释义词汇统计，并参考国外较好的词典已有的经验，加以综合研究，以期获得一份较为周全的、而且分成使用等级（根据词典性质的不同以及词典内适用范围的不同而确定不同等级）的释义词汇表。这无疑是一项极为重要且必要的基础工作。

为了在编纂中避免“超纲”，可以使用计算机技术控制，让计算机用色彩或附加记号显示“超纲”的释义词语，以便编写者及时更换为表内词语。

2.2 释义工具(2)——释文语句格式

这需要从两个方面去考虑，一是根据对外汉语教学的经验和研究得到的语法知识，二是根据人的认知特点，从而做出最简明易解的安排。前者，我们知道，外国学习者对汉语句法中有几个意义理解难点，比如带引申义的趋向补语（“看上去、用上去、听出来”）、存现句（“台上坐着一个人”），等等。稍有困难的是：带“得”的状态补语（“想得清清楚楚”）和“把”字句；多述谓组合和超小句部分；特殊种类的兼语句和连动句（类似“借给某人自行车骑 | 是人都要吃饭”这类句子）；缺乏连词的四字格（表示条件关系的“不……不……”）；复句和句群（使用所谓意合法的复句或句群）。在被释词中最有可能使用理解困难格式的是熟语部分，其次是动词，需要特别小心。

我们可以使用排除法，提出应注意避免使用的若干格式，并设立两个等级，一个是必须避免的格式（如不使用关联词语的意合法小句组合），一个是尽量避免的格式（如把字句）。如下面二例：

“牵制”一词，如果这样解释：“拖住使不能自由活动，多用于军事”，前一小句有“拖住”“使”“不能”“自由活动”四个动词语连用。这对外国初学汉语者来说，这样的格式是比较费解的，最好添加些词语使之更加易懂。这样虽然会增加长度，但却符合编写宗旨。

“大材小用”，一部词典写道：“把大的材料当小的材料使用。比喻……”，另一部这样解释：“大的材料用在小处。多指……”。把两种释义的第一句做个比较，后面的句式显然更易于为外国人理解（“小处”二字可另行调整）。

事实上词典的释文通常都使用某些独特的语句格式和释义文体，而这些格式和文体并未见到有人认真加以总结，编写人只根据经验来运用，只能在反复编写、揣摩和模仿中获得，这显然是很遗憾的。因此，我们建议统计现有的几部较好的语词词典所使用的释文格式，并根据对外汉语教学的经验，提取出更适合初学或中等程度的外国汉语学习者理解的格式，以备编纂对外汉语学习单语词典使用。

2.3 释义工具（3）——释义内容的编排和所用符号

词典往往使用许多符号，如果一个人一开始就阅读前言或编写说明，并记住所有这一切，那当然没有太大的问题，但人们常常并不也不能如此。那么符号的多样反而成了使用和理解的障碍。如何处置好这个项目也是提高易懂性的一个重要方面。这也要需要顺着人的认知特点做最适当的安排。比如可以把不熟知而常用的符号编成一行字，用小字印在每个单双页的下部或上部，也可以安排在书口，以便读者可以随页对照查阅。[3]

当然，广义地说，还可能有其他的释义工具，例如这类词典所解释的汉语，其实与中国人日常习惯所用汉语有些差异，[4]后者含有更多汉民族的文化因素，更不容易为外国初级汉语读者所理解。前者是经过选择的，选择的标准则是能有利于学习者更集中更有程序地理解、记忆并学习。但二者仍是一致的，前者被后者所包含，是后者中的一个核心或基础部分。因此，在释义时必须考虑外国人的知识背景，如何让外国人更容易理解。

3　词典的易得性/度

3.1 易得性表现之一：容易查得所需条目

当代是一个信息社会。信息社会的特点就是：信息成为商品，信息多而且快。为了适应这个时代，索引或搜索就成了一个新的行业，成了最受欢迎的一个产业。这种社会的价值观已经从以单纯信息计算价值走向由信息和信息搜索两方面计算价值。搜索不到的信息实际上并未实现价值，等于是没有价值。语料库如果没有附带上搜索工具，其价值也就等于零。从前认为不出版就等于烂掉，现在是出版了但缺乏为人知道的渠道也等于是烂掉。因此，搜索引擎是一项实现价值、提高附加值的重要项目。就此而言，检索 / 索引可能与正文同等重要。[5]因此，为了能提高易得度，提高词典的附加值，就需要对索引或查检法做新的设计。索引和查检法是辞书的有机组成部分，是服务于正文的，也就是服务于读者的。没有整体的考虑，就不会有方便的辞书，辞书的价值也就没有转化为现实。许多历史上有价值的辞书以及一般典籍，为了实现甚至延长其价值或生命，就不断有人推出标以"新法编排""新式索引""×× 检字法""正序逆序"等多种检索的新版本。但在当代，电子化或数字化文本的搜索已经超越了传统，传统纸质文本如何体现信息时代的要求就成了新的挑战。

为此，我们需要在检字法上有所改进，可以有三种选择：一是创造新的检字法；二是增加不同的索引；三是利用现有检索元素来改进现有的索引。我们发现，全新的检字法不容易为习惯传统的人们所接受，很难推广；增加不同的索引是个互补的办法，但有很大的限制，因为这涉及书本的厚度和书价，不容易在市场中取得胜利，所以在一部词典中不可能引入所有种类的索引。因此，我们必须在改进现有流行索引上想办法。在这方面也可以有两种选择。其一是对流行的检字法做大的调整，如《辞海》（1979 年版和 1989 年版，上海辞书出版社）提出的"部首笔画笔形索引"，一种新的笔形检字法。然而这不容易得到大家的认同，因此也就很难占有市场。其二是对现有检字法进行观念上的调整或革新，以最小幅度调整来得到尽可能多的便利。比较起来，后一项似乎比较容易实现。下面我们就此做些探讨。

（1）**多可能检索**。为了适应外国学习者的特点，需要有适应外国学生的多于一种的检索方式和检索可能，即容许采用多种可能的检索安排。这其实不是新的东西，赵元任先生早就提出在语音处理方面的多能性，也即多可能性。这是由于采用的参照系和用途有所不同而产生的不同处理。这也是由于事物具有多面性，人们往往只能在某一时空点撷取其中之一作为检索的角度。同时，这也是由于事物常常具有中间状态或两可的特点，设定的系统不同，也即所取的端点或原型不同，或衡量差距的标准有所不同，就可能有不同的处理。而这不同处理都不是无理的，同时也都是可议论的。其间往往并无对错之别，只有习惯和应用方便与否之议。笔形—笔顺，笔画为主，周边笔形（四角号码检索法仅仅是其中之一），部首—部件[6]，结构位置—笔形 / 部件，拼音 / 字母，声韵调，都有各自的合理性。而对于中等汉语水平的外国人，哪几种检索法最好，具有最佳互补效果，应当通过使用测试、认知心理测试和综合统计来决定。依笔者目前认为：具有容错功能（参见下节）的“周边笔形”和“笔画为主”似乎较为适合这类对象。目前许多词典都有放弃“四角号码”的倾向，对此我们希望能慎重对待。

（2）容错性索引。汉字是一种由多因素多单位组合成的平面图形，图形比较复杂，很难准确判断检索表内的检索点（指被检索字的笔画数，或笔顺，或所属部首等）并顺利查得被检索字，一次中的。这种情况迫使我们产生需要在索引中引进容错概念的想法。容错，就是需要照顾外国学生在汉字掌握或使用时不可避免的错误，容许一定的错误检索，即容许一定的错误认识（包括笔画错、部首错，甚至读音错），也可以容许一定的错误使用。容错是工程学界尤其是计算语言学界的一种观念，对于词典学界来说可能是个新概念。这可能会颠覆对词典的传统观念。词典历来被认为是“典”，是典范，是标准。怎么能容许错误呢？其实，这个叛逆概念正是当代的新观念。标准就是单一性的，不容许有不同的解释和处理。我们且不说条目的解释是否标准，而只就条目及其内容的利用来说，至少是可以容许多可能与某种程度的错误的。

容错，当然也意味着必须具备自纠错能力，就是所谓“歪打正着”“以错达正”。根据读者的程度对索引部分容许错误，并不等于我们提倡错误，相反词典的正文是提供正确信息的，也就是具有纠错能力的。如果索引中标明错误标记，也就有了同样的纠错能力。以错达正，将错就正，正是信息时代的新的观念，具有非常大的使用价值和理论价值。[7]

“四角号码检字法”本来是一种最具创造性并有可能成为最佳方案的检字

法，但它最大问题就是一锤定音，缺乏容错功能，因此许多人在失败多次以后就望而却步，甚至被迫完全放弃。我们相信，如果对此加以适当改造，增加容错功能，很可能会成为最佳检字法。

我们再以部首检字为例，若干难检汉字可以分别在索引的几个部首中出现，但正文仍然标规范的所属部首，比如：

【和】在部首索引中可以分别列入“口”部和“禾”部，但正文标“禾”部。

【出】在部首索引中可以分别列入“丨”“山”和“凵”部，但正文标“凵”部。

【也】在部首索引中可以分别列入“乙”和“丨”部，但正文标“乛”部。

【为】在部首索引中可以分别列入“丶”“丿”和“乙”部，但正文标“丶”部。

【内】在部首索引中可以分别列入“丨”“人”和“冂”部，但正文可只标“冂”部。

容错性的具体化指标是容错度。容错必须有适当的限制，容错度不能超过正确度，我们设想前者在检字表中大致应该控制在10%以下。因此需要通过检测和调查加以筛选，从中选择常见的、有典型意义的容错字例。如果设计调整得当，我们认为可以把现今部首检字法不统一的情况用另一种方式，即容错方式整合在一部词典之中，从而中断多年来的争论不休与精力浪费。

（3）增设辅助信息的索引。另一个新的观念是，索引中需要适当增加某些辅助信息和符号。这样做的目的是，为了设计出容易查检的索引，设计出有多种视觉引导的索引，设计出视觉上能一目了然的词条释义编排。可以采用模糊方法化解错误或隐藏容错。例如：旧版《四角号码新词典》的“笔画检字表”以笔画为纲，但在每个笔画区下又添设部首标记，使读者比较快地能找到所需字。我们也可以以部首为纲，添设笔画区间和模糊笔画的标记，如5—9画，15画以上，并将容易算错笔画的汉字分别置于模糊笔画段中或两个笔画区间中。

（4）词/字序理据外显。正文条目的词/字序是一种重要工具。由于汉字有多种形式因素交织在一起，因此在排序上就有多种可能。这些不同排序在适应不同对象方面有不同的适合程度。现在先以zhù为例，并以《现代汉语词典》1978年版作为坐标，对比一下四种字序在视觉和查检上的感觉。下面每个汉字后的方括号“[ ]”内是起笔笔形（用汉字表示）；数字是“部首笔画数 / 声旁笔画数 / 整字笔画数”，圆括号“( )”内的是繁体字笔画信息，可以用来比较笔画、起笔信息与声旁信息之间在具象感知上的差异。[8]请看：

a.《现代汉语词典》1978 年正式发行第一版，收 21 字，按声旁系连可归并为 4 类 4 段（用不同底线表示），排序如下：

“伫”类：苎，贮，伫，紵 / 纻（简化字）

“主”类：注，疰，炷，柱，砫，蛀，住，驻，祝

“著”类：著，箸，翥

“杼”类：苎，杼，助，筑，铸

b.《现代汉语词典》1996 年第三版，以笔画多少作为排序的支柱，21 字在 a 项所分 4 类被分别破成 3、4、2 段，分列不同次序：

伫，苎，苧，助，住，紵 / 纻（简化字），杼，贮，注，驻，柱，炷，祝，砫，疰，著，蛀，铸，筑，翥

c.《新华字典》2004 年第 10 版，对《现代汉语词典》1978 年版进行了优化，依然分成完整的 4 段，但次序略有调整（斜黑体为调整优化部分）：

伫，苎，纻，贮，***助***

住，注，***驻，柱，炷，砫***，疰，蛀

(苧)，杼，祝

著，***翥***，箸，***铸***，筑

d. “HSK 词汇表”以及所有“HSK 词典”，该音节仅收 9 字，其中“主”类被破成 3 段：

著，柱，助，铸，筑，住，注，祝，驻

由上面不同底线部分的变化可知：《现代汉语词典》1978 年版采用的是声旁主导的“声旁系连—笔画”排序法[9]；《现代汉语词典》1996 年版使用的是“先笔画后笔顺”的规则；《新华字典》第 10 版是继承了《现代汉语词典》1978 年版的排序法；而最具有对外汉语学习因素的 HSK 词汇表则似乎用笔顺法排序。[10]显然，HSK 词表的排序最不容易为外国学习者所掌握，乍一看显得有些无理。《现代汉语词典》1996 年版的排序虽然比 HSK 更容易为外国学习者理解，

但仍较难掌握，因为对外国人来说数笔画是一项相当困难的事儿，并不可取。比较起来，《新华字典》第10版是优化的“声旁系连—笔画”法，比较容易为外国学习者所掌握。这是因为字形（包括声旁、形旁和整字）的相同和相似是最能够联想的。这是以声旁系连串字，是具有表象特点的排序法，使原来隐含的排序理据一下子表面化了，比较容易在视觉上掌握。在以音序排序原则的词典中，这种声旁系连，最为和谐，因此也较有利于查检，在针对外国学习者的单语词典中更应该是首选的排序原则。

汉字的定序应当有两种，即规范定序和应用定序，二者是不同的，不能以前者完全代替后者。否则，在应用层面上就是一种失责。辞书需要的是让读者用最快速度了解其排序理据或原则，而其中较有具象性的有几种：字形的笔画繁简多寡，字形间的形旁系连，字形的声旁系连，字形的结构位置（独体、合体和上下左右）。而最容易为外国学习者掌握并较少劳神的可能是后二者。为了选择好针对性的字序，我们建议在这方面做些系列的认知心理学的实验。

3.2 易得性表现之二：容易查得所需义项

义项有许多，如何能使读者尽可能快地找到所需义项，这是一项编排艺术。“义项层级显示”的办法也许可以提供一个可能。具体来说：

把义项分为A义项提纲和B义项详释两个部分。

A1. 义项提纲部分，先把各个义项以最简明的文字列出，并构造其相互关系或发展途径的义项联系表或纲目表[11]。

A2. 义项提纲上可标明常用度。如最常用为双星**，常用为单星*，等等。因为某个字常用并不等于该字所有义项都常用；义项之间的远近也不等于义项使用度的高低关系。

B. 义项提纲之下列出义项详释与举例。

A（A1，A2）部可参见下例“穿”（语法信息主要依靠举例）。汉字词目“穿”是以词的身份出现；如果是作为语素，其表示方法也相同，但需要增加成词的信息：

*1. 开洞、破、透：水滴石～。→ *2.（动词后）彻底、透彻：看～迷信。

↓

**3. 用绳线等连贯东西：～冰糖葫芦。→ *4. 人通过某些较长的区域：～过森林。

↓

**5. 把衣服鞋袜等套在身上：～衣服。

当然，义项纲目应该有所选择和限制，选择在义项复杂繁多的条目中使用。

4 余言

辞书编纂的基础工作不仅存在于正文内容方面，也存在于非正文内容方面。我们希望在这两个方面都能以较大投入来构筑基础，以保证更多词典具有高水平，具备较高的易得度和易懂度，并能在世界辞书中名列前茅。我们真诚地期望真正为外国人学习汉语编写的词典能早日出现，并以本文献给这些未来的词典。

附 注

[1] 据资料显示，北京语言学院曾编有《现代汉语常用词典》，但笔者至今未能见到。本文刊出后，2007 年出版了由北京语言大学鲁健骥、吕文华主编的《商务馆学汉语词典》，是对外汉语学习词典的最新成果。但本文所论仍有目标价值和参考意义。

[2] Della Summers 为该词典所写的《导言》（英文版）说：“朗文 2000 个‘释义专用词汇’的使用是一大特征，别具一格，使读者得益最大。学生普遍认为这使释义变得前所未有的清楚、易懂。”“‘朗文释义专用词汇’最早是根据韦斯特（Michael West）编著的《英语通用词汇表》（A General Service List of English Words）制定的，这是唯一的一份不是考虑词形，而是考虑词义的使用频率的词频表。不过，我们已经参考更新的词频研究资料对它作了更新，而且本辞典的编纂者在使用这个‘释义专用词汇’时又进一步加以限定，即只许采用最常见的语义和那些不释自明的复合词及短语 [片语] 动词。”参见贝儒安（1980）。

[3] 例如史有为主编的《成语用法大词典》(大连出版社，1997)把成语的所有结构符号通栏列于每页的眉线处，以便读者随页查对。

[4] “对外汉语”一说，是潘文国(2004)所提出的分析，似乎颇有其理，但仍可商榷。本文不拟采用这样的说法。请参看本书首篇之首节。

[5] 在中国辞书中，反映如此观念的可以举《同义词词林》(梅家驹等编著，上海辞书出版社，1983年初版)为例。该书有分类总目和细目索引、汉语拼音索引两种，是一部索引和正文同等厚度的辞书，可以说开创了一种新的辞书规格。

[6] 部首检字法实际上是最不适合外国人(除日本学习者外)查检的方法。

[7] 外语教学与研究出版社1993年出版的《日语汉字读音速查词典》，别具匠心，针对中国人的特点，推出有首字的汉语拼音的音节索引和笔画—部首标记索引。前者(首字音节索引)使用汉语读音而不是日语读音，例如：“观点”(日语音读音 kanten)使用汉语音 guāndiǎn 排序，“手续”(日语训读音 tetsuzuki)使用汉语音 shǒuxù 排序，“鸡”(日语音读音 kei/训读音 tori/niwatori)使用汉语音 jī 排序。后者(笔画—部首索引)则继承了《四角号码新词典》的传统。这引起了很大的震动，启发了日语辞书学界。之后，吉林大学出版社1999年推出《日语汉字辞典》，另外附有首字的部首—笔画标记检字表和音训索引，这实际上是全规模的容错。二书各有千秋，但都方便了中国的日语学习者。

[8] 本节所举字例按照以下信息框架安排：字头(起笔)部首笔画/非部首笔画/汉字总笔画：
苎[横]3/4/7，贮[竖]4/4/8，伫[撇]2/4/6，紵/(简化字：纻)[折]3(6)/4(5)/7(11)；
注[点]3/5/8，疰[点]5/5/10，炷[点]4/5/9，柱[横]4/5/9，砫[横]5/5/10，蛀[竖]6/5/11，住[撇]2/5/7，驻[折]3/5/8；
著[横]3/8/11，箸[撇]6/8/14，翥[横]6/8/14；
芧[横]3/4/7，杼[横]4/4/8；
祝[点]4/5/9，助[竖]2/5/7，筑[撇]6/6/12，铸[撇]5/7/12。

[9] 在丁声树先生主持下，1978年版的《现代汉语词典》毅然决然地推行了声旁系连—笔画排序法。尽管在实行中还有不足和错误(这并非是原则之误，可能是操作仓促所致)，却是一次真正的大革新。这当然是丁老多年研究考虑的结果。现在这个排序法由《新华字典》和《新华词典》等继承下来了。我们希望由它们所继承的这个方案能够继续发扬光大，为更多适用词典所采用。

[10] HSK词表的排序方式成为许多HSK词典字序的根据。但是HSK词表为何如此排序却缺少说明，也没有显示所据的原则。我们也很难发现这些首字或词目到底是按照何种信息排列的。既不是按照等级，也不是按照部首及其笔画数，更没有按照总笔画数，揣摩再三似乎可能是基本以笔顺排序，笔画数则可能是下一层次的辅助标准。显然，这使读者很难掌握，因此其“易得度”就不得不大打折扣。

[11] 例如日本《讲谈社中日辞典》2002年第二版，该书设置字义纲目表。

参考文献

贝儒安　1980 《三部最新的英语词典，选择哪一部》，黄建华译，《辞书研究》第4期。

陈　岩　2003 《理想的日语词典的条件》，《日语学习与研究》第4期。

胡明扬 谢自立　1982 《词典学概论》，中国人民大学出版社，北京。

梅家驹等　1983 《编纂汉语类似词典的尝试——〈同义词词林〉简介》，《辞书研究》第1期。

潘文国　2004 《论"对外汉语教学"的学科性》，《世界汉语教学》第1期。

史有为　1993 《汉字检索的重新审视——三级（柔性）检字法试议》，《语言文字应用》第2期。

玉村文郎　1995 《外国人のための日本語辞書构想》，《言语》第6期，日本。

“汉语是一种很困难的语言”*

——访伊地智善继先生

伊地智善继先生是日本汉语学界所崇敬的老前辈了，他曾经担任国立大阪外国语大学[1]校长和关西大学教授、流通科学大学副校长，又出任过日本中国语学会会长。虽然他今年已是78岁的高龄，早已退休，但仍然义务担任大阪中国语学院[2]院长，继续关心着、指导着汉语教学。每年春节，他都会送中国语学院的每个中国教师一包天津甜栗。[3]我来日本没几天，他就约我见面，从此我们就有机会经常见面交谈。最近笔者就日本的汉语教学问题对先生进行了一次专访，先生用地道的老北京味儿汉语回答了我的提问，并同笔者做了某些探讨。先生的谈话多有智慧，常发人深省，值得介绍给大家。于是根据笔记写成初稿，并请先生过目，就成了现在这篇文字。以下用“伊”代表伊地智善继先生，用“史”代表笔者本人。谈话是从对汉语的感受开始的。

史：您从事汉语[4]教育已经半个世纪了，从您的亲身感受来看，您觉得汉语是一种什么样的语言？

伊：汉语是一种很困难的语言。

史：（我吃了一惊。奇怪的是，他用“困难”而不用“难”！）是吗？为什么？

伊：因为有汉字。汉字是障碍。

---

* 本文曾以《伊地智善继先生谈日本的汉语教学》为题刊登于《世界汉语教学》1997年第4期。此次结集前做了必要的校对和改正，并增加了附注和参考文献。

史：（出乎意料，我又吃了一惊）您能不能多谈几句？

伊：传统上的理由是：明治时代提出要“富国强兵”，怎么“富国”，怎么“强兵”？那就是向欧美学习，学习他们的法律、经济和科学技术，日本是以这种精神去向德国、荷兰学习，向欧洲学习，学习欧洲的文化和语言的，认为这种学习很重要，是第一位的。可是东洋的文化、语言，就被认为是第二位的，不那么重要。于是，优秀的学生纷纷去学习欧美的，不很优秀的——当然其中也有一些很优秀的——就学习东洋的。英、法、德是作为文化性的外语，因此是统治阶层所学习的；汉语是作为实用性的外语，是非统治阶层学习的。于是学生就有了等级，好像打分数，分成A级和B级，汉语是B级。这样一来，学习汉语的学生当然也就很少了。这对汉语学习无疑是一种障碍。

史：您学习汉语那个时候有多少学生？

伊：只有几个学生。我是先在大阪外大跟当时的校长金子二郎先生学，后来又跟着仓石武四郎先生学的，仓石先生在京都大学任教，是有名的大学者，可是学生也很少，只有两三个。

史：我听说，中日邦交正常化以前，汉语是不吃香的，是次等的学科，学生很少。大阪外大的汉语学科也是如此，而且男生多女生很少。西方语言学科的学生都以可怜的目光看着汉语学科的学生。现在可倒了过来，学汉语的不但女生特多，男生很少，而且学生也几乎是最多，尤其是作为第二外语选修课，一个班七八十人，甚至百十来人。

伊：当然看到这样的变化，我们是很高兴的。1972年日中邦交正常化前后学汉语的学生就已经开始急剧增加，到了（20世纪）70年代末不管是社会科学方面还是人文科学方面，选择汉语的大学生数已经超过了或快要超过选择法语、德语的大学生数。这种现象最初出现在关西地区的大学，后来渐渐移行到关东。现在选择汉语的学生人数已经在总体占据第二位，仅次于英法。但是由于日本大学的大众化，学生中有的动机并不纯，这就影响了学习。

史：是的。我最近也看到一份调查资料，是Benesse Coorpration在1996年所进行的《中国语学习者调查报告》，以大学生和商务人员为对象。调查显示，日本大学生选择汉语的复数理由中，出于感到中国有魅力的占75.0%，出于觉得有亲近感的占35.6%，出于容易取得学分的占47.4%，出于周围人们劝说而选择的占25.5%，出于对找工作有利的占49.4%。而在学习目标方面，有31.8%的学生只是为了取得学分，42.6%的人是为了去中国旅行有用，58.9%的人是为了利用来交流，36.2%的人是为了作为找工作和自身未来的武器，7.6%的人是为了要去中国留学。这表明学生中确实有相当部分动机不纯。

伊：其次是汉字。日本人也使用汉字，都以为汉字能看懂，联想着汉语也就不会难学，很容易学。只需要背熟会念就可以把汉语学会。甚至有的人以为懂汉字就能懂汉语，至少在书面上可以看懂。这种心理就妨碍了汉语的学习。这种心理至今还存在。

史：当时政府部门是怎么看待的？

伊：传统的汉学研究采用的是“训读法”[5]，当然只要会训读，懂汉字字义就行了。至于会话那是中国教师的事。文部省的官员同样是持这样天真的想法：认为用“训读法”好歹是可以读懂现代汉语的。

史：中国人也以为日语容易学，因为有汉字。其实真正下工夫学过日语的人都说日语很难。有人说，还是不要汉字好，不会望文生义造成误会，也不会有音读、训读这样的麻烦。我也勉强学了点儿日语，现在越来越感受到汉字真是个问题。由于对汉字的依赖太过分，反而降低了口语能力，这也很像日本的“目读主义”[6]。

伊：日本人会汉字，但实际上很多人是囫囵吞理解一个多字组成的词的，不能一个一个分开地理解。因此许多日本人的会汉字其实不是真的会。再加上日本用汉字同中国人用汉字有很多不同，形式上相同但实际上不等，这就阻碍了汉语的学习。

史：其实中国人理解多音词时也不完全是分开理解的。文化程度越高，词的可分离性越大，分开理解的可能也就越大。但这是在有充裕时间的状况下，在初次接触一个词时才出现的。字和词在汉语中在中国人心中几乎是同等重要的。您说的很对，我接触到的一些日本人他们对多字词大多确实是囫囵吞整体理解的，同日本人相比，中国人确实是比较会分开理解的。

伊：第三是缺少工具，没有什么教材和工具书。(20世纪) 30年代以前几乎没有什么认真的教材和工具书。1928年文求堂出版的井上翠的《支那语辞典》在战前几乎是唯一的辞典(史按:井上翠也是大阪外大著名的教授,还编写过另一部汉语词典)。我那时学的是《官话急就篇》,很简单,就是背和念,没有语法说明,也没有科学编排,罗列一些生词,附上几篇文章,背熟就行。当时一般都是像这样的急就篇教材。(20世纪)30年代才从中国传来黎锦熙先生的《新著国语文法》《国语模范读本》和《复兴说话教本》。《新著国语文法》是规范性、实用性的,《国语模范读本》是按照法国官式教学法编写的,但都是为中国人编写的。尽管如此,它们还是第一次系统阐明了汉语的构造。当时大多数日本老师就依据这几本书。1938—1939年,仓石武四郎就是吸收了黎先生和当时国语运动的成果,加上自己的独特见解,编写了一系列优秀的课本,从实践上否定了过去的训读法。这在当时依然是极其个别的。这一时期,日本教师的理论水平也是很低的,当时连北京、上海一些人写的语言论文都看不懂,不能理解。中国教师也很少,像大阪外大,当时只有两位中国老师,一位是神户来的福建人陈舜臣[7],当时还是中国籍,另外一位是广东人陈德仁,满口广东味的国语。这样,强化会话训练就很困难。当时学习的条件可想而知。这同明治开始偏于重视欧美文化的政策可能是有关系的。

史:这跟现在可大不一样了。现在日本的汉语辞典很多,汉语教材也很多,到处都有中国教师。可是,有的日本人以为只要是中国人,会讲普通话,就能当汉语教员。其实这是很大的误解。凑合的教员对提高日本的汉语教育水平怎么能起良好的作用呢?

伊:是的。现在几乎每个大学都有自编出版的教材,可是教材好的不多,经过研究后认真、系统地编写的不多。[8]汉语的辞典也有好几部,有的很不错,像小学馆的《中日词典》,但是也还需要再多样化。

史:日本的教材商业化程度很高,中国教材至今不能有规模地进入日本,只能放弃编写汉日对照教材的计划。我使用了几种日本出版的教材,为了选用,也翻看了很多日本出版的教材,其中有很不错的,但是相当一部分是比较随便的,语法说明和练习不够甚至没有,针对性不强,不怎么切合应用,也谈不上科学。有些还是中国人编写或参与编写的,其中有的语言本身就成问题,病句很多,还有的夹杂着方言土话,不地道,说是会话教材,有的却充斥着书面语行文,甚至还有逻辑和内容不当的问题。有的人本行是学经济、工业什么的,却也在编写出版汉语教材,真让人提心吊胆。

伊:这是一个很大的问题,教材不稳定,大都只为了本校,每年都变动,就很难使优秀的教材出名,并具有市场优势。这还需要有个过渡的发展阶段。我讲的这三种情况,第一和第二都在改变,变好了,可是汉字的情况不但没变,还可能变坏了,年轻人的汉字水平越来越下降了。于是,汉字就可能成为最大的障碍。

史:这真是出乎我们意料,确实是个重要问题,值得我们重视。您现在正在主编一部中日辞典,您能不能谈谈这部词典的特色?

伊:我们现在编写的是中型辞典,可能还是中型偏大的。收词有六万条以上,将近三千页。主要就是为了把多年的教学经验、体会体现在辞典里,让辞典能针对日本学生学习汉语的难点,切实解决一点儿问题。现在辞典很多了,但是有特色的辞典不怕多。我们希望在收词和解释上、在举例上都有更好的表现。[9]

史:您能否就辞典再多说几句?

伊:一般的辞典都有例词和例句,但是对于词义和语法却少有详尽的说明。不能简单地用一些对应词去解释,应该对一些词下点工夫,做较细致的词义、语法说明。我们比较清楚日本学生哪些地方不明白,可以结合学生难点加以说明。比方"撞"和"碰"有力量大小的不同,要说明。例句要多些,可以表现句型,表现词性,对于"字"也要有成词和不能成词的说明。这对中国人不成问题,可是对日本学生却是大问题。日本人对于合成词的感觉同中国人很不一样,中国人是可以按字分开理解的,可是一般日本人只是整个儿地理解,同一般多音节单纯词没有大多区别。同样对于"字"也缺乏能不能自由使用的感性体会。有些词同现代汉语的形式一样,但是含义却因为日本同中国交往曾经几次中断而发生变化,必须要有更多的说明。例如"月饼",开始从中国传入的时候是小麦面做的,后来平安朝后期取消了遣唐使,对中国的文物越来越不明白了,就变成日本京都三条的糯米"月饼"了。又例如,"锄"和"锹",也同中国的正相反，由于历史的原因而颠倒了。此外，一定要注明词性，日本人已经习惯注词性，不注明的话他们是很难使用的，单单有例句也还不行，而这项工作却是很困难的。

史：我也编写或主编过几部词典，很理解您所遇到的困难。我期待您主编的辞典能早日面世。

伊：那还得要一年，现在还剩下Z字母需要修改，还有一些表格和前后照应问题，事情还不少。

史：谈到教学，教育学中比较重视教学法，您对此有些什么看法？

伊：（一听到这个问题，先生不禁"哈哈哈"大笑起来，接着说道）我想起美国有位教授，他说最可怕的是教学法。他是完全不管什么教学法的。不过，这也很值得重视，当然要适当。日本传统的就是训读和背诵，那是为了研究汉文古籍。二战前开始学习英语的教学方法，有了语法—翻译教学法，但背诵法仍然很有市场。这样培养出来的学生也只能阅读，不能听说。只有部分以贸易和战争为目标的"实务性"外语，才有日常简单会话。二战后，日本引进了比较现代的教学法，但主要是应用在欧美语言的教学上。由于汉语不作为重点，因此许多教学机构主要还是使用语法—翻译教学法。

以后才渐渐受到英语教学的影响，70年代中日建交后，更受到中国对外基础汉语教材和教法的刺激，开始了现在的汉语教学法。现在应该说比以前科学很多了，有专门的语音教学单元，有会话教学，其中又安排了循序渐进的句型，配合上语法教学，使用了电化教具（LL教室），日本教师和中国教师各施所长。基本上使用了听说领先、功能教学的方法。但是由于日本学生的文化心理特点，以及以阅读为目标的教育传统的影响，还很难做到使学生在听说读写译几方面都能合格，尤其是写和日译中。教学法的问题还没能解决得很好，还需要探索和调整。大学三四年级口语能力下降的问题还有待解决。

史：您对日本今后的汉语教学有什么看法？

伊：日本汉语教学存在的问题同日本大学的特点也有关系。日本大学现在实行的是大众化、普及化政策。大学很多，进大学是解决学历问题。大学毕业以后可以去做售货员、银行出纳。这在英国是看不到的。日本的学生是找到职业参加了工作以后,进了公司、当了老师才拼命学习的。因此,日本的汉语教学问题就比较麻烦,不容易彻底解决。我跟中国的一位负责国际教育交流的领导人说:中国培养翻译是比日本强,我们到现在还做不到。日本的外语大学过分侧重于研究能力的培养,不大注意翻译能力,好像培养翻译是专门学校(史按:相当于中国的专科学校或大专)的事;不过,中国的外语大学好像相反,太偏重于翻译能力的培养。我们两国应当取长补短。当然,现在受过严格语言学和汉语专业教育又留学过中国的日本教师越来越多了,出现了一批年轻的优秀的教师,对学生要求比较严格,编写教材也很严肃,因此在某些大学里,通过努力,经过一个阶段的过渡,加上中国教师的配合,是可能率先改变这种局面的。

史:我预祝日本的大学早日改变这种状况,对我任教的大阪外大尤其寄予希望。

附 注

[1] 21 世纪初大阪外国语大学合并于大阪大学,改为国立大阪大学外国语学部。

[2] 该校又名日中学院,是大阪日中友好协会下属学校,不以营利为目的。伊地智善继先生担任此职从不取报酬。

[3] 伊地智善继先生还担任日中友好协会大阪地区的副会长。由于先生长期为中日友好而努力,不但义务工作,而且还动员协会内的各个中学校长,从每人的工资中捐出十分之一,作为基金,邀请中国的中学校长访日,因而获得中国教育部 2000 年首次"中国语言文化友谊奖"。同时获奖者还有泰国的诗琳通公主、韩国的金俊烨和德国的柯彼德。笔者曾撰文《长者·学者·智者》,介绍伊地智善继先生,发表于《人民日报》(海外版)。

[4] 在日本,汉语教师中一般都从当地的习惯,用"中国语"指称汉语。为了给国内读者阅读,本文在这次结集时尽可能地改为"汉语"。

[5] "训读法"是用日语读音来读汉文,并且使用一些特殊符号注于汉文之侧,表示该段文字相当于日语的主语、宾语、某某介词等,以便用这种语法标注来理解汉文。训读法是研读诸如汉文四书五经等古籍的传统方法,现在有专门的研究会和专家。

[6] "目读主义"就是只需要学会阅读理解的主张,这种主张对日本中学外语教育以及培养翻译人才产生深远的影响。日本早期很多汉学家可以笔谈,然而不能口头交谈。日本

重视资料与这种主张非常契合，于是就促进了书面翻译又多又快。

[7] 陈舜臣是日本著名历史文学作家，以写作中国历史题材而知名。原籍中国台湾（台湾在日据前一直隶属福建省，为福建省台湾府，而且语言也主要用福建的闽南话，因此老人一般都称其为福建人），后加入日本籍。

[8] 伊地智善继先生曾主编一套汉语教材，由东方书店出版，有八种。其中主要的一部是他编写的系统性教材，用力甚厚，以认真详细著称。

[9] 伊地智善继先生注入毕生心血编写的《白水社中国语辞典》已在先生去世后翌年的2002年出版，收字1万1千余，词条6万5千余，用例11万多，正文达2,128页。先生去世后即由其高足神户大学教授中川正之处理词典收尾部分工作，完成先生之心愿。

参考文献

余日耕　1997　《献身于汉语事业的伊地智善继先生》，《汉语学习》第5期。

附文一

就在昨日

——悼伊老

您跟我通着电话，就在昨日，
不能相信，您会就此离去。
清清楚楚，您在名古屋大会，
脚伤之后，依然爽朗健步，
侃侃而言，受奖后的谢辞，
引起阵阵的欢笑与掌声，
那是对您80年辛劳的圈点。

您跟我通着电话，就在昨日，
不能相信，您会就此离去。
在温泉，在雪野，在林中，
我们散步闲谈，您智慧的言语，
说古论今，从东到西，
裹着京腔，没有丝毫华丽，
却直击人心，发人深思。

您跟我通着电话，就在昨日，
不能相信，您会就此离去。
在您家中，我们盘坐促膝，
没有些微架子，只见布鞋旧衣，
初次的见面，仿佛多年，
开门便是语言问题，问道请教，
这样的虚怀，怎不教人羞愧。

您跟我通着电话，就在昨日，
不能相信，您会就此离去。
清清楚楚，您对词典的嘱托，
我也答应于您，永不忘记，
浩大的工程，您陪伴到闭幕一刻，
一生积蓄的精神，投入最后一滴，
带着一箱书离去，您的最后身影。

【附记】去岁10月25日中国语学会在名古屋召开成立50周年大会。会上伊地智善继先生与其他二位也八秩高龄的先生接受终身褒奖。阔别近三年后再次见面欢谈，何等愉悦！之后，先生嘱白水社于12月7日将词典部分三校样寄我。同月17日，我与先生再次通话，先生希望我能为词典写一评介，我当即允诺；之后又侃侃交谈，并承告知12月12日朝日新闻报道先生受到中国政府的特别奖赏，谈话达一小时之久。原想近日再就评论向先生请益，不料此番谈话却成绝响。4月13日深夜，传来当天的噩耗，良久愕然。呜呼！先生，学者也；先生，智者也；先生，善者也！何人继之乎哉？！

2001年4月14—18日写于日本浦安寓所

附文二

仿佛就在昨日

——纪念伊地智善继先生逝世一周年

一部刚刚出版的《白水社中国语辞典》静静地躺在我的面前，我凝视着它，眼前仿佛幻变成一位白发苍苍老者的头像，架着眼镜，慈祥而又智睿。他像是要问我什么，但又终于没有开口。我的眼睛渐渐地湿润了，难受的心情已无法抑制。

我仿佛见到他一年前从医院回到家中，在堆满一屋子的书本中挑选着，一本又一本放入纸箱，满满的一箱，又带着它回到了医院。似乎他在对我说，词典编完了，可是还要写个介绍汉语语法的概要，还要看书啊，想想究竟该怎么写好。噢，他又说，我出院以后再去找你，要好好谈谈汉语的语法。我要让木村英树（东京大学教授）带我去找你。

我依稀看见他无奈地躺在医院里，心中依然充满着未来。词典快编完了，下一步该做什么？太多啦！词典还要增强功能，还要发展成一个系列；与中国教育界要再交流，下次要请中国的什么方面的人来日本参观访问；……退休以后，他就没有休息过一天，为中国的教育事业、也为日本的中国语教育操心思虑，为日中友好人士迎来送往，为这部风格独特的中国语词典呕心沥血。除了6年前他老伴不幸突然过世那几天，他的思想每时每刻都离不开“中国”，离不开“中国语”，离不开“日中友好交流”。

我宛若见到他独自一人盘腿坐在榻榻米上，矮矮的书桌上堆满了书和词典的校样。校样已是第三次了，上面依然布满了红红的笔道，可他还继续在上面写着、改着。我佩服出版社的耐心，我更佩服他的一丝不苟和精益求精。一般的人早就不耐烦了，别说细细地看三遍，就是粗粗地过一通已是很不错了。是的，他真像中国社会科学院语言研究所的丁声树先生，我亲眼见到丁先生伏案修改那部已成经典的《现代汉语词典》的情景，默默地，细细地，改着改着，不放过任何一个细小的问题。

我也似乎见到他2000年12月在东京一个为他特别安排的仪式上，迈着骨折才愈合的腿，步上领奖台，接受“中国语言文化友谊奖”。那原是2000年9月中国政府为了褒奖长年从事中外文化交流的杰出人士首次颁发的国际奖项，伊地智先生为首届四名获奖者之一。而另外那三位外国获奖者早已在北京领取了这份褒奖。

我还清楚记得，大约一周之后，我在东京和他通了一次电话。他很平静，只是略略提及刚刚领受的这个荣誉，所谈的依然是词典，他的编纂意图和宗旨，编纂词条和处理语言材料的原则。他说，他要编出一部能够容纳他一生语言知识、经验和理论的词典，以贡献给日本的学习者，贡献给汉语的教师，贡献给日中友好。那次他足足在电话中和我谈了一个多小时，还拜托我明年给这部词典写个评介。谁知道两个多月之后，伊老竟然住进了医院。而这次通话，竟是最后的交谈。

这部词典是他一生的理想，一生的总结，里面倾注了他一生的心血。他的学识和见识，他的经历和记忆，都浸透了词典的每一页。如果单纯以字数计，这部总计两千多页的词典如果按照著名的《现代汉语词典》排印，厚度几乎将有后者的两个半那么大。而这部词典的至少三分之二都出自这位不知疲倦和乏味的、已八十有四的老人之手。古人说十年磨一剑，这部词典如果从 1965 年收集语料开始算起，可是磨了整整 46 个年头啊！

让这部词典来纪念这位真诚致力中日友好的学者和智者吧！

2002 年 4 月写于日本浦安寓所

汉语的苦恼*

对外汉语教学，不能不面临一大堆问题。学生会问许多生活中需要表达的问题，我们常常会因此而处于一种尴尬境地。清醒地认识自己，才能更好地应对。择其一二记之，以供同行思考，有所预备。

之一：先生和先生

汉语自己当然不能苦恼，苦恼的还是中国人，还有学习汉语的外国人。因为什么而苦恼？很多很多。改革开放以后，中国在大变动，于是汉语也跟着大变动。旧的语言不够用了，不完全适应了，要更新了。怎么更新，这就让人苦恼。一个例子就是称呼。中国人不是称呼很丰富吗？然而时代变了，老的称呼不行了。比如，你到女老师家去，你怎么称呼她的丈夫？称“先生”吗？还是别的？如果知道他的职业，可以称呼职业，例如“大夫”“老师”。如果不知道呢？一个取巧的办法就是干脆不称呼，只说“您好”。但是，这不是根本的办法。对于配偶，如果不是当面称呼，或者只是夫妻之间非当面的互称呢？还是用“爱人”吗？一些人觉得这称呼好像赶不上时代，应该换成“先生”和“夫人、太太”了。对海外来的人这些称呼似乎还可以；对国内的一般百姓，让人觉得太“新潮”了，有点儿受不了。而现在流行的“老婆”“老公”呢？又让人觉得“俗”

---

* 本文原题《中国语的苦恼》，分三段刊于日本《中国语》（内山书店出版）1999 年第 10、11、12 期首页。原无小标题，此次结集时添加了小标题，并做了必要的修改。

得有点长鸡皮疙瘩，更何况“老公”的来源据说还很低俗。

“文化大革命”以前，通行的是“同志”，因为革命理想高于一切；“文化大革命”中间流行“师傅”，因为工人阶级领导一切。现在却跟着香港、台湾走，“先生”“小姐”满天飞，“师傅”不吃香了。去买东西，你怎么称呼售货员？如果你想获得满意的接待，就不要叫“同志”，也少用“师傅”。称呼“小姐”怎么样？售货员是年轻妇女，这似乎还可以，但又可能被对方误认为侮辱；如果是四五十岁的呢？这又不行了。而用“先生”去称呼男售货员，也会让人别扭和苦恼。[1]

这几年，上海一些大学曾经在学生中流行一种称呼，在姓或名的后面加上一个 sang（桑），显然是来自日语的“－さん”。其实上海话也一向把“先生”快读为 sang，可以写成“生”。这个称呼可以解决现代汉语中没有一般性的最低敬称的苦恼。如果推广开去，那么许多场合的称呼就可以解决。这本来很好。然而却有人在报纸上指责这是不伦不类的“洋泾浜”（pidgin）。语言的接触没有产生正常的融合却引发了冲突，这怎么不让汉语苦恼？

之二：BB 机还是 BP 机？

1979 年改革开放以来，中国的语言接触机会大大增加了。中国人出国留学，外国人来华访问，每天都有。外国的新事物也天天出现。新的词语也就不断涌现。然而，这种接触也带来了许多新的苦恼。一个新事物今天这样说，明天又那样讲；你这么翻译，他又那么表达。比方说，AIDS，最初翻译成爱滋病，过了不久，卫生部又下命令改成艾滋病，可是香港地区、台湾地区、新加坡还是用爱滋病。引进了 disco 之后，大陆翻译为迪斯科，港台则翻译成“的士高”“迪斯可”。前些年出现了“携带电话”，大陆借香港的用语，叫作“大哥大”，用了好多年，觉得不妥当，因为这个名称和黑社会有关，于是改成手机或移动电话。这还不错。最糟糕的是把对的改成错的，日本称呼的ポケットベル（pokettoberu，来自英语 pocket bell）就是这样。大陆原来叫“BB 机”，还从香港引进了“拷机”(call 机)。有人自以为“是”,在政府的报上“纠正”BB 机,说是来自英语的 beaper,应该译成 BP 机才对。就这样,把 BB 机“消灭”了。其实这个词是从台湾自造的 BB-call 变化来的。BB 本来是模拟声音的。大陆最早引进时曾称为“哔哔机”,就是一个证明。[2]现在又觉得 BP 机没法解释,还很难读,又改成“寻呼机”和“呼机”。电脑上的问题一样多,局域网(LAM)、调制解调器(modem,民间俗称“猫”)、只读存储器(ROM),读起来很不顺口。还有些词,例如鼠标(mouse)、网络(net)、信息(information),这是大陆的名称,台湾则叫滑鼠、网路、资讯。真让学习汉语的外国人感到无所适从,感到很累。而且,你怎么能一看就知道是英语的哪个词呢?这在国际交流时显然并不有利。还有,近来出现很多罗马字母的缩写词,像 CD、DVD、VCD、KTV、SPA、NHK、HSK 这些词的最大问题是怎么读。是采用法定的汉语拼音读吗?好像还没有人这么读,都是照英语字母那么读的,而且发音又不地道。明明 HSK 是按照汉语拼音方案对“汉语水平考试”的拼写并缩略,但为什么不按照汉语拼音读?似乎也没有人出来纠正。

你说,汉语苦恼不苦恼?

之三:有没有看过?

中国是个方言极端复杂的国家。20 年代时,为了统一汉语而确定了“国语”。到了 50 年代,国语在大陆改名为“普通话”,并重新下了定义。然而在语法方面的规定实际上并不明确,因此至今还在争论。比如:传统说“道地”,可是北京话非说“地道”不可;大部分中国人说“鞋子”,然而北京人一定只说“鞋”,以哪个做标准呢? 30 年代的国语影片充满了“好了好了”,显然来自上海一带,可至今已经在书面上通行,这算不算普通话?规定里说,“普通话是以典范的现代白话文著作为语法规范”,然而什么是“典范”的?《红楼梦》是不是?可是《红楼梦》里夹杂着许多南京方言。鲁迅的文章算不算?鲁迅的书里不少也是半文半白以及绍兴方言,还加上鲁迅自己创造的用法。老舍是北京人，然而他的作品里到处是北京土话和欧化句子。挑来选去，文学作品里似乎只有曹禺的剧本还可以。那么，汉语的语法到底以什么做标准呢？有的专家说：普通话就是北京话。可是究竟有多少人能听懂真正的北京人说的地道的北京话呢？又有多少人会说地道的北京话呢？改称普通话，其原意就是要说的话普普通通，大家都能说。总不能批评一些人说得普普通通，但却不是说"道地"的北京话吧。

汉语又天天在变，书上说的许多语法规则，在实际生活中常常不是那样简单。应该说"为社会服务"，可是报上又常常出现"服务社会"；名词不能加副词，但报纸上"很中国""太政治"不少见；通常认为："毕业大学""见面他"不能说，是因为"业"和"面"是宾语，不能再有宾语，然而"献身祖国""出台新政策"之类又天天看见。北京话问："你看没看过《星球大战》？"或者"你看过《星球大战》没有？"回答是："看过。"可是现在受了港台的影响，常常听见"你有没有看过《星球大战》？"回答则是："有啊。"等等，等等。真让人不知如何是好！[3]

这就是变动中的汉语。这就是汉语的苦恼，也是使用者、学习者的苦恼。人类大概就是在苦恼中发展的吧，没有苦恼也许就没有进步。我们该怎么办？怎么教？怎么学？看中国人怎么应付，外国人就怎么应付吧！到变动中去学习吧！

附　注

[1] 近来网上有文指这些年来出现"被糟蹋的十个词"：小姐（从尊贵到低俗）；美女（从惊艳到性别）；老板（从稀有到遍地）；鸡（从禽类到人类）；同志（从亲切到敏感）；……而且有多种版本。对外汉语教学对此又该如何处置呢？

[2] "BP机"已经成历史名词了，但下台之前仍未被正名正身。现在的一些"规范性"词典仍以此为正，而昧于事实，可见纠错是如何的难。这样以错误为正的词还有不少，对外汉语教学又该怎么办呢？

[3] 一些新潮流的进与退也是常态。若干年前，港台音风靡演艺界，现在呢？还有几位内地女演员去模仿呢？相反，"说服"一词，在规范性词典中一直注音为 shuō fú，至今未改。但影视上，流行的却是台湾读音 shuìfú，而且已吞噬前者，从事对外汉语教学的我们又该如何教学生呢？

对外汉语教学与传播之我见*

（代跋）

语言在本质上是工具，不过是种特殊的工具，是赋予了民族感情和民族认同的交际工具和思维工具。工具性决定语言学习的功利性，当然还有附带而来的赏玩功能。由此出发，语言教学以及语言政策就有了一些不可超越的界限。对外汉语教学或汉语的对外传播，当然也概莫能外。

现在，对外汉语教学正在以前所未有的势头发展着，并成为一种产业，一种工具。对此需要冷静面对。过分的乐观，不切实际的展望或计划，都是有害于汉语传播的。因为，在当前世界中，英语始终是强势国际语言，未来更可能是世界共通语言。汉语在相当长的时期内依然是一国语言和地区语言。根据同级工具先入为主的观点，以及语言与文字类型在教学和使用上的比较，我们在可见的将来还看不到汉语有可能成为与英语持平的世界性语言。汉语在国际地位上超过英语也许要在世界出现根本变化的时代才有可能，而这可能并不符合我们对和谐世界的向往与追求。我们既要不卑不亢，又不能盲目自大，以为汉语马上就怎么样了。在日本，汉语[1]的地位在20世纪70年代已经从位于法语、德语之后上升为英语之下的第二位。英汉地位的这种状况在21世纪不大可能发生逆转。对此，我们必须有清醒的认识。踏踏实实，埋头播种，不张扬，不排斥，韬光养晦，应该是我们的态度。

---

* 本文为应约撰稿，以《汉语教学与传播浅见一二》之名发表于《云南师范大学学报》（对外汉语教学与研究版）2008年第6卷第1期（总30期）。此次结集改为今题，并做了必要的校改。

根据历史的经验，语言的对外传播往往以国内政治、经济、文化，甚或军事上的优势作为依托。汉语的国际传播当然不能例外。我们现在依托的是国内市场和国际贸易，依托的是传统文化，这有很大的局限性。因此，我们依然寄希望于国内的政治、经济、科学、文化的发展。没有这种发展，汉语只能是一种实用性工具，不可能上升到文化性工具[2]。汉语曾经在日本是文化性工具，因为中国文化高于日本。而在19世纪中叶开始，这一状况发生了根本的变化，汉语在日本逐渐衰落，英语和德语等取而代之。因为这些国家在以上方面都超过了中国。在20世纪，汉语教学在日本经历了实务语言——教养语言——实用语言这三个阶段。至今汉语在日本还处于实用语言这个阶段。中国的科学和文化还无法使汉语发展为如英语般既是实用语言又是文化语言和科学语言。我们需要国家继续大力发展这些方面，以为海外汉语的坚实依托。另一方面，即使是传统文化，我们也切不可炫耀所谓"博大精深、源远流长"，而应以谦逊的态度"止于"介绍，万万不可有"植入"的想法。尊重他人的文化，正是尊重自己、传播自己的先决条件。在日本这个有着极强自尊心的国家内，尤应如此。

根据经验，语言除了自然传播外，大多倚重教学来传播。这中间，良好的教学配套体系便成为成功与否的决定性因素。所谓教学配套体系，应当包括教学方案 / 大纲、教学的模式和方法、教材、教学环境、良好素质的教师等等。在日本，英语有完整的被官方承认的教学大纲，而汉语没有；英语是第一教学外语，而汉语不是；英语有较好的教学环境（例如英语角），而汉语没有；英语教师大都有合格的学识，而中国人的汉语教师大都是外行，没有受过专业的培训，为了挣份收入改善生计是大部分非常勤教师[3]的现状。由于这种情况，汉语教学必然在相当程度上导致照猫画虎。这是汉语教学健康发展的另一个关键。此外，在日本的汉语教学模式和方法虽然有所前进，但阻力重重，缺乏强有力的推动。因此，我们除了设置"孔子学院"之外，是否也应当考虑一下针对海外更为实际和更有深层意义的措施？

根据历史的经验，学习外语后的种种优惠往往是语言传播的良好支撑，比如学成以后的职业保证、就业待遇等。而在日本，学汉语的人有各种各样。有些人,大都是老人和家庭妇女,他们以学习汉语作为人生一大快事,或为了预防老年痴呆症,而非以寻找使用汉语的工作为目的;大多数学生选择学习汉语只是为了学分,以便顺利毕业,或者为了取得学历,以便取得相应待遇;而汉语专业的学生毕业后的职业大都是所用非所学,毕业成了对汉语的告别。这,当然对招生的宣传极为不利,要巩固生源需要艰苦奋斗。

根据历史的经验,语言传播需要逐渐推进,不可能一蹴而就。越是过快地推进越有可能发生操作粗糙,越容易出现问题,就越需要小心翼翼。不怕慢,只怕站。只要稳扎稳打,汉语在海外的传播和推广必是可以预期的。顺便参照一下:西方传教士式的传播模式已经过时,因为这带有殖民主义或帝国主义的色彩,但传教士的那种锲而不舍和耐得长期孤军奋战的精神,我们的教师可有多少?我们为此做好了充分精神准备吗?一位已去世的中国老教授曾经跟我谈起这样一件往事,有日本人这样问他:"你是中国人,为什么到日本来教汉语?"他回答说:"因为我爱中国。"这,是否很值得我们深思再三?

附注

[1] 汉语在现代日本都称为"中国语"。日语之所以不称呼"汉语",是由于"汉语"一词在日本有"汉语构成的词"的意思,指的是日语中用汉语构成的词。避免误解,这也许是原因之一。另一个原因是日本习惯以国别称呼其他国家的语言。这大概跟他们不承认日本国内存在少数民族的态度有关。自己国内的规定慢慢形成了习惯,也就推及国外,称呼外国的语言。有关日本对汉语的各种称呼可以参见本书《日本汉语教材研究序论》之1.1.3一节。

[2] "文化性工具"是指用来学习科学、文化的工具。而相对的"实用性工具"则是用来处理商务、军务、政务等的工具。能作为文化性工具的语言,说明该语言所呈现、记录的科学和文化是水平较高的,是需要使用该种语言工具去学习、去吸收这些科学和文化的。当代的英语就是既是实用性工具又是文化性工具。

[3] "非常勤教师"是日本对临时外聘的一年合同制教师的称呼,一般称为"非常勤讲师"。

编之余

编完交稿已经月余，忽然想起，还缺了点什么？于是就有了下面的一番话：

“文化大革命”之后，社会大门渐开，新东西汹涌而来，令人头晕目眩，也让怀疑之心愈益强烈。在日本15年半异域环境下的教学，更让我对旧传统和新理论有了新的体验。旧东西不一定错，新东西也不一定对。孔子要我们“述而不作”；而今我偏要“述”而试“作”一回。即使失败，也不枉然。

笔者多有“异想”。其中最看重的，也是觉得最有创意的是集子中《习得与语向自整理能力》一文。这一篇是为了完整反映自己的想法，而在结集前新写的，是在理论上的一个总结，对笼盖天下的乔姆斯基语言获得理论颇有些挑战的意味。乔氏自己就一直在挑战昨天的自我、否定昨天的理论。这是他的伟大所在，也是最令我钦敬之处。他当然应该欢迎太平洋西岸对他有这么一项挑战。

书中还有一些值得一提的“异想”如：汉语是“字—词”共治的双元机制；汉语最适合采用语篇—词汇为主的教学；语法教学须要限制在最低量级，因为人具有天赋的“语言自整理能力”；需要全新概念的“最低量基础词汇”，教学和教材也需要考虑“最小语言平台”；语言习得完全成功的标志是能用以“思维”，而并不仅仅是交际；习得过程中存在有“初始过渡语”；应用是科学永远的动力，而且也是科学的另一种最高境界；等等。当然还有其他更具体、更具操作性的一些“异想”。这些“异想”大都也是假说。任何假说都可怀疑，包括本书。如果读者因此而能激起一些新的质疑，甚至证明错误，也许这就是本书对第二语言教学学科的贡献。那我的努力就不是白费。

选入了几篇稍稍轻松的文字，意在调剂一下沉重的气氛，以此增多一些启迪、质疑的因子（比如汉字的麻烦、词语的纠结与苦恼），并非多余。

本书得以面世，要感谢商务印书馆承担责任的诸君。因为，在新书如海的情况下，他们依然同意出版拙著。特别要感谢的是责编，至今从未谋面，却孜孜埋首于拙稿的字里行间，细心狩猎可能的疏忽。尤其对本书中的多个表格和统计，过滤更严，条条核对，字字计算。在此基础上列出许多提醒、疑点或建议，甚至将整个表格从读者的角度重新制作，提供给我选择。这一切让我免除了诸多疏漏，也使本书更趋成熟。这一切令我感动，使我顿时有叶圣陶、吕叔湘先生所言“老开明”[1]来了的感觉。这种感觉告诉我：商务的年轻一代可以托付。他们正努力为商务加固、增高。我祝愿商务，也寄希望于他们。

七五爱钓人 续于太平洋中心望海台

时当2012年8月15—18日，风浪正急

附注

[1] 30年前，吕叔湘先生在《现代汉语八百词》编辑会上和我们聊天时，感慨当时出版界的编辑水平，并回忆他以前在老开明书店工作的情景，说起那时的“老开明”编辑，不但敬业，而且水平之高，令人惊异，能够将作者疏忽的地方，甚至引文出处记错之处一一勾出，提供作者加以改正。他还啧啧称道那时的老校对，说他们甚至神到这样的程度，可以倒着校出原稿文字的错讹或笔误。

检